Reisepraktisches

W0067490

Stettin (Szczecin)
Insel Wolin

Die Küste Pommerns

Kaschubische Küste und
Kaschubische Schweiz

Trójmiasto - die Dreistadt

Weichsel-Delta,
Frische Nehrung und
Frisches Haff

Text und Recherche: Isabella Schinzel

Lektorat: Peter Ritter, Katja Geis, Ute Fuchs (Überarbeitung)

Redaktion und Layout: Christiane Schütz

Karten: Judit Ladik, Matthias Patrzek, Gábor Sztrecska, David Wendler

Fotos: Alle Fotos von Isabella Schinzel und Hassilo v. Wissmann, außer:
S. 10/11, 14, 55, 64, 66, 70/71, 85, 157, 185, 194, 197, 235, 236, 239, 252 und 256
(Polnisches Fremdenverkehrsamt)
S. 132 (Wekezer)

Covergestaltung: Karl Serwotka

Coverfotos: oben: Küste im Slowinzischen Nationalpark (Isabella Schinzel);
unten: Marienburg in Malbork (Hassilo v. Wissmann)

Mit besonderem Dank an Hassilo v. Wissmann und Annabel Haag.
Vielen Dank auch an Teresa Heywinkel für ihre Verbesserungen zur 1. Auflage.

Die in diesem Reisebuch enthaltenen Informationen wurden von der Autorin nach bestem Wissen erstellt und von ihr und dem Verlag mit größtmöglicher Sorgfalt überprüft. Dennoch sind, wie wir im Sinne des Produkthaftungsrechts betonen müssen, inhaltliche Fehler nicht mit letzter Gewissheit auszuschließen. Daher erfolgen die Angaben ohne jegliche Verpflichtung oder Garantie der Autorin bzw. des Verlags. Beide Parteien übernehmen keinerlei Verantwortung bzw. Haftung für mögliche Unstimmigkeiten. Wir bitten um Verständnis und sind jederzeit für Anregungen und Verbesserungsvorschläge dankbar.

Aktuelle Infos zu unseren Titeln, Hintergrundgeschichten zu unseren Reisezielen sowie brandneue Tipps erhalten Sie in unserem regelmäßig erscheinenden Newsletter, den Sie im Internet unter **www.michael-mueller-verlag.de** kostenlos abonnieren können.

3. komplett überarbeitete und aktualisierte Auflage 2009

POLNISCHE OSTSEEKÜSTE

Isabella Schinzel

INHALT

Reisepraktisches

Alles im Kasten

Was haben Sie entdeckt?

Haben Sie ein gemütliches Hotel, ein uriges Lokal, einen empfehlenswerten Strand oder aber einen schönen Wander- oder Radweg gefunden?

Wenn Sie Ergänzungen, Tipps, Anregungen oder Kritik zu diesem Buch haben, lassen Sie es uns bitte wissen.

Schreiben Sie an:

Isabella Schinzel

Stichwort „Polnische Ostseeküste"

c/o Michael Müller Verlag

Gerberei 19

91054 Erlangen

E-Mail: schinzel_isabella@michael-mueller-verlag.de

Kartenverzeichnis

Zeichenerklärung für die Karten und Pläne

Autobahn	Grünanlage	Information
asphaltierte Verbindungsstraße	Leuchtturm	Post
asphaltierte Straße	Turm	Parkplatz
Nebenstraße	Kirche	ärztliche Versorgung
Fährlinie	Sehenswürdigkeit	Flughafen
Eisenbahn	Museum	

Reisepraktisches

Ein Platz an der Sonne: der Strand von Niechorze

Die polnische Küste erleben

Die Ostseeküste Polens erstreckt sich von der Insel Usedom bis hin zur Frischen Nehrung östlich von Danzig (Gdańsk). 524 km strahlend weiße Sandstrände, Dünenlandschaften und bewaldete Steilufer bieten Anblicke, bei denen man ins Träumen geraten kann.

Mit dem Ostzipfel Usedoms – der weitaus größte Teil der Insel gehört noch zu Deutschland – beginnt die pommersche Küste, die an manchen Stellen von lagunenartigen Seen gesäumt wird. Sie zieht sich bis zum Slowinzischen Nationalpark, wo die weiten Strände, die mancherorts von Steilküstenabschnitten durchbrochen werden, in eine Art „polnische Sahara" übergehen: Unmittelbar hinter der Küste türmen sich dort über 40 m hohe Wanderdünen auf, die innerhalb eines Jahres bis zu 10 m „unterwegs" sein können. An das slowinzische Küstenland schließt sich die kaschubische Küste mit der Halbinsel Hel an. Sie besteht aus einer langen, schmalen Landzunge, die weit in die Danziger Bucht hineinragt – ein einzigartiger Küstenstreifen mit paradiesischen Sandstränden, verwitterten Steilküsten und pittoresken Kliffs. Und die stolze Ostseemetropole Danzig ist von hier nur einen Katzensprung entfernt. Östlich von Danzig breitet sich das Frische Haff aus, eine Lagune, die durch den an einigen Stellen nur 600 m breiten Landstreifen der Frischen Nehrung von der Ostsee getrennt ist: viel Strand, viel Wald und ein paar Dörfer. Die vordere Hälfte der Nehrung gehört zu Polen, die hintere ist bereits russisches Staatsgebiet.

Touristisches Niemandsland ist die polnische Ostseeküste natürlich schon lange nicht mehr. In den Sommermonaten tobt hier das Strandleben mit all seinen schillernden Facetten, die Badeorte sind voll von Urlaubern und die Unterkünfte können knapp werden, nicht nur in traditionsreichen Kurorten wie Sopot oder Kołobrzeg.

Wer seine Reise für Juli oder August plant, sollte sich darüber im Klaren sein; in den übrigen Monaten des Jahres braucht man sich diesbezüglich keine Gedanken zu machen. Allerdings gibt es auch im Sommer viele Ausweichmöglichkeiten, denn wer die unmittelbare Küstenregion verlässt und ein paar Kilometer ins Landesinnere fährt, hat den Trubel schnell hinter sich gelassen. Eine gute Adresse ist zum Beispiel die Kaschubische Schweiz westlich von Danzig: eine dünn besiedelte Landschaft mit sanften Hügeln, vielen kleinen Seen und unendlicher Ruhe. Kaum vorstellbar, dass ganz in der Nähe das Danziger Großstadtleben pulsiert.

Außer Strand und Meer oder der unberührten Natur im Hinterland hat die polnische Ostseeküstenregion ein reiches kulturelles Erbe zu bieten. Kirchen und Wehrburgen aus rotem Backstein erinnern an die Zeit des Deutschen Ordens, dessen Ritter sich im frühen 13. Jh. aufmachten, den heidnischen Osten zu christianisieren und hier ihren eigenen, straff organisierten Staat gründeten. Später errichteten die pommerschen Herzöge vielerorts prachtvolle Schlösser, deren bedeutendstes Exemplar man in Szczecin (Stettin) bewundern kann. Nicht zu vergessen sind schließlich die vielen imposanten Bürgerhäuser aus der Zeit der Hanse, die vielerorts das Gesicht der historischen Altstädte prägen, allen voran in Danzig, dem architektonischen Schmuckkästchen der polnischen Küste.

Verträumt: Seenlandschaft in der Kaschubischen Schweiz

Faszinierend: riesige Sanddünen bei Łeba

Die Highlights ...

... für Liebhaber schöner Strände

Verschwiegene Buchten, spektakuläre Dünenlandschaften und strahlend weißer Sand, so weit das Auge reicht. Auf den Dünen wachsen saftige grüne Gräser, dahinter verströmen schattige Kiefernwälder einen würzigen Duft. Im Sommer blüht der Wacholder.

Świnoujście (Swinemünde): Kilometerlange Strände verlaufen entlang der sanft geschwungen Küste der Grenzinsel Usedom. Hinter einem Dünengürtel zwischen Świnoujście und dem Meer liegt ein bis zu 150 m breiter Küstenstreifen mit feinstem weißen Sand, der allmählich ins Meer abfällt. Der Strand von Swinoujście zählt zu den beliebtesten an der Küste.

Łeba: Die gepflegten Strände an der Grenze zum Slowinzischen Nationalpark sind berühmt für ihren sauberen weißen Sand und das klare Wasser. Unmittelbar in westlicher Richtung gehen die Strände über in die spektakuläre Dünenlandschaft des Nationalparks. Ideal für endlose Strandwanderungen an den einsamen Küstenabschnitten des Naturschutzgebietes.

Halbinsel Hel: Auf halber Strecke zwischen den Orten Jastrzębia Góra und Władysławowo beginnt hinter einem ausgedienten Wehrmachts-Bunker ein Pfad, der sich durch den Wald hinunter an den ca. 25 m tiefer liegenden Strand schlängelt. Jedes Jahr arbeiten sich die Naturgewalten weiter in die zerklüftete Steilküste vor. Am Fuß des hohen Kliffs breiten sich weite Strände mit feinem weißen Sand aus, eingebettet in malerische Buchten. Das Wasser ist hier erfrischend und klar, an den Ufern wuchern schattige Buchenwälder.

Redłowo: An diesem Strand in der Danziger Bucht (im Süden von Gdynia) präsentiert sich eine faszinierende Naturszenerie: Vor der Kulisse einer dramatischen Steilwand liegt ein schmaler, teils steiniger Sandstreifen.

Frische Nehrung: Die weiten Küstenabschnitte des schmalen Landstreifens gelten als die schönsten und saubersten der Ostsee. Schattige Wälder und schöne Dünen begleiten die Strände bis hin zur russischen Grenze. Auf der anderen Seite der Landzunge erstreckt sich das sumpfige Ufer des Frischen Haffs mit leise raschelndem Schilf und strahlend blauem Wasser.

… für Kulturinteressierte

Unbestritten ist Danzig (Gdańsk) das kulturelle Highlight an der Küste. Doch auch darüber hinaus gibt es so manches zu entdecken: von den Ruinen alter Burgen und mittelalterlicher Befestigungsmauern bis hin zu gotischen Backsteinkathedralen.

Stettin (Szczecin): Einer der architektonischen Höhepunkte von Szczecin ist das Greifen-Schloss. Der elegante Renaissancebau diente viele Jahrhunderte als Residenz der pommerschen Herzöge. Heute zieht er als Kulturzentrum zahlreiche Besucher an: Opern- und Theateraufführungen finden in historischem Ambiente vor der Kulisse des Schlosses statt. Unheimlich: eine Darbietung in der Gruft des Krypta-Theaters!

Kamień Pomorski: In der verschlafenen Kleinstadt ein paar Kilometer von der Küste entfernt befindet sich ein sakrales Baujuwel der Extraklasse: Die ehrwürdige Kathedrale von Kamień Pomorski war viele Jahrhunderte Bischofssitz und damit religiöses Zentrum Pommerns. Heute beherbergt das gewaltige Monument aus rostroten Backsteinen eine der berühmtesten Orgeln der Region. Kultureller Höhepunkt ist das alljährlich veranstaltete Orgelkonzert, das ein internationales Publikum anzieht.

Danzig (Gdańsk): Kein Weg führt an der einzigartigen Kulturhauptstadt der Küste vorbei. Die historische Baumasse der alten Rechtstadt stammt überwiegend aus dem 15./16. Jh. Herrliche, reich verzierte Patrizierhäuser und mächtige mittelalterliche Stadttore sind zu bestaunen. Zu den Glanzpunkten zählen darüber hinaus das Rechtstädtische Rathaus mit seinem Prunksaal, die gewaltige Marienkirche mit der legendären astronomischen Uhr sowie das Krantor, ein Wahrzeichen der Ostseemetropole.

Erhaben: die Marienkirche in Danzig

Oliwa: In der Abgeschiedenheit der Hügel, die Danzig umgeben, wurde im inzwischen eingemeindeten Vorort Oliwa in grauer Vorzeit ein einst bedeutendes Zisterzienserkloster gegründet. Heute ist Oliwa eine Oase des Friedens am Rande der hektischen Großstadt. In der sakralen Ruhe eines Parks erhebt sich die Kathedrale, die durch den Klang ihrer Orgel berühmt geworden ist. Täglich lassen mehrere Darbietungen auf diesem einzigartigen Instrument den Besuch zu einem unvergesslichen Erlebnis werden.

Malbork: Eine trutzige Ritterburg wie aus einem mittelalterlichen Heldenepos. Der gewaltige Komplex aus meterdicken Wehrmauern, einem Meer von Türmen und Burgzinnen glüht ziegelrot in der Abendsonne. Ein unüberschaubares Gewirr labyrinthartiger Gänge durchzieht die mächtigen Mauern. Gewaltige Zugbrücken und tiefe Burggräben schützen die prächtigen Säle und Gemächer der einstigen Burgherren: Von hier aus lenkten die Hochmeister des Deutschen Ordens die Geschicke ihres mächtigen Reichs.

Frombork: In den Mauern der mittelalterlichen Festung von Frombork, einer verschlafenen Küstenstadt am Frischen Haff, stellte der Astronom Nikolaus Kopernikus (1473–1543) die Welt auf den Kopf: Nicht die Sonne dreht sich um die Erde, sondern umgekehrt, lautete sein Credo – exakt 212 Jahre nach Kopernikus' Tod sah das auch die Kirche ein.

Uneinnehmbare Festung:
die Marienburg in Malbork

… für Naturgenießer

Die Küste und ihr Hinterland beeindrucken mit großer landschaftlicher Vielfalt: Sandstrände wechseln mit schroffen Steilufern und gigantischen Dünenformationen ab, hinter dem Küstenstreifen breiten sich Sumpfgebiete und saftige Flussniederungen aus und inmitten dunkler Wälder stößt man immer wieder auf smaragdgrüne Seen aus der Eiszeit. Flache, verschilfte Gewässer, die im Laufe der Jahrhunderte von der offenen See abgetrennt worden sind, bilden den Lebensraum für Abertausende von Wasservögeln, in den Wäldern tummeln sich Wildschweine, Rotwild und Füchse. Einige der reizvollen Landschaften mit ihrem reichen Tierbestand werden in Nationalparks geschützt.

Wolliner Nationalpark: Wolin (deutsch: Wollin), die größte Insel Polens, liegt gleich hinter der deutsch-polnischen Grenze. Der Wolliner Nationalpark, der 1960 gegründet wurde, reicht von Międzyzdroje (Misdroy) im Nordosten der Insel bis zum

Stettiner Haff. Dem Besucher werden ausgeschilderte Wanderwege angeboten, die u. a. an der verwitterten Steilküste entlangführen und in die schattigen Wälder des Hinterlandes eintauchen. Man kommt an Seen aus der Eiszeit vorbei, kann sich ein Wisent-Reservat anschauen und die vielfältige Flora des Nationalparks bewundern. Ideal für stundenlange Wanderungen ...

Slowinzischer Nationalpark: Der Park, der seinen Namen dem einst hier ansässigen slawischen Stamm der Slowinzen verdankt, erstreckt sich 33 km entlang der Küste zwischen Rowy und Łeba. Seine größte Attraktion ist die faszinierende Dünenlandschaft um Łeba mit zum Teil riesigen Wanderdünen, die ein wahres „Sahara-Feeling" vermitteln. Hinter dem Dünenwall erstrecken sich der Łebsko- und Gardno-See, an deren verschilften Ufern Kraniche und sogar Seeadler ungestört nisten können.

Kaschubische Schweiz: Nur ein paar Kilometer westlich von Gdańsk beginnt ein Naturparadies der besonderen Art: sanfte, bewaldete Hügel mit abgeschiedenen Tälern, in denen kleine, noch wenig erschlossene Dörfer liegen. Über 500 kristallklare Seen und Weiher liegen hier über die Landschaft verstreut, zum Teil durch silbrige Flüsse miteinander verbunden, deren Läufe durch verträumte Täler und wilde Schluchten mäandern.

Elbląg-Ostróda-Kanal: Eine Bootsfahrt durch die Flüsse und Seen dieses 82 km langen Kanalsystems ganz im Osten des Reisegebiets lohnt sich unbedingt: Auf beiden Seiten ziehen urwaldartige Wälder vorüber, Schlingpflanzen wuchern in verschwiegenen Buchten, und Inseln aus dichtem Schilf prägen die bezaubernden stillen Seen, auf denen weiße Teichrosen blühen. Auf der ungewöhnlichen Fahrt können Fischreiher und zahlreiche weitere seltene Vogelarten beobachtet werden. Anschließend werden die Boote auf Rollbahnen über Land zum nächsten See gezogen.

Erfrischend: eine Schifffahrt über den Kłodno-See

... für Aktivurlauber

Angeln: Mit ihren zahlreichen Flüssen und kristallklaren Seen ist die Küstenregion ein Paradies für Angler. In den sauberen, fischreichen Gewässern dürfen über

30 Fischarten gefangen werden, darunter Hecht, Zander, Wels, Aal, Barsch und Renke. Eines der beliebtesten Angelreviere ist die Parsęta (Persante), in der sich besonders große Exemplare tummeln sollen. Sofern man den Berichten der Angler Glauben schenken darf, brachte es eine aus dem Fluss gefischte Meerforelle auf stolze 106 cm Länge bei einem Gewicht von ganzen 14,4 kg. Der Kampf soll über 30 Minuten gedauert haben.

Seit einigen Jahren wird auch Hochseeangeln angeboten. Wer sich dafür interessiert, sollte auf Plakate an Häfen oder Strandpromenaden achten. In der Regel sind die lokalen Fachgeschäfte sehr gut sortiert, und die Ausrüstung kann zu günstigen Preisen erweitert werden.

Radfahren: Touren mit dem Drahtesel durch Nordpolen erfreuen sich zunehmender Beliebtheit, und inzwischen bieten die meisten Urlaubsorte sowie viele Hotels einen Fahrradverleih an. Ein Grund für diese Entwicklung ist die transeuropäische Fahrradroute R1, die von der deutsch-polnischen Grenze (bei

Beliebter Zeitvertreib: Angeln

Kostrzyń) bis nach Kaliningrad führt. Wer nicht gleich durch halb Europa touren möchte, kann auch kleinere Ausflüge durch die vielen tiefen Wälder mit den herrlichen Seen unternehmen. Auch in den Nationalparks sind teilweise Touren ausgeschildert. Generell ist ein Mountainbike von Vorteil, denn viele kleinere Pisten und Feldwege sind damit deutlich besser zu bewältigen als mit einem normalen Fahrrad. Auf Touren durch die einsameren Gegenden sollten Flickzeug sowie ein kleines Ersatzteillager nicht fehlen.

Kajak/Kanu: Die zahlreichen verschwiegenen Seen und Flüsse sind hervorragend für Touren mit dem Kanu geeignet; eine der schönsten ist die Tour durch die Seen der Kaschubischen Schweiz, die in Chmielno startet. Eine weitere faszinierende Strecke ist die mehrtägige Kajak-Tour auf der Słupia: Vom Gowidlińkie-See aus windet sich der Fluss in unzähligen Schleifen durch die Landschaft bis nach Słupsk. Die Ufer sind überwiegend mit Weiden und Erlen bewachsen, gelegentlich auch mit Kiefern und Fichten.

Reiten: Die Tradition der Pferdezucht ist ein letzter Überrest aus der Zeit der preußischen Herrschaft – edle Rösser aus Pommern sind heute noch weltberühmt.

Die polnische Küste erleben

Auf der Motława: Segelboote vor der Uferpromenade in Gdańsk

Zahlreiche Gestüte haben deshalb ihren Sitz in ehemaligen Herrenhäusern und restaurierten Schlössern. Derzeit bieten sie meist eine Kombination aus Unterkunft, Reitunterricht und Ausflügen in die Umgebung an. Zu den besten Adressen zählen der Reiterhof Michalski in Kołobrzeg und das Gestüt in Kadyny am Frischen Haff.

Segeln: Die über 500 km lange Küste sowie tausende traumhafter Seen lassen Polen zu einem Eldorado für Segler werden. Eine besondere Infrastruktur wird am Stettiner Haff und in der Danziger Bucht geboten. Allerdings ist die polnische Ostsee wegen starker Winde, flacher Häfen und enger Hafeneinfahrten kein einfaches Segelrevier – man sollte schon einiges an Erfahrung mitbringen. Boote können an den Yachthäfen gechartert werden, auch tage- oder sogar stundenweise. Voraussetzung ist in jedem Fall der internationale Bootsschein, der beim Deutschen Segler-Verband (DSV) beantragt werden kann.

Tauchen: Obwohl Seen und Ostsee viele Gelegenheiten zum Tauchen bieten, verbreitet sich diese Sportart in Polen nur langsam. In der Danziger Bucht und an der Küste bei Hel kann zu Wracks getaucht werden: 25 gesunkene Schiffe liegen hier in einer Tiefe zwischen 5 und 70 m.

Wandern: Wandern ist die mit Abstand beliebteste sportliche Aktivität. Polens Wanderwege verlaufen über hunderte von Kilometern durch Wälder und entlang der endlosen Sandstrände an der Ostseeküste. Sie sind gut markiert, leicht zu finden und eignen sich hervorragend für ausgedehnte Spaziergänge und Wanderungen. Auch der europäische Fernwanderweg E9 verläuft entlang der polnischen Küste: Er beginnt an der deutsch-polnischen Grenze in Świnoujście und reicht bis zur Danziger Bucht. Wer nicht zu Fuß von Deutschland bis dorthin laufen möchte, kann auch einzelne landschaftlich besonders schöne Strecken dieses Wanderwegs zurücklegen; sehr reizvoll sind Tagestouren durch den Wolliner und den Slowinzischen Nationalpark.

Weitere Details für Aktivurlauber

Angeln: Ist die Schonzeit vorüber, darf in polnischen Gewässern geangelt werden – dafür ist allerdings eine Angelkarte notwendig, die der polnische Anglerverband (PZW) ausstellt. Teils sind die Genehmigungen auch bei den regionalen Fischereibehörden (*państwowe gospodarstwo rybne*) oder in den lokalen Touristenbüros erhältlich. Der Preis bewegt sich zwischen 15 und 60 €, je nach Gewässer und Gültigkeitsdauer. Dazu erhält man Informationen über Schonzeiten und Mengenlimits der einzelnen Fischarten. Auskunft erteilt der *Polnische Anglerverband (PZW)*, ul. Twarda 42, 00-831 Warszawa, ☎ 022/6208966, 📠 022/6205085, www.zgpzw.pl.

Kajak/Kanu: Organisiert werden Kajak-Touren von der Polnischen Gesellschaft für Touristik und Heimatkunde (PTTK), bei deren lokalen Stationen man sich auch Boote ausleihen kann. Von Juni bis Mitte Juli ist die Zahl der Kajak-Touren allerdings eingeschränkt – wegen Brutzeit seltener Vogelarten in Naturschutzgebieten! Informationen erteilen: *Polnische Gesellschaft für Touristik und Heimatkunde (PTTK)*, ul. Senatorska 11, 00-075 Warszawa, ☎ 022/8262251, biuro-zg@pttk.pl, www.pttk.pl; *Deutscher Kanu-Verband e.V.*, Postfach 100315, 47003 Duisburg, ☎ 0203/997590, 📠 0203/9975960, service@kanu.de, www.kanu.de; *Polnischer Kajakverband (Polski Związek Kajakowy)*, ul. Erazma Ciołka 17, 01-445 Warszawa, ☎ 022/8371470, 📠 022/8772460, office@pzkaj.pl, www.pzkaj.pl.

Reiten: Der *Polnische Reiterverband (Polski Związek Jeździecki)* bietet Informationen über zum Teil neu eröffnete Reitställe, die Ausritte und Reitstunden organisieren: ul. Lektykarska 29, 01-687 Warszawa, ☎ 022/6393240, 📠 022/8336158, pzj@pzj.pl. Weitere Angebote für Reitunterricht und organisierte Touren gibt es unter www.reiten-in-polen.de sowie *Das Urlaubspferd*, Wiesenstraße 25, 64331 Weiterstadt, ☎ 06151/895638, 📠 06151/893891, info@urlaubspferd.de, www.urlaubspferd.de.

Segeln: Informationen beim *Deutschen Segler-Verband (DSV)*, Gründgensstr. 18, 22309 Hamburg, ☎ 040/6320090, 📠 040/63200928, www.dsv.org, und beim *Polnischen Seglerverband (Polski Związek Żeglarski)*, ul. Chocimska 14, 00-791 Warszawa, ☎ 022/8480483, 📠 022/8480482, pyabiuro@pya.org.pl, www.pya.org.pl.

Wandern: Die Touristeninformationen stehen gerne mit Wanderkarten und allgemeinen Informationen zur Verfügung. Wer dagegen längere Wanderungen in einsameren Gebieten unternehmen möchte oder detaillierteres Info-

Material benötigt, kann sich an die lokalen PTTK-Büros wenden: Neben Wanderkarten und vielen Tipps erhält man hier auch Informationen über Übernachtungsmöglichkeiten. *Polnische Gesellschaft für Touristik und Heimatkunde (PTTK)*, ul. Senatorska 11, 00-075 Warszawa, ☎ 022/8262251, biuro-zg@pttk.pl, www.pttk.pl.

Farbenfrohe Ankunft ...

Anreise

Alles ist möglich: Auto, Motorrad, Bahn, Bus oder Flugzeug. Die meisten entscheiden sich für die Anreise mit dem eigenen Fahrzeug und damit auch für die größtmögliche Mobilität vor Ort.

Mit dem Beitritt Polens zur Europäischen Union am 1. Mai 2004 sind die Einreisebestimmungen für Deutsche, Österreicher und Bürger aus anderen EU-Staaten denkbar einfach geworden: Man benötigt nur noch einen **Personalausweis**, Kinder unter 16 Jahren entweder einen eigenen Kinderlichtbildausweis oder eine Eintragung im Pass der Eltern. Seit dem 21. Dezember 2007 sind die Grenzkontrollen ganz weggefallen. Schweizer benötigen als Nicht-EU-Ausländer dagegen weiterhin einen Reisepass, der mindestens noch sechs Monate gültig ist.

Mit dem eigenen Fahrzeug

Die polnische Ostseeküste ist nah, von Berlin aus gelangt man in nur anderthalb Stunden nach Stettin (ca. 150 km), von München sind es ohne Pausen rund sieben Stunden (ca. 750 km) Fahrtzeit. Bis zur Grenze kommt man über die Autobahn, danach geht es in Polen in der Regel auf der Landstraße weiter. In den letzten Jahren wurde zwar auch hier das Straßennetz verstärkt ausgebaut, doch es wird noch einige Zeit dauern, bis alle größeren Städte über die Autobahn erreichbar sind. Die Landstraßen sind zwar in einem verhältnismäßig guten Zustand, doch die vielen Lastwagen auf den teils kurvenreichen und schwer einsehbaren Strecken tragen nicht unbedingt dazu bei, die Reisegeschwindigkeit zu erhöhen.

Die gängigste Route entlang der Küste verläuft von Stettin (Szczecin) auf der Schnellstraße nach Koszalin, dann über Słupsk nach Gdańsk und von dort weiter nach Elbląg und an die Frische Nehrung. Wer auf dieser Route unterwegs ist, reist über den **Grenzübergang Pomellen-Kołbaskowo** ein. Eine andere Strecke verläuft parallel zur Küste durch das Landesinnere: Sie führt von Berlin über den **Grenzübergang Kietz-Kostrzyń** (bei Frankfurt/Oder) zunächst nach Gorzów, Piła und Bydgoszcz und von dort aus in Richtung Norden nach Danzig (Gdańsk). Diese Routen sind auch deshalb empfehlenswert, da es an den kleineren Grenzübergängen häufig zu Stauungen kommt.

● *Fahrzeugpapiere* Prinzipiell reichen der nationale Führerschein und der Kfz-Schein aus – allerdings erweisen sich unterwegs weiterhin der internationale Führerschein sowie die grüne Versicherungskarte als nützlich.

● *Weiterfahrt in Richtung Osten* Wer Ausflüge nach Kaliningrad oder Weißrussland plant, sollte sich darauf einstellen, dass Polen seine Grenzen zu Nicht-EU-Ländern derzeit kräftig aufrüstet: Neben verstärktem Personaleinsatz, strengeren Vorschriften für Visa und langen Wartezeiten aufgrund von intensiven Kontrollen gelten hier auch strengere Zollvorschriften.

Mit der Bahn

Das Streckennetz ist gut ausgebaut, die Anreise unkompliziert und die Formalitäten an der Grenze beschränken sich in der Regel auf eine kurze Ausweiskontrolle. Gdańsk und Szczecin sind die wichtigsten Verkehrsknotenpunkte an der polnischen Küste. Die besten Verbindungen bestehen von Berlin. Von dort fahren mehrmals täglich Züge nach Szczecin, die Fahrt dauert inklusive Umsteigen zwei bis drei Stunden. Ebenfalls ab Berlin verkehrt ein Nachtzug Richtung Gdańsk (im Sommer beinahe täglich); wer die rund zehneinhalbstündige Fahrt antreten möchte, muss allerdings einen Liege- oder Schlafwagenplatz buchen, Sitzplätze stehen nicht zur Verfügung. Alle weiteren Verbindungen nach Danzig führen über Poznań (Posen), Katowice (Katowitz), Warszawa (Warschau) und andere Umwege.

Wer die übrigen Küstenorte erreichen will, muss in Szczecin oder Gdańsk auf die Züge der polnischen Bahn bzw. auf Busse umsteigen (siehe auch „Unterwegs an der Küste" ab S. 28). Beide Verkehrsmittel sind in Polen wesentlich günstiger als in Deutschland.

Wer sein Fahrrad nach Polen mitnehmen möchte, kann für 10 € die internationale Fahrradkarte für die Fahrt von Deutschland nach Polen erwerben. Da diese Regelung nicht in ECs, ICs und Expresszügen gilt, erreicht man Gdańsk von Berlin aus nur mit einmal Umsteigen via Katowice. In den Regionalzügen von Berlin nach Szczecin kann der Drahtesel dagegen problemlos mitgenommen werden.

Vorsicht! In polnischen Zügen empfiehlt es sich, ein wachsames Auge auf seine Siebensachen zu haben. Wer über Nacht im Sitzwagen reist, sollte seine Brieftasche gut verstauen.

● *Preise/Information* Da die Preisgestaltung der Deutschen Bahn auf einem komplexen System von Normal- und Sondertarifen beruht, sind Pauschalhinweise kaum möglich. Deswegen sollte man sich vor Reiseantritt vom Reisebüro oder am Bahnschalter das günstigste Angebot heraussuchen lassen. Der Reise-Service der Deutschen Bahn ist unter ☏ 11861 zu erreichen. Allerdings ist die Telefonauskunft mit 1,80 € pro Minute reichlich kostspielig (abgerechnet wird im Sekundentakt). Daher ist eher eine Internetrecherche (www.bahn.de) zu empfehlen. Hinweise zu aktuellen Sondertarifen im europäischen Raum gibt darüber hinaus der Verkehrsclub Deutschland e. V. in seiner alle zwei Monate erscheinenden Zeitschrift „fairkehr" und im Online-Archiv unter www.fairkehr.de: Verkehrsclub Deutschland e. V., Niebuhrstraße 16 b, 53113 Bonn, ☏ 0228/98585-45, ✆ 0228/985850.

Bahn-Oldtimer: nur noch auf dem Abstellgleis

Radfahrer informieren sich bei der DB-Rad-fahrerhotline unter ☎ 01805/151415 bzw. unter ☎ 030/2423453 bei der Informationsstelle der polnischen Staatsbahn PKP in Berlin über Möglichkeiten und Preise einer Fahrradmitnahme.
Beispielverbindungen:
Berlin – Szczecin: einfach ab 29 € im IC. Günstiger mit dem **Brandenburgticket** (bis zur Grenze), dann kostet die Strecke einfach nur rund 25 €.

Berlin – Gdańsk (Direktverbindung nach Gdynia): einfach ab 45 €. Hinzu kommen 4 € für den Sitzwagen bzw. die Kosten für den Liegewagen, denn der Zug fährt über Nacht. Einen Platz im Liegewagen bekommt man für 13,40 € pro Person in einem Abteil für 6 Personen bzw. 20 € in einem Abteil für 4 Personen. Plätze in diesem Zug sind reservierungspflichtig.
Berlin – Katowice – Gdańsk (mit dem Fahrrad): 100 € + 10 € Fahrradmitnahme.

Mit dem Flugzeug

Für den internationalen Flugverkehr an der Ostseeküste spielen die Flughäfen in Gdańsk und Szczecin eine wichtige Rolle. Eine direkte Flugverbindung nach Gdańsk besteht allerdings nur von Frankfurt/Main, Hamburg und München. In allen anderen Fällen muss einmal umgestiegen werden. Die Mehrzahl der Linien fliegt zunächst Warszawa, die internationale Drehscheibe des Flugverkehrs, an. Die reine Flugzeit von Deutschland nach Warszawa beträgt etwa 1 ½ Stunden; von dort geht es dann mit der nächsten Maschine weiter nach Gdańsk oder Szczecin.

Achtung: Flüssigkeiten, also Getränke oder Kosmetika wie Shampoo, Gel, Zahnpasta etc. können ausschließlich in einem durchsichtigen Plastikbeutel im Handgepäck mit an Bord genommen werden. Dabei dürfen die einzelnen Verpackungen nicht mehr als 0,1 l der jeweiligen Flüssigkeit beinhalten.

• *Fluglinien* Die meisten großen Fluggesellschaften bieten auch Flüge nach Polen an: darunter Air France, Alitalia oder British Airways. Von Deutschland aus ist es allerdings am günstigsten, entweder mit der Lufthansa oder aber mit der polnischen

Fluggesellschaft LOT zu fliegen. Denn diese beiden Gesellschaften bieten die besten Stadt-zu-Stadt-Verbindungen der Ostseeküste an.

Lufthansa: Beinahe täglich fliegt die Lufthansa von Frankfurt/Main und München direkt nach Gdańsk. Wer nach Szczecin reist, kann via Warszawa von München, Frankfurt/Main, Hamburg, Düsseldorf oder Berlin fliegen. Während der Sommermonate werden gelegentlich sogar Direktverbindungen nach Szczecin angeboten. Die Lufthansa bietet Hin- und Rückflug von Frankfurt/Main oder Hamburg in eine dieser beiden Zielstädte ganzjährig ab 331 € inklusive Flughafensteuer. Sehr kurzfristige Entscheidungen werden teurer: Der Flug kann dann bis zu 1344 € kosten! Es lohnt sich auch, nach aktuellen Angeboten für Jugendtarife zu fragen. Derzeit gibt es beispielsweise Angebote für Twens unter 24 Jahren für nur 407 € plus Flughafensteuer von Frankfurt/Main nach Gdańsk oder Szczecin. Günstigere Angebote der Lufthansa gibt es auch bei www.flug.de: Dort werden bisweilen Tickets für 152 € angeboten – doch das Kontingent ist begrenzt. ✆ 01805/8384267.

LOT: Auch die polnische Fluggesellschaft fliegt von Frankfurt/Main und München direkt nach Gdańsk. Ansonsten erreicht man die beiden polnischen Städte von Berlin, Düsseldorf und München über Warszawa. Im Vergleich zu früher hat sich das Niveau der LOT deutlich verbessert: Russische Maschinen werden nicht mehr eingesetzt, stattdessen transportieren nun auch hier große Boeings die Passagiere ruhig und sicher durch die Lüfte, die Crew gibt sich modern und freundlich. Auch die Preise sind inzwischen wieder moderater. Die LOT bietet derzeit ein gestaffeltes Preissystem mit zehn Sondertarifen an: Wer seinen Flug früh genug bucht, bekommt beispielsweise das Ticket von Frankfurt/Main nach Gdańsk oder Szczecin bereits für rund 160 € inklusive Flughafensteuer. Wer sich erst

eine Woche vorher für die Reise entscheidet, zahlt drauf: Ein Flug, der bis zu 7 Tage vor dem Abflug gebucht wird, kostet beispielsweise 308 € (inklusive Flughafensteuer) oder mehr. Es lohnt sich, nach aktuellen Sonderangeboten zu fragen. Reservierungen unter ✆ 01803/000336.

Austrian Airlines: bietet Verbindungen von Wien und Innsbruck nach Warschau an. www.aua.at, ✆ 0043/5/1789.

Swiss Air: Es können Flüge von Basel oder Zürich nach Warschau gebucht werden. www.swiss.com, ✆ 0041/180/3000337.

Seit der Liberalisierung des Luftverkehrs steuert auch eine wachsende Anzahl von Billigfluglinien Polen an. Die Zahl der Verbindungen ändert sich derzeit jedoch ständig – die folgenden Vorschläge sind entsprechend unverbindlich und mit dem aktuellen Angebot der Fluglinien unbedingt abzugleichen: Gute Angebote bietet beispielsweise Germanwings (Hamburg – Warszawa oder Köln – Gdańsk). Auch **Ryanair** (Frankfurt – Gdańsk), **Wizz Air** (Dortmund, Köln und Hamburg-Lübeck nach Gdańsk) und **Eurowings** haben zum Teil sehr günstige Flüge nach Polen im Programm. Gute Angebote finden sich auch bei www.flug.de oder www.travel-overland.de, sowie bei www.expedia.de, www.dertour.de oder www.billigflieger.de.

● *Gepäck und Sportgeräte* Die Freigepäckgrenze liegt bei 20 kg, für jedes weitere Kilo werden 5 € berechnet. Wenn die Tour allerdings länger als 28 Tage dauert, wird gelegentlich ein Auge zugedrückt. Sonderregelungen gibt es bei Sportgeräten: Während Golf- oder Tauchausrüstung bei manchen Fluglinien als Übergepäck verrechnet werden, verlangen andere 30 € extra (Fahrräder und/oder Surfbretter sowie Fall- oder Gleitschirme sind sogar noch teurer). Man sollte sich also beim Kauf des Tickets über die jeweiligen Konditionen informieren.

Mit dem Bus

Eine preisgünstige Alternative zu Bahn und Flugzeug ist eine Fahrt mit den von verschiedenen Veranstaltern angebotenen Linienbussen. Die Busse sind pünktlich, sehr zuverlässig, klimatisiert und teilweise mit Video ausgestattet – was allerdings nicht unbedingt ein Vorteil ist, denn die englischen Originalfilme sind polnisch synchronisiert und ohne entsprechende Sprachkenntnisse nicht zu verstehen. Linienbusse erfreuen sich in Polen übrigens großer Beliebtheit: Es gilt dort als die komfortabelste Art, sich fortzubewegen!

Beschaulich: eine Busfahrt durch Gdynia

Für die Anfahrt von Deutschland nach Polen stehen zahlreiche Verbindungen zur Verfügung: Vor allem von den norddeutschen Städten (Berlin, Hamburg, Bremen, Kiel) sind die Strecken an die polnische Küste gut ausgebaut (Szczecin, Koszalin, Słupsk, Gdynia, Gdańsk, Malbork, Elbląg). Die Busse, die in Hamburg oder Kiel starten, fahren entweder entlang der Küste oder folgen der Route durch das Landesinnere über Szczecin, Wałcz und Chojnice nach Gdańsk. Die Abfahrt erfolgt meist nachmittags, sodass man je nach Zielort am späten Abend bzw. am frühen Morgen in Polen ankommt. Eine Fahrt von Hamburg nach Szczecin dauert etwa 5 Stunden, nach Gdańsk ist man 10–12 Stunden unterwegs.

Busse, die von München aus abfahren, nutzen unterschiedliche Routen durch das Landesinnere bis nach Szczecin, Koszalin oder Gdańsk. In ganz Deutschland sind die meisten größeren Städte mit den wichtigsten Städten der polnischen Küste vernetzt (Szczecin, Gdynia, Gdańsk). Die Formalitäten an den Grenzen beschränken sich auf eine Passkontrolle; die Wartezeit beträgt mit dem Bus derzeit durchschnittlich eine Stunde.

● *Preise* Eine Hin- und Rückfahrt nach Gdańsk kostet von Hamburg aus um die 105 €, von München sind es rund 112 €, von Frankfurt/Main 108 €. Viele Agenturen gewähren Ermäßigungen für Studenten, Senioren und Kinder unter 14 Jahren.

● *Veranstalter* **Deutsche Touring Gesellschaft (Eurolines)**, ein Konsortium international operierender Buslinien. Sehr gut ausgebautes Netz. Die Busse der Deutschen Touring starten von insgesamt etwa 30 deutschen Städten. Tägliche Verbindungen gibt es z. B. von Aachen über Hannover entlang der polnischen Küste bis Gdańsk.

Von München und Stuttgart fahren Busse zweimal wöchentlich bis Gdańsk. Am Römerhof 17, 60486 Frankfurt/Main, ☏ 069/7903501, 🖷 069/7903219, service@deutsche-touring.com, www.deutsche-touring.com.

Becker-Reisen, verbindet vor allem die Städte im norddeutschen Raum mit Szczecin und Gdańsk. Von Bremen aus wird viermal wöchentlich gestartet, die Fahrt geht dann über Hamburg nach Szczecin und Gdańsk. Adenauerallee 76, 20697 Hamburg, ☏ 04182/28110, info@becker-reisen.de, www.becker-reisen.de.

Interglobus Reisen, internationale Busreisen in und nach Polen. Günstige Angebote im norddeutschen Raum für Bremen, Flensburg, Kiel und Hamburg. Täglich fahren Busse von Flensburg über Szczecin nach Gdańsk. Die Route verläuft entlang der Küstenstädte. Von Hamburg aus liegt die Hin- und Rückfahrt bei 68 €. Adenauerallee 74, 20697 Hamburg, ✆ 040/2804550, ✆ 040/2804461, www.sindbad-gmbh.de.

Polreisen, tägliche Verbindung mit Klein- und Linienbussen mit den Städten der polnischen Küste: Szczecin, Koszalin, Słupsk, Gdynia, Gdańsk, Elbląg. Reisebüro gegenüber vom Hauptbahnhof, 28195 Bremen, ✆ 0421/1604748.

Blaguss Reisen, bietet Touren von Wien aus an. Richard-Strauss-Str. 32, 1230 Wien, ✆ 01/61090-0, office@blaguss.at, www.blaguss.at.

Per Mitfahrzentrale

Eine preisgünstige Lösung für beide Seiten: Wer Fahrgäste im eigenen Wagen mitnimmt, kann seine Anreisekosten erheblich reduzieren; wer kein Auto besitzt, kommt umgekehrt sehr preiswert nach Polen. Während Polen in der Vergangenheit nicht gerade das am häufigsten angesteuerte Ziel war, ist in den vergangenen Jahren ein Aufwärtstrend spürbar geworden.

Der größte Anbieter ist die **Arbeitsgemeinschaft Deutscher und Europäischer Mitfahrzentralen e. V.**, dessen angeschlossene Agenturen deutschlandweit einheitlich unter der Telefonnummer 19440 (nach der Ortsvorwahl) zu erreichen sind. Eine detaillierte Auflistung findet man im Internet unter www.mitfahrzentrale.de.

Die Preise setzen sich aus einer festgelegten Vermittlungsgebühr und einem Betriebskostenanteil für den Mitfahrer zusammen (der Fahrer zahlt keine Vermittlungsgebühr); für die Strecke Hamburg – Gdańsk muss man mit etwa 45 € rechnen. Darüber hinaus kann man für einen geringen Betrag eine Versicherung abschließen, die im Falle einer Autopanne die Kosten für eine Weiterfahrt mit der Bahn (2. Klasse) trägt.

Pauschalangebote

Wer sich im Urlaub nicht auch noch um die gesamte Organisation kümmern möchte, kann von günstigen Pauschalangeboten profitieren: Zahlreiche Reiseveranstalter vermitteln zu attraktiven Konditionen Hotels in verschiedenen Küstenstädten (von Szczecin über Międzyzdroje, Kołobrzeg etc. bis Gdańsk und Elbląg); häufig wird auch die Unterkunft im Hotel in Kombination mit einem Flug angeboten (Gdańsk und Szczecin). Die dritte Variante sind komplett organisierte Touren mit Reiseleiter, etwa eine fünftägige Tour im Mai mit den Zielen Hel, Kaschubische Schweiz und Gdańsk für etwa 500 € pro Person (inkl. Übernachtung). Ganz vorne liegen bei den Pauschalangeboten sechs- bis achttägige Reisen in die beiden Städte Gdańsk und Szczecin. Es werden aber auch verschiedene Touren entlang der Küste angeboten: Dann reist man beispielsweise mit einem Bus innerhalb einer Woche von Szczecin bis in die Masuren.

Pauschalangebote können auch vor Ort gebucht werden: In den polnischen Reisebüros werden häufig mehrtägige Touren sowie Ausflüge in die Umgebung organisiert. Oft sind dort die Preise etwas günstiger als in Deutschland. Der polnische Anbieter **GlobTour** (Płac Rodła 1–2, Szczecin, ✆ 0048/91/4344206, ✆ 0048/91/4891122, www.globtour.pl) hat beispielsweise ein breites Spektrum an maßgeschneiderten Touren und Ausflügen für Aktivurlauber im Programm: Reiten, Kajak fahren,

Wandern oder Bernstein sammeln an der Küste. Die Reiseziele sind u. a. der Slowinzische Nationalpark oder auch Gdańsk sowie weitere Touren entlang der Küste.

• *Anbieter in Deutschland* **Darpol**, Kaiser-Friedrich-Str. 19, 10585 Berlin, ✆ 030/3420074, ℡ 030/34200074, www.darpol.com.

DNV Touristik, Heubergstr. 21, 70806 Kornwestheim, ✆ 07154/131830, ℡ 07154/182924, www.dnv-tours.de.

Globetrotter, Bornheide 51, 22549 Hamburg, ✆ 040/4210430, ℡ 040/42104320, www.globetrotter.de.

Natours Reisen, Untere Eschstr. 15, 49179 Ostercappeln, ✆ 05473/92290, ℡ 05473/8219, www.natours.de.

Polen Reisen, Adenauerallee 78, 20097 Hamburg, ✆ 040/241427, ℡ 040/241449, www.polenreisen-hamburg.de.

Polen Reisedienst, Vermittlung von Hotelunterkünften und Ferienhäusern, Sesenheimerstr. 16, 10627 Berlin, ✆ 030/3135072, ℡ 030/3126149, www.ferienwelt.com.pl.

Polonia Reisebüro, Lange Reihe 45, 20097 Hamburg, ✆ 040/243634, ℡ 040/2801034, www.polenreisen-polonia.de.

Sausewind Reisen, Meeschweg 9, 26127 Oldenburg, ✆ 0441/935650, ℡ 0441/3047109, www.sausewind.de.

Schnieder Reisen, Hellbrookkamp 29, 22177 Hamburg, ✆ 040/3802060, ℡ 040/388965, www.baltikum24.de.

Wikinger Reisen, Kölner Str. 20, 58135 Hagen, ✆ 02331/9046, ℡ 02331/904704, mail@wikinger.de, www.wikinger-reisen.de.

• *Anbieter in Österreich* **Polnisches Informationsbüro für Touristik „Globalreisen"**, Invalidenstr. 7, 1020 Wien, ✆ 01/2147688, ℡ 01/2147689.

• *Sprachreisen* **Perelingua Sprachreisen** nach Krakau, Warschau und Sopot, Gosslerstr. 24, 12159 Berlin, ✆ 030/8518001, ℡ 030/8516983, www.perelingua.de.

• *Fahrradreisen* **Radelreisen Wilke Touristik**, Redderkoppel 27 a, 22393 Hamburg, ✆ 040/6013738, ℡ 040/6019928, www.bahnradelreisen.de.

Rückenwind Reisen GmbH, Erlebnisreisen mit dem Fahrrad, Am Patentbusch 14, 26125 Oldenburg, ✆ 0441/485970, ℡ 0441/4859723, www.rueckenwind.de.

Verwegen: die Boote vor Jastarnia

Unterwegs an der Küste

Mit dem eigenen Fahrzeug

Das Straßennetz an der polnischen Küste wurde seit der Wende in den 1990ern kontinuierlich verbessert und erweitert. Inzwischen sind nicht nur die Verbindungen zwischen den größeren Städten ausgebaut, auch die Zahl der Schlaglöcher ist zurückgegangen. Doch obwohl die großen Verbindungsstraßen deutlich verbreitert wurden, sind sie immer noch nicht mit deutschen Landstraßen vergleichbar. Autobahnen gibt es nur bei Szczecin und Gdańsk. Dementsprechend ist die durchschnittliche Reisegeschwindigkeit an der polnischen Küste auch deutlich geringer als in Deutschland.

Der Verkehr hat in den letzten Jahren rasant zugenommen, und die wachsende Flut an Automobilen wird in kreativer Free-Style-Manier bewältigt und geregelt. So sind auch auf der Autobahn sehr unterschiedliche Fortbewegungsmittel anzutreffen – also nicht erstaunt sein, wenn dort Radfahrer unterwegs sind, Fußgänger entgegenkommen oder gar Lastwagen parken.

Bei einer Polizeikontrolle muss man Kfz-Schein und Führerschein dabeihaben. Daneben können der internationale Führerschein und die grüne Versicherungskarte hilfreich sein.

Parken: In den großen Städten Szczecin und Gdańsk sollten Sie Ihren Wagen nur auf bewachten Parkplätzen und in Parkhäusern abstellen (siehe auch „Kriminalität", S. 54). Die meisten Hotels in den Städten bieten solche beaufsichtigten Stellplätze an, die Parkgebühren liegen je nach Ort und Hotel zwischen 5 und 15 € pro

Auf Parkplatzsuche

Innerpolnische Geschwindigkeitsregelungen			
	Landstraße mit einer Fahrbahn (zwei Fahr-bahnen)	Schnellstraße mit einer Fahrbahn (zwei Fahrbahnen)	Ortschaft
Pkw/Motorrad	90 km/h (100 km/h)	100 km/h (110 km/h)	50 km/h
Pkw mit Anhänger	70 km/h (80 km/h)	80 km/h (80 km/h)	50 km/h

Auf der Autobahn ist für Pkws und Motorräder 130 km/h erlaubt – haben Sie einen Anhänger, bleibt es bei 80 km/h.

Nacht und Pkw (manchmal schon im Zimmerpreis enthalten). Die Parkplätze mancher Hotels sind allerdings unbewacht und dann auch umsonst.

Bewachte Parkplätze sind mit der Aufschrift „*strzeżony*" gekennzeichnet. In Städten wird in der Regel eine Gebühr von 2–3 € pro Stunde fällig. Der Parkplatz kann auch für 24 Stunden belegt werden, das kostet dann zwischen 7 und 15 €. Wer einen solchen Parkplatz für einen ganzen Tag bezahlt hat, kann während dieses Tages beliebig oft wegfahren und wieder zurückkehren. Am Eingang wird dann beim Verlassen des Platzes der Beleg hinterlassen. Wer sich mehrere Tage in einer Stadt aufhalten möchte, kann nachfragen, ob es Sonderrabatte für drei oder vier Tage gibt – an vielen Parkplätzen wird es dann noch einmal günstiger.

Gebührenpflichtige Parkplätze finden sich ebenfalls vor vielen Sehenswürdigkeiten. Dort werden üblicherweise Gebühren in Höhe von 1 bis 2 € pro Stunde fällig. Ob der Wagen dann auch wirklich bewacht wird, ist allerdings eine andere Frage …

• *Promillegrenze* Achtung – in dem Land, in dem Wodka aus Wassergläsern getrunken wird, sind nur 0,2 ‰ erlaubt!

• *Lichtpflicht* Während des ganzen Jahres müssen bei jeder Fahrt auch tagsüber die Lichter an sein.

• *Maut* Die 25 km lange Autobahn, mit der Danzig umfahren werden kann, ist mautpflichtig. Kostenpunkt: ca. 2 €.

• *Kreisverkehr* Das Fahrzeug im Kreis hat stets Vorfahrt.

• *Pannen* Im Falle eines Falles steht rund um die Uhr Hilfe bereit:
ADAC: ✆ 089/222222 Notruf in Deutschland (24 Std.).
✆ 061/8319888 Notruf in Polen, deutschsprachig (8–18 Uhr).
Auto Club Europa: ACE-Euro-Notruf ✆ 0180/2343536 (24 Std.).
Pannendienst des polnischen Automobilverbandes (PZM): ✆ 9637 oder Notruf ✆ 9281 – beide rund um die Uhr erreichbar.
Internationale Pannenhilfe: ✆ 022/8259734 (24 Std.).

ÖAMTC: Österreichischer Automobil-Club, ✆ 0043/1/2512000 (24 Std.).

TCS: Schweizer Touring-Club, ✆ 0041/22/4172220 (24 Std.).

Wird eine Reparatur fällig, gibt es überall viele Werkstätten, die meist über qualifiziertes Personal verfügen und zu günstigen Tarifen das Fahrzeug wieder flottmachen. Kleinere Reparaturen können auch an Tankstellen erledigt werden.

• *Tanken* Polen verfügt über ein gut ausgebautes Netz an Tankstellen (inzwischen auch Aral, Esso und Shell), das auch auf den Straßen ausgeschildert ist. Die Preise liegen deutlich unter dem deutschen Niveau, da die Ökosteuer entfällt. Das Symbol ON steht für Diesel, bleifreies Benzin mit 98 Oktan erkennt man an dem durchgestrichenen „pb"; U 95 ist für Fahrzeuge ohne Katalysator. Darüber hinaus wird an vielen Tankstellen auch Gas angeboten, das in Polen ebenfalls günstiger ist als in Deutschland. Die meisten Tankstellen haben bis 22 Uhr, große Tankstellen häufig rund um die Uhr geöffnet.

● *Bußgelder* Schnelles Fahren und riskante Überholmanöver sind ein beliebter Sport in Polen: Wer die Höchstgeschwindigkeit nicht um mindestens 10 km/h überschreitet, wird als Hindernis wahrgenommen – sehr zum Missvergnügen der Ordnungshüter. Doch inzwischen hat der Bußgeldkatalog auch in Polen Einzug gehalten. Die Preise für die Verstöße der Verkehrssünder sind genau festgelegt.

Bei **Geschwindigkeitsübertretungen** in Ortschaften: 10 km/h zu schnell kosten 13 €; 20 km/h: 20 €; 50 km/h: 125 €. Außerhalb von Ortschaften: 20 km/h zu schnell: 25 €.

Unerlaubtes Überholen wird mit 63 € geahndet, **Falschparker** zahlen 20–50 € – der Preis für das Knöllchen richtet sich nach dem Störfaktor des falsch geparkten Fahrzeugs.

Mit dem Mietwagen

Inzwischen sind auch in Polen Filialen der großen internationalen Autoverleiher wie Avis, Sixt oder Hertz zu finden. Komfort, technischer Stand sowie Preisniveau entsprechen internationalen Standards. Die Mietwagen können in den größeren Städten, an Flughäfen sowie bei einzelnen großen Hotelketten abgeholt werden. Letztere bieten den Wagen in Kombination mit einem längeren Hotelaufenthalt meist zu attraktiven Konditionen an. Ausflüge ins Ausland sind mit dem Mietwagen kaum möglich, denn die meisten Agenturen vermieten Autos nur für Inlandstouren. Wer ein Fahrzeug mieten will, muss mindestens 21 Jahre alt und ein Jahr im Besitz des Führerscheins sein. Benötigt werden außerdem ein Personalausweis oder Reisepass sowie eine Kreditkarte.

● *Preise* Die Preise für einen Mietwagen für die Dauer von einer Woche liegen zwischen 350 und 850 € (Versicherung inklusive). Das Auto kann auch von zu Hause aus über das Internet gebucht werden.

● *Information* **Avis**, Zimmersmühlenweg 21, 61437 Oberursel. Reservierung unter ✆ 01805/

217702 oder über www.avis.de.

Hertz, Ginnheimer Str. 4, 65760 Eschborn. Reservierung unter ✆ 01805/938814 oder über www.hertz.de.

Auskünfte zu Mietwagen erhält man in Polen auch bei den Touristeninformationen in Stettin und Danzig.

Mit der Bahn

Bahnfahren ist in Polen sehr populär. Das liegt zum einen an den günstigen Preisen, zum anderen an der guten Infrastruktur. Zwar wurden nach dem Zusammenbruch des sozialistischen Systems einzelne Streckenabschnitte stillgelegt, doch mit insgesamt über 27.000 km Streckennetz liegt die polnische Staatsbahn PKP immer noch weit vor anderen europäischen Nachbarn. Ein weiteres Plus: Die mit Erste- und Zweite-Klasse-Abteilen ausgestatteten Züge (*pierwsza klasa* bzw. *druga klasa*) sind sehr pünktlich.

Eine der wichtigsten Bahnstrecken verläuft im Hinterland der Küste von West nach Ost und verbindet die Städte Szczecin, Kołobrzeg, Koszalin, Słupsk, Lębork, Wejherowo, Gdynia und Gdańsk. Von dieser Strecke gehen Züge nach Świnoujście (über Międzyzdroje), Darłowo, Ustka, Łeba und Hel (über Puck) ab.

Eine südlichere Route führt von Szczecin durch das Landesinnere nach Malbork und Elbląg. Wer die kleineren Küstenorte besuchen möchte, die nicht an das Netz der PKP angeschlossen sind, steigt in den Bus um.

Drei Zugtypen verkehren auf dem Netz der PKP:

Personenzüge (normalny/osobowy): Diese Bahnen sind einfacher und deutlich langsamer (30–40 km/h) als alle anderen Züge. Meist werden sie nur für kurze Strecken eingesetzt. Eine Platzkarte ist hier nicht erforderlich: Die Tickets werden verkauft, egal wie überfüllt der Zug auch sein mag.

Schnellzüge (pośpieszny): Die etwas schnellere Variante (60–80 km/h): Hier wird nur in mittelgroßen Städten angehalten. Das Ticket kostet etwa 60 % mehr als für einen normalen Personenzug. Eine Platzkarte ist nicht erforderlich.

Expresszüge (expresowy): Diese Züge sind die komfortabelsten und schnellsten (80–100 km/h); dementsprechend liegen hier die Preise rund 50 % über denen der Schnellzüge. Hier benötigt man eine Platzkarte. Diese ist am günstigsten, wenn sie gleich am Schalter bezahlt wird.

> Auf manchen Strecken der PKP kommt noch eine ganz besondere Art des Schienenverkehrs zum Einsatz: die **Schmalspurbahn**. Die antiken Bummelbahnen werden noch mit einer Dampflok betrieben – so kann man wie vor 100 Jahren auf den Gleisen durch die Landschaft tuckern.

Inzwischen ist auch die polnische Bahn an das internationale Netz der **InterCitys** und **EuroCitys** angeschlossen.

Vorsicht: Einige Verbindungen – beispielsweise die Strecke Gdańsk – Warszawa – zählen nicht unbedingt zu den sichersten. Dies gilt in besonderem Maße für Züge, die über Nacht fahren und in denen Passagiere schlafen. Hier empfiehlt es sich, das Abteil verschlossen zu halten und gut auf seine Sachen zu achten.

• *Fahrradmitnahme* Wer sein Rad mitnehmen möchte, kann es nach dem Erwerb eines Fahrradtickets in den mit einem Fahrrad-Icon versehenen Wagen mitnehmen. In mit einem „G" gekennzeichneten Zügen kann es im Gepäckabteil abgegeben werden und in den mit „E" markierten Zügen wird das Fahrrad im Zugabteil untergebracht. Auch in ICs und Expresszügen dürfen Fahrräder inzwischen meist in

Unermüdlich geht es stetig voran

bestimmten Wagen mitgenommen werden. Ansonsten können jeweils der erste und der letzte Wagon für den Transport von Fahrrädern genutzt werden, sofern sie niemanden behindern.

• *Fahrpläne* In den Bahnhöfen hängen gelbe Fahrpläne mit den Abfahrtszeiten (*odjazdy*) und weiße Fahrpläne mit den Ankunftszeiten (*przyjazdy*) der Züge. Darunter findet sich eine Tabelle mit den Fahrtzeiten und Zielbahnhöfen. Normale Züge werden in Schwarz angezeigt, Schnellzüge in Rot. Handelt es sich um einen Expresszug, steht ein „Ex" davor, bei einem Intercity oder Eurocity ein „IC" bzw. „EC". Ein „R" bedeutet, dass der Zug reservierungspflichtig ist. Fahrpläne für die gesamte Saison kann man jeweils an den Hauptbahnhöfen der größeren Städte kaufen.

Wer in deutscher Sprache über die Verbindungen in Polen informieren möchte, kann dies auch jederzeit über die Homepage der Deutschen Bahn im Internetcafé tun (www.bahn.de). Auch die polnische Bahn bietet eine Online-Fahrplanauskunft an (www.rozklad.pkp.pl).

• *Tickets/Preise* In Szczecin oder Gdańsk empfiehlt es sich, für den Kauf eines Tickets eine halbe Stunde vor der Abfahrt am Schalter zu sein – in kleineren Bahnhöfen geht es meist schneller. An den Ticketschaltern (und auch bei der internationalen Auskunft) wird in der Regel polnisch, manchmal auch russisch gesprochen, fast nie jedoch englisch oder gar deutsch.

100 km Bahnfahren kostet in einem Personenzug 5 €, im Schnellzug 8 € und im Express 11 €, eine Strecke von 500 km liegt im Personenzug bei rund 10 €, im Schnellzug bei rund 16 € und im Express bei 24 €. Da die Preise verhältnismäßig niedrig sind, lohnt es sich, den Aufschlag von 50 % für die weniger überfüllte erste Klasse zu bezahlen.

Wer über Nacht unterwegs ist, kann sich für einen Aufpreis von 23 € einen Schlafwagen (*sypialny*) reservieren lassen, ein Platz im Liegewagen (*kuszetka*) kostet 12 € extra.

• *Vergünstigungen/Sondertarife* Ermäßigungen gibt es für Senioren, Kinder und polnische (!) Studenten.

Mit dem **Schönes-Wochenende-Ticket** (*bilet turystyczny*) für rund 17,50 € pro Person kann man an Wochenenden und Feiertagen beliebig oft reisen. Es gilt von Freitag 18 Uhr bis Montag 6 Uhr morgens bzw. von 18 Uhr des Vortags eines arbeitsfreien Tags bis 6 Uhr morgens am Folgetag des arbeitsfreien Tages. Achtung: Das Ticket gilt nicht in Expresszügen, ICs und ECs!

Analog dazu gibt es das **„Weekend mit IC"-Ticket** für rund 30 €; es berechtigt zur Fahrt in Expresszügen, ICs und ECs, gilt jedoch nur bis Sonntag 24 Uhr.

Die **Ausflugskarte** (*bilet wycieczkowy*) bietet auf Strecken bis zu 200 km Ermäßigungen von 15 % (einfache Fahrt) bzw. 33 % (Hin- und Rückfahrt). Sie gilt von Fr ab 20 Uhr bis einschl. So 24 Uhr.

• *Information* **Polnische Staatsbahnen PKP**, Panoramastr. 1, 10178 Berlin, ✆ 030/2423453, ✆ 030/24729999, Fahrplanauskunft unter www.rozklad.pkp.pl.

Deutsche Bahn, kostenlose Fahrplanauskunft unter ✆ 0800-1507090, gebührenpflichtige Auskunft und Reservierung unter ✆ 11861. Reservierungen können darüber hinaus im Internet gebucht werden, außerdem erhält man hier auch Informationen zu Verbindungen zwischen polnischen Städten (www.bahn.de).

Mit dem Bus

Polen und insbesondere seine Ostseeküste verfügt über eine gut ausgebaute Infrastruktur, was die Busverbindungen angeht. So ist es in vielen Fällen komfortabler, mit dem Bus zu reisen als mit der Bahn. Dies gilt insbesondere für Touren in die kleineren Städte. Gegenüber den klimatisierten und mit Video ausgestatteten internationalen Bussen sind die nationalen Busse einfacher eingerichtet. Die Mehrzahl der Busverbindungen wird von der staatlichen Gesellschaft PKS (*Państwowa Komunikacja Samochodowa*) betrieben. Das **PKS-Busterminal** liegt meist in unmittelbarer Nähe des Bahnhofs oder direkt daneben. Nicht immer sind die Fahrpläne aufeinander abgestimmt: Beim Umsteigen kann es schon mal zu Wartezeiten kommen.

Fahrkarten gibt es an den Terminals, aber nur selten in Reisebüros. Wenn der Bus nicht überfüllt ist, kann man Fahrkarten teilweise auch direkt beim Fahrer kaufen.

An den Bushaltestellen hängen **Fahrpläne** aus, die die Abfahrt (*odjazdy*) und Zielorte (*kierunek*) auflisten. Wie bei den Fahrplänen der polnischen Bahn sind hier einige Zusatzinformationen durch Farben verdeutlicht: Schnellbusse werden rot angezeigt, die normalen Überlandbusse schwarz; die Abfahrten stehen auf gelben, die Ankunftszeiten auf weißen Tafeln. Auch hier ist es wichtig auf Symbole zu achten, die weitere Informationen über den Bus zur Verfügung stellen (Sonderregelungen für Feiertage o. Ä.).

Zwischen den größeren Städten verkehren sowohl komfortable **Schnellbusse** (*pośpieszny*), die nicht in kleineren Orten anhalten (durchschnittliche Geschwindigkeit: 50 km/h) als auch langsamere und eher einfache **Überlandbusse** (*zwykłe*), die auf ihrem Weg zahlreiche kleinere Ortschaften miteinander vernetzen (durchschnittliche Geschwindigkeit: 35 km/h).

Neben der PKS existiert noch eine ständig wachsende Zahl weiterer Gesellschaften, die Busse und Minibusse betreiben. Durch die große Anzahl an Transportunternehmen sind die Wartezeiten kürzer und die Preise günstiger geworden.

Darüber hinaus gibt es noch die **öffentlichen Nahverkehrsmittel** der Städte: Omnibus, Bahn und Straßenbahn. In den größeren Städten verkehren einige Linien auch nachts. Tickets gibt es an Kiosken, vor der Fahrt müssen sie entwertet werden.

• *Preise* Insgesamt sind die **PKS-Busse** sehr günstig: 100 km kosten im normalen Überlandbus um die 7 €, im Schnellbus 8–12 €. Senioren und Studenten mit internationalem Studentenausweis erhalten Ermäßigungen. Für die **öffentlichen Nahverkehrsmittel** der Städte kostet das Ticket im Durchschnitt um die 0,80–1 €. Hier gilt es auf stadtspezifische Sonderregelungen zu achten: In manchen Städten ist der Fahrpreis von der Entfernung abhängig, in anderen Städten wird beim Umsteigen wieder ein neues Ticket fällig.

Mit dem Flugzeug

Dreh- und Angelpunkt des polnischen Flugverkehrs ist Warszawa-Okęcie: So gut wie alle nationalen Flugverbindungen laufen über die polnische Hauptstadt. Auch wer von Stettin nach Danzig möchte, muss den Umweg über Warschau machen und dort umsteigen, eine direkte Verbindung gibt es nicht. Die besten Stadt-zu-Stadt-Verbindungen bietet die polnische Fluggesellschaft LOT, die außer an Sonn- und Feiertagen täglich zweimal von Stettin über Warschau nach Danzig und umgekehrt fliegt (jede Teilstrecke dauert etwa eine Stunde).

Der Szczeciner Flughafen liegt 45 km vom Zentrum entfernt. Zwischen Stadt und Flughafen bestehen jedoch gute Anschlussmöglichkeiten; wer mit der LOT fliegt, kann bei Buchung des Flugs gleich den kostenlosen Shuttle-Bus in das Ticket eintragen lassen. Die Fahrt mit dem Bus dauert etwa 45 Minuten.

Reizvoll, hier einmal selbst Hand anzulegen ...

In Gdańsk liegt der Flughafen etwa 14 km westlich des Stadtzentrums. Auch hier bestehen gute Verbindungen in die Innenstadt: entweder mit dem Bus 110 oder mit der Linie B zum Hauptbahnhof.

● *Preise* Nach wie vor sind kurzfristige Buchungen von Inlandsflügen bei der LOT teurer. So liegt beispielsweise ein einfacher Flug von Szczecin via Warszawa nach Gdańsk bei etwa 250 € – wer früher bucht, zahlt demgegenüber in der Regel nur 105 €. Es lohnt sich nach Sondertarifen für die Strecke zu fragen (z. B. an Wochenenden, Flüge am Nachmittag etc.). So kann man dann ein Flugticket von Szczecin nach Gdańsk für nur 80 € bekommen. Auch bei nationalen Flügen fällt inzwischen eine geringe Flughafensteuer von rund 10 € an.

Mit dem Schiff

Zahlreiche Ausflugsschiffe, Fähren und Tragflächenboote fahren die Ostseeküste entlang, die Küstenstädte sind untereinander gut vernetzt. Besonders das Stettiner Haff und die Danziger Bucht haben sich zu Hochburgen für Küstenfahrten entwickelt. Hier herrscht auf dem Wasser reger Verkehr zwischen Danzig, Sopot, Gdynia und Hel. Darüber hinaus kann man von den Küstenstädten Ausflüge ins benachbarte Ausland unternehmen: nach Deutschland (Usedom und Rügen), Dänemark (Kopenhagen, Bornholm), Schweden (Ystad, Stockholm und Malmö) und ins russische Kaliningrad.

Kabinen für längere Touren sind in unterschiedlichen Kategorien und Preisklassen erhältlich. Im Sommer sollte möglichst frühzeitig gebucht werden – allerdings sollte man sich ganz sicher sein, denn die gegebenenfalls zu entrichtenden Rücktrittsgebühren sind hoch. Auch das Auto kann auf vielen Fähren mitgenommen werden, sollte dann aber ebenfalls mitreserviert werden. Günstiger wird es, wenn Hin- und Rückfahrt gleichzeitig gebucht werden: Dann reduzieren sich die Kosten pro Ticket um bis zu 20 %. Auch die häufig angebotenen Studenten- oder Seniorentarife lassen die Fahrtkosten um bis zu 20 % sinken.

Von **Świnoujście** aus fahren ganzjährig die Schiffe der *Reederei Adler-Schiffe* (siehe unten) nach Usedom. Fünfmal wöchentlich wird von hier aus Kopenhagen und einmal wöchentlich Ronne in Dänemark angefahren. Täglich legen Fähren nach Schweden (Ystad) ab, einmal pro Woche auch nach Bornholm und Malmö. Diese Verbindung besteht allerdings lediglich im Sommer. Auch nach Rügen schippern die Ausflugsschiffe nur in der Saison.

In **Danzig** legt u. a. mehrmals pro Woche eine Fähre nach Nynäshamn in Schweden ab. Gdynia bietet eine Verbindung nach Karlskrona in Schweden an. Von **Elbląg** kann man mit dem Tragflächenboot nach Kaliningrad fahren.

Gute Möglichkeiten für Schiffsfahrten bieten auch die **Flüsse** und die unzähligen durch Kanalsysteme miteinander verbundenen **Seen**. Ein landschaftlich unvergessliches Erlebnis ist beispielsweise die Tour auf dem Elbląg-Ostróda-Kanal.

● *Reedereien/Informationen* **Stena Line Scandinavia AB**, Schwedenkai, 24103 Kiel, ☏ 0431/9099, ✆ 0431/909200, info.de@Stena Line.com, www.stenaline.com.
Darpol, deutsche Vertretung der Reedereien Polferries und Unity Linde, Wilmersdorferstr. 20, Berlin, ☏ 030/3420074, ✆ 030/3422472, info@darpol.com, www.darpol.com.
Adler Schiffe, Boysenstraße 13, 25980 Westerland, ☏ 04651/98700, ✆ 04651/26300, info-nordstrand@adler-schiffe.de, www.adler-schiffe.de.
Polska Żegluga Morska, Pl. Rodła 8, 70-419 Szczecin, ☏ 091/3594333, www.polsteam.com.
MPB Polferries, ul. Chałubińskiego 8, Warszawa, ☏ 022/8300930, mbp.warszawa@polferries.pl, www.polferries.pl.

Würdevoll: Hotel Podewils in Gdańsk

Übernachten

In den letzten Jahren hat das Angebot an Hotels in allen Kategorien und Preisklassen stark zugenommen und sich diversifiziert: Neben den ehemals staatlichen Orbis-Hotels, in denen einst die Parteifunktionäre logierten, präsentiert Polen heute eine bunte Vielfalt an privaten Hotels, Pensionen, agrotouristischen Bauernhöfen, Ferienhäusern und Luxushotels.

Die Preise sind inzwischen zwar deutlich angestiegen, dennoch schneidet Polen im Vergleich mit dem europäischen Durchschnitt noch günstig ab. Allerdings ist gerade in den Seebädern und den Kurorten an der Küste derzeit einiges im Umbruch, und es ist damit zu rechnen, dass die nächsten Jahre weitere Preiserhöhungen bringen werden.

In Polen beginnen die Schulferien Anfang Juli und dauern bis Ende August. In dieser Zeit fährt jeder, dem sich die Möglichkeit bietet, in den Urlaub. Besonders Unterkünfte an der Küste sind dann sehr gefragt. Zwar wird sich auch während der Sommerferien dort noch kurzfristig ein Quartier finden lassen, aber man wird Abstriche machen müssen, was Lage und Preis anbelangt (ohnehin sind die Preise in den Sommerferien im Durchschnitt 25–30 % teurer als sonst). Wer also nicht vor oder nach der Saison fahren kann, sollte seine Unterkunft möglichst vorher reservieren.

Für Unterkunftskategorien gilt: Die Bezeichnung „Hotel" ist mit bestimmten Standards und Auflagen verbunden – ist eines der Kriterien nicht erfüllt, sieht sich der Betreiber gezwungen, auf die ungeschützten Bezeichnungen „Villa" oder „Pensionat" auszuweichen. Daraus ergibt sich allerdings, dass diese Begriffe nicht immer aussagekräftig sind – eine Pension, bei der beispielsweise die Zimmergröße 0,5 m² unter dem Hotelstandard liegt, kann erheblich komfortabler sein als ein Hotel!

Hotels/Pensionen

In den letzten Jahren schoss eine Vielzahl neuer Hotels und Pensionen aus dem Boden. Kategorisiert wurden sie nach einem eigens für Polen entwickelten Fünf-Sterne-System. Exakt definierte Standards fehlen allerdings, sodass die Zahl der Sterne lediglich Anhaltspunkte über den zu erwartenden Komfort liefert. Eine Ausnahme bilden die Häuser der **internationalen Hotelketten** wie *Marriott, Radisson* oder *Intercontinental*, die inzwischen auch in Polen Einzug gehalten haben. Dort gelten die üblichen internationalen Standards: komfortable und moderne Ausstattung, teilweise mit Extras sowie vorzüglichen À-la-Carte-Restaurants. Die Preise liegen zwischen 80 und 200 € fürs Doppelzimmer.

Exotisch: Hotel Pekin in Władysławowo

Einzelne Hotels bieten an den Wochenenden günstigere Tarife an. Auch bei einem Aufenthalt von mehr als drei Tagen gibt es manchmal Ermäßigungen. In der Regel ist das Frühstück im Preis enthalten. Fast alle Hotels stellen Parkplätze zur Verfügung; sind diese bewacht, kann ein Aufpreis von 7 bis 15 € pro Nacht hinzukommen.

Grandhotels/Herrenhäuser/Alte Villen: Etwas Besonderes mit individuellem und manchmal eigenwilligem Charme. In den letzten Jahren wurden zahlreiche Objekte mit historischer Bedeutung liebevoll restauriert und zu Hotels umgebaut. Dazu gehören schöne restaurierte Villen in unterschiedlichen Größenordnungen ebenso wie palastartige alte Herrenhäuser (teils mit Gestüt), Grandhotels aus den 1920ern oder sogar mittelalterliche Backsteinburgen. Die Preise für ein derartiges Erlebnis sind noch erschwinglich: Sie beginnen bei 60 € in einer hübschen alten Villa und reichen bis zu 150 €.

Orbis-Hotels: Das ehemalige Staatsunternehmen unterhält heute 55 Häuser und ist damit Polens größte Hotelkette. Meist liegen sie zentral in den größeren Städten, sind komfortabel ausgestattet und bieten einen guten Service. Äußerlich sind sie nicht immer unbedingt ansprechend, überwiegend handelt es sich um moderne Gebäude, die teils an den Stil sozialistischer Plattenbauten erinnern. Auch die mancherorts im Retro-Stil gehaltene Einrichtung ruft derartige Assoziationen hervor. Preislich liegen sie auf mittlerem Niveau, man zahlt zwischen 80 und 100 € pro Nacht.

Private Hotels/Pensionen: Die Zahl der privaten Hotels oder Pensionen mit überwiegend polnischen Besitzern ist in den letzten Jahren stark angestiegen. Vom kleinen, einfachen, aber meist gemütlichen Zwei-Sterne-Hotel bis hin zum komfortabel ausgestatteten Mittelklassehotel ist hier alles vertreten. Die Preise liegen zwischen 40 und 60 €.

● *Information* Informationen über Hotels in Polen bekommt man u. a. über die Homepages www.staypoland.com, www.pol hotels.com, www.polishtravel.com.pl, www.hotel.pl und www.hotelsinpoland.com. Auch auf Englisch bzw. Deutsch. Auf dieser Seite des Polnischen Hotelverbandes werden über 300 Hotels aufgelistet, zusätzlich gibt der Verband einen Hotel-Katalog heraus.

Arbeiterwohnheime/Sporthotels/PTTK

In Polen existiert eine Reihe von günstigen Übernachtungsangeboten für Verbände und Interessengemeinschaften, die in den letzten Jahren verstärkt der Öffentlichkeit zugänglich gemacht wurden.

Arbeiterwohnheime (FWP): Ursprünglich gehörten derartige Ferienheime zu Fabriken und Betrieben. In landschaftlich besonders reizvollen Gebieten sollten sich die Arbeiter erholen. Nach der Wende war das Schicksal dieser ehemaligen Wohnheime zunächst ungewiss. Inzwischen haben sich einige auf dem freien Markt etabliert, das Übernachtungsangebot kann von jedem wahrgenommen werden. Die Ausstattung der Ferienheime fällt sehr unterschiedlich aus: Während einige eher schlicht wirken, sind bei anderen Mobiliar und sanitäre Einrichtungen modern und komfortabel. Häufig sind auch sportliche Einrichtungen wie Swimmingpools oder Tennisplätze angegliedert. Die Preise sind meist ausgesprochen günstig: 30–40 € für ein Doppelzimmer. Aus diesem Grund sind diese ehemaligen Heime im Sommer sehr gefragt. Auch hier gilt: Wer während der Sommerferien unterwegs ist, sollte unbedingt vorher reservieren. Während viele bereits Monate vorher für den Sommer ausgebucht sind, ist es in einigen Ferienheimen möglich, noch eine Woche vor der Ankunft zu reservieren.

Sporthotels (MOSiR oder Hotel Sportowy): Diese Übernachtungsmöglichkeit wurde, wie es der Name verrät, für Sportler geschaffen. Aus diesem Grund befinden sich die Sporthotels in Sportzentren, häufig auch unmittelbar neben einem Stadion. Die Ausstattung ist einfach bis spartanisch (z. B. Gemeinschaftsbäder), die Preise sind entsprechend niedrig: 20–30 € pro Person und Nacht.

Unterkünfte der PTTK (Dom Turysty): Die Polnische Gesellschaft für Touristik und Heimatkunde zählt zu den ältesten Tourismusorganisationen des Landes. Über Jahrzehnte hinweg hat sie für Wassersportler und Alpinisten eine Infrastruktur aufgebaut: Ob eine Wanderung in den Bergen oder eine Kajaktour durch einen Nationalpark geplant ist – die PTTK ist die erste Anlaufstelle für Natur-Fans aller Couleur. Neben ausgezeichnetem Kartenmaterial und detaillierten Informationen werden auch Berghütten, Ferien- oder Bootshäuser angeboten, die sich größter Beliebtheit erfreuen. Die Unterkünfte sind keine Hochburgen des Luxus und der Bequemlichkeit – meist sind sie schlicht gehalten und nur mit dem Nötigsten ausgestattet. Es herrscht aber stets eine gemütliche Atmosphäre, und schon bald trifft hier man auf Gleichgesinnte, mit denen Erfahrungen und Tipps ausgetauscht werden können. Auch die Preise sind mit 15–25 € pro Person sehr moderat. Wer im Sommer reist, sollte rechtzeitig buchen, da dann an einzelnen Orten alles restlos belegt ist – lediglich an sehr abgelegenen Stellen müssen alle Besucher aufgenommen werden, was teilweise dazu führt, dass die Unterkünfte der PTTK während der Sommerferien hoffnungslos überbelegt sind!

Information   **PTTK-Zentrale**, ul. Senatorska 11, 00-075 Warszawa, ✆ 022/8262251, ✆ 022/ 8262505, pczta@pttk.pl, www.pttk.pl (auch auf Deutsch).

Privatzimmer/Ferien auf dem Bauernhof

Eine gute Möglichkeit für alle, die nicht nur das Land, sondern auch die Leute kennenlernen möchten: Die Besucher werden bei einer polnischen Familie untergebracht und stehen so in mehr oder weniger engem Kontakt mit ihren Gastgebern. Zwar wird meist nur polnisch gesprochen, aber die Aufnahme ist in der Regel warm und herzlich. Der Preis richtet sich nach der Anzahl der untergebrachten Personen (für Kinder können meist Sondervereinbarungen getroffen werden). Günstiger wird es bei einem Aufenthalt von mehr als drei Tagen.

Privatzimmer: In ganz Polen vermieten viele Familien Zimmer in ihren Wohnungen und Häusern. Der Komfort fällt sehr unterschiedlich aus: In abgelegenen und in ländlicheren Gegenden handelt es sich häufig um einfache Zimmer für rund 12 € pro Person, das Bad wird dann mit der Familie geteilt. An der Küste hat man sich dagegen bereits auf den Tourismus eingestellt; hier sind die Zimmer besser ausgestattet und haben häufig ihr eigenes Bad. Dementsprechend höher sind die Preise (17–22 € pro Person). In den großen Städten wie Danzig oder Warschau sollte im Zentrum mit bis zu 40 € gerechnet werden. Zu erkennen sind die Angebote an Schildern mit der Aufschrift *„Wolne Pokoje"* oder auch *„Noclegi"*. Auch wenn es zahlreiche empfehlenswerte Anbieter von Privatzimmern in der Küstenregion gibt, wird an dieser Stelle im Adressenteil darauf verzichtet, deren Anschriften aufzulisten: Häufig bieten diese Häuser nicht mehr als zwei oder drei Zimmer an – wer an einer privaten Unterkunft interessiert ist, informiert sich am besten vor Ort bei den lokalen Zimmervermittlungen und Touristeninformationen, die über entsprechende Adresslisten verfügen.

Ferien auf dem Bauernhof: Vor allem Betreiber von Bauernhöfen in den teils strukturschwächeren Regionen wollen ihr Einkommen ergänzen, indem sie ihren Hof für Besucher öffnen; unter dem Motto „Ferien auf dem Bauernhof" werden dann Zimmer vermietet. In Hinblick auf Ausstattung und Preise sind die Höfe den Privatzimmern sehr ähnlich, auch hier herrscht meist ein enger Kontakt zur Gastgeberfamilie, die Höfe sind jedoch in der Regel mehr auf Tourismus eingestellt. So gibt es oftmals Zusatzangebote wie Reiten oder Angeln, mancher Hof verfügt sogar über einen kleinen Swimmingpool oder einen Minigolfplatz. Die Preise liegen im Durchschnitt bei 17–22 € pro Person. Besonders in den letzten Jahren hat die Zahl derartiger Angebote sehr stark zugenommen.

● *Informationen* **Polska Federacja Turystiki Wiejskiej Gospodarstwa Gościnne**, eine Kooperation agrotouristischer Bauernhöfe. Die hier zusammengeschlossenen Höfe werden aufgelistet und nach einem Sternesystem eingeteilt. Ein Katalog ist auch erhältlich, allerdings nur in polnischer Sprache. Ul. Wspólna 30, p. 544, 00-930 Warszawa, ☎/☏ 022/6232343, www.agroturystyka.pl.

ECEAT POLAND (European Centre for Ecological Agriculture and Tourism in Poland), diese internationale Organisation bietet einen speziellen Reiseführer zu Ferienunterkünften auf ökologischen Landwirtschaftsbetrieben in ganz Polen an. Bukówka 71, 58-420 Lubawka, ☎/☏ 075/7411395, info@poland.eceat.org, www.poland.eceat.org.

Studentenwohnheime/Jugendherbergen

Studentenwohnheime (Dom Studencki): Während die Wohnheim-Zimmer in den Semesterferien früher ausschließlich an auswärtige Studenten vermietet wurden, stehen sie jetzt den Sommer über auch anderen Besuchern offen, die die Campus-Atmosphäre erleben wollen. Die Ausstattung fällt unterschiedlich aus: Teils sind die

Übernachten

Kunterbuntes Allerlei: Souvenirs in Kamień Pomorski

Zimmer sehr einfach eingerichtet, in anderen Fällen sind die Einzel- oder Doppel-zimmer sogar mit eigenem Bad versehen. Die Preise liegen im Durchschnitt bei 17–25 € für ein DZ. Insgesamt herrscht in den Studentenwohnheimen eine gute Atmosphäre. Auch die Wahrscheinlichkeit, mit englischen Sprachkenntnissen durchzukommen, ist hier höher als in den Jugendherbergen. Eine Unterkunft in ei-nem Studentenwohnheim sollte allerdings rechtzeitig, das heißt spätestens vier Wochen vor den Sommerferien reserviert werden, da die Heime im Sommer sehr voll werden können.

Jugendherbergen (Schroniska Młodzieżowe): Zahllose Jugendherbergen sehr un-terschiedlicher Kategorien bieten in ganz Polen unschlagbar preiswerte Übernach-tungsmöglichkeiten. Rund 580 davon sind im PTSM, dem Dachverband der polni-schen Jugendherbergen, zusammengeschlossen. Obgleich ihr Angebot jedem offen steht, werden sie in erster Linie von polnischen Jugendlichen genutzt. Besonders im Mai und Juni ist man in den Schlafsälen von polnischen Schulklassen auf Klas-senfahrt umgeben. Eingecheckt wird in der Regel entweder morgens zwischen 10 und 11 oder nach 17 Uhr. Nur in den größeren Städten sind die Rezeptionen der Jugendherbergen durchgehend geöffnet. Wer keinen Schlafsack im Gepäck hat, kann gegen eine geringe Gebühr Bettwäsche ausleihen.

Unterschieden wird zwischen ganzjährig und saisonal geöffneten Jugendherbergen: Nur Erstere (landesweit 130 Stück) kommen dem vergleichsweise nahe, was auch in Deutschland unter Jugendherberge verstanden wird: Meist gibt es Schlafsäle, Zimmer mit 6 bis 8 Betten und teils einfache Doppelzimmer. Diese ganzjährig ge-öffneten Jugendherbergen sind besser ausgestattet als die Saison-Jugendherbergen, verfügen über Duschen und Kochgelegenheiten. Die Rezeptionen sind zuverlässig besetzt. Ganz anders die saisonalen Jugendherbergen: Eigentlich handelt es sich hier um Schulen, deren Klassenzimmer während der Sommerferien im Juli und

August mit Matratzen ausgestattet werden. Dementsprechend gibt es dort häufig keine Kochgelegenheiten, Duschen oder warmes Wasser. Leider ist in manchen Fällen auch die Rezeption nur sporadisch besetzt.

● *Information* Der **PTSM** (Polskie Towarzystwo Schronisk Młodzieżowych) listet jährlich in einem Verzeichnis alle Jugendherbergen mit ihren Öffnungszeiten auf. PTSM, ul. Chocimska 14, 00-791 Warszawa, ✆ 022/8498128, 🖷 022/8498354, www.ptsm.org.pl.

Die **DJH Service GmbH** bietet ein internationales Verzeichnis europäischer Jugendherbergen. Bismarckstr. 8, 32756 Detmold, ✆ 05231/74010, 🖷 05231/740149, service@djh.de, www.jugendherberge.de.

Auch der österreichische Jugendherbergsverband informiert: Gonzagagasse 22, 1010 Wien, ✆ 01/5335353, 🖷 01/5350861, www.oejhv.at.

● *Preise* Im Mehrbettzimmer oder Schlafsaal kostet eine Nacht 4–7 €, einfache DZ gibt es ab 10 €. In großen Städten kann während der Saison ein Bett im Schlafsaal 13–20 € teuer werden; auch die Preise für ein DZ sind in Danzig während des Sommers starken Schwankungen unterworfen.

Camping

Polen ist ein Eldorado für Camper. An der polnischen Küste stehen zahlreiche Camping- und Biwakplätze zur Verfügung, manche idyllisch am Strand gelegen, andere versteckt in einem schattigen Wald. Obwohl die Bemühungen groß sind, wirken viele polnische Campingplätze – gemessen am internationalen Standard – noch eher einfach. Man legt aber in der Regel sehr viel Wert darauf, den Besuchern einen möglichst angenehmen Aufenthalt zu bieten und z. B. besonders auf Familien mit Kindern einzugehen: Auf vielen Anlagen befinden sich Kinderspielplätze, es werden Geschicklichkeitsspiele organisiert oder im Sommer Hüpfburgen aufgestellt, einzelne Plätze verleihen auch Boote.

Vielerorts kann man auch Bungalows mieten: meist gemütliche, kleine Hütten, die im Sommer allerdings schnell restlos ausgebucht sind. Normalerweise dauert die Campingsaison an der Küste von Anfang Mai bis Mitte September.

Die Plätze sind in drei Kategorien eingeteilt: Die besten Anlagen (Kategorie 1) sind mit fließendem Warmwasser und Restaurant ausgestattet. Die Plätze der 2. Kategorie verfügen über Waschräume (nicht immer mit warmem Wasser), haben aber meist kein Restaurant. Bei Campingplätzen der Kategorie 3 handelt es sich häufig lediglich um eine Rasenfläche mit schlichten sanitären Einrichtungen und einem Stroman-

Populär: Camping in Sopot

Traditionsreich: Fischkutter auf Hel

schluss. Derzeit wird diese Einteilung in ein Sternesystem ungewandelt: Während es sich bei Anlagen mit nur einem Stern um sehr einfache Plätze handelt, sind Plätze mit vier Sternen – der höchsten Anzahl – luxuriös ausgestattet und verfügen über zahlreiche zusätzliche Angebote. Gegenwärtig sind noch nicht alle Campingplätze nach dem Sternesystem klassifiziert.

Neben den Campingplätzen stehen noch die viel einfacheren **Biwakplätze** (*Pola Biwakowe*) zur Verfügung: meist nur eine Rasenfläche mit Toiletten und ohne Strom. Hier fallen nur sehr geringe Gebühren an, aus diesem Grund sind die Plätze besonders bei Jugendlichen sehr beliebt. **Wild zelten** ist in Polen offiziell nicht erlaubt!

Reisen im **Wohnmobil** ist in Polen zwar auf dem Vormarsch, aber noch lange nicht so üblich wie in Deutschland. Dementsprechend ist auch die Infrastruktur für Wohnmobile erst im Aufbau. Strom ist zwar auf den Campingplätzen vorhanden – ein Verlängerungskabel im Gepäck kann jedoch nicht schaden. Der Wassertank kann auch an Tankstellen wieder aufgefüllt werden. Gasflaschen sind normalerweise in den größeren Ortschaften erhältlich, trotzdem ist es empfehlenswert, Reserve dabei zu haben. Auf einigen der größeren Plätze kann der Inhalt chemischer Toiletten entsorgt werden.

● *Information*   **Polnische Föderation für Camping und Caravan (PFCC)**, ein Zusammenschluss zahlreicher polnischer Campingplätze, der jedes Jahr ein Campingverzeichnis herausgibt: 39 Plätze in Pommern, 21 im Ermland (mit Infos über Ausstattung und Öffnungszeiten). Ul. Grochowska 331, 03-823 Warszawa, ✆ 022/8106050, biuro@pfcc.info, www.pfcc.info (auch auf Deutsch).

● *Preise*   Pro Person 7 €, Zelt 4–8 €, Fahrzeug 4 oder 6 €. Eine Ermäßigung von 10 % gibt es mit der internationalen FICC-Karte. Diese Karte gilt jedoch nur auf bestimmten Campingplätzen (weitere Informationen gibt der PFCC).

Charmant: die Altstadt von Słupsk

Essen und Trinken

Von herzhaft bis deftig, von opulent bis frugal. Die traditionsreiche polnische Küche ist aus den unterschiedlichsten Einflüssen hervorgegangen: ukrainische, jüdische, lettische, russische, ungarische und nicht zuletzt deutsche. Aus diesem kulinarischen Sammelsurium werden raffinierte Suppen, würzig-aromatische Soßen und herzhafte Fleischgerichte sowie zahlreiche Spezialitäten kreiert, die nach alten, von Generation zu Generation weitergegebenen Rezepten zubereitet werden.

Das polnische **Frühstück** (*śniadanie*) ähnelt in vieler Hinsicht dem deutschen: Brötchen mit Butter, Käse und kaltes Fleisch, Eier mit Schinken, dazu Tee oder Kaffee. Die **Hauptmahlzeit** (*obiad*) wird zwischen 13 und 17 Uhr eingenommen. Zuerst gibt es eine Suppe, dann das Hauptgericht, bei dem Fleisch nicht fehlen darf. Anschließend wird das süße Dessert gereicht und gerne auch eine Tasse Kaffee getrunken. Das **Abendessen** (*kolacja*) ist eine abgespeckte Version der Hauptmahlzeit.

Gastronomie

Seit den 1990ern hat die Gastronomie eine gewaltige Veränderung durchlebt: Beinahe über Nacht tauchten Bistros, Pizzerien, Snackbars und alle erdenklichen Fastfood-Varianten auf. Zu den beliebtesten Restaurants der internationalen Küche zählen neben Italienern und Arabern vor allem Chinesen, Inder, Mexikaner und Vietnamesen.

Restaurants (Restauracja): Von der einfachen Dorfgaststätte bis hin zum edlen Feinschmecker-Restaurant gibt es ein breites Spektrum. Die Preisskala beginnt bei 5 € für ein Menü und ist nach oben hin offen. In manchen Restaurants wird noch nach dem „Vor-Wende-System" bestellt: Alle Gerichte und Beilagen sind getrennt auf der Karte aufgeführt, man stellt sich sein Menü individuell zusammen. In den besseren Restaurants ist neben der polnischen Speisekarte in der Regel auch eine internationale Karte (auf Deutsch oder Englisch) erhältlich. Was das Trinkgeld angeht, liegt man auch hier mit den bei uns üblichen 10–15 % richtig. Die meisten Restaurants öffnen mittags gegen 11 oder 12 Uhr und schließen abends um 22 Uhr. Ausnahmen sind die größeren Städte, wo man auch nach 22 Uhr noch etwas bekommen kann.

Schnellrestaurants: Seit ihrer Einführung haben sie sich blitzartig im ganzen Land ausgebreitet und erfreuen sich bei der Bevölkerung und besonders bei den jungen Leuten großer Beliebtheit. Pizza, Burger, Kebab und andere Gerichte der schnellen Küche werden hier zu moderaten Preisen angeboten.

Milchbars (Bar Mleczny): Früher gab es hier tatsächlich einmal hauptsächlich Milchprodukte und vegetarische Gerichte. Inzwischen haben sich die Milchbars immer mehr in kleine Restaurants mit Selbstbedienung verwandelt, die Gerichte zu sehr günstigen Preisen anbieten: Für 5–9 € bekommt man hier eine Mahlzeit. In der Regel öffnen die Bars morgens gegen 8 oder 9 Uhr und schließen abends um 20 Uhr, einige sind auch länger geöffnet.

Cafés (Kawiarnia): Ähnlich wie bei uns trifft man sich hier, trinkt Tee, Kaffee und inzwischen auch immer öfter Cappuccino oder Café Latte. Dazu gibt es Kuchen und Süßigkeiten. Die Cafés machen meist um 10 Uhr morgens auf und schließen gegen 18 oder 19 Uhr.

Pubs: In den meisten Städten sind Pubs inzwischen sehr verbreitet. Nach der Arbeit geht man mit ein paar Freunden ein Bier trinken. Zusätzlich werden einfache Gerichte serviert. Häufig sorgt Musik, manchmal sogar eine Liveband, für Unterhaltung. Die meisten Pubs öffnen erst in den Abendstunden.

Die polnische Küche

Die Mahlzeit beginnt mit einer variantenreichen Palette an **Vorspeisen**, traditionell von einem Glas Wodka begleitet. Zur Auswahl stehen z. B. *Śledź* (Hering in saurer Sahne), *Pasztet z zająca* (zarte Wildhasenpastete) oder *Befsztyk tatarski* (Tartar).

Vor dem Hauptgang wird eine **Suppe** eingenommen. Die Polen sind Weltmeister im Suppenerfinden. Dementsprechend groß ist die Auswahl: Suppen mit Rüben, Nüssen, Kräutern – süß, sauer, salzig, warm oder kalt – mit gehackter oder geschmorter Einlage. Im Einzelnen:

Czernina: altpolnische Gänseblutsuppe.

Barszcz: traditionelle Rote-Bete-Suppe.

Chłodnik: Rote-Bete-Suppe mit saurer Sahne, Gurken und gehacktem Ei; wird mit Dill abgeschmeckt und dann kalt serviert.

Flaki: herzhafte Brühe mit Kutteln oder Kaldaunen.

Kapuśniak: Sauerkrautsuppe mit Kartoffeln.

Rosół: Rinderbouillon mit Nudeleinlage.

Ogórkowa: Gurkensuppe, mit Dill verfeinert.

Żurek: saure Mehlsuppe aus Roggenmehl mit saurer Sahne, Ei und Wurststückchen; wird als Kaltschale serviert.

Hauptgerichte

Ob geschmort, geräuchert, gebraten oder mariniert, mit Kräutern abgeschmeckt oder mit Wein veredelt – ein herzhaft-deftiges oder würzig-pikantes Stück **Fleisch** (*mięso*) ist in Polen das Herzstück eines Hauptgerichts. Schweinenacken mit Pflaumen oder Eisbein sind polnische Spezialitäten. Häufig im Angebot sind ferner *Kotlet*

An Restaurants herrscht kein Mangel

schabowy (gebratenes Schweinekotelett), *Gołąbki* (Kohlrouladen: Hackfleisch mit Reis in Kohlblätter eingerollt) und *Befsztyk* (Beefsteak). Mit würzigem Fleisch wird auch *Bigos*, das Nationalgericht Polens, zubereitet: Weißkohl und Sauerkraut werden mit Zwiebeln angedünstet, dann mit Fleisch, Tomaten und aromatischen Steinpilzen gekocht. Fleischhaltig sind schließlich auch die ravioliartigen Teigtaschen *Pierogi*, die mit Rinder- oder Schweinehack gefüllt sind. Allerdings kann man sie auch in einer vegetarischen Variante mit Sauerkraut oder Käse und manchmal sogar süß mit Quark- oder Sahnefüllungen bekommen. In vielen Restaurants werden die Preise für Fleisch (und auch Fisch) übrigens noch nach Gewicht berechnet; eine durchschnittliche Mahlzeit enthält rund 150 g Fleisch.

Während Schwein, Rind und Kalb in der Regel überall zu haben sind, werden Fisch, Geflügel und Wild häufig nur von speziellen Restaurants angeboten. **Fisch** kommt pochiert, geräuchert, filetiert und mit allen Soßen, die die Fantasie eines Gourmets hervorbringen kann, auf den Tisch. Beliebt sind Dorsch (*dorsz*), Karpfen (*karp*) und Aal (*węgorz*).

Die **Geflügel-Küche** hat Huhn (*kurczak*), Truthahn (*indyk*) und allen voran Ente (*kaczka*) im Angebot. Ein Klassiker ist „Ente nach Danziger Art": mit Früchten zubereitet und einem Schuss Orangenlikör abgeschmeckt. Gern gegessen wird auch „gebratene Ente mit Äpfeln".

Wildgerichte bekommt man seltener. Wenn sie auf der Karte stehen, sollte man zugreifen: Wildschwein (*dzik*), Fasan (*bażant*) oder Rotwild (*sarna*) werden oft nach alten Rezepten mit herzhaft-würzigen Soßen und raffinierten Füllungen zubereitet.

Trotz der Vorliebe für Fleisch gibt es in Polen inzwischen auch eine steigende Zahl von Restaurants, die **Vegetarisches** (*potrawy jarskie*) im Programm haben. Auf der Karte stehen z. B. *Naleśniki*, eine Art Crêpe mit Käse, Marmelade oder anderen Füllungen, *Pierogi z serem*, mit Hüttenkäse gefüllte Teigtaschen, oder *Kopytka*, polnische Gnocchi, die aus Mehl und Kartoffeln zubereitet werden. Auch die traditionellen jüdischen Milchbars servieren Vegetarisches.

Als **Beilagen** kommen häufig Kartoffeln auf den Tisch: püriert, gekocht, als Pommes frites (*frytki*), gebraten und häufig mit viel Dill. Darüber hinaus stehen würzige Waldpilze (*grzyby*) oder die alte polnische Spezialität *Kasza gryczana* (gebratene Buchweizengrütze) auf dem Speisezettel.

Als Gemüse bzw. Salat sind Rote Bete (*buraczki*), marinierte Gurken mit Dill (*Ogórki kiszone*), mit Sahne oder Jogurtdressing und frischen Kräutern verfeinerte Gurkenscheiben (*mizeria*) beliebt.

Desserts

Auch süße Desserts rangieren weit oben auf der Beliebtheitsskala. Man bekommt u. a. *Budyń*, einen süßen Milchpudding, *Kugle*, mit Quark gefüllte Krapfen, oder Eiskrem (*lody*).

Getränke

Wodka (Wódka) und Spirituosen: Lange Zeit war Wodka unangefochtener Spitzenreiter unter den hochprozentigen Getränken. Und so ist es nicht weiter erstaunlich, dass es ein breites Spektrum an Wodkasorten in allen Geschmacksrichtungen gibt: von süß bis extratrocken, mit Pfeffer oder Honig, mit Beeren oder Kirschen. Die Vielfalt der Sorten ist eine Wissenschaft für sich – fest steht nur eins: Getrunken wird Wodka eiskalt und ohne abzusetzen. Na zdrowie!

Wyborowa: eine der inzwischen legendärsten Sorten. Polnonez: kristallklar und umwerfend stark. Żubrówka: leicht nach Büffelgras schmeckend, wirkt etwas grünlich.

Wiśniówka: ein süßer Wodka mit Kirschgeschmack. Pajsachówka: der Stärkste von allen, 75 %!

Neben dem Wodka beliebt sind *Danziger Goldwasser*, ein dickflüssiger leichter Likör, in dem feinste Blättchen aus Rauchgold schwimmen, und der aromatische Pflaumenschnaps *Śliwowica*.

Bier (piwo) und Wein (wino): Der Kunst der Bierbrauens wird zunehmend Beachtung geschenkt. So ist inzwischen eine ganze Reihe von süffigen Flaschenbieren auf dem Markt. Zu den besten gehören das helle, leichte „*Żywieckie*“, das dunklere „*Okocim*“ und das „*EB*“ aus Elbląg. In der Danziger Region sind das aromatische „*Hevelius*“ und – für trinkfeste Bierfans – das starke „*Kaper*“ zu nennen. Wein wird dagegen in Polen nicht produziert – wenn man von einigen exotisch anmutenden und verdächtig aussehenden Kreationen absieht. Da die bekannten Weinsorten importiert werden, sind sie erheblich teurer als einheimische Getränke.

Tee (herbata) und Kaffee (kawa): Die Polen sind begeisterte Teetrinker. Der Tee wird im Glas mit einer dünnen Zitronenscheibe serviert und je nach Geschmack mit Zucker gesüßt. Kaffee wird am Ende einer Mahlzeit gereicht. Früher war es üblich, ihn „türkisch“ zu trinken: Das Pulver wurde ungefiltert mit heißem Wasser übergossen und blieb dann als Bodensatz in der Tasse. Heute halten stattdessen Espresso, Café Latte und Cappuccino Einzug in die Cafés. Eine polnische Spezialität ist der *Kawa po staropolska*: Nach diesem altpolnischen Rezept wird der Kaffee mit Zimt, Sahne und einem Schuss Brandy verfeinert.

Wasser (woda): Generell sollte man vor allem in den großen Städten den Genuss von Mineralwasser dem Leitungswasser vorziehen. Wer einen empfindlichen Magen hat, sollte auch bei Salat oder Früchten aufpassen, die in diesem Wasser gewaschen wurden.

Kunst & Krempel: Straßenhändler in Danzig

Wissenswertes von A bis Z

Ärztliche Versorgung

Bei Krankheit oder Unfall galt bisher: Nur die erste Hilfe ist kostenlos, jede weitere Behandlung muss bezahlt werden, und zwar sofort und in bar – ohne Rückerstattung seitens der deutschen Krankenversicherung. Dies hat sich mit der seit 2006 auch in Polen eingeführten **Europäischen Krankenversicherungskarte (EHIC)** geändert. Die EU-weit gültige Karte regelt – zumindest theoretisch – im Krankheitsfall die Versorgung und Kostenrückerstattung für EU- und EFTA-Staatsbürger. Nachdem man die Behandlungskosten vorort zunächst selbst beglichen hat, werden diese dann nach Einreichen der entsprechenden Quittungen von der Krankenkasse erstattet (allerdings nur bis zu der Höhe der Kosten im eigenen Land). Die Karte wird kostenlos von den Krankenkassen ausgestellt bzw. in die normale elektronische Versichertenkarte integriert. Damit kann man sich dann an einen polnischen Vertragsarzt oder an ein öffentliches Gesundheitszentrum wenden. Entsprechende Anschriften gibt es bei den Zweigstellen des nationalen Gesundheitsfonds (Narodowy Fundusz Zdrowia). Achtung: In den Leistungen der EHIC ist kein Rücktransport aus dem Ausland enthalten. Da von der Krankenkasse nur bestimmte Beitragssätze für eine Behandlung erstattet werden, muss der Versicherte für eventuell entstehende Differenzkosten selbst aufkommen. Für Schweizer empfiehlt sich dagegen der Abschluss einer **Auslandskrankenversicherung**, falls die eigene Krankenversicherung die Kosten für Behandlungen in Polen nicht deckt. Es ist außerdem sinnvoll, vorher seine Kreditkarten zu checken – häufig haben Visa oder Eurocard bereits einen Auslandskrankenschutz). Bei Vorlage der Quittungen und einer Bestätigung des behandelnden Arztes werden die Kosten dann auch hier zurückerstattet.

Impfen: Für den Aufenthalt in Polen sind keine Schutzimpfungen vorgeschrieben. Wer gerne wandert, sollte aber einen vorbeugenden Impfschutz gegen FSME (Frühsommer-Meningo-Enzephalitis) erwägen. Die Übertragung erfolgt durch Zeckenbisse. Es ist auch möglich, sich bis zu vier Tage nach dem Biss impfen zu lassen.

Apotheken (apteka): Erste Anlaufstelle bei harmlosen Beschwerden – der Apotheker darf einfache Medikamente abgeben. In Polen sind jedoch zum Teil andere Arzneimittel rezeptpflichtig als in Deutschland. Also im Zweifelsfall wichtige Medikamente von Deutschland mitnehmen. In den meisten Apotheken wird Englisch oder Deutsch gesprochen – ansonsten helfen das Rezept oder die leere Packung weiter. Mindestens eine Apotheke hat in jedem Ort rund um die Uhr Notdienst: Die Adresse hängt an den einzelnen Apotheken aus oder ist im Lokalteil der Zeitung zu finden.
🕐 Mo–Fr 8–19, Sa 8–14 Uhr.

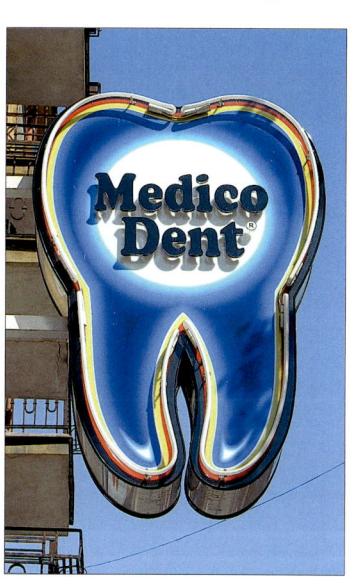

Auch Fremde finden hier zum Zahnarzt

Ärzte (lekarz): Der Ruf der staatlichen Ärzte ist nicht gerade der beste; bei ernsteren Beschwerden sollte man lieber private Ärzte aufsuchen. Deren Tarife sind zwar höher (immer noch niedriger als in Deutschland), die Versorgung ist aber qualifizierter.

Krankenhaus (szpital), Ambulanz (przychodnia): Auch die staatlichen Krankenhäuser genießen nicht immer das höchste Ansehen, zu wenig Betten für zu viele Patienten, die Ärzte unterbezahlt und dabei überlastet. Auch die Medikamente sollen bisweilen knapp sein. Wenn es allerdings schnell gehen soll, ist die Krankenhaus-Ambulanz die richtige Adresse.

Endlos und einsam: Polens Sandstrände im Mai

Notruf: ℡ 999. Die Notrufnummer kann kostenlos von allen öffentlichen Telefonzellen Polens aus angewählt werden. Vorsicht: Hier wird meist nur Polnisch gesprochen!

Baden

Mit ihren endlosen breiten Sandstränden ist die Ostseeküste ein einziges Badeparadies! Die **Wassertemperaturen** sind zwar nicht so hoch wie im Mittelmeerraum, im Durchschnitt liegen sie im Sommer aber durchaus in passablen Bereichen, da sich die meist sehr flachen Küstengewässer durch die Sonneneinstrahlung stark erwärmen: auf der Insel Wolin im Juli und August etwa auf Werte zwischen 21 und 23 °C.

Mit der Verschmutzung durch das Ableiten von ungeklärtem Wasser in die Ostsee ist es weit gehend vorbei; seit den 1990ern wird hier verstärkt auf die Umwelt geachtet, und so hat sich die **Wasserqualität** in den letzten Jahren stark verbessert. Dennoch ist es nicht unbedingt empfehlenswert, direkt neben einem Hafen schwimmen zu gehen.

Bewachte Strände sind in Polen durch Schilder gekennzeichnet. An diesen Strandabschnitten gilt es jedoch, den Anweisungen der Rettungsschwimmer zu folgen – sonst wird man rigoros zurückgepfiffen!

FKK wird nicht gern gesehen. Aber auch im katholischen Polen ändert sich das eine oder andere: Die „Naturisten" haben sich vereinzelte Territorien erobert. FKK-Strände gibt es beispielsweise bei Kołobrzeg, Dębkie und Hel – an den restlichen Stränden dagegen ist Nacktbaden unerwünscht. Oben-ohne-Sonnenanbeter sind ebenfalls verpönt.

Neben der Ostsee bieten auch zahlreiche **Seen** – beispielsweise in der Kaschubischen Schweiz – Gelegenheit zum Baden. Ihr Wasser ist in der Regel wärmer als das Meer. Wer am Ufer eines abgeschiedenen Sees ein erfrischendes Bad nimmt, sollte aber Rücksicht auf die im Röhricht nistenden Vögel walten lassen.

Diplomatische Vertretungen

Deutschland und Österreich sind in Danzig durch ein Honorarkonsulat vertreten, Schweizer müssen sich an ihre Botschaft in Warschau wenden. Die Vertretungen sind Anlaufstellen bei „touristischen Katastrophen" wie dem Verlust sämtlicher Reisefinanzen oder der Ausweispapiere (Voraussetzung für einen neuen Ausweis sind eine Verlustanzeige bei der Polizei und zwei Fotos; ist die alte Ausweisnummer noch bekannt, erleichtert dies das Verfahren).

Botschaft der Bundesrepublik Deutschland in Warschau (Ambasada Niemiec Warszawa), ul. Jazdów 12, 00-476 Warszawa, ✆ 022/5841700, 🖷 022/5841739, www.ambasadaniemiec.pl.

Generalkonsulat der Bundesrepublik Deutschland in Danzig (Konsulat Generalny Gdańsk), Al. Zwycięstwa 23, 80-219 Gdańsk, ✆ 058/3406500, 🖷 058/3406538, info@danz.diplo.de, www.danzig.diplo.de.

Botschaft der Republik Österreich in Warschau (Ambasada Republiki Austrii), ul. Gagarina 34, 00-748 Warszawa, ✆ 022/8410081, 🖷 022/8410085, www.aussenministerium.at/warschau.

Botschaft der Schweizer Eidgenossenschaft in Warschau (Ambasada Szwajcarii w Warszawie), Al. Ujazdowskie 27, 00-540 Warszawa, ✆ 022/6280481, 🖷 022/6210548, vertretung@var.rep.admin.ch.

Drogen

Konsum und Besitz kleiner Mengen von Marihuana oder Haschisch werden nicht bestraft, der Besitz größerer Mengen und deren Verkauf dagegen schon. In den letzten Jahren hat auch in Polen der Missbrauch harter Drogen stark zugenommen. Besonders in den größeren Städten werden auch Amphetamine, Ecstacy und auch Heroin verstärkt konsumiert.

Einkaufen

Polen ist bekannt für seine **Handarbeiten**: bestickte Tischdecken, Glasmalerei, handgeschnitzte bemalte Schachteln und traditionelle Holzstatuen. Derartige von Hand angefertigte Volkskunst ist in den Cepelia-Läden erhältlich. Daneben finden sich **Musik-CDs** von Klassik (Chopin) bis hin zu aktuellem polnischen Jazz. **Kunst und Antiquitäten** entdeckt man beim Herumstöbern in den zahlreichen Galerien oder kleinen Läden in großen Städten. Wer sich beim Kauf von Antiquitäten ein Tax-free-Formular aushändigen lässt, kann sich später die Mehrwertsteuer zurückerstatten lassen. Man sollte aber vorsichtig sein, denn seit den 1990ern wurden zahlreiche Antiquitäten illegal über die deutsch-polnische Grenze gebracht. Und die Antiquariate haben sich inzwischen auf die deutsche Nachfrage eingestellt: Nicht jede historisch wirkende Ikone ist wirklich alt, und auch die Preise sind nicht unbedingt niedriger als in Deutschland.

Bernstein in allen Schattierungen von hellem Gelb bis hin zu dunklem Rotbraun wird auf den Märkten am Strand bei Danzig verkauft. Der Preis ist abhängig vom Gewicht. In kleinen Schmuckläden kann man bisweilen ausgefallenere Stücke mit Inklusionen (fossile Tiere) erwerben, darüber hinaus sind hier kunstvoll aus Silber angefertigte, mit Bernstein verzierte Ketten, Ringe oder Ohrringe im Angebot.

Elektrizität

Die Netzspannung in Polen beträgt 220 V Wechselstrom. Die Steckdosen entsprechen der europäischen Norm, Adapter sind also nicht notwendig.

Nicht nur am Strand bei Hel: unzählige Robben in allen Formaten

Feiertage

Da Polen überwiegend katholisch ist und der Glaube hier eine große Rolle spielt, werden die kirchlichen Feiertage auch entsprechend gewürdigt und im Kreis der Familie zelebriert.

Wichtige Feiertage: 1. Januar (Neujahr); Ostersonntag und -montag; 1. Mai (Tag der Arbeit); 3. Mai (Tag der Verfassung von 1791); Fronleichnam; 15. August (Mariä Himmelfahrt); 1. November (Allerheiligen); 11. November (Unabhägigkeitstag); 25. und 26. Dezember (Weihnachten).

Festivals und kulturelle Veranstaltungen

An der polnischen Küste finden jeden Sommer zahllose Festivals und Veranstaltungen statt. Neben verschieden Regatten in den Hafenstädten stehen Orgel- und Pianofestspiele im Vordergrund, daneben Folklorefestivals, die die Traditionen wieder aufleben lassen. Ansonsten wird Jazz geboten – in den letzten Jahren hat sich hier eine ganz eigene Jazz-Szene entwickelt. Lohnt sich unbedingt!

Mai: *Neptunalia* (Studentenfestival in Danzig)

Juni: Baltisches Band-Meeting (Stettin); Ostseetage (Ende Juni bis Anfang Juli in Stettin); Internationales Festival des Chorliedes (Międzyzdroje); Internationales Festival der Orgel- und Kammermusik (von Juni bis September jeden Freitag in Kamień Pomorski); Festival der Orgel- und Vokalmusik (Koszalin); *Musica Sacra* (internationales Festival der Chor-, Orgel- und Kammermusik von Juni bis August in Oliwa)

Juli: Wikingerfest (Wolin); *Kaszëbsczie bo-* *të pod żoglame* (Regatta mit historischen Fischer- und Segelbooten in Chałupy); Internationales Festival der Orgelmusik (Ende Juli/ Anfang August in Frombork); *Fama* (Künstlerfestival der Studentenjugend in Świnoujście)

August: Internationales Liederfestival (Sopot); Dominikanermarkt (Anfang bis Mitte August in Danzig); *Festival Interfolk* (am Monatsende in Kołobrzeg)

September: Polnische Festspiele der Seelieder (Świnoujście); Pianofestival (Słupsk)

November: Filmfestival (Gdynia)

Wissenswertes von A bis Z

Geld

Die polnische Landeswährung ist auch nach dem EU-Beitritt des Landes bis auf Weiteres der Złoty (= 100 Groszy). 1 € entspricht etwa 3,3 zł. Umtauschen kann man bei Banken oder in den zahlreichen Wechselstuben (*kantor*).

Mit EC-, Postbank- und anderen Kreditkarten kann an den inzwischen verbreiteten Automaten problemlos Geld abgehoben werden. Die Menüs der Geldautomaten sind auch in deutscher oder englischer Sprache verfügbar. Vorsicht: Die Gebühren fallen sehr unterschiedlich aus und können erstaunlich hoch sein.

Auch bargeldloses Bezahlen ist in Polen mittlerweile sehr verbreitet, besonders häufig werden akzeptiert: American Express, Euro- und Master- sowie Visacard. Abhanden gekommene Kreditkarten kann man unter folgenden Rufnummern sperren lassen: American Express:

*Liebevoll inszeniert:
Living History Events*

✎ 069/97971000; EC-Karte: ✎ 0180/5021021; Euro-/Mastercard: ✎ 069/79331910; Visa: ✎ 001/4105813836 (kostenloses R-Gespräch aus dem Ausland).

Unter der Nummer ✎ 116116 können EC-, Kredit-, Kunden- und SIM-Karten für Handys zentral gesperrt werden.

Haustiere

Seit 2004 benötigen Haustiere einen Heimtierausweis vom Tierarzt. Das Tier muss mindestens 30 Tage und maximal zwölf Monate vor der Einreise gegen Tollwut geimpft worden sein. Damit es dem Dokument eindeutig zugeordnet werden kann, benötigt es eine eintätowierte Kennzeichnungsnummer oder einen elektronischen Chip.

Information

Vor der Reise kann man touristische Informationen über das **Polnische Fremdenverkehrsamt** einholen: Kurfürstendamm 71, 10709 Berlin, ✎ 030/2100920, ✆ 030/21009214 (Mo–Fr 9–12 und 14–16 Uhr), www.polen-info.de. Österreicher und Schweizer wenden sich an die Außenstelle in Wien: Lerchenfelder Straße 2, 1080 Wien, ✎ 01/5247191, ✆ 01/524719120, www.poleninfo.at.

Bei der **Internetrecherche** sind außerdem die folgenden Adressen nützlich: www.urlaub-polen.de (sehr viele allgemeine Infos zu Polen, aber auch Regionsspezifisches zur Ostseeküste, auf Deutsch); www.hotelsinpoland.com (Online-Hotelbuchungen, auf Englisch); www.pttk.pl (Tipps und Infos für Naturliebhaber von der polnischen Gesellschaft für Touristik und Heimatkunde); www.pot.gov.pl (Homepage der polnischen Tourismusorganisation: allgemeine touristische Informationen, News, Hinweise zu Veranstaltungen etc.); www.ostsee-urlaub-polen.de (viele Tipps und Infos zu den Städten an der Küste); www.polen.de (wirtschaftlich orientierte Site mit Links zu Meldungen zur polnischen Wirtschaft, Kultur und Politik); www.info-polen.com (neben allgemeinen Infos über geschichtliche und gesellschaftliche Hintergründe auch Wissenswertes zu Kunst und Kultur sowie Tipps für den Urlaub).

Vor Ort erhält man Auskunft bei den folgenden Einrichtungen:

IT-Touristeninformation (punkt informacji turystycznej): Wenn es um allgemeine regionsspezifische Informationen, die wichtigsten Bus- oder Bahnanschlüsse, Stadtpläne oder Adressen für den Fahrradverleih geht, sind die regionalen Informationsbüros der richtige Ansprechpartner. Die kleinen Infostände und Büros bieten auch Listen mit Privatzimmern in der jeweiligen Stadt, manchmal arrangieren sie auch Unterkünfte.

Rauschende Feste und knallharte Geschäfte: der Arthushof in Danzig

Inzwischen wird hier auch zunehmend Deutsch oder Englisch gesprochen. In ländlichen Gegenden und Kleinstädten haben die IT-Touristeninformationen häufig nur während der Saison geöffnet. Teilweise wird nur Polnisch gesprochen und gelegentlich nimmt man es hier auch mit den Öffnungszeiten nicht so genau. In den großen Städten sind die Büros dagegen in der Regel ganzjährig geöffnet und die Mitarbeiter meist sehr hilfsbereit.

Allerdings scheinen sich die Informationsbüros in manchen Städten auf einer permanenten Wanderschaft zu befinden – also nicht erstaunt sein, wenn das IT von einem Monat auf den nächsten plötzlich verschwindet und an einem anderen Ort wieder auftaucht.

Almatur: Landesweit vertretenes polnisches Reisebüro für Jugendliche und Studenten sowie erste Anlaufstelle für alle Infos rund um Jugendherbergen. Zentrale: ul. Kopernika 23, 00-395 Warszawa, ☎ 022/8262639, ✆ 022/8270816, www.almatur.pl. Vertretung in Danzig: ul. Długi Targ 11, 80-828 Gdańsk, ☎ 058/3012403, ✆ 058/3017818, gdansk@almatur.pl.

PTTK: Einer der ältesten Tourismusverbände Europas, ursprünglich eine polnische Heimatkundegesellschaft. Die Organisation ist in beinahe jedem Ort vertreten und bietet auch Unterkünfte an. Darüber hinaus gibt's hier Infos zu Wanderwegen, Kanutouren und weiteren Sportmöglichkeiten wie Segeln und Reiten. Meist verfügen die Büros auch über sehr gutes Kartenmaterial. Zentrale: ul. Senatorska 11, 00-075 Warszawa, ☎ 022/8262251, ✆ 022/8262505, pczta@pttk.pl, www.pttk.pl. Vertretung in Danzig: ul. Długa 45, 80-828 Gdańsk, ☎ 058/3011343, ✆ 058/3016096, biuro@pttk-gdansk.pl.

Orbis-Büros: Die Gesellschaft war unter dem sozialistischen Regime das größte Tourismusunternehmen in Polen, in nahezu jeder Stadt findet sich eine Filiale. Bis vor kurzem spielten die Zweigstellen eine zentrale Rolle als Informationsbörsen, die wach-

> **Hotline der Polnischen
> Organisation für Tourismus**
>
> Wer sich im Urlaub in einer Notsituation befindet, Konflikte mit der Polizei hat, bestohlen oder übers Ohr gehauen wurde, kann sich an die Hotline der Polnischen Organisation für Tourismus wenden. Die deutsch- und englischsprachigen Mitarbeiter geben täglich von 8 bis 24 Uhr telefonische Auskünfte in deutscher Sprache oder organisieren Hilfe. Die Service-Nummer 0800/200300 kann im Sommer von jedem Festnetz-Telefon kostenlos angewählt werden. Mit dem Handy erreicht man die neue Hotline unter ℘ 004822/6015555. Hierbei fallen die üblichen Auslands-Telefongebühren an.

sende Zahl und zunehmende Bedeutung der IT-Touristeninformationen hat aber dazu geführt, dass hier in letzter Zeit verstärkt als Reisebüro gearbeitet wird. Orbis-Filialen finden sich in jeder größeren Stadt; die Zentrale hat ihren Sitz in Warschau: ul. Bracka 16, 00-028 Warszawa, ℘ 022/8293939, ℘ 022/8273301, www.orbis.pl. Vertretung in Danzig: ul. Heweliusza 27, 80-890 Gdańsk, ℘ 058/312132.

Karten

Wer sich von Deutschland aus eine **Übersicht** über die geografischen Gegebenheiten in Polen verschaffen will, kann einen Blick in folgendes Kartenmaterial werfen:

• *Rautenberg-Verlag* **Straßenkarte Nr. 1. Nordwest, Pommern, Ostseeküste** (1:300.000), polnisch-deutsch, Orte ab 2.000 Einwohner. Diese Karte deckt die gesamte Küste ab: von Stettin bis zur Frischen Nehrung.

• *Höfer-Verlag* **Höfer Straßenkarten, Polen, West-Ost-Preußen** (1:200.000), für das östliche Gebiet an der Küste: Danzig, Elbing, Thorn.

Höfer Straßenkarten, Polen, Westpommern (1:200.000), für das westliche Gebiet an der Küste: Stettin, Kolberg, Landsberg. Die genaueste Karte. Alle Orte sind zweisprachig aufgeführt, auch kleine Dörfer werden berücksichtigt. Das Ortsregister fehlt natürlich auch nicht.

Stadtpläne sind in den lokalen Touristenbüros erhältlich. Darin sind nicht nur die aktuellen Straßenverzeichnisse aufgelistet, sondern zum Teil auch eine Übersicht der lokalen Bus- und Straßenbahnverbindungen.

Die detailliertesten **Übersichts- und Wanderkarten für Nationalparks** gibt es in den Büros bzw. Besucherzentren der Parkverwaltungen. Auch genaue Wanderrouten sind hier teilweise eingetragen.

Ansonsten erhält man in Polen auch an Tankstellen, Kiosken und in den Touristenbüros detaillierte polnische **Regionalkarten** mit vielen Zusatz-Infos.

Klima und Reisezeit

An der polnischen Küste herrscht ein mildes maritimes Klima. Die Sommer sind nicht so heiß wie im Landesinneren. Am wärmsten ist es im Juli und August. Dann liegen die Durchschnittstemperaturen in Danzig bei 21 °C. Abends ist wird es merklich kühler, von ein paar heißen Nächten im Hochsommer einmal abgesehen. Das Meer hat sich im Juli/August auf eine Durchschnittstemperatur von 18 bis 19 °C erwärmt, die durchschnittliche Wassertemperatur der Seen liegt in dieser Zeit zwischen 22 und 25 °C.

Die Winter an der Küste sind mild und feucht. Die Temperaturen fallen hier zwar nicht so tief wie im Landesinneren, häufiger Nebel und die kurzen Tage locken in dieser Zeit allerdings nur wenige Besucher. Die Durchschnittstemperatur in Danzig liegt im Dezember bei 3 °C und im Januar bei 1 °C.

Wer die Ruhe liebt und einsame Strände gern für sich allein genießt, der sollte es unbedingt vermeiden, während der Sommerferien im Juli und August an die polnische Küste zu fahren! Diese Reisezeit wird nicht nur von den meisten polnischen Familien, sondern auch von zahlreichen Besuchern vor allem aus den skandinavischen Ländern genutzt: Allerorten herrscht dann dichtes Gedränge. Im Juni und September ist es nicht nur sehr viel ruhiger, auch die Preise liegen dann deutlich niedriger.

Kriminalität

Im Sommer sind organisierte Banden aus dem „Wilden Osten" in Touristenhochburgen wie Danzig unterwegs – Autos deutscher Hersteller (Mercedes, BMW, VW) mit deutschen Kennzeichen sind ein beliebtes Souvenir und werden gern genommen (manchmal begnügt man sich auch damit, ein paar Teile abzumontieren). Es empfiehlt sich also dringend, sein Fahrzeug auf bewachten Parkplätzen abzustellen, vor allem nachts. Ganz anders präsentiert sich die Situation auf dem Land. In den kleinen Orten abseits der großen Touristenströme ist das Diebstahlrisiko nicht höher als in einer deutschen Kleinstadt.

Ansonsten gilt: Hafengegenden und Bahnhöfe in Polen sind genauso sicher oder unsicher wie andernorts in Europa. Es empfiehlt sich, auf seine Wertgegenstände zu achten, aber es besteht auch kein Grund, in Panik zu geraten!

Medien

Radio: Die Zeiten, in denen die spärlichen polnischen Radiosender kollektiv im Äther vereinsamten, sind vorüber. Ein buntes Sammelsurium an musikalischem Entertainment von sehr gutem Jazz über Klassik bis hin zu elektronischer Musik und ein reichhaltiges Informationsangebot in polnischer Sprache haben die zahlreichen Sender belebt. Auch mit Empfangsgeräten, die auf westliche Frequenzbereiche geeicht sind, können die polnischen Sender empfangen werden: Der polnische Rundfunk sendet auf Lang-, Mittel-, Kurz- und Ultrakurzwelle.

Fernsehen: Eindeutig durchgesetzt hat sich die Satellitenschüssel. Hotels, Pensionen und auch Privathäuser sind damit gespickt. Man kann also problemlos internationale Sender empfangen, um auf dem Laufenden zu bleiben.

Zeitungen: Wer aus sprachlichen Gründen nicht auf die zahlreichen qualitativ hochwertigen Produkte der polnischen Presse zurückgreifen kann, wird an Bahnhöfen und Kiosken sowie den Filialen der polnischen Euro-Presse EMPIK in etwas größeren Orten mit den Standardwerken der internationalen Zeitungen versorgt.

Nationalparks

In Polen wird bereits seit Jahrzehnten viel Wert auf Naturschutz gelegt. So gibt es inzwischen 22 Nationalparks (*Park Narodowe*) im gesamten Land, vier davon liegen an und vor der polnischen Küste: Sie bieten riesige, einsame Waldgebiete und unberührte Sumpflandschaften mit dichten Schilfgürteln, kristallklare eiszeitliche Seen sowie strahlend weiße Dünenlandschaften mit dunkelgrünen Gräsern. Um seltene Tier- und Pflanzenarten in den landschaftlich schönsten Gebieten zu schützen, gelten zum Teil strenge Vorschriften: Die markierten Wege sollen nicht verlassen werden, zelten darf man nur an den dafür vorgesehenen Stellen. In der Saison (von Mai bis September) wird meist eine Gebühr von 1,50 bis 2 € erhoben.

Wolliner Nationalpark: Direkt an der Ostseeküste und nahe der deutsch-polnischen Grenze liegt dieser 1960 gegründete Nationalpark. Tiefe, uralte Buchenwälder, eiszeitliche Gletscherseen sowie die Steilküste hinter Międzyzdroje lassen den Park zu einem besonderen Erlebnis werden. Hier befindet sich auch ein Wisent-Gehege.

Slowinzischer Nationalpark: Unmittelbar an der Ostseeküste zwischen Rowy und Łeba liegt der Nationalpark, in dem sich ein außergewöhnliches Naturphänomen beobachten lässt: Wanderdünen. Die höchste Düne ist etwa 42 m hoch und schiebt sich jedes Jahr bis zu zehn Meter weiter ins Landesinnere – auf der anderen Seite der Dünen tauchen abgestorbene Baumstümpfe auf, die vor vielen Jahren unter den sandigen Massen begraben wurden. Hinter den Dünen wuchern schattige Mischwälder mit salzigen Seen, auf denen Tausende von Vögeln brüten.

Nationalpark Tucheler Heide: Südwestlich von Danzig liegt eines der größten Waldgebiete Polens: die Tucheler Heide (*Bory Tucholskie*). An den Ufern der kaschubischen Seen nisten Kraniche und sogar der seltene Weißkopfseeadler.

Notrufnummern

Polizei: ☎ 997; Feuerwehr: ☎ 998; Pannendienst: ☎ 981 oder Notruf ☎ 112. Unter der Nummer ☎ 116116 können EC-, Kredit-, Kunden- und SIM-Karten für Handys zentral gesperrt werden.

Öffnungszeiten

Die Öffnungszeiten sind generell nicht so stark reglementiert wie hierzulande. Diese Freiheit wird auch genutzt, und man passt die Zeiten Pi mal Daumen den Bedürfnissen an. Insbesondere bei Museen und Tourismusinformationsstellen in den kleineren Orten werden die Öffnungszeiten stark von der aktuellen Nachfrage bestimmt – und ein Ladenschlussgesetz für Geschäfte gibt es nicht!

Behörden: Als Faustregel gilt:, nur vormittags (ab 8 Uhr) geöffnet.

Banken: Kernzeiten sind Mo–Fr 8–17 Uhr und Sa 8–14 Uhr. Danach kann bei den Kantors gewechselt werden, die meist länger geöffnet haben.

Museen: Die Öffnungszeiten ändern sich häufig und sind u. a. auch von der Saison abhängig. Meist ist montags geschlossen. Die wichtigen Museen in den größeren Städten kann man in der Regel von Di bis So 9.30–17 Uhr besuchen. In Stettin, Gdynia, Sopot oder Danzig sind die saisonalen Schwankungen geringer: Die Öffnungszeiten im Sommer unterscheiden sich selten von denen im Winter.

Regionalmuseen in den kleineren Städten haben in der Regel Di–Fr ab 9.30 Uhr geöffnet, schließen aber häufig bereits wieder um 16 Uhr. Am Wochenende haben viele kleinere Museen kürzere Öffnungszeiten: Häufig kann man sie nur von 10 bis 14 Uhr besuchen. Einige von ihnen haben während der Wintermonate noch kürzer geöffnet.

Kirchen: Die Öffnungszeiten schwanken sehr stark. Während die großen Kathedralen häufig den ganzen Tag über geöffnet sind, kann man sich viele der übrigen Kirchen nur vormittags oder nachmittags anschauen, manche sind sogar nur zu den Messen zugänglich. Die beste Zeit ist nach unseren Erfahrungen der Vormittag.

Läden: Im Gegensatz zu Deutschland existiert in Polen kein Ladenschlussgesetz; dies hat zur Folge, dass kleinere Läden, Märkte oder Geschäfte völlig unterschiedliche Öffnungszeiten haben.

Manche Geschäfte – besonders kleine Lebensmittelgeschäfte – öffnen bereits zwischen 6 und 7 Uhr morgens, die meisten jedoch erst um 9 oder 10 Uhr. Geschlossen wird normalerweise zwischen 18 und 19 Uhr, manche Läden haben vor allem im Sommer aber bis 22 Uhr geöffnet. Da es keine gesetzlichen Regelungen für die Mittagspause gibt, wird auch dies unterschiedlich gehandhabt. Als Faustregel gilt: In den größeren Städten haben die Geschäfte meist durchgehend geöffnet, in kleineren Städten sind manche mittags geschlossen, meist

Familiär: das Museum für Stadtgeschichte in Gdynia

zwischen 12 und 15 Uhr. Kleine Geschäfte wie Buch- oder Schmuckläden machen in der Regel später auf und haben dann häufig ohne Mittagspause bis 17 oder 18 Uhr geöffnet.
Am Samstag kann man in der Regel von 7 bis 13 Uhr einkaufen, manche Geschäfte haben aber auch ganztags und sogar am Sonntag geöffnet.

Achtung: Im Zuge der Angleichung an die EU werden von den Gemeinden Umstrukturierungen vorgenommen. Infolgedessen ist weiterhin damit zu rechnen, dass sich einzelne Öffnungszeiten ändern.

Post

Die einzelnen Postfilialen sind mit Nummern gekennzeichnet. Dabei steht die Nummer eins für das Hauptpostamt des jeweiligen Ortes. Kernöffnungszeiten der Postämter sind von Montag bis Freitag 8–19 Uhr, samstags nur bis 18 Uhr – in den größeren Städten haben einzelne Filialen auch länger geöffnet.

Das **Porto** für Postkarten und Standardbriefe beträgt rund 0,70 €. Briefmarken gibt es häufig an Kiosken oder zusammen mit Ansichtskarten gelegentlich auch in den Touristeninformationen. Dort sind auch Auskünfte über das aktuelle Porto erhältlich. Briefe und Karten nach Deutschland werden mit dem Zusatz „*Niemcy*" unter der Adresse versehen. Ein Brief nach Deutschland benötigt meist etwa eine Woche – von manchen Standorten aus kann es allerdings länger dauern. Pakete, die nicht per Luftpost verschickt werden, können dagegen lange unterwegs sein.

Beim Einwerfen der Briefe sollte man auf die Farbe des Briefkastens achten: Die normalen **Briefkästen** sind in Polen rot; blaue Kästen sind ausschließlich für Luftpost vorgesehen, die seltenen grünen Briefkästen dienen dem lokalen Postverkehr innerhalb Polens.

Auf den Hauptpostämtern ist es möglich, sich postlagernd Pakete oder Briefe dorthin schicken zu lassen. Der Absender adressiert den Brief dann an das Postamt Nr. 1 der Stadt: z. B. *Poczta (Nr. 1), 78-100 Kołobrzeg*. Die Briefe werden dort dann 14 Tage aufbewahrt, bevor sie wieder an den Absender zurückgeschickt werden.

Preise

In den Jahren seit der politischen Wende hat sich in Polen ein vielschichtiger und tiefgreifender Wandel vollzogen. Die Öffnung zum Westen hin hat auch in der polnischen Preispolitik ihre Spuren hinterlassen: So ist in den vergangenen Jahren das Preisniveau in den touristischen Einrichtungen inzwischen deutlich angestiegen. Davon sind hauptsächlich die Unterkünfte betroffen; besonders an der Küste und in den großen Städten sind die Preise einzelner Hotels zum Teil rasant gestiegen, während andere Anbieter sich seit Jahren kaum verteuert haben. Restaurants, Cafés und Bars sind von dieser Entwicklung weniger betroffen.

Da die Preise in Polen noch immer unter dem internationalen Niveau liegen, ist zu erwarten, dass sich dieser Trend fortsetzen wird. Aus diesem Grund handelt es sich bei den Preisangaben im Buch eher um Momentaufnahmen. Wundern Sie sich also nicht, wenn Sie im Einzelfall etwas tiefer in die Tasche greifen müssen. Billiger als die klassischen Reiseziele in Westeuropa ist Polen aber allemal.

Rauchen

Das Rauchen verliert in Polen an Beliebtheit, die Bedingungen für Raucher sind dennoch erheblich günstiger als in Deutschland: Zigaretten sind preiswerter und in der Gastronomie herrscht bislang kein Rauchverbot. Größere Hotels bieten Zimmer für Raucher und Nichtraucher an.

Auf Straßenmärkten darf gehandelt werden

Reisepapiere

Seit dem 1. Mai 2004 können EU-Bürger mit dem Personalausweis nach Polen einreisen, für Schweizer gilt weiterhin die Reisepasspflicht. Kinder bis zum 16. Lebensjahr müssen entweder einen eigenen Kinderausweis mit Lichtbild dabeihaben oder im Pass der Eltern eingetragen sein.

Bei einem Aufenthalt von mehr als 90 Tagen pro Halbjahr wird eine Aufenthaltsgenehmigung von der Woiwodschaft der entsprechenden Region benötigt.

Telefon/Fax und Telegramm

Das polnische System öffentlicher Telefone war – bis weit in die 90er-Jahre – weder nutzerfreundlich noch komfortabel. Inzwischen ist vieles besser geworden: In den meisten Städten hat sich ein Anbieter durchgesetzt (blaue Telefonzellen); auch die Anzahl öffentlicher Telefone ist stark gestiegen. Telefonkarten gibt es an Postämtern, Kiosken, Hotels und Tankstellen.

Weiterhin existieren aber noch zwei veraltete Telefon-Typen: Einer wird mit Jetons betrieben, der andere mit Magnetstreifenkarten. Viele dieser Apparate wurden jedoch bereits ausgetauscht, die oben beschriebenen Kartentelefone sind weitaus verbreiteter.

Von 8 bis 19 Uhr kann man in den Postämtern Telegramme aufgeben, Faxe senden und Ferngespräche anmelden.

Mobiltelefone erfreuen sich auch in Polen großer Beliebtheit; das digitale Funknetz ist inzwischen entsprechend gut ausgebaut.

Roaming-Service: Wer sein Handy mitnimmt, sollte beim Passieren der Grenze nicht vergessen, auf das günstigste Netz umzustellen – sonst können Anrufe aus der Heimat teuer werden! Auch bei Anrufen, die auf der Mailbox landen bezahlt der Angerufene dann saftige Gebühren.

Seit 2007 sind die Roaming-Gebühren gesenkt und Anrufe aus dem Ausland deutlich günstiger geworden. Es lohnt sich dennoch, sich bei seinem Anbieter über besondere Konditionen und Angebote zu informieren.

Wer sich länger im Land aufhält, kann sich für die Dauer des Aufenthalts auch eine lokale Telefonkarte in das Handy einsetzen lassen, wenn der Provider es zulässt.

Für **Auslandsgespräche** gelten folgende Vorwahlen:

0048 für Polen,

0049 für Deutschland,

0043 für Österreich,

0041 für die Schweiz.

Anschließend wählt man die Ortsvorwahl oder die Vorwahl des Mobilfunknetzes ohne die erste Null.

Toiletten

Die öffentlichen Toiletten haben inzwischen internationalen Standard erreicht. Dieser Service kostet zum Teil auch in Restaurants rund 0,30 € pro Toilettenbesuch.

In Puck weht eine steife Brise

Ein **D** steht für die Damen bzw. **M** für Herren (*damski* und *męski*). Falls sich auf den Türen geometrische Symbole befinden, liegt hinter dem Kreis die Damentoilette, das Dreieck kennzeichnet die Tür der Herrentoilette.

Zoll

Bereits mit der Grenzöffnung 1991 haben sich die Einreiseformalitäten merklich vereinfacht, und die Zollbestimmungen wurden deutlich gelockert. Im Zuge der EU-Angliederung traten ab Mai 2004 und Januar 2009 erneut veränderte Zollbestimmungen in Kraft.

Für die Einfuhr nach Deutschland gilt nun: Pro erwachsene Person dürfen 800 Zigaretten oder 400 Zigarillos oder 200 Zigarren oder 1 kg Rauchtabak (seit dem 01.01.2009) sowie 110 Liter Bier oder 90 Liter Wein oder 10 Liter Spirituosen über die Grenze mitgebracht werden. Da das Benzin in Polen deutlich günstiger ist als in Deutschland, hat sich inzwischen ein regelrechter Benzin-Tourismus entwickelt. Erlaubt sind neben dem vollen Tank nur noch ein 20-Liter-Kanister.

Fotoapparate, Videokameras, Laptops, Ferngläser, tragbare Musik-Player und Tonträger dürfen mitgeführt werden, sofern sie für die private Nutzung bestimmt sind. Das gilt auch für Sportgeräte wie Surfbrett, Kanu oder Paddelboot. Als Faustregel gilt: Mitgenommen werden darf alles, was nicht im Verdacht steht, zu Handelszwecken eingeführt zu werden.

Die Einfuhr von Betäubungsmitteln ist generell verboten; Pelze, Leder- und Goldwaren sind zollpflichtig, sofern sie nicht für den persönlichen Gebrauch bestimmt sind. Das Mitbringen von Feuerwerkskörpern aus Polen ist streng untersagt.

Was haben Sie entdeckt?

Haben Sie ein gemütliches Hotel, ein uriges Lokal, einen empfehlenswerten Strand oder aber einen schönen Wander- oder Radweg gefunden?

Wenn Sie Ergänzungen, Tipps, Anregungen oder Kritik zu diesem Buch haben, lassen Sie es uns bitte wissen.

Schreiben Sie an:

Isabella Schinzel
Stichwort „Polnische Ostseeküste"
c/o Michael Müller Verlag
Gerberei 19
91054 Erlangen
E-Mail: schinzel_isabella@michael-mueller-verlag.de

Wuchtig und geheimnisvoll: Hinter den mächtigen Mauern der Marienburg wurde Geschichte geschrieben

Geschichte

Die ersten Spuren menschlicher Behausung in Polen stammen aus der Mittelstein-
zeit (8000–5500 v. Chr.). Als staatshistorischer Ursprung gilt jedoch gemeinhin die
Herrschaftszeit des Polanenfürsten Mieszko I. (um 960 bis 990), dem es gelang, den
Machtbereich seines Stammes zu vergrößern und das Polanenreich innerlich zu
konsolidieren. Mieszko herrschte über das Gebiet zwischen Oder und Warthe,
Hauptstadt des Reiches war Gnesen. Der Polanenfürst entstammte der Dynastie
der Piasten, deren Ursprünge bis ins 9. Jh. zurückreichen; urkundlich ist über seine
Vorgänger aber nichts verbürgt. Das vergleichsweise kleine Polanenreich hatte im
Westen einen mächtigen Nachbarn: das Heilige Römische Reich, dessen Ostflanke
vom sächsischen Markgrafen Gero gesichert wurde. Dennoch versuchte Mieszko,
seinen Herrschaftsbereich weiter nach Westen hin auszudehnen und stieß bis an
die Elbe vor, wo er allerdings von den Truppen Geros gestoppt werden konnte. Die
militärische Niederlage bedeutete aber nicht das Ende des Polanenreiches. Mieszko
verstand es vielmehr, seinen Einfluss durch geschickte Vertragspolitik zu sichern,
freilich fortan als tributpflichtiger Vasall des deutsch-römischen Kaisers Otto I.

Seitdem sind die Geschichte Polens und Deutschlands eng miteinander verflochten.
Zeitweise gestalteten sich die Beziehungen äußerst freundschaftlich, dann wieder
waren sie von tiefem gegenseitigen Misstrauen und verheerender Gewalt geprägt,
deren Höhepunkt der deutsche Vernichtungsfeldzug im Zweiten Weltkrieg bildete.

Die Anfänge (966–1250)

Aufstieg und Einigung Polens

966   König Mieszko I. lässt sich taufen. Dies erweist sich in vielfacher Hinsicht als geschickter Schachzug: Damit wird er nicht nur in die Kulturgemeinschaft der christlichen Fürstenhäuser aufgenommen – auch die einzelnen slawischen Stämme werden durch den gemeinsamen Glauben stärker miteinander verbunden. Historiker betrachten dieses Ereignis als Gründung Polens.

Die deutsch-polnischen Beziehungen beginnen sich langsam zu entspannen: Gemeinsam schlagen der polnische König Mieszko I. und der Kaiser (inzwischen Otto III.) Aufstände der Abtrünnigen nieder.

1025   Bolesław I. Chrobry („der Tapfere"), Sohn des polnischen Königs, gelingt es, zum „Bruder und Mitstreiter" des deutschen Kaisers zu avancieren. Dadurch ist er von der Tributpflicht befreit. Sein Reich erstreckt sich bis weit in den Süden zur ungarischen Grenze. Auf dem Zenit seiner Macht wird er 1025 mit dem Segen des Papstes zum polnischen König gekrönt. Polen wird ein unabhängiger Staat.

Der Zerfall des polnischen Königreiches

ab   Die deutsch-polnischen Beziehungen hatten in den vorausgegangenen Jahren
1025 unter der Expansion der polnischen Staatsgrenzen stark gelitten. Als Mieszko II., der Sohn Bolesławs I., die Huldigung des Papstes verweigert, brechen Kriege aus. Polen sieht sich gezwungen, auf die sächsische Ostmark zu verzichten.

1033   Mieszko II. wird der Königstitel vom Papst aberkannt. Zusätzlich schwächen die Aufstände heidnischer Siedlungen das Reich.

1138   Die Erbfolgeregelung zersplittert das Königshaus in unterschiedliche Linien, die untereinander um die Machtansprüche streiten. Das Reich zerfällt.

1180   In den nächsten Jahren setzt eine Einwanderungswelle ein, die in den folgenden Jahrhunderten das deutsch-polnische Verhältnis prägt: Viele deutsche Siedler gelangen ins Land und lassen sich in den Dörfern und Städten nieder, wo sie friedlich mit den Polen zusammenleben.

Deutsche Kreuzritter und polnische Herrscherdynastien (1200–1550)

Der Aufstieg des Deutschen Ordens

1255   Die Pruzzen, ein widerspenstiger heidnischer Stamm, hat sich zu einer wahren Plage ausgewachsen; permanent kommt es zu Unruhen und Überfällen. Herzog Konrad von Masowien will den lästigen Übergriffen ein für alle Mal ein Ende bereiten. So bittet er den Deutschen Orden um Hilfe. Der Deutsche Orden war eine Vereinigung von Kreuzrittern, die sich ursprünglich berufen sahen, einen „Heiligen Krieg" gegen die Ungläubigen zu führen und sie zu missionieren. Die schlagkräftige militärische Macht der Ordensritter soll nun die aufständischen Pruzzen zur Einsicht bewegen. Dem Orden wird als Gegenleistung das eroberte Land übereignet.

seit   Der Ritterorden verlagert nach dem Sieg über die Aufständischen seinen Sitz
1308   ins Land und beginnt mit der Errichtung eines Ordensstaates. In den fol-

Mit starker Hand regierten die Hochmeister des Deutschen Ordens ihren Staat

genden Jahrhunderten werden zahlreiche weitere Gebiete erobert. Die Kreuzritter bauen einen theokratischen Staat auf und sichern sich äußerst weltliche Machtansprüche.

Die polnische Gegenbewegung

1306   Die zunehmende Bedrohung, die von dem Ordensstaat ausgeht, vereint die verfeindeten polnischen Fürsten wieder.

1333   Kasimir III. wird König von Polen. In den folgenden vier Jahrzehnten konsolidiert er sein Königreich: Es gelingt ihm, das Land flächenmäßig in Richtung Osten auszudehnen. Neben der Vereinheitlichung des Rechtswesens überträgt er wichtige Entscheidungen dem Reichstag (*Sejm*). Die Macht der Fürsten wird empfindlich beschnitten. In Krakau gründet er Polens erste Universität. Als in Europa die Pest wütet, lädt er die europaweit verfolgten Juden nach Polen ein und gewährt ihnen Handelsprivilegien.

1370   Kasimir III. hinterlässt nach seinem Tod zwar ein mächtiges Reich, das viele Völker eint, aber keinen Erben.

Der Sieg über den Deutschen Orden

1386   Die Dynastie der Jagiellonen gelangt an die Macht: Um ein polnisches Gegengewicht zu den aggressiven Expansionsinteressen des mächtigen Ritterordens zu schaffen, wird die elfjährige polnische Thronerbin Jadwiga mit dem litauischen Großfürsten verheiratet. Dieser lässt sich sofort taufen, heißt fortan Władysław Jagiełło und wird König von Polen und Litauen in Personalunion.

1410   Władysław Jagiełło gelingt es in der legendären Schlacht bei Tannenberg, den Deutschen Orden vernichtend zu schlagen.

Revolutionär: Kopernikus hob das geozentrische Weltbild aus den Angeln

1466   „Der zweite Thorner Frieden" wird geschlossen: Nun muss der Deutsche Orden endgültig die Oberhoheit Polens anerkennen, die verhasste Herrschaft der Kreuzritter ist vorbei.

Aufstieg und Zerfall der Adelsrepublik (1505–1750)

Die Adelsrepublik

1505   Um die Herrschaft über die unterschiedlichen Völker des Reiches zu sichern, macht die Krone Zugeständnisse an den Adel. Dessen Rolle im Reichstag gewinnt an Bedeutung, während die Macht des König beschnitten wird. „*Nihil novi*" (nichts Neues) darf der König ohne die Zustimmung des Reichstags beschließen. Diese Regelung legt den Grundstein für die neue Adelsrepublik. Auch das „*libertum veto*", nach dem eine einzige Stimme Beschlüsse des Rates verhindern kann, wird eingeführt: Das Parlament manövriert sich damit in die Handlungsunfähigkeit.

1506–   Zygmunt I. (der Ältere) wird zum König gekrönt. Nun beginnt unter der
1572   Herrschaft der Jagiellonen eine Blütezeit, die später nur noch das „Goldene Zeitalter" genannt wird. Der Adel nutzt die Privilegien und seinen Reichtum, um elegante Paläste zu bauen und sich ausgiebig selbst zu feiern. Doch inmitten eines Klimas von Dekadenz und Opulenz erblühen auch Kunst und Wissenschaft: Kopernikus entwickelt seine revolutionären Ideen, die den Geist einer neuen Epoche prägen.

1569   Die bisher in Personalunion verbundenen Länder Polen und Litauen werden zur Realunion vereinigt. Als Zeichen des Zusammenschlusses wird die Hauptstadt nach Warschau verlegt, das geografisch gesehen zwischen den bisherigen Hauptstädten Krakau (Polen) und Vilnius (Litauen) liegt.

Geschichte

Kriege und Unruhen

17. Jh.   Die Dynastie der Jagiellonen ist erloschen, es beginnt die Zeit der Wahlkönige. Der Königstitel wird an den Meistbietenden verschachert, darunter drei Schweden, ein Habsburger, zwei Sachsen, ein Franzose und ein Ungar.

Verheerende Kriege erschüttern das Land: An der Südgrenze wird gegen das Osmanische Reich gekämpft, Tatarenaufstände und Kosakeneinfälle schwächen das Reich im Osten. Auch Schweden hat vom hohen Norden aus ein Auge auf das lädierte Polen geworfen. Der Dreißigjährige Krieg hinterlässt das Land kraftlos und ausgeblutet.

1655   Nur sieben Jahre nach dem Westfälischen Frieden, mit dem der Dreißigjährige Krieg beendet wurde, bricht die sog. „schwedische Sintflut" über Polen herein: Polen verliert Livland und Preußen.

1683   Jan III. Sobieski besiegt bei Wien die Türken und wird als „Retter des Vaterlandes" gefeiert. Doch dieser Sieg kann den bevorstehenden Niedergang nicht abwenden: Preußen und Russland werden immer stärker.

Der Niedergang (1750–1918)

Die Zerstückelung Polens

1772   Erste polnische Teilung: Das geschwächte und handlungsunfähige Polen wird zwischen Russland, Preußen und Österreich aufgeteilt. Ergebnis: 30 % Gebietsverlust!

1791   Polen gibt sich eine für damalige Verhältnisse bemerkenswert fortschrittliche Verfassung und wird zur konstitutionellen Monarchie.

1793   Zweite polnische Teilung: Erneut werden große Teile Polens preußisch bzw. russisch, nur ein kleiner Rest des ehemals mächtigen Reichs bleibt bestehen.

1795   Dritte polnische Teilung: Die drei europäischen Großmächte Russland, Österreich und Preußen teilen Polen untereinander auf, der Staat verschwindet von der politischen Landkarte Europas.

1815   Auf dem Wiener Kongress wird Polens Teilung zementiert: Die Polen sind nun ein fremdbestimmtes Volk ohne Land, das sog. *„Kongresspolen"* – Warschau und sein Umland – wird von Russland regiert.

Die Zeit der Fremdbestimmung

nach   Das polnische Volk ist nun über drei Staaten verstreut. Dort fristen die Polen
1815   ein Schattendasein als „Bürger zweiter Klasse". Lediglich ihre Kultur, Sprache und die Erinnerung an die gemeinsame Vergangenheit halten sie noch zusammen. Unzufriedenheit und Verzweiflung breiten sich aus. Das polnische Volk beginnt aufzubegehren: Proteste lodern auf und manifestieren sich in einer Reihe von Aufständen.

1846   Unruhen in Galizien. Der Aufstand wird blutig niedergeschlagen. Ergebnis: Krakau ist nun nicht mehr freie Stadt.

1848   Aufstände in den österreichischen und preußischen Gebieten. Die preußische Regierung reagiert mit einer Verschärfung der Kontrollen, die polnische Sprache wird an Schulen und Behörden verboten.

Frisch renoviert: der Sitz der Piastenfürsten in Stettin

1863/   Warschau: großer Aufstand gegen die russische Herrschaft, der mit brutaler
64   Gewalt niedergeschlagen wird. Vielen bleibt nur noch die Flucht ins Exil,
        darunter Intellektuelle, Adelige und Künstler. Wie der Komponist Frederik
        Chopin gehen die meisten von ihnen nach Frankreich.

Die Zeit der Weltkriege (bis 1945)

Die Zweite Polnische Republik

1918   Zum eigenständigen Staat wird Polen erst wieder nach dem Ersten Welt-
        krieg. Das bereits im Sommer 1917 in Paris gegründete Polnische Natio-
        nalkomitee wird von den Alliierten schon bald als polnische Exilregierung
        anerkannt. Das Engagement der Alliierten für die Wiederherstellung eines
        souveränen polnischen Staates hat mit den politischen Umwälzungen in
        Russland zu tun: Obwohl man noch nicht genau wusste, wohin die Reise
        im „oktoberrevolutionären" Russland geht, brauchte man Polen gewisser-
        maßen prophylaktisch als Puffer.
        Am 11. November 1918 wird Marschall Józef Piłsudski zum Oberbefehlsha-
        ber der polnischen Armee ernannt und nur wenige Tage später, am 22. No-
        vember, als erstes (vorläufiges) Staatsoberhaupt der Zweiten Republik vereidigt.

1919   Der Versailler Vertrag wird abgeschlossen. Dort wird festgelegt, dass Polen
        einen Zugang zur Ostsee erhält, den sog. „polnischen Korridor". Dieser et-
        wa 30–90 km breite Landstreifen trennt Ostpreußen vom Kernland des
        Deutschen Reiches ab. Danzig wird freie Stadt unter der Kontrolle des Völ-
        kerbundes, Teile Westpreußens werden Polen zugesprochen.

1920–   Unter Marschall Piłsudski geht Polen auf Expansionskurs und versucht, Litauen,
1935   Weißrussland und die Ukraine zu annektieren. Da das revolutionäre Russ-
        land ähnliche territoriale Ansprüche erhebt, kommt es unvermeidlich zum
        polnisch-russischen Krieg, aus dem die polnischen Truppen letztlich sieg-
        reich hervorgehen. Im März 1921 wird der Friedensvertrag von Riga ge-
        schlossen, in dem Polen wesentliche Teile des einstigen Gebiets der pol-
        nisch-litauischen Union zugesprochen werden. Unter polnischer Oberho-

heit leben nun Ukrainer, Weißrussen, Litauen, Tschechen und auch Deutsche. Der neue Staat, der alles andere als homogen ist, wird von Unruhen geschüttelt. Vor dem Hintergrund der Weltwirtschaftskrise kommt es auch hier zum ökonomischen Crash. Inflation und Arbeitslosigkeit belasten das Volk, auch die Armee wird langsam unruhig. Marschall Piłsudski, der 1923 anlässlich einer Verfassungsänderung, die die politische Stellung des Präsidenten massiv beschnitten hatte, zurückgetreten war, putscht sich im Jahr 1926 zurück an die Macht. Bis kurz vor seinem Tod 1935 agiert er faktisch wie ein Militärdiktator.

Kurz hintereinander schließt Polen Nichtangriffspakte mit der Sowjetunion und mit Deutschland. Wenig später verhandelt Hitler mit Stalin bereits heimlich über eine Aufteilung Polens.

Der Zweite Weltkrieg

1.9. 1939	Beginn des Zweiten Weltkriegs: Der deutsche Panzerkreuzer „Schleswig-Holstein" überfällt das polnische Munitionsdepot an der Westerplatte bei Danzig. Schnell ist der gesamte westliche Teil Polens von den Deutschen annektiert. Die Nazis setzen ihre Parole „Lebensraum im Osten" mit menschenverachtenden Auswirkungen um: Auf Intellektuelle und Klerus wird eine Hetzjagd veranstaltet, die Polen werden von der faschistischen Propaganda als „Untermenschen" klassifiziert.
1941	Konzentrationslager wie Auschwitz (*Oświęcim*) und Treblinka erlangen traurige Berühmtheit: Die „Endlösung der Judenfrage" wird hier mit gespenstischer Präzision betrieben.
April/ Mai 1943	Aufstand im Warschauer Ghetto: 27 Tage aussichtsloser, verzweifelter Widerstand gegen das Regime, der mit Massenexekutionen und -deportationen endet.
1.8. 1944	Die Rote Armee steht vor den Toren Warschaus. Während die Warschauer gegen das Nazi-Regime kämpfen, wartet die Rote Armee ab, bis die SS-Truppen die Stadt systematisch dem Erdboden gleichgemacht haben.
12./13. 1. 1945	Die Rote Armee marschiert in die nahezu ausgestorbene Hauptstadt ein. 5000 Menschen leben noch in den zerbombten Ruinen. Der Versuch, der deutschen Wehrmacht Widerstand zu leisten, hat bis dahin 150.000 Warschauer das Leben gekostet.

Das moderne Polen (1945 bis heute)

Die Volksrepublik

1945	Auf der Konferenz von Jalta vereinbaren die Alliierten eine Westverschiebung Polens: Knapp die Hälfte der bis dato polnischen Territorien fallen an die Sowjetunion. Die ehemals deutschen Gebiete Schlesien, Neumark, Danzig, südliches Ostpreußen und Hinterpommern werden Polen angegliedert. Eine Massenvertreibung beginnt: Die Deutschen fliehen aus den nunmehr polnischen Gebieten, die Polen müssen die jetzt russischen Gebiete verlassen. Władysław Gomułka, der Generalsekretär der polnischen Arbeiterpartei, ruft eine provisorische Regierung aus.
1952	Polen erhält eine neue Verfassung und wird Volksrepublik.
1955	Der Warschauer Pakt konstituiert sich, Polen wird im beginnenden Kalten

Krieg wichtiger Bestandteil des Ostblocks. Wiederaufbau und Umstrukturierung des Landes mit sozialistischer Prägung beginnen.

1956   Schwere Arbeiterunruhen: Die Proteste gegen Erhöhungen der Lebensmittelpreise enden blutig mit dem Tod von 80 aufständischen Arbeitern.

1970   Die deutsch-polnischen Verträge entschärfen die politischen Spannungen zwischen beiden Ländern. Unterdessen erfolgen erneute Aufstände: Wieder sind Preiserhöhungen der Anlass, wieder enden die Proteste für 70 Menschen tödlich.

Edward Gierek löst Gomułka als Parteichef ab.

1978   Der frühere Krakauer Erzbischof Karol Wojtyła wird zum Papst gewählt. Als Johannes Paul II. reist er schon zu Beginn seines Pontifikats nach Polen, hält sich dort mit seiner Kritik am kommunistischen System nicht zurück und wird so nach und nach zur Symbolfigur des polnischen Widerstands.

Solidarność

1980   Die Auslandsschulden des polnisches Staates wachsen in bisher nicht gekannte Höhen. Parteichef Gierek reagiert auf den riesigen finanziellen Druck mit Preiserhöhungen. Sein Vorhaben stößt auf erbitterten Protest. Die Arbeiter treten in den Streik verschanzen sich in der Danziger Leninwerft. Unter Führung des Elektromonteurs Lech Wałęsa ringen die Arbeiter dem Regime weit reichende Zugeständnisse und sogar die Gründung einer von der kommunistischen Partei unabhängigen Gewerkschaft ab. Sie heißt *Solidarność* – Solidarität.

1981   Der neue Parteichef Wojciech Jaruzelski verhängt das Kriegsrecht. Gegen Oppositionelle werden scharfe Maßnahmen ergriffen, die Gewerkschaft *Solidarność* wird verboten. Doch im Untergrund scheint ihr Einfluss sogar noch zu wachsen. In atemberaubender Geschwindigkeit steigt die Zahl ihrer Mitglieder in Millionenhöhe.

1989/   *Solidarność* wird wieder zugelassen. Inzwischen setzt in Moskau Michail
1990   Gorbatschow mit „Glasnost" und „Perestroika" Meilensteine für tief greifende Reformen in den Ostblockstaaten, die letztlich zum vollkommenen Machtverlust der kommunistischen Regimes Europas führen. Als erster Dominostein purzelt Polen, wo 1989 die ersten freien Parlamentswahlen stattfinden. Im November des folgenden Jahres wird Lech Wałęsa der erste frei gewählte Präsident Polens nach dem Zweiten Weltkrieg.

Nach der Wende

Juni   Der Nachbarschaftsvertrag zwischen Polen und Deutschland wird abgeschlos-
1991   sen. Zum ersten Mal wird eingestanden, dass in den ehemals deutschen Gebieten noch eine deutsche Minderheit lebt, die besonderen staatlichen Schutz genießen muss.

Die Wende bringt zunächst gravierende Umstellungen mit sich: Die polnischen Unternehmen sind auf dem freien kapitalistischen Markt nun einem knallharten Konkurrenzkampf ausgeliefert, Arbeitslosigkeit und Inflation steigen in schwindelerregende Höhen, Subventionen und soziale Leistungen werden gekürzt.

1995   Ein Linksruck manifestiert sich bei den Wahlen: Lech Wałęsa wird von Aleksander Kwasniewski, dem Kandidaten der sozialdemokratischen SLD, abgelöst.

Geschichte

1997   Bei den Parlamentswahlen gelangt das Mitte-Rechts-Bündnis „Wahlaktion Solidarność" (AWS) an die Macht. Eine neue Verfassung tritt in Kraft: Der massive Verwaltungsapparat wird abgespeckt, Renten- und Gesundheitswesen werden reformiert. Die Politik beginnt sich zu konsolidieren.

1999   Polen wird Mitglied der NATO.

2001   Erneuter Regierungswechsel: Die Unzufriedenheit der Bevölkerung mit ihrer Regierung ist groß, die Wahlen gewinnen die demokratischen Linken (SLD) im Bündnis mit der Union der Arbeit (UP).

2004   Polen wird am 1. Mai 2004 EU-Mitgliedsstaat.

2005   Ein erheblicher Rechtsruck charakterisiert die Parlamentswahlen vom 25. September 2005: Die nationalkonservative Gruppierung PiS (27 %) und die Bürgerplattform PO (24,1 %) erringen den größten Anteil der Stimmen. Während das bauernpolitische Lager gestärkt aus den Wahlen hervor geht, verlieren die Demokratische Partei und Polens Linke an Gewicht.

Die schweren Verluste der linken und liberalen Parteien – so wird spekuliert – seien auch auf die Zurückhaltung von deren Wähler zurückzuführen; die Wahlbeteiligung lag nur bei 41 %.

Bei den Präsidentschaftswahlen Oktober 2005 gewinnt Lech Kaczyński, der Kandidat der PiS. Seine nationalkonservativen Slogans kommen vor allem bei den sozial Schwachen und den Bauern an; er hat zahlreiche Anhänger im strukturschwachen Osten und Süden des Landes. Sein Zwillingsbruder Jarosław Kaczyński steht an der Spitze der PiS, 2006 ernennt ihn sein Bruder zum Premier. Unter Premierminister Kazimierz Marcinkiewicz (von 2005 bis 2006) bildet die PiS eine Minderheitenregierung. Das Programm der Kaczyńskis ist geprägt von reaktionären und antiliberalen Zügen: Die Gesellschaft soll von Homosexuellen und Feministen „gesäubert", die Befugnisse von Armee und Polizei sollen gestärkt und die des Parlaments eingeschränkt werden.

2007   Im September stimmt das Parlament für seine Auflösung. Nachdem diese vollzogen ist, ist es möglich, neu zu wählen. Bei den anschließenden Neuwahlen im Oktober kann sich Donald Tusk, der Kandidat der konservativ-liberalen Bürgerplattform PO gegen Jarosław Kaczyński durchsetzen. Die Doppelherrschaft der Zwillingsbrüder findet nun ein Ende. Die PO bildet zusammen mit der Bauernpartei PSL eine Koalition, die seit dem 5. November das Land regiert. Dass Lech Kaczyński immer noch Staatspräsident ist, vereinfacht die Situation weder für Tusk noch für Polen.

Graue Mauern verwandeln sich in bunte Plakatwände

Entlang der Küste

Blick über die Oder

Stettin (Szczecin)

420.000 Einwohner

Die sozialistische Tristesse der 1970er und 1980er ist aus der Grenzstadt verschwunden. An ihre Stelle sind farbenfrohe Fassaden und energiegeladene Geschäftigkeit getreten. Nach der Wende Polens in den 1990er-Jahren präsentiert sich die größte Stadt der Region als pulsierende, weltoffene Metropole.

Gleich hinter der deutsch-polnischen Grenze liegt Stettin (Szczecin) am westlichen Arm der Oder, kurz bevor dieser ins Stettiner Haff mündet. Die Altstadt und das eigentliche Zentrum befinden sich am Westufer – gegenüber liegen Industrie- und Gewerbegebiete sowie die Hafenanlage mit den riesigen Kränen und gewaltigen Docks am östlichen Ufer. Die Seefahrt spielte stets eine entscheidende Rolle für die wirtschaftliche Entwicklung der Stadt – am Stettiner Hafen werden jährlich mehr Tonnen Fracht umgesetzt als in Danzig.

Zwei mächtige Brücken verbinden die Ausleger der Schnellstraße 10 mit dem Zentrum von Stettin: die *Trasa Zamkowa* (am Schloss) und die *ul. Energetyków* (an der Kathedrale). Von der Brücke an der ul. Energetyków blickt man auf den Stadtkern. Vor den mächtigen rostroten Backsteinmauern der ehrwürdigen Kathedrale erstreckt sich die Altstadt mit ihren engen, verschachtelten Gassen. Von der malerischen historischen Kulisse ist jedoch nur noch wenig erhalten. Im Zweiten Weltkrieg lag das Zentrum in Schutt und Asche. Die schönen alten Häuser des Stadtkerns sind inzwischen zwar zum Teil wieder aufgebaut worden, doch lediglich die historisch relevanten Gebäude wurden originalgetreu rekonstruiert. Daneben sind die Kunstgalerien und Museen Stettins voll mit Exponaten polnischer Geschichte, Kunst und Kultur. Auf einem kleinen Plateau am Ufer der Oder überragt das Schloss der pommerschen Herzöge die Altstadt. Daneben liegen die sog. Hakenterrassen – ein imposantes Ensemble aus Prachtbauten mit einer gewaltigen Treppenanlage an der Ufer-Chaussee.

Ein Netz aus großzügigen Plätzen und sternförmig angelegten Boulevards umschließt die Altstadt. Um 1870 entstand die Idee, Stettin nach Pariser Vorbild im großen Stil auszubauen. Es wurden Alleen angelegt und die ersten Bäume gepflanzt, deren Kronen heute im Sommer zu einem grünen Baldachin verschmelzen. Daneben entstanden prachtvolle Straßenzüge mit klassizistischen Villen sowie repräsentative öffentliche Gebäude wie das Rathaus oder die alte Post – auch die Hakenterrassen stammen noch aus dieser Zeit. Lichte Wälder, liebevoll gestaltete Parks und tiefblaue Seen machen einen großen Teil der Stadtfläche aus. Durch die französischen Einflüsse wirkt Stettin heller und weitläufiger als andere polnische Städte.

Der Stadtkern ist umgeben von einem Gürtel aus Neubauten. In diesen Vierteln finden sich die für polnische Städte typischen Plattenbausiedlungen, die in den 1960er- und 1970er-Jahren errichtet wurden, um das Bevölkerungswachstum zu bewältigen. Doch die funktionalistisch-sozialistische Architektur wird bereits teilweise von der Gegenwart eingeholt, denn mittlerweile sind in den Vororten die „neuen Reichen" angekommen, die sich aufwendig gestaltete Villen mit modernem Chic leisten können.

Stettin ist heute eine quirlige Metropole im Grünen, inmitten von saftigen Wiesen und weiten, rauschenden Wäldern. Insgesamt 16 Seen und Teiche liegen in der Umgebung der Stadt. Darunter der grünlich schimmernde *Jezioro Szmaragdowe* (Smaragdsee) oder der strahlend blaue *Jezioro Dąbskie* mit vielen Inseln und Buchten. Der Dąbskie-See ist der größte See und spielt als Naherholungszentrum für die Stettiner eine wichtige Rolle.

Geschichte

Ihren Anfang nahm die Stadtgeschichte mit einer slawischen Pfahlbausiedlung, die der polnische König Miezko I. im Jahr 967 zusammen mit einem Großteil der Küste unter seine Herrschaft gebracht hatte. Somit wurde die territoriale Kriegsbeute Miezkos polnisches Stammland. Doch rund 200 Jahre später, Mitte des 12. Jh., wurde das Gebiet zum Lehen von Kaiser Friedrich Barbarossa. Damit stand Pommern nun formal unter der Oberhoheit des deutsch-römischen Kaiserreiches.

Die Stadtgeschichte Stettins blieb von all dem zunächst weitgehend unbeeinflusst, sieht man einmal davon ab, dass sich die erste Kolonisierungswelle aus dem deutsch-römischen Kaiserreich, die bereits im 12. Jh. einsetzte, auch hier bemerkbar machte. Die entscheidende Wende ereignete sich erst Ende des 13. Jh., als Stettin der Hanse beitrat (1278). Zahlreiche Deutsche ließen sich infolge der verbesserten Bedingungen für den Handel in der boomenden Stadt nieder. Mit der wirtschaftlichen Bedeutung wuchs auch die politische: Keine 20 Jahre nachdem Stettin Mitglied der Hanse geworden war, verlagerten die pommerschen Greifenfürsten ihren Sitz in die florierende Hafenstadt. Das Engagement der Deutschen wirkte sich zwar in wirtschaftlicher Hinsicht positiv aus, ihre Anwesenheit wurde jedoch zunehmend als Fremdherrschaft empfunden.

Dies sollte sich erst gegen Ende des 15 Jh. unter der Herrschaft von Boguslaw X. ändern: Der Fürst war nicht nur nach polnischer Tradition erzogen worden, sondern auch der Schwiegersohn des polnischen Königs. Aufgrund dieser starken Beziehung zu den polnischen Wurzeln war er mehr darum bemüht, die Stellung der

Stettin (Szczecin)
Karte S. 75

Polen zu stärken als dem deutschen Lehnsherren zu gefallen. Es gelang ihm, seine Interessen gegen alle Widerstände durchzusetzen, und so einte er 1478 Pommern mit Stettin als Hauptstadt.

Die pommersche Herrschaft währte gut 150 Jahre, dann wurde das Gebiet im Dreißigjährigen Krieg von den Schweden eingenommen (1630). Die Schweden kontrollierten die Stadt für einige Jahrzehnte, sahen sich aber mehrfach der Belagerung durch brandenburgische Truppen ausgesetzt und verkauften die Stadt schließlich 1720 zusammen mit den umliegenden Ländereien für 2 Millionen Goldtaler an Preußen – damit war Stettin wieder in den Händen der Deutschen. Dieser erneute Machtwechsel besiegelte das vorläufige Ende der polnischen Kultur; die polnische Bevölkerung war von nun an sozial unterprivilegiert. In Schulen, Ämtern und kulturellen Institutionen durfte nur noch deutsch gesprochen werden. Die Interessen der Deutschen zeigten sich schon bald im Ausbau der Infrastruktur: Stettin entwickelte sich zum vorgelagerten Hafen von Berlin. 1894 war der Stettiner Freihafen nach Kopenhagen der zweitgrößte im gesamten Ostseeraum. Die folgenden Jahre waren von einem wirtschaftlichen Aufschwung geprägt, gefolgt von einem starken Bevölkerungswachstum. Stettin sollte zu einer repräsentativen Metropole ausgebaut werden.

Als Vorbild der Städteplaner diente Paris – für dieses ehrgeizige Ziel wurden weder Kosten noch Mühen gescheut. Es entstanden prachtvolle Bürgerhäuser, feudale Verwaltungsgebäude und repräsentative Prunktore. Der Erste Weltkrieg hinterließ hier kaum Spuren – 300.000 Einwohner zählte die energiegeladene Metropole in den 1930ern. Während die Deutschen in der Überzahl waren und alle Schlüsselpositionen besetzt hielten, fristeten die wenigen Polen in jener Zeit ein Schattendasein ohne Privilegien.

Die dramatischen Entwicklungen des Zweiten Weltkriegs setzten der deutschen Dominanz jedoch ein jähes Ende: Aufgrund der umfangreichen Industrieanlagen und des strategisch interessanten Ostseehafens rückte die Stadt ins Blickfeld der Alliierten. Den britischen Bombardements von 1944 fielen 60 % der historischen Gebäude und 90 % der Industriebetriebe zum Opfer. Das gesamte Zentrum war ein Trümmerfeld der Vernichtung. Von den 300.000 Einwohnern waren 1945 nach Ankunft der russischen Siegermacht nur noch 6000 übrig – alle anderen waren entweder geflohen, vertrieben worden oder während des Krieges umgekommen.

In den verwaisten Häusern der leeren Stadt wurden nun Polen zwangsangesiedelt, die von der Roten Armee aus ihrer Heimat im Osten vertrieben worden waren. Unermüdlich räumten sie Schutt und Trümmer beiseite und bauten die Stadt wieder auf. Inzwischen ist es den neuen Einwohnern von Stettin gelungen, einen Schlussstrich unter ihre Vergangenheit zu ziehen und die Stadt als ihre Heimat zu betrachten.

Information/Verbindungen/Ausflüge

● *Information* www.szczecin.pl (allgemeine Infos zur Stadt, zu Unterkünften und Restaurants – auch in Deutsch und Englisch). **Centrum Informacji**, im Herzogschloss, gleich neben dem Eingang auf der rechten Seite. Das Personal ist ausgesprochen freundlich und kompetent. Hier wird man mit umfangreichem Info-Material und allem Wissenswerten in hervorragendem Eng-lisch versorgt. Darüber hinaus bekommt man hier auch Tickets für die Kulturveranstaltungen im Schloss. Karten für Opern gibt es bei der Opernverwaltung (Aufgang K). Mo–Fr 10–18 Uhr, im Sommer auch am Wochenende. Ul. Korsarzy 34, 70-540 Szczecin, ✆ 091/4891630, ✆ 091/4340286, cikit@zamek.szczecin.pl.

Touristeninformation, Al. Niepodległosci 1, ✆ 091/4340440. Im Sommer (Juni–Sept.) Mo–Sa 10–14 Uhr, sonst Mo–Fr 9–17 Uhr.

Über die Stadt verstreut gibt es noch einige kleinere Informationsbüros; da aber immer wieder neue eröffnet und alte geschlossen werden, sind verlässliche Auskünfte über Standorte nicht möglich.

• *Verbindungen* Der **Flughafen** liegt in Goleniow, etwa 45 km nordöstlich der Stadt. Fluggäste erreichen ihn mit dem Zug oder dem Minibus nach Goleniow, dort geht es dann per Taxi weiter. Von diesem Flughafen starten nur Flüge nach Warszawa (tägl. 3- bis 5-mal), København (3-mal wöchentl.) und nach London (2-mal wöchentl.). Flug-Infos und Buchungen bei LOT, ul. Wyzwolenia 17, ✆ 091/4335058.

Bahnhof: Der Hauptbahnhof (*Stettin Głowny*) mit Gepäckaufbewahrung und Infoschaltern ist zentral gelegen; von der Altstadt sind es nur ein paar Gehminuten. Von hier starten 5-mal tägl. Züge nach Gdańsk entlang der Küstenstraße, 3-mal tägl. nach Warszawa (darunter ein IC, der für die Stre-cke nur 5 ½ Stunden braucht). Gute Anbindungen nach Kołobrzeg (3-mal tägl.), nach Poznań (10-mal tägl.) und in weitere Städte an der polnischen Küste sowie zur Insel Wolin (im Sommer stündl.). Seit 2004 existieren auch täglich zwei direkte Zugverbindungen von und nach Berlin.

Bus: Unmittelbar neben dem Bahnhof liegt der Busbahnhof. Die Reise mit dem Bus nach Warszawa und Gdańsk gilt als angenehmer als die Bahnfahrt, da die modernen Langstreckenbusse sehr komfortabel ausgestattet sind. Mit den bescheideneren Nahverkehrsbussen können auch Stargard Szczeciński und die Städte entlang der Küste erreicht werden (außer zur Insel Wolin, die man besser per Zug erreicht).

Auto: Nur knapp 15 km hinter der deutsch-polnischen Grenze liegt Stettin. Nach Berlin sind es 128 km, die Strecke nach Gdańsk beträgt 375 km und Warschau ist 525 km von Stettin entfernt.

• *Schiffsausflüge* **Polska Żegluga Bałtycka**, ul. Portowa 41, ✆ 091/3525211.

*A*dressen von *A* bis *Z*

• *Antiquitäten* **Antykwariat Bukowski**, Pl. Grunwaldzki, ✆ 091/4337761.
Antykwariat Marek Woliński, ul. Niepodległości 38, ✆ 091/4882432.
• *Bank* **BIG Bank Gdańksi S.A.**, pl Rodła 9, ✆ 091/3595396.
• *Galerien* **Galeria Pro Arte**, ul. Małkowskiego 14, ✆ 091/4342229.
Galeria Przyssawka, ul. Jagiellońska 91, ✆ 091/4343459.
• *Internationale Presse* **EMPIK**, al. Wojska Polskiego 2, ✆ 091/4346341.
• *Internetcafé* **Media Net**, ul. Wojska Polskiego 67, ✆ 091/4887107.
• *Jacht-Club* **Akademicki Związek Sportowy**, ul. Przestrzenna 9, ✆ 091/4612734.
• *Krankenhäuser* **Samodzielny Publiczny Szpital Kliniczny nr 1**, Unii Lubelskiej 1, ✆ 091/4253000.
Samodzielny Publiczny Szpital Kliniczny nr 2, al. Powstańców Wielkopolskich 72,

✆ 091/4661000.
• *Oper* **Opera na Zamku**, im Schloss der pommerschen Herzöge, ul. Korsarzy 34, ✆ 091/4888333.
• *Philharmonie* **Filharmonia**, Pl. Armii Krajowej 1, ✆ 091/4220589.
• *Post* **Hauptpostamt** in der al. Niepodległości 41/42, ✆ 091/4401103.
Schmuck **Sklep z Biżuterią**, ul. Wojska Polskiego 6, ✆ 091/4335679.
• *Taxi* **City Taxi**, ul. Wyszyńskiego 14, ✆ 091/4343333.
• *Theater* **Teatr Krypta**, in der Krypta im Schloss der pommerschen Herzöge, ul. Korsarzy 34, ✆ 091/4347835.
Zamek Książąt Pomorskich, im Schloss der pommerschen Herzöge, ul. Korsarzy 34, ✆ 091/4891630.
• *Zoo* **Zoo Safari**, ul. Świerkocin 7a, Witnica, ✆ 095/7289178.

*F*este/*V*eranstaltungen

Stettin bietet ein reiches Kultur- und Veranstaltungsprogramm. Die wichtigsten Events der Bereiche klassische Musik, Theater und Kabarett finden im Schloss statt. Da sich das Programm immer wieder ändert, sollte man sich bei der Touristeninformation erkundigen.

Übernachten (siehe Karte S. 75)

Während die Städte an der Küste in den Sommermonaten völlig ausgebucht sind, hat Stettin auch während der Hochsaison stets Übernachtungsmöglichkeiten in allen Kategorien zu bieten: vom komfortablen Fünf-Sterne-Hotel bis hin zu angeschmuddelten Absteigen. Bis auf die Campingplätze und das Luxushotel *Pałac Maciejewo* liegen alle Adressen im Zentrum.

Wer mit dem Auto unterwegs ist, sollte dieses in Stettin unbedingt auf einem öffentlichen bewachten Parkplatz abstellen, sofern die Unterkunft keine eigene Parkmöglichkeit bietet.

● *Hotels* ****** Pałac Maciejewo (30)**, im kleinen Ort Maciejewo in der Nähe des Flughafens, etwa 30 km nordöstlich von Stettin. In diesem Palasthotel wird viel Wert auf Tradition gelegt. Das ehemalige Herrenhaus, das aus Privatbesitz stammt, wurde renoviert und steht nun Gästen zur Verfügung. Unaufdringliches Ambiente und komfortabel ausgestattete Gemächer. Mit Parkanlage und Tennisplatz. Ideal, um für ein paar Tage im Grünen die Seele baumeln zu lassen. DZ im Palast 88 €, im Nebengebäude 77 €. Ul. Maciejewo 1, 72-130 Maciejewo, ✆ 091/4181285, ✇ 091/4181130, www.palac maciejewo.pl.

***** Radisson SAS (9), gleich neben dem großen Einkaufszentrum mit dem Kinokomplex. Das mehrstöckige Luxushotel ist mit allen Schikanen ausgestattet – die 369 Zimmer sind von der Minibar über Pay-TV bis hin zur Klima-Anlage nach internationalen Standards durchgestylt. Im EG: Lobby mit Boutiquen und Souvenirshops, Cafés und Restaurants. Im Untergeschoss: Fitnessstudio mit Sauna und Pool. Die Hotelbar liegt im obersten Stockwerk. DZ 90–125 €. Pl. Rodła 10, 70-419 Szczecin, ✆ 091/3595595, ✇ 091/3595594, www.radissonsas.com.

**** Park Hotel (4), ehemalige Stadtvilla, umgeben von viel Grün im Żeromskiego-Park (mitten im Zentrum, keine 5 Min. von der Altstadt entfernt). Eine Oase des Friedens im hektischen Trubel der Stadt. 15 liebevoll eingerichtete Zimmer, die Atmosphäre ist angenehm und familiär. Das Haus ist mit einem ausgezeichneten Restaurant und einer Sauna ausgestattet. Die Preise für ein DZ liegen unter der Woche bei 137 €,

Der Anker symbolisiert Stettins enge Beziehung zur Seefahrt

am Wochenende bei 111 €. Ul. Plantowa 1, 70-527 Szczecin, ✆ 091/4340050, ✇ 091/4344503.

*** Hotel Rycerski (28), zentral gelegenes Hotel der gehobenen Mittelklasse. Vor der Öffnung Polens hieß das Gebäude übrigens „Garnisons-Hotel". Die damals eher spartanische Herberge wurde hauptsächlich von der Polizei genutzt. Erst im Jahr 2000 wurde es von seinem Besitzer renoviert und präsentiert sich nun als komfortable Unterkunft mit über 50 Übernachtungsmöglichkeiten in klassisch-modern eingerichteten Zimmern sowie einer Sauna. DZ 62 €, an Wochenenden wird es um 7 € günstiger. Ul. Potulicka 1 a, 70-230 Szczecin, ✆ 091/8146601, ✇ 091/4888164.

*** Hotel Kapitan (29), in der Nähe des Bahnhofs. Das Kapitan verfügt über 70 Zimmer mit bescheidenem Komfort. Wirkt gut geführt. DZ 49–52 €. Ul. Narutowicza 17 b, ✆ 091/4333428, ✇ 091/4452413.

*** **Hotel Campanile (26)**, in zentraler Lage, zwischen Altstadt und Bahnhof. Empfehlenswerte Adresse im mittelpreisigen Segment. 85 Zimmer mit moderner Ausstattung. Auch der Service ist in Ordnung. DZ 56 €, am Wochenende Sonderpreise. Ul. Wyszyńskiego 30, 70-203 Szczecin, ✆ 091/914817700, 📠 091/914817701.

*** **Hotel Elka Sen (27)**, ebenfalls zwischen Altstadt und Bahnhof gelegen. Der skandinavische Besitzer und die vielen Studenten, die hier beschäftigt sind, verleihen der freundlichen Bleibe eine frische und unkomplizierte Atmosphäre. DZ 44 €. Aleja 3 Maja 1 a, 70-214 Szczecin, ✆ 091/4335604, 📠 091/8120398.

Im Zentrum der Altstadt:
Brunnen vor dem Globulinpalast

* **Hotel Gryf (10)**, an einem Boulevard, etwa 1 km von der Altstadt. Das Gryf mit seinen knarrenden Treppen, den schweren Holzmöbeln und den bunt gestrichenen Wänden wirkt wie ein Relikt aus vergangenen Zeiten. DZ mit Bad 44 €. Al. Wojska Polskiego 49, 70-473 Szczecin, ✆ 091/4808400, 📠 091/4808403.

*** **Hotel Ładoga (16)**, zum Hotel umfunktionierter russischer Dampfer, der in der Oder unter den Hakenterrassen ankert. Die Kajüten sind zwar eng, dafür wacht man aber morgens mit dem sanften Schaukeln der Wellen auf. Das ausrangierte Schiff ist mit einem russischen Restaurant und einem Nachtclub ausgestattet. Am Wochenende geht es hier hoch her. DZ 61–67 €. Nabrzeże Walach Chobrego, ✆ 091/4345700.

*** **Hotel Jachtowa (1)**, gleichfalls an der Oder, etwa 1 km von der Altstadt entfernt. Während des Sommers wird im Schatten der Bäume im Garten am Lagerfeuer gegrillt und gebrutzelt. Das Hotel verfügt über 100 einfache, aber saubere Zimmer; die Preise sind fair: DZ ohne Bad 22 €, mit Bad 34 €. Ul. Lipowa 5, 71-734 Szczecin, ✆ 091/4215524.

** **Hotel Porta (13)**, zentral, dennoch ruhig gelegen, schräg gegenüber vom Schloss. Die Zimmer sind sauber, aber spartanisch-einfach eingerichtet und erinnern an sozialistische Zeiten: Die Wände wirken grau, der Fußboden besteht aus Linoleum. Dafür bekommt man ein Doppelzimmer ohne Bad schon für 28 €, mit Bad für 40 €. Neben dem Gebäude gegenüber vom Schloss existieren weitere Unterkunftsmöglichkeiten in anderen Gebäuden. Ul. Starzyńskiego 3–4, 70-506 Szczecin, ✆ 091/4591311, 📠 091/4345796.

• *Jugendherbergen*   Ganzjährig geöffnete **Jugendherberge (2)**, etwas außerhalb vom Zentrum (ca. 2,5 km zur Altstadt). Das Gebäude ist von einem kleinen Garten umgeben. Es werden 130 Übernachtungsplätze in 2-, 4- und 6-Bett-Zimmern angeboten. Die Rezeption ist zugleich Info-Börse: Events, Stadtpläne und alles Wissenswerte über die Stadt. Pluspunkt: Hier wird hervorragend englisch gesprochen! Auch Fahrräder werden verliehen. Pro Person 4–10 €. Ul. Monte Cassino, 70-467 Szczecin, ✆ 091/4224761, 📠 091/4235696.

Außerdem gibt es in Stettin noch vier weitere **Jugendherbergen**, die jedoch nur während der Saison von Anfang Juli bis Ende August geöffnet haben. Hier werden die Gäste in großen Schlafsälen untergebracht, die während des Sommers regelmäßig von polnischen Schulklassen belegt sind. Von daher sind diese Einrichtungen nur bedingt empfehlenswert.

In der ul. Grozka 23, ✆ 091/4332924, befindet sich die größte dieser Jugendherbergen; weitere Adressen erhält man in der Touristeninformation.

• *Camping* **Camping Marina (31)**, Platz der Kategorie 1 in schöner ruhiger Lage am Ufer eines Sees in der Nähe der Stadt: Marina liegt auf der anderen Seite der Oder, etwa 3 km von Stettin entfernt, und ist von April bis Oktober geöffnet. Mit Restaurant und Shop; auch Wohnmobile logieren hier. Außerdem können Segel- und Motorboote gemietet werden. Von Stettin aus mit der Tram Linie 7 und 8 bis Dąbie fahren und dort im Bus umsteigen (Anfahrt: ca. 30 Min.). Oder mit dem Auto vom Stadtzentrum über die Oderbrücke und dann links in Richtung Dąbie. Ul. Przestrzenna 23, 70-800 Szczecin-Dąbie, ℡ 091/4601165, ℡ 091/4601165.

Camping Lambada (32), in traumhafter Lage am Ufer eines Flusses, inmitten von viel Grün – dafür aber etwas ab vom Schuss: 20 km von Stettin entfernt. Diesen Campingplatz der Kategorie 1 kann man nur mit dem Auto erreichen. Von Stettin auf der Schnellstraße 10 in Richtung Stargard Szczeciński, Abfahrt Płonia. Von April bis Oktober geöffnet. Ausgezeichnetes Angebot an Wassersportgeräten. Ul. Szosa Stargardzka 45, 70-893 Szczecin-Płonia, ℡ 091/4621033, www.camping-lambada.szczecin.pl.

Essen und Trinken (siehe Karte S. 75)

Stettin zeichnet sich im Vergleich zu anderen polnischen Städten durch eine große gastronomische Vielfalt aus: In der Innenstadt haben sich neben den traditionellen polnischen Restaurants inzwischen auch Italiener, Inder, Chinesen und Vietnamesen angesiedelt. Außerdem wimmelt es im Zentrum von Imbissbuden, die für 1–2 Euro alles von Hühnchen über Hotdogs bis hin zu Kebab anbieten.

Chata (14), an einem der Innenstadtplätze, von dem sich die Straßen in alle Richtungen verzweigen. Etabliertes Edel-Restaurant mit gediegener Atmosphäre und traditionell polnischer Speisekarte. Die Preise liegen eher im gehobenen Segment: Ein Hauptgericht mit Suppe und Dessert schlägt mit 18–20 € zu Buche. Pl. Hołdu Pruskiego 8, ℡ 091/4887370.

Vienna (19), mitten im Zentrum, nicht weit vom Ständehaus. Eleganter Klassiker. Ein Menü ist hier – für polnische Verhältnisse – mit 10–15 € zwar alles andere als preiswert, doch die Küche gilt als ausgezeichnet. Auch bei den Stettinern ist das Vienna sehr beliebt. Al. Niepodległości, ℡ 091/8121995.

Chief (6), im französischen Viertel, direkt am Rondell des Grunwaldzki-Platzes. In dem rustikal-gemütlichen Restaurant werden die besten Fischspezialitäten Stettins serviert: Aus 50 verschiedenen Fischarten bereitet der gewichtige Gastwirt Andrzej Boron 300 virtuos Gerichte zu und scheut auch weite Wege nicht, um die Gäste mit frischen Austern und Hummer zu versorgen. Die Preise sind dabei erschwinglich: 8–12 € für eine Mahlzeit. Ul. Rayskiego 16, ℡ 091/4881417.

Rondo (5), ehrwürdiger Edel-Klassiker an einem der belebten Boulevards der Innenstadt. Hier kann man sich in gediegenem Ambiente verwöhnen lassen: Auf der Speisekarte stehen exquisite altpolnische sowie einige erlesene internationale Gerichte. Von den Stettinern wird das Rondo für feierliche Anlässe genutzt. Besonders gern werden hier Hochzeiten gefeiert. Al. Wojska Polskiego 65, ℡ 091/4212177.

Avanti (3), in einem der Boulevards, die vom Grunwaldzki-Platz abzweigen. Seinen Ruf als einer der besten Italiener der Stadt hat sich das Avanti mit seinen italienischen Spezialitäten (Carne, Pasta, Frutti di Mare) verdient. Ideal für einen schönen Abend bei einem Glas Wein! Die Preise für ein Gericht liegen bei 8–12 €. Ul. Jedności Narodowej 43, ℡ 091/4346410.

Restaurant-Club Chobry (12), im wuchtigen Rundbau der Freitreppe an den Hakenterrassen, direkt vor dem Meeresmuseum. Aufwendiges Dekor im Inneren des schweren, fensterlosen Gemäuers: funkelnde Kronleuchter unter dunklem Holz zwischen blitzenden Ritterrüstungen. Die Spezialität des brasilianischen Kochs sind Grillgerichte (rund 7–10 €); serviert werden auch köstliche Cocktails. Musikalisch wird eine breite Palette von coolen Acid-Jazz-Klängen über Easy Listening bis zu groovigem Trip-Hop geboten. Ul. Wały Chrobrego 1 B, ℡ 091/4880163.

Grand Cru (15), zentrumsnah, in der Innenstadt. Nicht nur für Stars und Sternchen! Das schicke Grand Cru bietet ein Programm für den ganzen Abend – zum mediterran ausgerichteten Restaurant gesellen sich auch ein Pub und ein Nachtclub: erst lecker essen, dann einen edlen Tropfen des hervorragenden Weinangebots genießen und anschließend im Club des Grand Cru (Fr u. Sa 22–4 Uhr) bis in den Morgen feiern … Ul. Bogusława X-go 9, ℡ 091/4889191.

Verschnaufpause mit Panoramablick

Haga Pannekoekenrestaurant (25), das kleine Restaurant in der Altstadt ist nicht nur urgemütlich, sondern verwöhnt seine Gäste auch mit fast 400 verschiedenen Varianten von Pfannkuchen (*holl. Pannekoeken*)! Für rund 5 € kann man sich hier satt essen. Ul. Sienna 10, ✆ 091/8121759.

Na Kuńcu Korytarza (21), das Schlossrestaurant. Hier kann man den Besuch der Residenz noch einmal auf sich wirken lassen oder die extravagant gekleideten Gäste beobachten: Zwischen den Proben bevölkern häufig Schauspieler in ihren Kostümen das Restaurant. Im gediegen-rustikalen Ambiente werden regionale pommersche Gerichte serviert. Spezialität: Kartoffelwurst. Hauptgerichte ab 10 €. Ul. Korsarzy 23, ✆ 091/4890340.

Nachtleben (siehe Karte S. 75)

Ob gepflegter Jazz oder rockende Revival-Band, Easy Listening oder Elektro – die Stettiner Clubszene hält für jeden Geschmack etwas bereit.

Besonders beliebt sind bei den Stettinern inzwischen auch die Pubs – hier wird nach der Arbeit schnell noch ein Bierchen getrunken, oder man trifft sich später mit seinen Freunden, um etwas Herzhaftes zu sich zu nehmen, entspannt Musik zu hören oder einfach um den Tag ausklingen zu lassen.

• *Bars und Pubs* **Christopher Columbus (18)**, gleich am Anfang der Promenade über dem Hafen. An lauen Sommerabenden herrscht hier dichtes Gedränge. In den Wintermonaten gibt's Live-Konzerte. Und für das leibliche Wohl wird auch gesorgt – die Küche ist deftig-rustikal. Pluspunkt: der schöne Blick auf Hafen und Oder. Ul. Wały Chrobrego 1, ✆ 091/4893401.

Colorado (11), das Pendant zum Columbus liegt nur ein paar Schritte weiter, ebenfalls an der Promenade. Das Pub im Wildwest-Stil wirkt zwar in einer polnischen Stadt et-was ungewohnt, nach dem fünften doppelten Whiskey hat man aber schließlich das Gefühl, gleich schwingt die Tür auf und ein Cowboy betritt den Saloon. Ul. Wały Chrobrego 1a, ✆ 091/4881921.

Irish Pub Dublin (20), eine kleine Treppe führt hinunter in den gewölbeartigen Keller in der Stettiner Altstadt. Hier fließen Ströme von Guinness und Kilkennys, während die überwiegend englischsprachigen Gäste versuchen, die irische Folkmusik zu übertönen. Ul. Kaszubska 57, ✆ 091/4343941.

Brama Jazz Café (17), Szene-Treff im Königstor. Im Brama wird nicht nur lässige Coolness zelebriert, hier lässt es sich auch hervorragend chillen – zu entspannten jazzigen Klängen. Außerdem gibt's hier alle Infos zu den aktuellen Partys, Events und Konzerten. Pl. Hołdu Pruskiego 1, ℡ 091/8046295.

Café Prahda (24), minimalistisch-modern durchgestyltes Szene-Café in der Altstadt an der Oder. Selbstverständlich kann man hier auch nachmittags einen Café Latte genießen, richtig los geht's aber erst abends … Ul. Wielka Odrzańska 20.

Café 22 (7), Aussichtscafé im 22. Stock, gleich neben dem Radisson SAS. Entspannt einen Cocktail schlürfen oder ein leckeres Stück Kuchen essen, während einem die Stadt zu Füßen liegt. Tipp: Wer hier den Sonnenuntergang genießen möchte, sollte reservieren! Pl. Rodła 8, ℡ 091/3595200.

● *Clubs* **Baila (8)**, Pub-Club gleich neben dem Radisson SAS. Unter der Woche ein Pub, am Wochenende ein Club. Gespielt wird hauptsächlich Disco-Sound im Mainstream-Bereich. Hier gilt das Motto: „Sehen und gesehen werden". Pl. Rodła 8, ℡ 091/3595188.

Rocker Club (23), Pub und Club. Hier wird in regelmäßigen Abständen gute Livemusik gegeben. Ul. Partyzantów 2, ℡ 091/4885500.

U Wyszka (22), Club-Restaurant im Keller des Rathauses für Freunde von Swing, Dixi und anderen Jazz-Klängen: Hier werden nationale und internationale Künstler präsentiert. Ul. Mściwoja 8, ℡ 0509/328951.

Sehenswertes

Das Schloss der Greifenfürsten, die prachtvollen Hakenterrassen am Ufer der Oder und die zahlreichen Museen und Kunstgalerien zählen zu den Hauptsehenswürdigkeiten von Stettin. Daneben gibt es das alte Rathaus in der Innenstadt, interessante Kirchen sowie verschiedene historische Gebäude zu bewundern, die von den Bombardements verschont geblieben sind oder wieder aufgebaut wurden.

Die touristischen Attraktionen von Stettin liegen in und um die Altstadt herum. Bei einem Stadtrundgang können sie allesamt zu Fuß erreicht werden. Und nach einem Bummel durch die Innenstadt und die schattigen Alleen des Pariser Viertels laden unzählige Cafés und Restaurants sowie charmante Parkanlagen zum Entspannen ein.

Residenz der Greifenfürsten

Das schmucke Schloss am Ufer der Oder, das auf einer Anhöhe die Dächer der Altstadt überragt, ist eine Rekonstruktion der Renaissance-Residenz aus dem 16. Jh. Über 300 Jahre lang residierte hier das Adelsgeschlecht der Greifen, der polnischen Herrscher über Pommern. Mitte des 13. Jh., nachdem Stettin der Hanse beigetreten war, hatten sie ihren Sitz in die Stadt verlegt. Zunächst wurde eine kleine Kapelle auf dem Felsplateau über dem Ufer gebaut. Die unter der Kapelle angelegte Gruft sollte später als Krypta dienen. Sie gehört zu den wenigen Teilen des Schlosses, die heute noch erhalten sind. Daneben entstand eine Burg, die im Lauf der Zeit erweitert wurde. Bis ins 16. Jh. wirkte die Anlage eher unspektakulär, erst 1575 erfolgte der Ausbau zur eleganten Renaissance-Residenz.

In jener Zeit standen die Greifenfürsten am Zenit ihrer Macht. Fürst Philipp II. – ein Schöngeist und Kenner von Kunst und Kultur – frönte in ganz Europa seiner Sammelleidenschaft: Er stattete sein Schloss mit venezianischem Mobiliar und wertvollen Wandteppichen, kunstvollen Accessoires und anderen Kunstschätzen aus. Einige der kostbaren Stücke sind noch erhalten und heute in den Museen Stettins untergebracht. Der Dreißigjährige Krieg läutete jedoch das Ende des Fürstengeschlechts ein. 1630 marschierten die Schweden in Stettin ein und besetzten die

Südflügel des Herzogschlosses

Stadt. Sieben Jahre später starb der letzte Greifenfürst, Boguslaw XIV., kinderlos und verarmt in einem vom Glaubenskrieg ausgebluteten Land.

Unter preußischer Herrschaft wurde das Schloss kurzerhand zu einem Verwaltungsgebäude umfunktioniert. Später, im 19. Jh., wurde die ehemalige Renaissance-Residenz sogar im neogotischen Stil umgebaut. Für den Nationalstolz der polnischen Bevölkerung war dies wie ein Schlag ins Gesicht: Die Greifenfürsten und deren Residenz waren für sie stets ein Symbol ihrer Identität und früheren Herrschaft gewesen.

Als das Greifenschloss im Bombenhagel des Zweiten Weltkriegs beinahe vollständig zerstört wurde, entschloss man sich daher in den 1950ern, die Ruine wieder aufzubauen – und zwar nicht als verkitschtes Stilgemisch mit neogotischen Umbauten, sondern als elegante Renaissance-Residenz aus dem 16. Jh. – jener Zeit, in der die Greifenfürsten auf dem Höhepunkt ihrer Macht standen. Sorgfältig wurde recherchiert und rekonstruiert. Ein historischer Kupferstich aus dem Jahr 1652 diente als Vorlage für den Wiederaufbau, der über 20 Jahre dauerte. 1982 wurde das Schloss schließlich wieder eröffnet. Heute dient die ehemalige Residenz als Kulturzentrum: In den Sälen werden Gemälde ausgestellt und Kammerkonzerte bei Kerzenschein gegeben, in der Krypta inszeniert man Theaterstücke und im Innenhof werden im Sommer sogar Opern aufgeführt.

Das Schloss besteht aus vier Gebäudeflügeln, welche die beiden Innenhöfe umschließen. Die zur Besichtigung freigegebenen Säle befinden sich fast alle im Nordflügel: die Ausstellungsräume, der Bogislav-Saal mit der darunter liegenden Krypta und der Glockenturm. Der Südflügel beherbergt die *Galeria Gotycka* mit dem Schlossmuseum sowie die *Galeria Poludnowa*, eine weitere Kunstgalerie. Bei den Bauarbeiten wurden lediglich die Fassaden detailgetreu im Renaissance-Stil rekonstruiert – das Interieur ist nüchtern und schlicht gehalten.

Ausstellungsräume im Nordflügel: Ursprünglich dienten die drei Säle in den beiden oberen Stockwerken des Nordflügels als Gemächer des Herzogs. Heute werden sie als Ausstellungsfläche einer Galerie genutzt. Ihre Ausstattung ist klassisch-schlicht und konkurriert nicht mit den Gemälden der jungen Künstler.

Bogislav-Saal: Einst befand sich hier die Kapelle des Schlosses, heute finden in dem Saal Konzerte statt. Tagsüber kann er besichtigt werden. Der schlichte, hohe Raum mit den weiß getünchten Wänden wurde bei der Rekonstruktion des Schlosses in den 1950er-Jahren nicht wieder im Renaissance-Stil restauriert, sondern nüchtern und zweckorientiert ausgestattet. Auch der Altar blieb seit den Kriegswirren verschwunden.

Krypta-Theater: Ein gewölbeartiger, enger Raum unter der ehemaligen Kapelle. In der unterkirchlichen Gruft waren die Fürsten der Greifen beigesetzt worden. Als die Schweden das Land eroberten, hatte man die Krypta 1654 zugemauert, um die Herrschaft der Greifen-Dynastie symbolisch zu begraben. Die Krypta geriet in Vergessenheit – bis nach dem Zweiten Weltkrieg: Im Zuge des Wiederaufbaus wurde ihr Zugang wieder freigelegt, und so entdeckte man in den Mauernischen die 14 Sarkophage des alten Fürstengeschlechts.

Heute wird die Krypta für Theateraufführungen genutzt. Eine kleine Bühne und ein winziger Zuschauerraum mit 20 Sitzen finden in der Gruft Platz – damit ist das Krypta-Theater das kleinste Theater der Stadt. Im Gegensatz zu den anderen Räumlichkeiten kann sie nicht besichtigt werden, sondern ist nur im Rahmen der Aufführungen zugänglich.

Galeria Gotycka: Die Galerie besteht aus drei Räumen: Im ersten Saal, dem Hauptraum, werden sechs der insgesamt 14 Zinn-Sarkophage ausgestellt, die in der Krypta entdeckt wurden. Kunstvoll gearbeitete Ornamente schmücken die ansonsten eher schlichten Sarkophage der pommerschen Herzöge.

Der zweite Saal beherbergt das Museum. Hier wird die Schlossgeschichte dokumentiert – alte Grundrisse und historische Stiche stellen unterschiedliche Bauphasen des Gebäudes dar. Daneben bilden vergilbte Fotografien das Ausmaß der Zerstörungen nach dem Zweiten Weltkrieg ab. Zu den Höhepunkten der Ausstellung zählt ein Kupferstich aus dem Jahr 1652, der von Matthäus Merian angefertigt wurde. Dieses Kunstwerk zeigt nicht nur das Schloss in seiner Blütezeit, es diente auch als Vorlage für die Rekonstruktion in den 1950er-Jahren.

In einem fensterlosen Kellerraum ist der dritte Teil der Galeria untergebracht. Dieser Saal zählt übrigens – neben den Grundmauern des Glockenturms – zu den wenigen, deren Mauern nicht rekonstruiert worden sind. In diesem geschichtsträchtigen Raum werden Werke zeitgenössischer polnischer Künstler gezeigt.

Galeria Poludniowa: Das Erdgeschoss des Südflügels beherbergt eine Kunstgalerie. Hier finden wechselnde Ausstellungen statt; einen thematischen Schwerpunkt bildet moderne Kunst.

Astronomischer Zeitmesser: Vom Innenhof aus ist der Blick auf ein technisches Kunstwerk aus dem Jahr 1693 möglich: die Astronomische Uhr im Turm auf der Innenseite des Südflügels. Ein Gesicht bildet das Zifferblatt; die rollenden Augen blicken stets auf den Stundenzeiger, der auf der Nase kreist. Im geöffneten Mund wird der Tag angezeigt. Darunter befindet sich eine weitere Uhr, die Viertelstunden und Minuten anzeigt. Zwei kleine Kugeln in Gold und Dunkelblau stellen die Phasen des Mondes dar. Wie durch ein Wunder blieb dieses Meisterwerk von den Zerstörungen des Zweiten Weltkriegs soweit verschont, dass es wieder restauriert werden konnte.

*Äußerst detailreich:
die astronomische Uhr
im Stettiner Herzogschloss*

Glockenturm: Der quadratische Turm war ursprünglich einmal Bestandteil der Schlosskapelle. 204 Stufen führen hinauf zur Aussichtsplattform in 58,6 m Höhe. Ein fantastischer Panoramablick über die Stettiner Innenstadt entschädigt für den mühsamen Aufstieg.

ⓘ Die Ausstellungsräume und Galerien im Schloss sowie der Glockenturm können täglich zwischen 10 und 17 Uhr besichtigt werden. Tickets für die verschiedenen Bereiche des Schlosses erhält man hinter dem Eingang in der Haupthalle im Nordflügel für je rund 1 €. Die Touristeninformation erteilt weitere Auskünfte über Konzerte, Theateraufführungen und andere Veranstaltungen. Ul. Korsarzy 34, ☎ 091/4891630, www.zamek.szczecin.pl.

Rundgang durch die Altstadt

Vom Schloss aus führen die schmalen Gassen hinunter zur Oder und in die Altstadt. Vom mittelalterlichen Ortskern mit der einst mächtigen Stadtmauer aus roten Backsteinen und den spätgotischen Bürgerhäusern ist schon seit 1677 nicht mehr viel erhalten. In der ersten Hälfte des 18. Jh. wurde die Altstadt im barocken Stil wiederaufgebaut. Im Zuge der Industrialisierung entstanden zwischen den Bürgerhäusern lärmende Fabriken und klotzige Lagerhallen. Noch während man über einen Abriss der Industriebauten in der Altstadt debattierte, hinterließ der Zweite Weltkrieg verheerende Zerstörungen im Stadtkern. Erst 1955 begann der Wiederaufbau: Nach sorgfältiger Analyse von historischen Fundamenten und Bauplänen wurden einzelne Gebäude und etliche Fassaden der barocken Straßenzüge wiederhergestellt. Ein Bummel durch die winkligen Gassen mit ihrem holprigen Kopfsteinpflaster lohnt sich unbedingt: Hier pulsiert das Leben wieder mit frischer Kraft, und es gibt so manches zu entdecken.

Bastei der Sieben Mäntel (Baszta Siedmiu Płaszczy): Zwischen Schloss und Oderufer stößt man auf ein Relikt aus dem Mittelalter: einen wuchtigen Turm aus roten Backsteinen. Zusammen mit einem Fragment der alten Stadtmauer (s. u.) ist die Bastei der letzte Rest der Stadtbefestigung, die in das 14. Jh. datiert wird. Gewaltige Mauern umschließen die Bastei: Während der Außendurchmesser 9 m beträgt, weist der innere Durchmesser des Turms nur 3,6 m auf. Bis 1723 wurde er als Gefängnis genutzt, seitdem dient das Bauwerk keinem Zweck mehr. Das Innere der Bastei kann nicht besichtigt werden, und bis heute gibt es keinen konkreten Plan für die Nutzung des Gebäudes.

Der ungewöhnliche Name *„Bastei der Sieben Mäntel"* geht auf eine Legende zurück: Der König – so heißt es – habe einst einen armen Schneider beauftragt, sieben kostbare Gewänder zu nähen. Allein die edlen Stoffe waren ein Vermögen wert:

schwerer Samt und feinste Seide, kunstvolle Borten mit Edelsteinen und goldenen Stickereien. Der Schneider sei bei dem Versuch, mit diesen Kostbarkeiten zu verschwinden, gefasst und zur Strafe in den Kerker der Bastei geworfen worden.

Altes Rathaus (Stary Ratusz)/Museum für Stadtgeschichte: Das alte Rathaus am *Stary Rynek*, dem Rathausplatz, wirkt seltsam schräg und asymmetrisch – so, als würden die einzelnen Teile nicht zusammengehören. Und genau das ist der Fall: Die vordere Fassade stammt aus einer anderen Epoche als die hintere. Kommt man vom Schloss, blickt man auf die Nordfassade. Von dieser Seite präsentiert sich das Rathaus als roter Backsteinbau mit hohen, schlanken Fenstern. Dieser Teil des Gebäudes wird auf die Zeit um 1450 datiert und trägt dementsprechend die architektonischen Merkmale der Spätgotik. Der südliche Teil fiel im 17. Jh. einer Belagerung durch die Brandenburger zum Opfer. Nachdem diese beendet war, wurde das Gebäude wieder instand gesetzt. Dabei ersetzte man die zerstörten Reste der Südfassade dem damaligen Zeitgeschmack entsprechend kurzerhand durch einen geschwungenen Giebel mit verspieltem Dekor und grünen Dachziegeln über fünf Pfeilern. Dass nun eine Seite barock und die andere spätgotisch war, störte niemanden! Im Zweiten Weltkrieg wurde das Gebäude erneut stark in Mitleidenschaft gezogen. Da die Mittel für den Wiederaufbau in der Nachkriegszeit knapp waren, beschränkte man sich auf eine aufwendige und detailgetreue Rekonstruktion der barocken Fassade. Die gotischen Elemente wurden dagegen weniger exakt nachgebaut. Als Vorbild dienten hier die spätgotischen Rathäuser der anderen Hansestädte.

Heute beherbergt das Rathaus das *Museum für Stadtgeschichte* als eine Abteilung des Nationalmuseums. Die Ausstellung erstreckt sich über mehrere Stockwerke bis unter das Dach. In gläsernen Vitrinen werden archäologische Funde, vergilbte Urkunden und historische Münzen gezeigt.

Liebevoll wiederaufgebaut: der historische Altstadtkern von Stettin

Stettin (Szczecin) Karte S. 75

Die Henkerin von Stettin

Zweimal pro Woche – so heißt es in den Chroniken – trat der Rat der Stadt zusammen: Von 8 Uhr morgens bis in den späten Nachmittag hinein wurden im Rathaus die städtischen Angelegenheiten erörtert, unterstützt von entsprechenden Mengen Bier. Bei diesen Ratssitzungen wurden nicht nur Regelungen erlassen, die die Allgemeinheit betrafen, sondern es wurden auch Entscheidungen über einzelne Bürger getroffen.

So beschreibt eine Überlieferung aus dem 15. Jh. das Schicksal eines ehemaligen Freudenmädchens: Das strenge Urteil der Ratsherren hatte die Unglückliche zum Tode verdammt. Doch mit Hilfe eines Henkers, den sie während ihrer Haft umgarnte und dem sie die Ehe anbot, konnte sie gerettet werden. Nach ihrer Begnadigung heiratete sie ihren Befreier und unterstützte ihn von nun an bei der Ausübung seines Handwerks. Nach dem Tod ihres Gatten übernahm sie dessen Aufgaben ganz und erlangte durch die von ihr entworfenen Folterinstrumente zweifelhaften Ruhm in der Henkersgilde. Zu guter Letzt wurde die Henkersfrau allerdings selbst Opfer ihrer Künste: Unter dem dringenden Verdacht, im Bunde mit dem Leibhaftigen zu stehen, zwang man ihr mit ihren eigenen Foltermethoden ein Geständnis ab und richtete sie anschließend hin.

Die Kellergewölbe – ältester Teil des Rathauses – waren einst dem Wein gewidmet: Früher dienten sie als Lager für edle Tropfen, heute ist hier ein Jazzclub ansässig, in dem der Wein gerne getrunken wird. Um den Rathausplatz gruppieren sich einige frisch renovierte Häuser mit bunten Fassaden, sonst gibt es hier nicht allzu viel zu sehen.
🕐 Di–Fr 10–18 Uhr, Sa/So 10–16 Uhr. Eintritt 2,80 €, erm.1,40 €. Ul. Mściwoja 8, 📞 091/4315255.

Loitz-Hof (Kamienica Loitzów): Hinter dem Rathaus leuchten die orangefarbenen Wände eines der wichtigsten historischen Bürgerhäuser von Stettin. Der Loitz-Hof ist ein schönes Beispiel für die alte Patrizier-Architektur der Stadt. Bemerkenswert ist vor allem die Anordnung der Fenster im Treppenhaus: Diese sind dort nicht nebeneinander eingesetzt, sondern aufsteigend angeordnet. Maßwerk und Sandsteinreliefs auf der Fassade weisen spätgotische Einflüsse auf. In dem Gebäude lebte im 16. Jh. eine der reichsten und mächtigsten Familien Europas: die Kaufmanns- und Bankiersfamilie Loitz. Ihren Reichtum verdankte sie ursprünglich dem Herings- und Salzhandel, später kamen Bankgeschäfte hinzu. Zu ihren Schuldnern zählte neben den pommerschen Herzögen auch der polnische König, den sie mit großzügigen Krediten ausstatteten. Doch in der zweiten Hälfte des 16. Jh. fand der märchenhafte Aufstieg der Familie ein jähes Ende. Zunächst belegte Dänemark den Salztransport durch die Belte in der westlichen Ostsee mit hohen Zöllen, dann weigerte sich Stephan Batory, der neue polnische König, die Schulden seines verstorbenen Vorgängers zurückzuzahlen. Die Geldreserven wurden knapp und viele Kreditgeber des Bankhauses zogen ihre Gelder zurück, sodass das mittlerweile stark verzweigte Firmenimperium in kürzester Zeit zusammenbrach. 1572 sah sich die Familie gezwungen, heimlich die Stadt zu verlassen und unterzutauchen. Der Bankrott der Loitz-Dynastie zog viele andere Patrizierfamilien mit in den Ruin und hatte so weitere Auswirkungen auf die damalige Wirtschaft. Heute ist in dem Gebäude eine Kunstschule untergebracht.

Jakobikirche (Kościół Św. Jakuba): Der mächtige gotische Backsteinbau am Rand der Altstadt zählt zu den wichtigsten sakralen Bauwerken von Stettin. Eine barock anmutende Innenausstattung und ein 70 m hoher Turm charakterisieren die Kirche, deren Ursprünge bis ins späte 12. Jh. zurückreichen. Danach wurde das Gotteshaus mehrmals um- und ausgebaut: zunächst nach dem Einsturz eines Kirchturms im 15. Jh., dann im ausgehenden 17. Jh., nachdem sie während der Belagerung durch die Brandenburger (1677) stark in Mitleidenschaft gezogen worden war. Die verheerendsten Zerstörungen erlitt die Kirche im Zweiten Weltkrieg, danach blieb sie lange Jahre als zerbombte Ruine stehen. Das sollte sich erst 1972 ändern, als Stettin zusammen mit Kamień Pomorski zum Bistum und die Jakobikirche zu einer Kathedrale wurde. Angesichts dieser neu erlangten Bedeutung entschied man sich, in den Aufbau zu investieren und das Gebäude vollständig zu rekonstruieren.

Eindrucksvoll: die Jakobikirche

Ein von schlanken Säulen gestütztes Gewölbe überspannt das Mittelschiff der Kathedrale. Zu beiden Seiten befinden sich 19 Kapellen. Von der ursprünglichen Innenausstattung sind noch die Überreste eines Wandgemäldes (1510) im rechten Seitenschiff sowie das Triptychon am Altar (14. Jh.) erhalten. Das Gebäude wird von einem massiven quadratischen Kirchturm überragt. Ursprünglich war dieser einmal 119 m hoch, nach dem Zweiten Weltkrieg wurde er jedoch aus Kostengründen nur bis auf eine Höhe von 70 m wiederaufgebaut. Während der Rekonstruktion der Kirche machte man eine ungewöhnliche Entdeckung: Die alte Glocke, die 1682 gegossen worden und 200 Jahre lang unauffindbar gewesen war, befand sich eingemauert in einer Wand der Kathedrale. In einer eigens angefertigten Konstruktion hängt sie nun wieder im Freien.

Johanneskirche (Kościół Św. Jana): Die gotische Kirche im Südosten der Altstadt ist der älteste Sakralbau der Stadt; ihre Grundmauern stammen noch aus dem 13. Jh. Gestiftet wurde sie von den Franziskanern, die um 1250 nach Stettin kamen. Anders als die meisten historischen Gebäude der Altstadt fiel die dreischiffige Hallenkirche nicht den Bombardements des Zweiten Weltkriegs zum Opfer und ist so weitgehend original erhalten. Das Innere der kleinen Kirche wirkt schlicht und sachlich. Aufgrund ihrer eigenwilligen Proportionen (auf den zehneckigen Grundriss wurde die siebeneckige Apsis des Chors errichtet) und der drei schrägen Säulen, die das Gewölbe tragen, wirkt die ganze Konstruktion eigenartig windschief.

Stadtmauer: Ursprünglich war die mittelalterliche Stadtmauer, welche die Altstadt umschloss, über 2,5 km lang. Die historische Befestigungsanlage bestand aus sieben

Mächtig: das Neustädter Rathaus

runden Basteien und zahlreichen Wehrtürmen sowie mächtigen Mauern, die von vier Haupttoren unterbrochen wurden. Seit dem Zweiten Weltkrieg ist von der gewaltigen Anlage kaum noch etwas zu sehen. Lediglich zwischen der Oder und dem Neustädter Rathaus stößt man auf ein Stück halb verfallenes Mauerwerk – ein Fragment der mittelalterlichen Befestigung.

Neustädter Rathaus: Ein imposanter Backsteinkomplex im neogotischen Stil. Das Rathaus wurde zwischen 1875 und 1879 errichtet. Als Folge der Industrialisierung hatte auch Stettin ein sprunghaftes Bevölkerungswachstum zu verzeichnen. Das alte Rathaus war für die boomende Industrie- und Hafenstadt zu klein geworden. In den 70er- und 80er-Jahren des 19. Jh. wurde Stettin im großen Stil ausgebaut – da wurde auch an einem neuen Rathaus nicht gespart: Das mächtige Gebäude sollte den Rathäusern in Danzig oder Stralsund in nichts nachstehen! Heute beherbergt es verschiedene Institutionen der Seefahrt.

Hafentor (Brama Portowa): Opulente Verzierungen schmücken den geschwungen Giebel des Barock-Tors. Gebaut wurde es 1725 unter dem preußischen König Friedrich Wilhelm I. als eine Art steinerne Reviermarkierung, mit der der Erwerb Stettins und Westpommerns durch die Preußen im Jahr 1720 gebührlich dokumentiert werden sollte. Das Hafentor teilte sich diese ehrenvolle Aufgabe mit dem zeitgleich entstandenen Königstor (s. u.).

Nationalmuseum im Ständehaus (Museum Narodowe): Die Hauptabteilung des Nationalmuseums ist in einem barocken Palais aus dem 18. Jh. untergebracht. Hier tagte einst die polnische Ständevertretung. Das originale Interieur ist zum Teil noch vorhanden. Im Erdgeschoss werden neben sakralen Kunstgegenständen und Säulenfüßen aus dem Kloster Kolbarz gotische Plastiken und filigrane Schnitzarbeiten ausgestellt. Zu den wertvollsten Stücken zählt ein Triptychon, das aus dem 15. Jh. stammt. Das obere Stockwerk präsentiert eine Gemäldesammlung mit Porträts der Greifenfürsten, einen kunstvollen Stammbaum sowie diverse Kleinode.

Nationalmuseum/Galeria Sztuki: Gegenüber des Ständehauses liegt das klassizistische Palais mit einer weiteren Abteilung des Nationalmuseums. In diesem Gebäude ist moderne Kunst zu besichtigen. In erster Linie werden polnische Werke aus der Zeit zwischen 1918 und 1939 präsentiert, daneben werden die Räumlichkeiten auch für Wechselausstellungen genutzt. Das Gebäude stammt ursprünglich aus dem 18. Jh., im 19. Jh. wurde es jedoch noch einmal umgebaut.

🕐 Di–Fr 10–18 Uhr, Sa/So 10–16 Uhr. Eintritt 2,80 €, erm.1,40 €. Ul. Staromłyńska 27 und 1, ✆ 091/4315242.

Königstor (Brama Królewska): Auf einer kleinen Verkehrsinsel, umbraust vom tosenden Verkehr, steht das Königstor – neben dem Hafentor das zweite Prunktor aus der preußischen Ära. Kunstvoll gearbeitete Figuren zieren den Giebel; die Motive stammen aus der griechischen Sagenwelt. Im Mittelpunkt stehen der preußische Adler und die goldene Königskrone, umgeben von einem Knäuel Schlangen. Einen schroffen Kontrast zu dieser historischen Kulisse bildet das modern eingerichtete Brama-Jazz-Café im Inneren des Tors.

Peter-und-Paul-Kirche (Kościół Św. Piotra i Pawła): Eine weitere spätgotische Kirche, die in die Zeit zwischen 1470 und 1480 datiert wird, befindet sich schräg gegenüber vom Schloss. Den Zweiten Weltkrieg hat die kleine Kirche nahezu unversehrt überstanden. Daher ist das Gebäude beinahe vollständig erhalten. Ein mit biblischen Szenen bemaltes Holzgewölbe aus dem 18. Jh. überspannt den Innenraum; in die Wände sind Grabsteine aus dem 17. Jh. eingemauert. Besonders sehenswert sind auch der aus einer Sandsteinplatte gehauene Opferstock für St. Peter und Paul sowie das zweigeteilte Portal der Kirche.

Reichverziert: das Königstor

Hakenterrassen bis Pariser Viertel

Die Hakenterrassen und deren Umgebung zählen zu den schönsten Vierteln von Stettin: Hier tobten die Bombenangriffe weniger heftig, sodass einige historische Gebäude, die noch aus dem 19. Jh. stammen, erhalten geblieben sind.

Hakenterrassen (Wały Chrobrego): Eindrucksvolles Ensemble aus einer Treppenanlage mit großzügigen Plattformen und gemauerten Pavillons. Zu diesem architektonischen Erlebnis gesellt sich die Kulisse repräsentativer Prachtbauten – darunter das Marinemuseum (s. u.), das Woiwodschaftsamt und die Marinehochschule – mit einer Uferpromenade, die sich am Hafen 500 m entlang der Oder erstreckt. Die glanzvollen Bauten sollten ausschließlich einem Zweck dienen: Eindruck schinden bei den per Schiff ankommenden Reisenden. Hermann Haken, der zwischen 1878 und 1907 amtierende Oberbürgermeister Stettins, trieb das Prestigeprojekt voran. Der heutige Name der Hakenterrassen geht auf den ersten polnischen König *Bolesław I. Chrobry* (= „*der Tapfere*") zurück.

Die Treppen führen hinunter zur Oder. Am Fuß der imposanten Terrassenanlage liegt der Kai (*Dworzec Morski*) mit dem Terminal der „Weißen Flotte". Dort lassen sich von Mai bis September Karten für Ausflüge mit dem Dampfer nach Dąbie, einem Stettiner Vorort am gleichnamigen See, oder für eine einstündige Hafenrundfahrt erwerben.

Marinemuseum (Muzeum Morskie): Der Name täuscht ein wenig, denn diese Abteilung des Nationalmuseums ist nicht nur der Seefahrt gewidmet. Neben alten Seekarten, Navigationsgeräten, Dampfmotoren etc. kann man sich in einer archäologischen Ausstellung Schmuck und Waffen aus grauer Vorzeit anschauen (Highlights sind zehn neolithische Feuersteinäxte). Zusätzlich informiert eine ethnografische Abteilung über fremde Kulturen: westafrikanische Fetische, geschnitzte Masken, Hütten der Papuas von Neuguinea etc. Anschließend gelangt man über eine Treppe nach oben, wo Kunst aus Fernost präsentiert ist. In den anderen Hallen werden wechselnde Ausstellungen gezeigt.
⏱ Di–Fr 10–18 Uhr, Sa/So 10–16 Uhr. Eintritt 2,80 €, erm.1,40 €. Wały Chrobrego 3, ✆ 091/4315279.

Żeromski-Park: Der schöne und beliebte Park liegt hinter den Prachtbauten am Hafen in Richtung Zentrum. Die Bäume sind teils über 100 Jahre alt, und zwischen den Sträuchern lugen Pavillons hervor. Dazwischen braust allerdings der Verkehr, denn einige Straßen durchkreuzen die belebte Anlage.

Pazim-Center: Das Kommerzzentrum von Stettin mit Shopping-Center, Bank und dem Hotel Radisson SAS befindet sich hinter dem Zeromski-Park am Rodla-Platz. Die unübersehbare Glas- und Stahlkonstruktion mit ihren 22 Stockwerken ragt wie eine postmoderne Insel aus dem Meer der historischen Gebäude ringsum hervor. Sehr zu empfehlen: der Blick aus dem Café 22 in der obersten Etage.

Professorenhäuser: Überaus sehenswert sind auch eine Reihe kleiner Häuser mit klassizistischen Fassaden in der ul. Korszary zwischen dem Schloss und dem Hołdu-Pruskiego-Platz. Die sog. Professorenhäuser beherbergten einst die Lehrer des Marienstifts. In der ersten Hälfte des 18. Jh. waren ihre ursprünglichen Fassaden im klassizistischen Stil umgestaltet worden.

Pariser Viertel: Breite Boulevards mit Grünstreifen in der Mitte, klassizistische Gründerzeitvillen, begrünte Plätze, von denen der Verkehr sternförmig in alle Richtungen fließt, dazu zahllose Cafés, Bistros und kleine, aber ausgezeichnete Restaurants – all dies lässt im Viertel zwischen Rodła-Platz, Grunwaldski-Platz und Żolnierza Polskiego französisches Flair aufkommen. Auf dem Mittelstreifen der Żolnierza Polskiego findet übrigens ein Blumenmarkt statt; die Straße wird deshalb auch Blumenallee genannt.

Umgebung von Szczecin

Kasprowicza-Park: Der Park mit botanischem Garten erstreckt sich am Ufer des Rusałka-Sees nördlich des Stadtzentrums. Sein Besuch ist ein echtes Erlebnis: Rund 200 exotische Bäume und Gehölze können hier bewundert werden, darunter sogar Mammutbäume.
Verbindungen Mit den Straßenbahnen 1 und 9.

Ideal für Ausflüge: die Umgebung von Stettin

Głębokie-Park: Dieser weitläufige Park liegt ebenfalls am nördlichen Rand der Stadt. Zahlreiche Wanderwege führen um einen in der Mitte gelegenen See. Obwohl das Stadtzentrum nicht weit entfernt ist, herrscht hier herrliche Ruhe.
Verbindungen Ebenfalls mit den Straßenbahnen 1 und 9.

Naturpark Buchheide (Puszcza Bukowa): Etwa 7 km südlich von Stettin erstreckt sich ein großes Waldgebiet bis hin zum Odertal. Den Naturpark Buchheide durchziehen 200 km markierte Wanderwege; landschaftlicher Höhepunkt ist der Smaragdsee (*Jezioro Szmaragdowe*), ein herrlich kristallklarer See, in dem sich das Sonnenlicht bricht. Den grün schimmernden Farbton verdankt der See seiner Entstehung. 1920 wurde er vom Kreidetagebau angelegt, nun schimmert das Kreidegestein in 20 m Tiefe durch das Wasser strahlend wie Smaragde.
Verbindungen Der See ist mit dem Stadtbus A oder per Nahverkehrszug erreichbar. Von der Haltestelle im Stadtteil Zdroje aus führt dann ein kleiner Spazierweg zum Ziel.

Dąbie: Mehr als nur ein Vorort im Süden Stettins. Dąbie ist eine kleine Stadt, in der Wassersport groß geschrieben wird (insbesondere Segeln und Surfen). Kulturinteressierte können sich hier die gotische Marienkirche und den aus der Renaissance stammenden Prinzenpalast anschauen.
Verbindungen Man erreicht Dąbie mit demselben Nahverkehrszug, der auch nach Zdroje fährt: einfach noch eine Station weiterfahren.

Unteres Odertal: Ebenfalls wunderschön ist diese Flussniederung im Süden der Stadt. Hier erstreckt sich ein herrlich ruhiger Nationalpark, der bis über die Grenze nach Deutschland reicht. Zahlreiche Rad- und Wanderwege durchziehen die Wälder, in denen man immer wieder auf den Lauf der Oder stößt. Verschiedene Reiseagenturen in Stettin bieten mehrtägige Paddeltouren auf der Oder an.

Die Insel Wolin

Flache, mit Sümpfen durchsetzte Moorgebiete liegen hinter meterhohen Sanddünen, die mit saftig-grünen Gräsern bewachsen sind. Die Steilufer mit vereinzelten Kreidegruben wurden von Wind und Wetter ausgespült und zerfurcht. Davor erstrecken sich endlose Sandstrände aus feinstem weißen Sand mit stillen, menschenleeren Buchten, so weit das Auge reicht. Dahinter wuchern riesige, uralte Wälder mit zentnerschweren Findlingen. An Seen, die noch aus der Eiszeit stammen, kann man mit etwas Glück Weißkopfseeadler und Wisente zu Gesicht bekommen.

Kurz bevor die Oder ins Meer mündet, erweitert sie sich zu einem großen Flussdelta: dem Stettiner Haff (*Zalew Szczeciński*). Danach teilt sie sich in einen östlichen Arm (*Dimenów*), der zum Cammeiner Bodden (*Zalew Kamiński*) wird, bevor er das Meer erreicht, und einen westlichen Arm, die Swine (*Świna*). Diese beiden Flussläufe umschließen die Insel Wolin – im Grundriss ein großes Dreieck, dessen Spitze nach unten zeigt. Am westlichen Ufer der Swine beginnt die Insel Usedom, die ihrer Schwester hier ganz nah auf die Pelle rückt.

Wolin hat eine Fläche von 265 km², ist 35 km lang und zwischen 8 und 20 km breit. Vier Orte liegen auf der Insel: Świnoujście im Nordwesten, Międzyzdroje im Nordosten, Wolin im Süden und Międzywodzie auf der Landzunge, die das pommersche Festland mit der Insel verbindet. Der herrliche Wolliner Nationalpark beginnt unmittelbar vor den Toren von Międzyzdroje.

Große Teile der Insel mit ihren Sümpfen, uralten Wäldern, schilfbewachsenen Süßwasserseen, saftigen Moorgraswiesen und den weitläufigen Sandstränden sind bis heute noch völlig unberührt. Kein Wunder also, dass sich hier eine enorme Artenvielfalt ausgebreitet hat. Mit etwas Glück kann man hier draußen noch seltene Tiere und Pflanzen sehen, die beinahe ausgerottet sind.

Der Name der Insel rührt von einem Slawenstamm her, der ab dem 9. Jh. hier ansässig war und sich ein kleines Reich schuf, das mit umfangreichen Verteidigungsanlagen gesichert war und es zu beachtlichem Wohlstand brachte. Dies hat zu weit reichenden historischen Spekulationen geführt, in deren Mittelpunkt die Inselhauptstadt steht.

Wolin   dt. Wollin • 4.000 Einwohner

War die einstmals reiche Handelsmetropole, die auch „Byzanz des Nordens" genannt wurde, das legendäre Vineta? Alte slawische Wurzeln, heidnische Bräuche sowie sagenumwobener Wohlstand prägten die Vergangenheit der Stadt am östlichen Ende der gleichnamigen Insel. Heute reißen die alljährlichen Wikingerfeste mit gewaltigem Spektakel die Kleinstadt aus ihrem beschaulichen Dasein.

Von der Brücke über die Dźwina (*Dievenow*) gelangt man in ein verschlafenes Städtchen. Unmittelbar nachdem man den Fluss passiert hat, liegt auf der linken Seite der alte Marktplatz. Rechts befindet sich das neogotische Rathaus, links hinter dem Rathausplatz ist eine alte Kirche zu sehen. Der kleine Ort hat eine bewegte Vergangenheit, bei der Legenden und Wirklichkeit nicht immer zu trennen sind. Denn die Slawen, die Wolin einst bewohnten, verehrten bis weit ins 12. Jh. ihre

Vineta – die versunkene Stadt

Die Legende um Vineta, das vor Urzeiten in den Fluten der Ostsee versank, hat eine simple Moral: *„Hochmut kommt vor dem Fall"* oder *„Geld verdirbt den Charakter"*. Die Bewohner Vinetas waren durch Handel reich geworden und lebten zunächst friedlich und tolerant mit Menschen aus aller Herren Länder zusammen. Dann stieg ihnen der Reichtum zu Kopf, und sie verfielen in grenzenlose Verschwendungssucht: Das Garn wurde mit goldenen Spindeln gesponnen, die Glocken waren silbern, Löcher in Hauswänden wurden mit Brot gestopft und die Schweine fraßen aus goldenen Trögen. Schließlich erschien eine Wasserfrau, die den nahen Untergang prophezeite. Und tatsächlich schlug die göttliche Rache mit erbarmungsloser Gewalt zu: Eine Flutwelle begrub die Stadt unter sich, und wie das verschollene Atlantis verschwand Vineta für immer aus der Realität in das Reich der Fantasie. Seither – so die Legende weiter – taucht die verfluchte Stadt alle hundert Jahre an einem Ostermorgen aus der Tiefe auf, um für einen kurzen Moment auf Erlösung hoffen zu dürfen: Wenn sich binnen einer Stunde eine Menschenseele fände, die ihre unermesslichen Schätze für einen einzigen Groschen kaufte, hätte der Spuk ein Ende. Bis heute ist das nicht geschehen, und so wartet Vineta Jahr für Jahr auf die nächste Chance ...

Der Mythos von der untergegangenen Ostseemetropole hat zweifellos einen realen Kern, denn es ist gesichert, dass sich im Ostseeraum bereits vor mehr als tausend Jahren einige von Slawen und Wikingern gegründete Siedlungen zu blühenden Handelszentren entwickelt hatten. Ein paar zeitgenössische Reiseberichte und Chroniken deuten darauf hin, dass sich darunter auch eine dominierende Metropole befunden hat, „eine große Stadt am Weltmeer mit zwölf Toren und einem Hafen", wie der maurische Reisende Ibrahim Ibn Jakub al Isreli um 965 berichtet. Der Chronist Adam von Bremen spricht sogar von „der größten aller europäischen Städte" und ortet sie auf einer von drei Meeren umspülten Insel an der Odermündung.

Heute geht man aufgrund archäologischer Funde davon aus, dass die in den Berichten genannte prächtige Handelsmetropole tatsächlich auf der Insel Wolin gelegen hat. Gestützt wird diese These vor allem durch Ausgrabungen des Stettiner Archäologieprofessors Władisław Filipowiak, dessen Team u. a. die Reste eines Handwerkerviertels sowie die Überbleibsel von vier Hafenanlagen zutage fördern konnte. Andere Theorien, nach denen sich Vineta auf Usedom oder bei Bath westlich von Stralsund befunden hat, sind dagegen rein spekulativ.

heidnischen Götter und bauten Tempel für *Trzgłow* und *Światowid*, den Vielgesichtigen. Vom Christentum hielt man hier seinerzeit nicht viel.

Dies sollte sich allerdings schlagartig ändern: Dem polnischen König Bolesław Krzywousty waren derartige Zustände ein Dorn im Auge! Die Heiden wurden missioniert und ihre Festungen zerstört. Mit der Gründung des Bistums Wolin 1124 durch Otto von Bamberg gehörte das Reich der Slawen endgültig der Vergangenheit an.

Aber der alte Wohlstand war ebenfalls dahin. 1277 erhielt Wolin zwar das Lübecker Stadtrecht und trat sogar der Hanse bei. Doch alle Bemühungen, die Pracht vergangener Zeiten wieder heraufzubeschwören, waren vergebens. Stattdessen fielen immer häufiger Horden von Wikingern mordend und brandschatzend in die Stadt ein. Dies führte schließlich dazu, dass der Bischofssitz keine hundert Jahre, nachdem er eingerichtet worden war, nach Kamień verlegt wurde. Wolin blieb geschwächt zurück.

Heute präsentiert sich der Ort mit der beschaulichen Ruhe einer verträumten Kleinstadt.

● *Verbindungen*   Von Szczecin fährt die **Bahn** mehrmals täglich nach Wolin und weiter nach Świnoujście (Swinemünde) auf Usedom.

● *Feste/Veranstaltungen* Wichtige Sommerevents sind im Juni die **Regatten** und im August das **Volks- und Kulturfestival**. Absolutes Highlight ist aber das **Wikinger-Festival**, das Anfang Juli stattfindet: Aus Dänemark, Deutschland, Litauen und ganz Polen reisen die begeisterten Fans zu Lande oder zu Wasser an. Dann wird der Hafen in einen Lagerplatz wie vor 1000 Jahren umgekrempelt: Händler, Handwerker und Krieger mit Helm, Schild und Schwert treiben hier ihr Unwesen.

● *Übernachten/Essen* Seit das einzige Hotel Wolins abgebrannt ist, sind die Übernachtungsmöglichkeiten im Ort selbst dünn gesät. Am Marktplatz finden sich ein Café und ein paar kleinere Restaurants, darunter eine Pizzeria sowie ein Kebab-Grill, auf den die Jugend Wolins schwört. Ansonsten ist die Stadt nicht unbedingt ein kulinarisches Mekka.

Hotel Piaski, ebenfalls etwa 6 km außerhalb, in östlicher Richtung. Im Schatten der Bäume kann man sich in dieser luxuriös ausgestatteten Villa beim Minigolf entspannen. In der Saison (Mai–September) und an Silvester DZ 61 €, sonst 53 €. Piaski Wielkie in 72-511 Troszyn, ☎ 091/3263123, ✆ 091/3263124.

Sehenswertes

St.-Nikolaus-Kirche: Die gotische Kirche, deren Ursprünge bis ins 14. Jh. zurückreichen, steht gleich hinter dem Rathausplatz und ist bereits von der Brücke aus zu sehen. Sie wurde im Zweiten Weltkrieg stark zerstört und blieb über Jahrzehnte

Liebevoll inszeniert: das Freilichtmuseum von Wolin

eine Ruine. Die schließlich doch eingeleiteten Renovierungsarbeiten waren erst im Jahr 2000 abgeschlossen.

Heimatmuseum: Im direkt an der Hauptstraße gelegenen neogotischen Rathaus von 1881 sind Ausgrabungsfunde aus den Siedlungen der einst hier ansässigen Slawen ausgestellt. Auch eine Nachbildung des viergesichtigen Gottes *Swiatowid* kann man sich anschauen.

🕐 Di–So 9–16 Uhr, Sa 9–14 Uhr, Eintritt 1,50 €, erm. 1 €. Ul. Zamkowa 24, ✆ 0936/61763.

Hügelgräber: Weiter südlich (ul. Mustowa/ul. Niedamiera) am *Wzgórze Wisielców* (Galgenberg) wurden 34 Feuerbegräbnisstätten entdeckt. Tausende von Urnen hat man hier ausgegraben, einige stammten aus dem 9. Jh.

Freilichtmuseum Skansen: Auf dem der Kirche von Wolin gegenüberliegenden Ufer der Swine wurde mit viel Herzblut und Eigeninitiative ein skandinavisches Wikingerdorf nachgebaut. Hier kann man in die Vergangenheit eintauchen und Geschichte hautnah und zum Anfassen erleben: reetgedeckte Häuser, in denen an der Kochstelle ein Feuer flackert, hölzerne Werkzeuge und mittendrin die Gründer, die in originalgetreuer Kleidung am Geschehen mitwirken. Auch Pferd und Ziege fehlen nicht. Nach Absprache werden auch Workshops für Kinder zum Töpfern, Körbeflechten und Brotbacken veranstaltet.

🕐 April–Juni und Sept./Okt. täglich 10–16 Uhr, Juli–Aug. täglich 10–18 Uhr. Ul. Graniczna 2, 72-510 Wolin, ✆/📠 091/3260741, ✆0601/981367 (mobil, deutsch).

Świnoujście   dt. Swinemünde • 44.000 Einwohner

Das traditionsreiche Seebad verteilt sich über mehrere Inseln. Bis zu 115 m breit sind die märchenhaften Badestrände – hier entspannte sich nicht nur Marlene Dietrich gerne! Die Nähe zur deutschen Grenze, die von hier aus zu Fuß erreichbar ist, sowie der Hafen verleihen Świnoujście ein einzigartiges internationales Flair.

An der Ostsee-Mündung der Świna (Swine) wird Świnoujście geteilt. Während sich im Osten auf der Insel Wolin die Fähr- und Fischereihäfen sowie Bahnhof und Industriegebiete befinden, liegen im Westen auf der Insel Usedom Stadtzentrum, Kurviertel und Badestrände. Mit den Fähren kann man kostenlos zwischen den Inseln von einem Stadtteil in den anderen pendeln. Am Bahnhof legt im 20-Minuten-Takt die Fähre für Fußgänger und Fahrräder ab. Wer mit dem Wagen unterwegs ist, stellt diesen entweder am bewachten Parkplatz am Bahnhof ab oder nimmt die ein paar Kilometer weiter südlich startende Autofähre zum Zentrum. Sie ist ebenfalls kostenlos und legt alle 30 Minuten ab.

Kurz vor der Fährstation auf dem Wolliner Teil Swinemündes zweigt eine Straße ab, die über eine lange, schmale Brücke auf eine dritte Insel führt: *Karsiborz* (Kaseburg). Hier wirkt Świnoujście mit seinen kleinen, zum Teil reetgedeckten Fischerkaten aus dem 18. Jh., Feldern und Mooren sehr ländlich. Zahllose Vogelarten haben die dicht mit Schilf bewachsenen Ufer der Insel zu ihrem bevorzugten Refugium erkoren – ebenso wie riesige Schwärme blutrünstiger Mücken!

Świnoujście bildet die Schnittstelle des Fährverkehrs zwischen Deutschland, Schweden und Dänemark. Vom Fischerei- und Fährhafen *Odraport* am Wolliner Ufer kann man einen Ausflug in die schwedischen Städte Ystad und Malmö oder ins dänische Køpenhagen unternehmen. Möglich sind darüber hinaus Hafenrundfahrten sowie Trips nach Rügen oder Stettin, Letzteres mit dem Tragflächenboot.

Insel Wolin

Nur 2 km vom Stadtzentrum auf Usedom entfernt befindet sich die deutsch-polnische Grenze. Seit Dezember 2008 verbindet eine Bahnverbindung vom Zentrum aus den polnischen Teil der Insel mit dem deutschen. Im Kurviertel kann man Fahrräder ausleihen – ideal, um auf der deutschen Seite von Usedom eine Tour auf den gut ausgebauten und beschilderten Radwegen zu unternehmen. Fußgänger bummeln an den zahlreichen Ständen am Straßenrand entlang, wo alle möglichen und unmöglichen Waren angeboten werden.

Geschichte

Die einzigartige geografische Lage und die saubere, frische Meeresluft locken schon lange Besucher und Badegäste an; bereits 1824 reisten die ersten aus der nur 300 km entfernten Hauptstadt Berlin an. Zu jener Zeit bekam die Adler-Apotheke einen neuen Besitzer: Der Vater von Theodor Fontane hatte sie übernommen. Der Schriftsteller verbrachte hier fünf Jahre seiner Kindheit. Mit der Lektüre von „Meine Kinderjahre" oder „Effi Briest" kann man eine kleine Zeitreise in das Swinemünder Leben zu Beginn des 19. Jh. unternehmen. Eine kleine Gedenktafel gegenüber dem Rathaus erinnert an den Dichter. Bereits zu Fontanes Zeit existierten drei Badeeinrichtungen für Herren, Damen und Kinder. Swinemünde, das bald „Badewanne Berlins" genannt wurde, entwickelte sich zu einem der beliebtesten Seebäder an der Ostseeküste. Um den Besuchermassen Herr zu werden, wurde die Stadt 1875 ans Eisenbahnnetz angeschlossen.

Die Entdeckung der Solequellen 1897 ließ den Badeort noch weiter aufblühen: Nun kam der Kurbetrieb in Gang. Atemwegs- und Herzerkrankungen, Rheuma und Allergien werden hier seitdem von medizinischen Koryphäen behandelt. Peter Joseph Lenné, der Generaldirektor der königlich-preußischen Gärten, wurde beauftragt, einen Kurpark mit ausgesuchten Mittelmeerpflanzen anzulegen. Um die Jahrhundertwende entstand für die zahllosen Besucher ein Kurviertel am Küstenstreifen. Bereits vor dem Ersten Weltkrieg entspannten sich hier 40.000 Kurgäste jährlich. Später kamen auch viele Prominente wie Marlene Dietrich, und in den 1930er-Jahren kurten hier zahlreiche deutsche Filmstars aus der Propagandamaschinerie von Joseph Goebbels.

Ein jähes Ende fand das Dolce Vita im Zweiten Weltkrieg, als schwere Luftangriffe der Alliierten die Gründerzeitvillen in weiten Teilen der Stadt verwüsteten. Mitte 1945 zog die Rote Armee als Besatzungsmacht im Kurviertel ein. Die Alliierten teilten das Gebiet auf und wiesen Świnoujście auf der sonst deutschen Insel Usedom Polen zu. Die Besatzungstruppen wurden erst über zehn Jahre später abgezogen.

Heute pulsiert in den Straßen von Świnoujście das Leben. Von Mai bis September flanieren die zahlreichen Besucher an den langen Sommerabenden über die Strandpromenade. Lachmöwen trudeln durch die frische, salzhaltige Luft, Fischkutter schaukeln im Hafenbecken.

Information/Verbindungen

● *Information* Kleiner Kiosk am Hafenkai, Wybrzeże Władysława IV, ✆ 091/3224999. Mo–Fr 9–17 Uhr, Sa 10–15 Uhr, So 10–14 Uhr (Mai–September).
● *Verbindungen* **Bahn**: Der Bahnhof liegt direkt am Hafenkai, von dem aus die Fähre für Fußgänger in die Stadt übersetzt. Die Bahn verbindet Świnoujście über Międzyzdroje mit Szczecin. Die Züge fahren regelmäßig alle ein bis zwei Stunden. Täglich verkehren ein Schnellzug nach Warszawa und zwei Schnellzüge über Poznań nach Kraków.

E ssen & Trinken
3 Hemingway
4 Ambassador
5 Albatros
7 Alga II
9 Albakora
12 Orkan

Ü bernachten
2 Villa Merry
3 Hotel Atol
5 Hotel Albatros
6 Camping Relax
7 Alga II
13 Jugendherberge
   Schronisko
   Młodzieżowe

N achtleben
1 Gryf II Bar
8 Sfinks-Pub
10 Costa Cafe
11 Café Central

Bornholm, Ystad,
Kopenhagen

Świnoujście

300 m

Bus: Gleich nebenan befindet sich der Bus-bahnhof. Täglich fahren drei Schnellbusse nach Szczecin, drei bis vier nach Kołobrzeg. Auch Gdynia ist von hier aus direkt per Bus zu erreichen. Etwa sechs Busse starten darüber hinaus nach Kamień Pomorski.

Fähre: Die internationalen Fähren legen ein paar hundert Meter südlich des Bahnhofs ab. Von hier aus bestehen täglich Anbindungen nach Schweden (Ystad) und Dänemark (København, Rønne). Auch die Adler-Schiffe, die über Heringsdorf und Sassnitz die Küste entlangfahren, starten von hier mehrmals täglich.

*A*dressen von *A* bis *Z*

- *Arzt* **Marek Borowski**, ul. Malopolska 51, ☎ 091/3271916.
- *Auto-Service* **Mechanika Pojazdowa**, Karsiborska 8, ☎ 091/3217164.
- *Bank* **Bank Pekao SA**, ul. Monte Cassino 7, ☎ 091/3220540.
- *Hallenbad* Ul. Żeromskiego 48, ☎ 091/3215410.
- *Internetcafé* In der **Jugendherberge**, ul. Gdyńska 26, ☎ 091/3270613.
- *Krankenhaus* **Szpital Miejski Nr. 1**, ul. Jana z Kolna 4, ☎ 091/3214271.
- *Post* Ul. Piłsudskiego 1.
- *Polizei* Ul. Bol. Krzywoustego 2a, ☎ 091/3272211.

- *Segeln* **Yachtklub**, ul. Steyera 6, ✆ 091/3219435.
- *Taxi* **Hallo Taxi**, ul. Grunwaldzka 47, ✆ 091/3215555.
- *Tennisplatz* Ul. Matejki 22, ✆ 091/3213781.

- *Wassersportgeräte* **Marina**, ul. 1 Maja 5 a, ✆ 091/3221448 und am Strand. Die Wassersportgeräte sind allerdings nicht immer auf dem neuesten Stand.

Feste/Veranstaltungen

Swinemünder Hafentage, Ende Juni/Anfang Juli. Der Hafen wird alljährlich ausgiebig gefeiert – mit allem, was dazugehört. Und selbstverständlich findet auch eine Regatta statt.

Swinemünder Orgelabende, Juni–September. Orgelfans kommen hier den Sommer über auf ihre Kosten; aktuelle Programme in der Touristeninformation erhältlich.

Meisterschaft der Sandbildhauer, Mitte Juli. Hier zeigt sich alljährlich, wer das bröckelige Element am besten beherrscht.

FAMA, zweite Julihälfte, 14-tägig. Das bedeutendste akademische Kunstfestival.

WIATRAK, ein Wochenende Mitte August. Dieses internationale Shanty-Festival bietet jungen polnischen Künstlern die Möglichkeit, ihr Können zu präsentieren. Auch eine Regatta gehört hier zum Pflichtprogramm.

Übernachten (siehe Karte S. 97)

Im Juli und August herrscht starke Nachfrage, deshalb rechtzeitig reservieren oder schon morgens auf die Suche gehen! Außerhalb der Hochsaison ist es deutlich ruhiger, und man findet schnell ein Quartier in einer der prachtvollen Jugendstilpensionen oder einem stilvollen kleinen Hotel im Kurviertel.

- *Hotels/Appartements*   *** **Hotel Atol (3)**, nur 100 m von der Strandpromenade liegt eines der modernsten Kurhotels: Von den „Animals" bis hin zur deutschen Politprominenz stieg hier alles ab, was Rang und Namen hat. 136 Betten in Einzel- und Doppelzimmern, zum Teil mit Balkon oder Terrasse. Das DZ kostet in der Hochsaison (Juni–Oktober) 71 €, im Winter (Oktober–März) 52 €, dazwischen 57 €. Sehr zu empfehlen: das kleine, aber stilvoll eingerichtete *Hemingway-Restaurant*. Ul. Orkana 3, 72-600 Świnoujście, ✆ 091/3213010.

** **Hotel Albatros (5)**, gleich hinter der Strandpromenade kann man sich in der hübschen alten Villa mit 36 modern eingerichteten Zimmern einquartieren. Die schwedischen Besitzer arrangieren neben Vollpension auch Ausflüge in die umliegenden Städte. Die Preise liegen in der Hochsaison (Juli/August) bei 61 €, den Rest des Jahres bei 51 €. Ul. Kasprowicza 2, 72-600 Świnoujście, ✆ 091/3212336.

*** **Alga II (7)**, nicht weit von der Strandpromenade entfernt. Das ehemalige Hotel Fontane präsentiert sich blitzblank und frisch renoviert als Kurhotel. Außen Beton im Stil der 70er, innen komfortable Zimmer. Mit Restaurant und Sauna. Ein DZ bekommt man hier während der Saison für stolze 90 €, sonst für 80 €. Ul. Słowackiego 5, 72-600 Świnoujście, ✆ 091/3213938.

Villa Merry (2), Appartements an der Strandpromenade und in einer benachbarten Seitenstraße. Wer sich in einem Appartement in einer echten Gründerzeitvilla am wohlsten fühlt und länger als drei Tage bleiben möchte, ist hier genau richtig. Die einzelnen Appartements unterscheiden sich sehr in Größe und Ausstattung, dementsprechend sind die Preise gestaffelt: für 2 Personen zwischen 14 und 31 €, für 4 Personen zwischen 28 und 64 € (jeweils in der Hauptsaison). Ul. Orkana 10 (Filla 2) oder ul. Żeromskiego 16, 72-600 Świnoujście, ✆ 091/3215836.

- *Jugendherberge* **Schronisko Młodzieżowe (13)**, direkt hinter einer Schule. Die Jugendherberge ist ganzjährig geöffnet, die Rezeption von 12–17 Uhr besetzt. Ein Bett im Schlafsaal kostet 7–10 €, von Juni bis September sind es 10 % mehr. Vorher anrufen ist im Sommer empfehlenswert. Ul. Gdyńska 26, 72-600 Świnoujście, ✆ 091/3270613.

- *Camping*   ** **Camping „Relax" (6)**, zwischen Park und Strandpromenade gelegen. Hier kann man das ganze Jahr im Schatten der Kurbäume seine Zelte aufschlagen. Mit Restaurant, Laden und Waschmaschine; auch chemische Toiletten können entsorgt werden. Ul. Słowackiego 1, 72-600 Świnoujście, ✆ 091/3214700.

Idyllisch: Fischerkaten auf Karsiborz

Essen und Trinken (siehe Karte S. 97)

In den kleinen Straßen des Stadtkerns und am Hafenkai sowie an der Strandpromenade locken zahlreiche Restaurants: von edel über gemütlich bis hin zur Pizzeria.

Ambassador (4), im Kurviertel nahe der Strandpromenade. Das Restaurant des Hotels Polaris bietet eine gediegene Atmosphäre; hier kann man für 10–15 € gepflegt speisen. Sowohl edles als auch bequemes Ambiente. Ul. Słowackiego 33, ✆ 091/3215412.

Albakora (9), hinter der König-Christus-Kirche in der Altstadt. In diesem Restaurant wird traditionelle polnische Küche (10–15 €) in gediegenem Ambiente serviert. Ul. Konstytucji 3 Maja 6, ✆ 091/3212161.

Albatros (5), direkt am Anfang der Strandpromenade. Gepflegtes Ambiente mit Blick auf die flanierenden Badegäste. Nebenan ein Club. Ul. Żeromskiego 1, ✆ 091/3213644.

Orkan (12), am Hafen im Zentrum. Das gemütliche kleine Restaurant serviert solide Fisch- und Fleischgerichte für 8–12 €. Pluspunkt: Wer draußen sitzt, kann den Blick auf den Hafen genießen. Wyb. Władysława IV 23 A, ✆ 091/3211222.

Nachtleben (siehe Karte S. 97)

Im Sommer ist eine Menge los in der Altstadt, vor allem an der Strandpromenade. An den lauen Sommerabenden kann man hier auf der Kurmeile einfach entlangschlendern und die neuesten Clubs entdecken. Außerhalb der Saison ist es mit Ausnahme der Wochenenden erheblich ruhiger.

Café Central (11), kleines Café am Hafen. Hier werden auch leichte Gerichte angeboten, abends gibt's zu besonderen Anlässen Jazz-Konzerte. Ul. Armii Krajowej 3.

Costa Cafe (10), gemütliches Café am Kreisverkehr im Zentrum. Den leckeren Kuchen kann man drinnen oder draußen genießen. Plac Wolnści 1, ✆ 0512/312717.

Gryf II Bar (1), direkt an der Strandpromenade. Hier kann man den Tag stilvoll bei einem Cocktail ausklingen lassen. Ul. Żeromskiego 56, ✆ 091/3212414.

Sfinks-Pub (8), gemütliches Pub zwischen Hafen und Promenade mit stilvoll-antiquiertem Charme und zahlreichen entspannten Sitzecken. Ul. Wojska Polskiego 1/19, ✆ 091/3223449.

Baden

Feinsandig und weiß erstreckt sich der Strand von Świnoujście kilometerlang nach Ost und West. Mit bis zu 150 m Breite hält er den Spitzenwert in ganz Polen! Es sollte also kein Problem sein, hier einen Platz zu finden. Das Wasser ist seicht und relativ warm: 21–23 °C können im Sommer hier gemessen werden. Ein breiter Dünenstreifen trennt die Stadt auf der Insel Usedom vom Meer. Am östlichen Ufer der Świna auf der Insel Wolin kann man kilometerlang den einsamen Strand entlang wandern – nach rund 15 km erreicht man Międzyzdroje.

Sehenswertes

Auch Świnoujście blieb nicht von den Zerstörungen des Zweiten Weltkriegs verschont. Die Stadt wurde weitgehend zerbombt, inzwischen ist jedoch vieles wieder aufgebaut. Sozialistische Plattenbauten gibt es nur vereinzelt.

Wladislaus-IV-Kai: Hier legt die Fähre an. Der Kai zieht sich die Świna entlang, von Hafenrundfahrten bis Hochseeangeln gibt es hier einige Angebote. Vom Kai aus kann man auch den gegenüberliegenden Leuchtturm an der Spitze der Insel Wolin sehen.

Fischerei- und Seefahrtsmuseum: Das Museum befindet sich am Kai im alten Rathaus von 1808. Zu sehen sind historische Navigationsinstrumente und Fischerausrüstungen, darüber hinaus erfährt man einiges zum Thema Meeresfauna und -flora und erhält Einblicke in die Stadtgeschichte.
  ⏱ Di–So 9–15 Uhr, Eintritt 1,50 €, erm. 0,80 €. Pl. Rybacka 1, ☎ 091/3212426.

König-Christus-Kirche: Im Inneren der 1792 fertig gestellten Kirche kann man sich neben gotischen Skulpturen aus dem 15. Jh. ein hölzernes Votivschiff aus dem Jahr 1790 anschauen. Vom Bug bis zum Heck misst es zwei Meter.

Stella-Maris-Kirche: Der Turm der neogotischen Kirche aus dem 19. Jh. ragt weit über die Dächer der Stadt. Ihr Inneres beherbergt ein Mosaik, das die Muttergottes und ein Boot auf bewegter See darstellt.

Kurpark (Park Zdrojowy): Hinter der Kirche Stella Maris beginnt der große Kurpark. Um ihm eine ganz besondere Note zu verleihen, ließ ihn Peter Joseph Lenné, der Generaldirektor der königlich-preußischen Gärten, mit exotischen Mittelmeerpflanzen ausstatten. Die ungewöhnliche Botanik trug dem Park den Spitznamen „Plantage" ein. Sein Erscheinungsbild wird darüber hinaus durch die etwa 150 Jahre alten Bäume und die prächtigen Gründerzeitvillen im Stil der Bäderromantik geprägt.

Promenade: Ganz im Norden hinter dem Kurviertel erstreckt sich die Strandpromenade. Prächtige Hotels, Jugendstilvillen und Pensionen im Stil der Bäderarchitektur kreieren zusammen mit Strandcafés, Bars und Restaurants das Flair eines mondänen Badeorts. Tipp: Im Konzertpavillon finden im Sommer Veranstaltungen von Künstlern unterschiedlichster Couleur statt. Die Palette reicht von Kabarett über Musikensembles bis hin zu polnischen Sängern.

Festungsanlagen: Beidseits der Świna-Mündung ragen mächtige Wellenbrecher aus dem 19. Jh. ins Meer, der östliche ist 1,4 km lang. Westlich davon leuchtet schneeweiß das Wahrzeichen der Stadt: eine Windmühle. Neben den Wellenbrechern befinden sich umfangreiche Festungsanlagen, die ebenfalls aus dem 19. Jh. stammen. Im Westen liegt das Engels-Fort, das nach römischem Vorbild geschaffen wurde, und im Osten neben dem Leuchtturm das Artillerie-Fort. Hier sind Waffen und historische Dokumente ausgestellt.

Umgebung von Świnoujście

Leuchtturm: An der nordwestlichen Spitze der Insel Wolin steht der Leuchtturm von Świnoujście. Er ragt 68 m in den Himmel und blieb noch lange Zeit nach seiner Fertigstellung 1857 der höchste Leuchtturm der Welt, heute ist er immerhin noch der höchste Polens. Sein Leuchtfeuer strahlt 46 km weit aufs Meer hinaus. 300 Stufen führen auf das Plateau, von dem man an klaren Tagen eine hervorragende Aussicht genießen kann. Im ersten Stock des Leuchtturms ist ein kleines Museum untergebracht: Neben alten Taucheranzügen und historischen Messgeräten hängt hier eine wertvolle alte Seekarte von 1610. Zum Leuchtturm gelangt man entweder mit dem Fahrrad bzw. Auto (ca. 5 km von der Fähre entfernt), mit dem Schiff (alle 2 Std. vom Hafenkai) oder mit dem Bus vom PKP-Bahnhof.

🕐 Täglich 10–18 Uhr, Eintritt 1,50 €, erm. 0,80 €. Ul. Bunkrowa 1, ☎ 091/3216103.

Sehenswert: der Leuchtturm von Świnoujście

Alte Eiche: Im südlich von Świnoujście gelegenen Ort Warszow wächst auf einem Hügel eine riesige, uralte Eiche. Vor langer Zeit, als es noch keinen Leuchtturm gab, soll – so berichtet eine alte Legende – auf diesem Hügel stets ein großes Feuer gebrannt haben. An diesem Signal orientierten sich damals die Schiffe. Die verantwortungsvolle Aufgabe, das Feuer stets in Gang zu halten, wurde den Feuerwächtern übertragen. Diese sollen sich im Schatten der Eiche ausgeruht haben. Deshalb wird der uralte Baum von der Bevölkerung auch „Eiche der Leuchtturmwärter" genannt.

Karsiborska Kępa: Vogelschutzgebiet am östlichen Ende der Insel Karsibor. Bis zu 140 verschiedene Vogelarten nisten an den Ufern der Wasserflächen. Nicht nur der sehr seltene Seggenrohrsänger kann hier zwischen Schilf und Ried beobachtet werden, auch zahlreiche weitere Vogelarten lassen die Herzen von Ornithologen höher schlagen.

Międzyzdroje   dt. Misdroy • 7.000 Einwohner

Einst eine Perle unter den mondänen Seebädern der polnischen Küste: Im 19. Jh. versammelte sich hier alles, was Rang und Namen hatte. Heute genießen jedes Jahr im Sommer unzählige Besucher ihre Ferien am Strand von Międzyzdroje und feiern exzessiv in den Nachtclubs.

Międzyzdroje liegt ca. 15 km von Świnoujście entfernt im Norden von Wolin. Bereits 1835 wurden die ersten Badehäuser eröffnet, ein Kulturhaus und erste einfache Pensionen folgten bald. Als dann noch 1906 die 300 m lange Seebrücke feierlich eröffnet wurde, war die rasante Entwicklung zu einem der angesagtesten Badeorte nicht mehr zu stoppen. Extravaganzen wie Feuerwerke oder Pferderennen dienten dem Amüsement der illustren Gäste aus der Welt der Reichen und Schönen. Einen bitteren Einbruch erlebte der Ort während der Nachkriegszeit unter der russischen Besatzung, denn damit blieben jetzt die ehemals zahlreichen Besucher aus Skandinavien und Deutschland fern. Glanz und Gloria der besseren Zeiten verblichen zunehmend, verlassene Häuser zeugten vom tiefen Verfall. Nach der Öffnung des Eisernen Vorhangs galten die Strände zunächst noch als Geheimtipp, inzwischen aber ist es im Sommer wieder rappelvoll. Auch die prächtigen Villen aus alten Zeiten hat man mit viel Liebe zum Detail restauriert.

Das Highlight von Międzyzdroje ist der breite Sandstrand, der weiter östlich in eine schroffe Steilküste übergeht. Zwei Monate im Jahr zelebrieren 500.000 Besucher alle Facetten des Strandlebens, in der übrigen Zeit geht es beschaulich zu. Wer auch in der Saison Ruhe sucht, macht einen Ausflug in den Wolliner Nationalpark, der unmittelbar östlich an den Ort angrenzt. Auf verschlungenen Pfaden wandert man durch tiefe, unberührte Wälder, in denen seltene Tierarten leben.

Übernachten
1 Hotel Amber Baltic
2 Hotel Aurora
5 Hotel Villa Stella Maris
7 Hotel Marina
8 Dom Turysty - PTTK
9 Hotel Bursztynek
10 Camping 23

Essen & Trinken
2 Aurora
3 Caffe FinezJa
4 Orientalny bar
  restauracyjni Zapraszamy
6 Carmen
7 Marina

Walk of Fame
Seebrücke
Oceanarium
Kulturhaus und
Wachsfigurenkabinett
Kurpark

Międzyzdroje
250 m

Information/Verbindungen/Veranstaltungen/Adressen

• *Information* **Touristeninformation im Kulturhaus**, umfassende Informationen erhält man von den hilfsbereiten Damen des kleinen Informationsstandes. ☺ Mo–Sa 9–17 Uhr. Ul. Bohaterów Warszawy 20, ☎ 091/3282600. Im Park neben dem Kulturhaus befindet sich ein Kiosk mit einer weiteren Touristeninformation.

Viking Tour, das Reisebüro ist zugleich als Touristeninformation tätig und Ansprechpartner in allen Fragen – ob ein Privatzimmer, ein Reiturlaub oder eine Hafenrundfahrt gewünscht wird. Gute Tipps auch für Ausflüge nach Rewal, Pobierowo und Dziewnów. Pluspunkt: Das freundliche und hilfsbereite Personal spricht sehr gut Deutsch. Ul. Niepodległości 2a, ☎ 091/3280768. Mo–Fr 8–18 Uhr, Sa 8–14 Uhr.

• *Verbindungen* **Bahn**: Der Bahnhof befindet sich im Südosten der Stadt. Międzyzdroje liegt auf der Strecke Szczecin – Świoujście, die Züge fahren während des Sommers im Stundentakt. Es gibt auch direkte Verbindungen nach Gdynia und Poznań.

Bus: Die Hauptbushaltestelle liegt am Kreisverkehr im Zentrum gegenüber dem Nationalpark-Museum. Die Busse fahren 2-mal täglich über Koszalin und Słupsk nach Gdynia, 4-mal täglich nach Kołobrzeg und im Sommer mehrmals stündlich (im Winter seltener) nach Świnoujście und stündlich nach Kamień Pomorskie.

• *Veranstaltungen* Ende Juni/Anfang Juli findet im Kurhaus jährlich das **internationale Chor-Festival** statt. Informationen unter ☎ 091/3280351.

• *Arzt* **Ambulanzstation**, ul. Kopernika 4, ☎ 091/3280179.

• *Bank* **Kredyt Bank**, Plac Neptuna 2.

• *Fahrradverleih* Ul. Boh. Warszawy 16 und ul. Gryfa Pomorskiego 4 sowie im Hotel Amber Baltic.

Polizei Ul. Mickiewicza 1, ☎ 091/3280444.

• *Post* Ul. Gryfa Pomorskiego 7, ☎ 091/3280200.

• *Tennisplätze* An der Promenade, ul. Promenada Gwiazd, gegenüber vom WDW und in der ul. Bohaterów Warszawy, gegenüber der Mole.

Übernachten

Die Strandpromenade ist gesäumt von Hotels. Meist handelt es sich um schöne alte Villen, dazwischen haben sich sozialistische Bauklötze verirrt. Weitere Hotels gibt's im Zentrum. Hinzu kommen unzählige Pensionen in den kleinen Straßen hinter der Strandpromenade. Die Preise liegen dort bei 15–19 €. Auch Pensionen sollten in den beiden Sommermonaten Juli/August unbedingt vorher reserviert werden; das übernimmt etwa das Reisebüro „Viking Tour" (s. o. Information).

• *Hotels* ****** Hotel Amber Baltic (1)**, direkt am Strand, schräg gegenüber dem Kurpark. Das größte Hotel im Ort; in den 190 Zimmern, Suiten und Appartements räkeln sich während des Filmfestivals im Sommer die Stars! Wer Kuchen liebt, kann auch dem „Wiener Kaffeehaus" im Hotel einen Besuch abstatten. Mit Restaurant, Nachtclub, Schwimmbad, Wellness-Bereich, Bowlingbahnen etc. Das DZ kostet 134 €, im Winter (Oktober–März) 76 €. Promenada Gwiazd 1, 72-500 Międzyzdroje, ☎ 091/3281000, ✉ 091/3281022, www.hotel-amber-baltic.pl.

*** Hotel Marina (7), mitten im Zentrum. Moderne Villa mit komfortabel eingerichteten Zimmern und ausgezeichnetem Restaurant. Mit Sauna und Spa. Empfehlenswert nicht zuletzt wegen der angenehmen Atmosphäre. Das DZ kostet von Juni bis September 89 €, sonst 69 €. Gryfa Pomorskiego 1, 72-500 Międzyzdroje, ☎ 091/3280449, ✉ 091/3282382.

**** Hotel Villa Stella Maris (5), an der Strandpromenade unweit der Mole. Früher logierten hier die Wintern Künstler und Bohemiens in der stilvollen Villa aus dem Jahr 1905 – heute wird das Haus von der Familie Schwarze geführt. Liebevoll und detailgetreu wurde das Gebäude wieder instand gesetzt: Alle 17 Zimmer sind sehr geräumig und elegant eingerichtet. DZ vom 16.06.–19.09. 100–120 €, außerhalb der Saison 50–84 €, Frühstück und bewachter Parkplatz inklusive. Bonus: Fünf der Zimmer sind mit historischen Kachelöfen ausgestattet und im Winter sehr gemütlich. Im Restaurant „**Spezia**" werden leichte polnische und

internationale Gerichte serviert – den köstlichen Kuchen backt die Herrin des Hauses nach alten Rezepten selbst …
Ul. Bohaterów Warszawy 13, 72-500 Międzyzdroje, ℡ 091/3280481, 🖷 091/3278369, www.villa-stella-maris.com

*** Hotel Aurora (2), an der Strandpromenade gegenüber der Mole. Das Aurora existiert seit über 100 Jahren und ist damit eines der ältesten Hotels der Stadt. Seit 2008 ist der aparte Chic der Gründerzeit renoviert und modernisiert: Das Hotel ist nun mit einem Club und Wellnessbereich ausgestattet. DZ in der Saison (Juni bis Anfang September) 82 €, sonst 57 €. Ul. Bohaterów Warszawy 17, 72-500 Międzyzdroje, ℡ 091/3281248.

** Hotel Bursztynek (9), im Ortskern an der Hauptstraße. Frisch renoviert mit modern eingerichteten, sauberen Zimmern. Preis-

günstig: Ein DZ bekommt man für 45 €, in der Saison von Mitte Juni bis Mitte September können die Preise auch höher liegen. Ul. Niepodlgłości 4, 72-500 Międzyzdroje, ℡ 091/3280649.

Dom Turysty – PTTK (8), auf einer überdimensionierten Verkehrsinsel mitten im Zentrum. In dem zweistöckigen Gebäude mit Türmchen aus rotem Backstein werden 1-, 2-, 3- und 4-Bett-Zimmer angeboten. Der bewachte Parkplatz auf dem Innenhof kostet 4 € extra. Kleine, aber sehr gemütliche Zimmer. Das DZ ist mit 20 € immer noch preiswert. Ul. Kolejowa 2, 72-500 Międzyzdroje, ℡ 091/3280462, 🖷 091/3280086.

● Camping   Camping 23 (10), Am westlichen Ende von Międzyzdroje, Kategorie 1. Geöffnet von Anfang Mai bis Mitte September. Ul. Polna 10, 72-500 Międzyzdroje, ℡ 091/3282355.

*E*ssen und *T*rinken/*N*achtleben (siehe *K*arte *S.* 102)

Eine Vielzahl ausgezeichneter Restaurants säumt die Strandpromenade – wer hier an einem der lauen Sommerabende auf der Suche ist, sollte sich einfach von dem würzigen Duft nach gebratenem Fisch leiten lassen.

● *Essen und Trinken*   Aurora (2), direkt an der Strandpromenade liegt das Restaurant des Hotels. Hier wird im stilvollen Ambiente gespeist. Zu den Spezialitäten des Hauses gehören Rehbraten mit Pfifferlingen oder Krewetten in Knoblauch. Die Menü-Preise liegen bei 15–18 €. Ul. Bohaterów Warszawy 17, ℡ 091/3281248.

Marina (7), das Restaurant des Hotels im Ortskern. Stilvoll eingerichtet; auf der Speisekarte stehen internationale und polnische Gerichte – insgesamt ist die Küche sehr zu empfehlen. Ul. Gryfa Pomorskiego 1, ℡ 091/3281000.

Carmen (6), „Porta Mare" wird das Restaurant in dem kleinen Innenhof im Ortskern auch genannt. Im Hintergrund dudeln polnische Matrosengesänge, während in gemütlicher Atmosphäre typisch polnische Küche serviert wird. Pl. Neptuna.

Orientalny bar restauracyjni Zapraszamy (4), in dem kleinen Restaurant an der Strandpromenade in der Nähe der Mole

wird asiatische Küche angeboten: Hähnchen nach Hongkong-Art oder Kalamari mit Bambus sowie einige weitere pikante – und nicht immer ganz asiatische – Köstlichkeiten kann man hier für 6 € verspeisen – den Reis gibt es nach guter asiatischer Tradition gratis dazu.
Ul. Bohaterów Warszawy 16, ℡ 091/3282644.

Caffe FinezJa (3), im Kulturhaus. Wer sich in stilvoller Umgebung nach dem Promenadenbummel entspannen und einen köstlichen Tee genießen möchte, ist hier genau richtig! Ul. Bohaterów Warszawy 20, ℡ 091/3281932.

● *Nachtleben* Im Sommer wird in Międzyzdroje in den zahlreichen Clubs und Bars intensiv und exzessiv gefeiert. Zu erwähnen ist neben dem schicken Plaża, dem Nachtclub im Hotel Amber Baltic, das Paradise an der Mole. Doch wer weiß, wohin die schnelllebige und flatterhafte Szene im nächsten Jahr gezogen sein wird …

Baden

Międzyzdroje liegt im Schutz einer Endmoräne – so werden die rauen Nord- und Ostwinde abgehalten. Deshalb herrscht hier ein milderes Klima als in anderen Badeorten, und auch das Wasser ist viel wärmer. Außerdem beeinträchtigt kein Hafen die Wasserqualität, das Meer ist besonders klar. Im Bereich der Stadt ist der weiße, feinsandige und äußerst saubere Strand sehr breit. Achtung: Im Juli und August ist es hier rappelvoll! Nach Osten hin – in Richtung Kaffeeberg (*Kawcza Góra*) und Nationalpark – wird es allerdings schnell deutlich einsamer. Immer steiler ragen hier die Klippen aus der See, dahinter beginnt der Wald.

Sehenswertes

Seebrücke: In der Mitte der Strandpromenade gelangt man auf dieser 400 m langen Brücke aufs Meer hinaus. Die Brücke wurde mehrfach durch Naturgewalten zerstört (Feuer und Packeis) und immer wieder aufgebaut. Als man in den 1990ern erkannte, dass die alte Holzbrücke zunehmend morsch wurde, entschloss man sich, sie komplett zu ersetzen. Wer die Brücke inspizieren will, muss rund 0,80 € Eintritt zahlen.

Strandpromenade: Auf einer Länge von 4 km flaniert man an verträumten alten Villen und Pensionen im Stil der alten Bäderarchitektur vorbei. Unzählige Kioske, ein Gewühl aus Karussells, Straßenmusikanten, eislutschenden Kindern, Fisch- und Waffelbuden sowie ein Auto-Scooter flankieren im Sommer die Promenade, dazwischen schlendern Strandschönheiten … Das pulsierende Leben verlagert sich später in die Clubs und tobt bis tief in die Nacht weiter. Wenn hier gefeiert wird, dann nur in bester Gesellschaft – und das dann bitte auch ausgiebig!

Walk of Fame: Das Nachtleben beginnt nicht selten im Club des Hotels Amber Baltic, in dem sich die polnische Filmprominenz alljährlich versammelt. Direkt vor dem Hotel durchsetzen quadratische goldene Platten die Pflastersteine: Hier haben sich die Stars des polnischen Films mit einem goldenen Handabdruck verewigt, darunter auch Cezary Pazura, einer der berühmtesten polnischen Komödianten.

Kulturhaus: Strahlend weiß präsentiert sich das Kulturhaus zwischen Strandpromenade und Park. Auf dem Programm stehen Theateraufführungen und Konzerte,

Verblichener Glanz: das ehemalige Bad „Bałtyk"

Insel Wolin

Ruhm und Ehre: In Międzyzdroje hinterlassen Schauspieler bleibende Eindrücke

Details zum Veranstaltungskalender und zu den Preisen können am Eingang erfragt werden. Auch ein kleines Café ist vorhanden.
Ul. Bohaterów Warszawy 20, ☎ 091/3282600.

Wachsfigurenkabinett: An der Rückseite des Kulturhauses befindet sich eine Attraktion der ganz anderen Art: Hier kann man weltberühmte Popstars neben längst verstorbenen Spitzenpolitikern und Schauspielern von Weltrang als Wachsfiguren begutachten. In einer Ecke versteckt: Osama Bin Laden!
⊘ Im Sommer täglich 10–18 Uhr, im Winter teilweise geschlossen, Eintritt 1,5 €.

Oceanarium: Im Zentrum an der Strandpromenade gibt es Aquarien mit Seeanemonen und Anemonenfischen zu bestaunen, stachelige Kugelfische schweben im Wasser, und giftige Rotfeuerfische spreizen ihre zarten Flossen. Auch Rochen und Haie fehlen nicht.
⊘ Mo–Sa 10–22 Uhr, So 10–20 Uhr, Eintritt 7 €, erm. 4,30 €. Ul. Bohaterów Warszawy 20, ☎ 091/501205222.

Museum des Wolliner Nationalparks: Anschaulich werden in dem Museum am Kreisverkehr im Zentrum Fauna und Flora des Nationalparks vorgestellt. In der Bernsteinsammlung kann man auch Exemplare mit eingeschlossenen Insekten bewundern.
⊘ Di–So 10–18 Uhr, Eintritt 1,50 €, erm. 0,80 €. Woliński Park Narodowy, ul. Niepodległości 3 a, ☎ 091/3280727.

Woliński Park Narodowy (Wolliner Nationalpark)

Verschlungene Pfade führen durch den 12.000 ha großen Nationalpark, der mit uralten, von Orchideen bewachsenen Buchen- und Eichenwäldern bezaubert. Stellenweise lockern lichte Mischwälder und türkisgrün schimmernde Eiszeitseen die dichte Naturlandschaft auf. Dazu gesellen sich schroffe, abrupt ins Meer stürzende Kreidefelsen, die mit 95 m höchste Steilküste Polens sowie schier endlose, menschenleere Strände – eine faszinierende Oase unberührter Natur.

Der Park, der unmittelbar östlich an Międzyzdroje grenzt, ist in sechs unterschiedliche Zonen eingeteilt. Diese sind nach sechs Professoren benannt, die sich viele Jahre unermüdlich für das Naturschutzgebiet eingesetzt haben. Seit 1996 sind auch das küstennahe Meeresgewässer im Norden sowie die Gewässer des Stettiner Haffs im Süden und des Swine-Deltas im Westen Bestandteil des geschützten Areals. Damit ist der *Woliński Park Narodowy* der erste Ostseepark Polens. Nur wenige Meter vom Strand entfernt taucht man ein in eine fremdartige Unterwasserwelt: riesige Muschelfelder und sanft hin- und herwogende Algenbärte, die im seichten Gewässer als Brutstätte zahlreicher Fischarten dienen. Die Fische ihrerseits sind Leckerbissen für seltene Meeressäuger: Graurobben und Tümmler. Außerdem ziehen tausende Vögel jedes Jahr hierher: 230 verschiede Arten leben im Schutz des Parks – ein Paradies für Ornithologen aus aller Welt! Auch den seltenen Seeadler (Polens Wappentier) kann man hier beobachten, 30 Paare bevölkern den Park. Aber nicht nur Vögel genießen uneingeschränkt die Privilegien des Naturschutzgebietes: Füchse, Dachse, scheues Rot- und Damwild sind zu sehen, selbst der Hirschkäfer ist hier nicht ausgestorben. Und nicht weit hinter Międzyzdroje beherbergt der Park ganz außergewöhnliche Bewohner: die Wisente.

Wisentgehege (Rezerwat Żubrów): Träge blinzeln bucklige Büffel mit eigenwilligen Bärten aus ihrem Gehege: Wisente. Dieser europäische Verwandte des amerikanischen Bisons bringt eine ganze Tonne auf die Waage. Noch vor 600 Jahren lebten die Wisente unbehelligt in weiten Teilen Europas. Doch das wachsende Urbanisierung und Industrialisierung verdrängte die Tiere zunehmend aus ihren ursprünglichen Lebensräumen, und ihre Zahl sank drastisch. Darüber hinaus war ihr dichtes, buschiges Fell unter Pelzhändlern sehr begehrt. So kam es, dass die zotteligen Büffel nach dem Zweiten Weltkrieg beinahe vollständig ausgerottet waren. Alarmiert wurde nun in den Zoos nach den letzten Überlebenden gefahndet. Das Ergebnis dieser Suche waren fünf Kühe und sieben Bullen, die in die unberührten Wälder des Wolliner Nationalparks ausgewildert wurden. Die geduldigen Bemühungen waren schließlich von Erfolg gekrönt: Die ersten Kälber kamen zur Welt. Heute leben im ganzen Land wieder über 3000 Wisente. Das Tiergehege beherbergt darüber hinaus auch kranke und verwaiste Wildschweine, einen Adler sowie Rehe und Hirsche.

① Im Sommer Di–So 10–18 Uhr, im Winter die Öffnungszeiten im Nationalparkmuseum erfragen, Eintritt 1,50 €, erm. 0,80 €, ✆ 091/3280737.

Wanderung: Über den Strand an der Steilküste entlang

Route: Międzyzdroje – über den Kaffeeberg (*Góra Kawcza*) – entlang der einsamen Strände des Wolliner Nationalparks, vorbei an der zerklüfteten Steilküste – vorbei am Aussichtspunkt von Gosnań – Świdna-Kępa-Hügel – vorbei an der Siedlung Grodno und durch den Wald bis nach Wisełka.

Länge: ca. 12 km.

Dauer: 4–5 Stunden.

Allgemeines: Eine herrliche Wanderung über endlose, menschenleere Sandstrände, vorbei an riesigen Dünen, schroffen Kreidefelsen und dem ausgemergelten Kliff. Unterwegs bieten verschwiegene Buchten Gelegenheit zum Schwimmen oder Sonnenbaden. Der Großteil des Wegs verläuft am Strand entlang.

Die Route beginnt an der Strandpromenade von Międzyzdroje. Spaziert man die Promenade entlang in östlicher Richtung, erreicht man bald die ersten Bäume. Schnell hat man den Rummel hinter sich gelassen. Der Pfad schlängelt sich bergauf. Nach etwa 600 m erreicht man den mit Efeu überwucherten **Kaffeeberg (Góra Kawcza)**. Von diesem 61 m hohen Hügel bietet sich ein wunderbarer Ausblick.

Nun geht es wieder zurück in Richtung Strandpromenade und von dort hinunter zum Strand. Hier folgt einer der schönsten Küstenabschnitte: Der Strand säumt eine faszinierende Steilküste, ein **pittoreskes Kliff**, ausgemergelt von der Gewalt der Elemente. Helle

Kreidegruben leuchten in der Sonne, an den steilen Abhängen krallen sich Büsche in den kargen Boden.

Nach etwa 3 km passiert man direkt am Strand den **Aussichtspunkt von Gosnań**, die höchste Stelle an der Küste: Die Plattform liegt 95 m über dem Meer. Weiter geht es an den endlosen Sandstränden entlang, vorbei an schroffen Kreidefelsen, hinter denen tiefer, dunkler Wald liegt. Wunderbar erfrischend ist ein Bad in der Ostsee. Nach weiteren 2 km hat man die Spitze der Bucht erreicht. Der **Świdna-Kępa-Hügel** hebt sich hier von der Küstenlinie ab. Folgt man dem Weg weiter am Strand entlang, passiert man nach etwa 2 km eine Handvoll Häuser, die Siedlung **Grodno**. Nach weiteren 3,5 km erreicht man eine Abzweigung; der Pfad verlässt nun den Strand und schlängelt sich durch den hügeligen Wald nach **Wisełka (Neuendorf)** am gleichnamigen See. Dort angekommen, bietet sich Gelegenheit zur Einkehr: Imbissbuden, Eisdiele, kleine Geschäfte. Mit dem Bus

kann man von Wiselka nach Międzyzdroje zurückfahren.

Wer noch einen Abstecher zum **Leuchtturm Kikut** machen möchte, um die herrliche Aussicht über die Ostsee zu genießen, biegt kurz vor **Wisełka** links ab und folgt dem Pfad über die bewaldeten Moränenhügel. In diesem Teil des Parks stößt man unvermittelt auf die sog. Piasten-Felsen (Findlinge). Auch sie sind ein Überbleibsel aus der letzten Eiszeit. Folgt man dem Pfad weiter durch den Wald, so erreicht man bald die Straße, die zu dem kleinen Ort **Kołczewo (Kolzow)** führt; von hier aus fahren ebenfalls Busse nach Międzyzdroje zurück.

Tipp: Die **Aussichtsplattform von Gosnań** kann übrigens auch über einen Parkplatz von der Straße Świnoujście – Kołobrzeg erreicht werden. Der Besuch lohnt sich wegen des fantastischen Panoramablicks weit über die Küste und die Ostsee – an klaren Tagen kann man von hier bis Świnoujście, manchmal sogar bis Deutschland sehen!

Wanderung: Durch die Wälder des Nationalparks

Route: Międzyzdroje – über den Piasten-Hügel zum Wisentgehege – durch die sattgrünen Wälder des Nationalparks nach Warnowo – vorbei an glasklaren Gletscherseen – über Zółwino nach Kołczewo.

Länge: 14,7 km.

Dauer: 4–5 Stunden.

Allgemeines: Höhepunkt dieser herrlichen Wanderung durch die Wälder ist neben dem Wisentgehege das Reservat für Wildschwäne. Zwischen den Bäumen schimmern kristallklare Seen aus der Eiszeit hindurch. Der Weg führt meist durch den Wald und ist sehr angenehm zu wandern, da es aufgrund der Schatten spendenden Bäume nicht zu heiß wird.

Die grün markierte Route beginnt hinter der Verwaltung des Nationalparks in der ul. Kolejowa in Międzyzdroje. Nach ca. 300 m links in die ul. Leśna einbiegen. Auf dieser Straße verlässt man die Stadt. Nachdem man den Ort hinter sich gelassen hat, wird der Weg etwas steiler: Es geht bergauf auf den **Piasten-Hügel**. Der Pfad führt vorbei am **Wisentreservat**. Dort liegen die zotteligen

Tiere träge in ihrem Gehege und scheinen sich durch nichts aus der Ruhe bringen zu lassen.

Weiter geht es durch die tiefen, dunklen Wälder, leise raschelt der Wind in den Blättern der Buchen. Nach einer guten Stunde erreicht man den kleinen Ort **Warnowo**. Wer durstig ist, kann einen Abstecher in das Dorf machen, ansonsten geht es weiter durch den Wald. Auf der rechten Seite liegt das **Reservat für Wildschwäne**.

Nun beginnt einer der schönsten Abschnitte der Wanderung: Von einer Halbinsel, die weit in den See hineinreicht, bietet sich ein schöner Blick über den stillen **Czajcze-See** (*Jezioro Czajcze*). An ihrem Ende befand sich einst eine frühmittelalterliche Siedlung, von der heute nur noch die bemoosten Überreste zu sehen sind. Am Ufer des Sees ragt ein eiszeitlicher Felsen aus dem Wasser: der sog. **Otterfelsen**.

Anschließend passiert man noch zwei Gletscherseen: den **Żółwiński-See** (*Jezioro Żółwińskie*) bei Zółwino und den **Kołczewo-See** (*Jezioro Kołczewo*). Von der Ortschaft Kołcewo kann man mit dem Bus zurückfahren – wer gut zu Fuß ist, kann über die rot markierte Route am Strand nach Międzyzdroje zurückwandern.

Insel Wolin

Wanderung: Am Stettiner Haff entlang nach Wolin

Route: Międzyzdroje – durch die Wälder in Richtung Süden nach Wapnica – Aussichtspunkt auf dem Sandberg (*Góra Piaskowa*) – am Ufer des Stettiner Haffs entlang, vorbei an einer uralten Eiche und den Ruinen eines kleinen Schlösschens – über Karnocicie nach Wolin.

Länge: 22 km.

Dauer: 6 Stunden.

Allgemeines: Eine wunderschöne Tour durch schattige Wälder und verträumte Dörfer. Glanzlichter der Wanderung sind die herrliche Aussicht über den Türkis-See sowie der Blick über das Stettiner Haff. Der Weg ist einfach, auf den Waldwegen lässt es sich gut wandern. Der Boden ist sandig, an manchen Stellen findet sich neben Humus grauer und brauner Lehm. Unterwegs spenden – außer auf den letzten Kilometern – Buchen und Eichen Schatten. Wer nicht die ganze Strecke laufen möchte, dem bieten sich in den zahlreichen Dörfern Gelegenheiten, mit dem Autobus zurückzufahren.

Auch die blaue Route beginnt in Międzyzdroje, in der ul. Kolejowa Richtung Friedhof. Hinter der Eisenbahnbrücke geht es in den Wald, der Weg beginnt anzusteigen, und man gelangt auf den 56 m hohen **Kozierowski-Hügel**, von dem sich eine herrliche Aussicht bietet.

In Richtung Süden wandert man weiter, vorbei an der Försterei von Międzyzdroje. Nach kurzer Wegstrecke über den bewaldeten Lubiewo-Hügel stößt man auf die Schnellstraße E 65/3. Nach Überqueren der Straße verläuft der Weg

Weite Wälder laden zu ausgedehnten Streifzügen ein

ein Stück entlang einer Böschung; hier befinden sich einige ausgediente Erdöl-Bohrlöcher. Hinter der Försterei von Wicko wird der Weg sehr viel steiler und führt auf einen Erdhügel hinauf, wo man die **Überreste einer Raketenab-schussrampe** sieht! Mit den legendären V3-Raketen wollten die Deutschen im Zweiten Weltkrieg London angreifen. Doch der Plan misslang, stattdessen wurde die Rampe selbst das Opfer und explodierte nach ein paar fehlgeschlagenen Versuchen.

Nun geht es vorbei an dem kleinen Ort Wicko weiter durch den Wald und dann nach Wapnica. Hier schimmert auf der rechten Seite der strahlend schöne **Türkis-See** in einer Kreidegrube. Das Kalziumkarbonat der Grube taucht den See unter Sonneneinstrahlung in ein leuchtendes Grün. Den besten Blick über dieses Naturjuwel hat man ein paar hundert Meter weiter von der Spitze des **Sandbergs** (*Góra Piaskowa*) aus.

Kaum 2 km weiter präsentiert sich vom Aussichtspunkt auf dem **Zielonka-Hügel** ein fantastischer Panoramablick: Vor dem Fuß der Anhöhe breiten sich die Häuser des Dorfes **Lubin** aus, dahinter erstreckt sich bis weit in den Süden das strahlend blaue Stettiner Haff.

Hat man die Ortschaft hinter sich gelassen, verläuft der Weg parallel zum Stettiner Haff durch den Wald. Hier befindet sich das Adam-Wodziczko-Reservat, in dem eine uralte Eiche wächst, die sog. **Eiche der Wikinger** (*Wolianin*): 600 Jahre alt ist der mächtige Baum, der Umfang seines Stammes beträgt stolze 6 m. Weiter geht es entlang am Haff bis zum Dorf **Karnocice**. Dort lässt man den Nationalpark hinter sich. Die blaue Route verläuft nun nicht mehr am Ufer entlang, sondern in Richtung Norden zum Mokrzyckie-Hügel. Gut versteckt hinter dem Gestrüpp der Abhänge liegt dort eine **Schlossruine**. In den halb verwilderten Alleen des ehemaligen Parks wuchern heute Buchen und Lärchen, Platanen und Thujas.

Nun sind es noch etwa 6 km bis Wolin. Von dort kommt man mit der Bahn zurück nach Międzyzdroje. Ansonsten kann man auch unterwegs in den Dörfern Wicko, Wapnica, Lubin oder Dargobądz mit den lokalen Bussen zurückfahren.

Schläfrig: die Wisente im Wolliner Nationalpark

Kilometerlange weiße Strände vor der Küste Pommerns

Die Küste Pommerns

Einsame Naturparadiese, kleine Fischerdörfer, schilfumrandete Seen hinter den Nehrungen. Kilometerlang ziehen sich die Strände mit feinkörnigem Sand und hügeligen Dünenfeldern bis zum Slowinzischen Nationalpark, ab und zu unterbrochen von Steilküstenabschnitten. Verglichen mit der schroffen Küstenlandschaft der Insel Wolin wirken die pommerschen Gestade insgesamt ruhiger und sanfter.

Ein paar Kilometer hinter der Küste liegt *Kamień Pomorski* (Cammin), eine schläfrige Kleinstadt mit einer ehrwürdigen Kathedrale. Die Küstenstraße selbst wird von kleinen Orten gesäumt: das ehemalige Fischerdorf *Dziwnów* (Dievenow), *Pobierowo* (Poberow) mit seinen herrlichen Stränden, *Rewal* (Rewahl) mit der Kirchenruine an der Steilküste, die Küstenstadt *Niechorze* (Horst) mit dem Leuchtturm und schließlich *Kołobrzeg* (Kolberg), das renommierte Seebad mit den heilsamen Solequellen.

Der erste größere Ort an der Küste östlich von Kołobrzeg heißt *Ustronie Morskie* (Henkenhagen). Die kleinen Häuser des Badeorts werden von den Klippen an der Küste eingerahmt. Über den Badeort *Mielno* (Großmöllen) gelangt man über die Küstenstraße zur nächsten großen Stadt, nach *Koszalin* (Köslin). Dahinter liegen die einstige Hansestadt *Darłowo* (Rügenwalde) und etwas weiter von der Küste entfernt *Słupsk* (Stolp) mit einer hübschen restaurierten Altstadt und einem pommerschen Herzogschloss. Keine 20 km von Słupsk entfernt breitet sich die hübsche Küstenstadt *Ustka* (Stolpmünde) aus, ein beliebter Ruhesitz für alte Seebären.

Das Hinterland ist verhältnismäßig dünn besiedelt. Hinter einem dichten Gürtel aus raschelndem Röhricht stößt man auf Binnenseen, die zahlreichen Wasservögeln einen Lebensraum bieten.

Von den Fährnissen eines Bades im Meer

In der See zu baden war nicht immer so selbstverständlich wie heute. Bis ins 18. Jh. wagten sich oft nicht einmal die Fischer direkt in die Fluten, denn auf dem Meeresboden vermutete man bösartige Ungeheuer, die stets auf der Suche nach neuen Opfern waren. Wer das Experiment dennoch wagte, versuchte alles, um das Risiko zu minimieren. So kursiert in den Küstenorten die Anekdote um einen Wagemutigen, der sich ein Pferdegeschirr umhängen ließ, um sich beim ersten Anzeichen drohender Gefahr am Zügel hinausziehen lassen zu können – von einem Pfarrer, versteht sich.

Die Situation änderte sich, als sich die Auffassung durchsetzte, dass im Meer keine Gruselgestalten lauern, sondern – ganz im Gegenteil – heilsame Kräfte ihre Wirkung entfalten. Entwickelt wurde diese Idee in England, und entsprechend entstanden hier die ersten Badeorte Europas. Ins *kühle* Nass sprang man allerdings immer noch nicht: Das Meerwasser wurde vielmehr erwärmt und dem Körper damit gewissermaßen in domestizierter Form verabreicht.

Von England bahnte sich das Bäderwesen schnell seinen Weg auf den Kontinent, und bereits Mitte des 19. Jh. begannen auch an der Ostsee die ersten zarten Blüten des gesundheitsfördernden Vergnügens zu sprießen. Schnell kam das wohltemperierte Bad englischer Prägung aus der Mode, und nichts schien dem ungestümen Drang zur erfrischenden Abkühlung mehr im Wege zu stehen. Nichts – außer der Moral, denn natürlich war nicht daran zu denken, das Vergnügen weitgehend textilreduziert zu genießen. So blieb die mondäne Dame noch lange eingeschnürt in Korsett, Bluse und Tunika. Eine knielange Hose umspielte die Beine, und speziell angefertigte Strandschuhe waren das Tüpfelchen auf dem i. Der Herr von Welt beeindruckte durch knielange, möglichst hautenge Badekleidung, wahlweise farbenfroh oder aber gestreift im Zebra-Look.

Für den eigentlichen Ausflug ins Meer setzte man dabei zunächst auf sog. Badekarren. In diesen komplett geschlossenen Gefährten wurde man von Pferden ins hüfttiefe Wasser gezogen. Dort angelangt, konnte man seine mobile Umkleidekabine, in der man die eben beschriebene Kluft anlegte, nach hinten heraus verlassen – selbstverständlich geschützt von einer ausladenden Markise, die jeden neugierigen Blick abwehrte. Wer genug vom Baden hatte, läutete kurz eine in der Karre angebrachte Glocke und gab damit kund, wieder an Land geholt werden zu wollen.

Die Ära der Badekarren sollte die Freizeitkultur an der Ostseeküste eine ganze Weile beherrschen. Was folgte, war das Zeitalter der Badeanstalten, und zwar in Form von fest installierten Badehäusern, die auf Holzpfählen gebaut wurden und vom Strand bis weit ins Meer hineinreichten. Von einer Plattform konnte man sich dann in die kühlen Fluten stürzen. Natürlich musste all dies streng nach dem Gebot der Geschlechtertrennung geschehen, das heißt, die Badehäuser für Männer und Frauen wurden häufig an unterschiedlichen Strandabschnitten platziert, damit man sich nicht ins Gehege kam. Außerhalb der Badeanstalten den Schritt ins Meer zu wagen war strengstens verboten, und das Sonnenbad genoss man im Liegestuhl – natürlich von Kopf bis Fuß bekleidet. Nur den Kindern war es gestattet, die Kleiderordnung gelegentlich etwas aufzulockern: Sie durften zum Spielen am Wasser die Schuhe ausziehen ...

Badeanstalten dieses Zuschnitts waren noch bis in die 1920er-Jahre ein gewohntes Bild an der Ostseeküste. Erst danach kamen sog. Familienbäder auf, in denen die Geschlechtertrennung aufgehoben wurde. Wer in solchen Einrichtungen baden wollte, musste allerdings seine Familienzugehörigkeit nachweisen. Trotzdem war damit der Grundstein für die heutige Ostsee-Badekultur gelegt, die sich dann ab den 1930er-Jahren und noch stärker nach dem Zweiten Weltkrieg bis zur heutigen Form ausbilden konnte.

Strand bei Dziwnów

Dziwnów
dt. Dievenow • 4.000 Einwohner

Folgt man der Küstenstraße 102 von Międzyzdroje durch das Naturschutzgebiet, erreicht man zunächst den kleinen Badeort *Międzywodzie* (Heidebrink) und daraufhin *Dziwnów*. Der Ort liegt auf einer Landzunge zwischen dem Meer und einem großen Binnensee. Eine Zugbrücke verbindet die beiden Seiten des Seebades. Der Ortskern liegt am Haff – rund 100 m weiter der Hafen am Ufer des Sees.

Das ehemalige Fischerdorf scheint nur aus Strand zu bestehen: die Ostsee im Norden, der See im Süden, zwischen den Stränden stehen die Häuser. Seit 1895, als Dziwnów zum Seebad wurde, besuchen Kurgäste hier das Sole- und Moorbad. Die kleine Ortschaft bietet sich auch als Basis für Touren in den Woliner Nationalpark an.

Kamień Pomorski
dt. Cammin • 9.500 Einwohner

Die wuchtige, spätgotische Kathedrale in Kamień Pomorski ist ein Architekturdenkmal von internationalem Rang und beherbergt darüber hinaus ein kunsthistorisches Juwel: eine Barock-Orgel von unschätzbarem Wert. Regelmäßig wird hier das berühmte Orgelfestival veranstaltet.

Kamień Pomorski liegt in einer Bucht des schilfbewachsenen Camminer Boddens (*Zalew Kamieński*). In dieser behäbigen Kleinstadt scheint die Zeit stehen geblieben zu sein. Obwohl Kamień Pomorski im Zweiten Weltkrieg stark beschädigt worden war, hat man beim Wiederaufbau kaum Plattenbauten errichtet. Insbesondere im Ortskern mit den historischen Backsteinbauten herrscht auch heute noch ein mittelalterliches Flair: Schmale, winklige Gassen durchziehen die Stadt, leuchtend rostrote Backsteine prägen das Bild. Wegen der Ruhe und Beschaulichkeit, die Kamień Pomorski ausstrahlt, ist die kleine Stadt heute ein beliebter Kurort.

Die Küste Pommerns

Eine erste Siedlung entstand hier bereits im 9. Jh., gegründet wurde sie von den slawischen Wolinern. Eine gewisse Bedeutung erlangte der Ort aber erst 1175, als der Bischofssitz von Wolin hierher verlegt wurde, wo er dann auch viele hundert Jahre bleiben sollte. Sogleich begann man mit dem Bau einer Kathedrale. Dieses Gebäude sollte alles bisher Dagewesene übertreffen – nur das Beste war gut genug! So kam man vom Hundertsten ins Tausendste, sodass der Bau erst 100 Jahre später fertig gestellt wurde. Inzwischen hatte sich der Ort auch wirtschaftlich gemausert, denn der Hafen war zum wichtigen Warenumschlagplatz geworden. 1274 wurde Kamień Pomorski feierlich das Stadtrecht verliehen, kurz darauf erfolgte sogar der Beitritt zur Hanse. Die trutzigen Befestigungsanlagen wurden ausgebaut, und die Stadt erhielt ihr heutiges Rathaus. Doch auch die massivsten Verteidigungsanlagen waren den vehementen Angriffen der Schweden im Dreißigjährigen Krieg nicht gewachsen. Die Eroberer zogen in die Stadt ein und hielten sie für ein paar Jahrzehnte unter ihrer Kontrolle. Nach dem Abzug der Schweden hatten die Brandenburger das Sagen.

Zum Kurort wurde Kamień Pomorski 1882. Ganz unverhofft hatte man einen 580 m tiefen Solestollen entdeckt, der völlig neue Perspektiven für die weitere wirtschaftliche Entwicklung des Ortes eröffnete.

Verbindungen/Adressen/Veranstaltungen

• *Verbindungen*   **Bahn**: Für die Anreise eher ungeeignet, denn wer mit der Bahn nach Kamień Pomorski will, fährt bis Wolin und steigt dann in den Bus um.
Bus: 10- bis 12-mal tägl. nach Szczecin, Świnoujście, Międzyzdroje und Dziwnów. 4-mal tägl. Schnellbusse nach Kołobrzeg und 2-mal tägl. nach Gdynia (via Koszalin und Słupsk).

Schiffsausflüge während der Saison über den Bodden und nach Dziwnów. Die Schiffe legen von der Mole ab.
• *Bank*   **Pekao S.A.**, ul. Gryfitów 2a, ✆ 091/ 3820.
• *Jachten- und Bootsverleih*   Segelboote und Kajaks gibt's in der ul. Wilków Morskich 4, ✆ 091/3820368.

Beschauliche Abgeschiedenheit: die St.-Johannes-Kathedrale

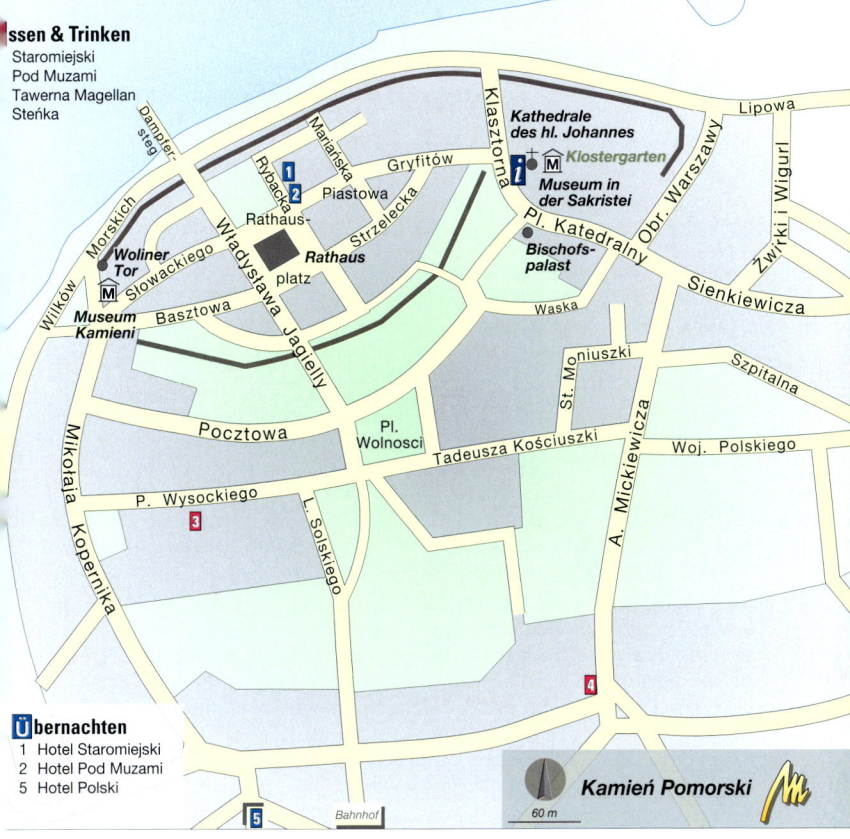

ssen & Trinken
Staromiejski
Pod Muzami
Tawerna Magellan
Steńka

Kathedrale des hl. Johannes
Klostergarten
Museum in der Sakristei
Pl. Katedralny
Bischofs-palast
Woliner Tor
Rathaus
platz
Rathaus-
Museum Kamieni
Waska

Kamień Pomorski

60 m

Übernachten
1 Hotel Staromiejski
2 Hotel Pod Muzami
5 Hotel Polski

Bahnhof

• *Krankenhäuser* **Kreiskrankenhaus**, ul. Szpitalna 10, 72-400 Kamień Pomorski, ☎ 091/3820751.

Rettungsstation, ul. Wolińska 5, 72-400 Kamień Pomorski, ☎ 091/3820048.

• *Polizei* Ul. Żwirki i Wigury 2, ☎ 091/3825511

• *Post* Ul. Pocztowa 1, ☎ 091/3820105

• *Reiten* Angebote der agrotouristischen Bauernhöfe in Wrzosowo (☎ 091/3812931)

und Borzysław (☎ 091/3828820).

• *Veranstaltungen* **Orgelfestival**, seit 1965 findet jedes Jahr von Ende Juni bis Anfang September ein internationales Festival für Orgel- und Kammermusik statt. Zusätzlich werden jeden Freitag um 19 Uhr Orgelkonzerte veranstaltet. Außerdem 2-mal täglich kurze Vorstellungen jeweils um 11 und um 16 Uhr.

Übernachten

Das Angebot an Übernachtungsmöglichkeiten ist überschaubar und stark auf Kurgäste ausgerichtet. Es gibt aber auch ein paar Pensionen.

*** Hotel Staromiejski (1), am Alten Markt, direkt am Wasser. Sehr komfortabel, die Zimmer mit Bodden-Blick sind jedoch immer schnell vergeben. Restaurant und Café unmittelbar am Ufer gelegen. DZ von Mitte Mai bis Mitte September 48 €, sonst 352€. Ul. Rybacka 3, 72-400 Kamień Pomorski,

☎ 091/3822644, 🖷 091/3822643.

*** Hotel Pod Muzami (2), am Rathausplatz gelegenes, altertümliches Fachwerkhaus mit viel Atmosphäre und kleinen, gemütlichen, eher rustikal eingerichteten Zimmern (teils mit Blick auf den Bodden) sowie Restaurant. DZ 38–42 €, Frühstück kostet 4 €

extra. Ul. Gryfitów, 72-400 Kamień Pomorski, ✆ 091/3822240, 📠 091/3822241.

Hotel Polski (5), am Ortseingang, neben einer Tankstelle. Sympathisches kleines Hotel mit einer Hand voll Zimmern. Das Polski ist modern eingerichtet, ein DZ liegt bei 38 €. Im Restaurant gibt es polnische Gerichte für 5–7 €, Frühstück kostet 4 € extra. Ul. Szczecińska 42 B, 72-400 Kamień Pomorski, ✆ 091/3822579, www.hotelpolski.pl.

Essen und Trinken

Ein paar kleine, nüchtern gehaltene Bistros beleben hier und da das Straßenbild. Die besten Restaurants sind in den Hotels zu finden; besonders empfehlenswert:

Restaurant im Hotel Pod Muzami (2), exquisite, original altpolnische Gerichte. Eine Mahlzeit kostet zwischen 7 und 10 €. Spezialität: Eisbein mit Piroggen. Ul. Gryfitów, ✆ 091/3822240.

Tawerna Magellan (3), in einer kleinen Gasse in der Altstadt. Restaurant und Bistro mit guten, bodenständigen Gerichten. Hauptgerichte von 5–9 €. Ul. Wysockiego Piotra 5, ✆ 091/3821454.

Steńka (4), am Rande der Altstadt. Es wird solide polnische Kost für 4-6 € serviert. Ul. Rejtjana 23, ✆ 091/3820671.

Sehenswertes

Alle Sehenswürdigkeiten liegen versammelt um die Kathedrale und den Alten Markt (Stary Rynek) an der Nordspitze der Stadt.

St.-Johannes-Kathedrale (Katedra Św. Jana): Von außen massiv und wuchtig, innen schlicht, aber majestätisch mit gotischen Fresken und Gewölbebögen – so präsentiert sich die Kathedrale des St. Johannes, die die Altstadt dominiert. Unmittelbar nachdem der Bischofssitz hierher verlegt worden war (1175), begann man mit der Errichtung der Kirche. Der Gründungsbau war eine kreuzförmige romanische Basilika, die aber im 15. Jh. im gotischen Stil umgestaltet wurde. Der Innenraum beherbergt einige Kostbarkeiten, darunter insbesondere ein großes Kruzifix, ein spätgotisches Taufbecken sowie einen Hochaltar mit einem schönen Triptychon

---

Doktor Pommer

Johannes Bugenhagen oder „Doktor Pommer", wie ihn Martin Luther später nannte, war einer der bedeutendsten Wegbereiter der lutherischen Reformation in Pommern und Norddeutschland. Geboren wurde er 1485 als Sohn eines Ratsherrn in Wolin. Nach einem Studium in Greifswald arbeitete er ab 1504 als Schulrektor in Treptow und wurde 1509 zum Priester geweiht.

Zwar stieß Luthers 1521 erschienene antirömische Schrift „Von der babylonischen Gefangenschaft der Kirche" zunächst auf seinen entschiedenen Widerstand, doch nach erneutem intensivem Studium wurde er zum ebenso glühenden Verfechter der neuen Lehre und entschloss sich, nach Wittenberg überzusiedeln. 1523 wurde er dort auf Betreiben Luthers Stadtpfarrer und sogar persönlicher Seelsorger des Reformators.

Bei der Verbreitung der Reformation wirkte er in erster Linie als Praktiker und verfasste Kirchenordnungen, in denen allerdings nicht nur Gottesdienste geregelt, sondern auch Festlegungen zum Schulwesen und zu sozialen Fragen getroffen wurden. In der Heilig-Geist-Kapelle von Treptow überzeugte er 1543 auch die pommersche Versammlung vom lutherischen Glauben. Doktor Pommer starb 1558 in Wittenberg.

von Veit Stoß (*Wit Stwosz*), der zwischen 1477 und 1496 in Polen lebte und arbeitete. Die Wände im Inneren der Kathedrale sind teilweise bemalt, über dem Altar sind Motive der Kreuzigung zu sehen. Die Malereien im Chorraum gehen bis ins 13. Jh. zurück. Aus der zweiten Hälfte des 17. Jh. stammt die barocke Kanzel. Im hinteren Teil steht schließlich das Herzstück der Kathedrale: eine grandiose Barock-Orgel mit unzähligen Silberpfeifen (47 Register mit insgesamt 2660 Stimmen), aufwendigen Verzierungen und vergoldeten Heiligenfiguren. Mehrere Orgelbaumeister arbeiteten nacheinander an diesem Meisterwerk, bis es 1672 fertig gestellt war. Der Mäzen, Bischof Bogusław de Croy i Archot, ist mit frisch gepuderter Perücke auf einem Porträt unterhalb der Orgel zu sehen. In der Krypta befindet sich das Grabmal der pommerschen Herzogin Gunhild Storrada, der Mutter Knuts I., des späteren Königs von Dänemark und England.

An der Nordflanke der Kathedrale schließt sich der einzige in Polen erhaltene gotische Kreuzgang mit Epitaphen (Grabinschriften) verschiedener Bischöfe an.

Museum in der Sakristei: Ausgestellt sind Reste des Domschatzes, dessen größter Teil dem Zweiten Weltkrieg zum Opfer gefallen ist. Gruppen können das Museum besichtigen. Pl. Katedralny 1. Mo–Fr 9–17 Uhr, Sa 9–14 Uhr, Juli/August zusätzlich 13–18 Uhr. Eintritt 1 €.

Klostergarten (Wirydarz): Durch eine Tür im linken Schiff gelangt man in den Klostergarten mit exotischen Hölzern und vielen alten Heilpflanzen. Öffnungszeiten und Eintritt wie Sakristei.

Bischofspalast: Einst residierten hier die Kirchenfürsten, heute beherbergt das spätgotische Gebäude gegenüber der Kathedrale eine Bibliothek.

Rathaus: Von der Kathedrale sind es nur ein paar Schritte zum Rathausplatz, der sich direkt am Ufer des Camminer Boddens befindet. Das spätgotische Rathaus aus dem 14. Jh. fällt durch die ungewöhnliche Kombination aus gotischen Backsteinbögen und geschwungenen, mit Stuckornamenten veredelten Stufengiebeln auf. Nach

Die Küste Pommerns

Abgerutscht: die Kirchenruine am Steilufer von Trzęsacz

dem Zweiten Weltkrieg wurde das Rathaus ebenso sorgfältig rekonstruiert wie die Kathedrale. Am Rathausplatz gibt es außerdem noch eine Freilichtbühne: An Sommerabenden finden hier regelmäßig Veranstaltungen statt (aktuelles Programm in der Touristeninformation erfragen).

Woliner Tor (Brama Wolińska)/Museum Kamieni: Das einzige erhaltene der fünf mittelalterlichen Stadttore steht etwas weiter westlich auf einer kleinen Anhöhe am Ufer des Camminer Boddens und ist von modernen Wohnblocks umgeben. Mit seinem wuchtigen Sockel und den Zinnen erinnert das im gotischen Stil erbaute Tor an die massiven Befestigungsanlagen einer alten Ritterburg. Im Inneren ist das kleine Museum Kamieni untergebracht, in dem Halbedelsteine ausgestellt sind (*kamień* = „Stein").

① Di–So 10–16 Uhr, Juli/August tägl. 10–18 Uhr. Eintritt 1,50 €, erm. 1 €. Ul. Słowackiego 1.

St.-Nikolas-Kirche (Kościół Św. Mikołaja): Die Kirche steht zwischen Bäumen versteckt auf einem kleinen Hügel– nur ein paar Schritte von Kathedrale und Rathaus entfernt. Ursprünglich war sie als Kapelle eines Hospitals gebaut worden. Später wurde sie dann ausgebaut und mit einem Turm versehen.

Trzebiatów   dt. Treptow • 9.000 Einwohner

Von drei Seiten umfließt die Rega die Ruinen der mittelalterlichen Stadtmauer mit dem sog. Grützturm (*Baszta Kaszana*): *Trzebiatów* bedeutet so viel wie „von drei Seiten umströmte Burg". Von den Bombardements des Zweiten Weltkriegs blieb der Ort weitgehend verschont, und so ist die mittelalterliche Altstadt mit ihren schmalen, bunten Häusern um den Marktplatz herum noch heute gut erhalten. 1277 wurde der Siedlung um die mittelalterliche wendische Burg (1170) das Stadtrecht verliehen. Im folgenden Jahrhundert trat die Stadt der Hanse bei und gelangte dadurch zu beachtlichem Wohlstand.

• *Information* Ul. Witosa 9, ☎ 091/3872445, Mo–Fr 10–16 Uhr.

• *Verbindungen* **Bahn**: Der Bahnhof liegt ca. 10 Min. außerhalb der Altstadt; im Sommer verkehrt auch eine nostalgische Dampflok zwischen Trzebiatów und Rewal. **Bus**: Die lokalen Busse verbinden regelmäßig die kleinen Küstenstädte.

Sehenswertes

Rathaus: Das Gebäude mit dem auffälligen Uhrturm wurde 1701 fertig gestellt und danach mehrfach umgebaut. Mit großer Sorgfalt wurden die Stuck-Elemente des historischen Baukörpers restauriert (heute Barock). Um den quadratischen Rathausplatz gruppieren sich Bürgerhäuser aus allen Stilrichtungen: spätgotisch, barock, klassizistisch.

Marienkirche (Kościół Mariacki): Eine typische spätgotische Hallenkirche: schmal, hoch, aus roten Backsteinen. Die nüchterne Inneneinrichtung ist ein Hinweis darauf, dass die Kirche lange von Protestanten genutzt wurde. Nur an der Decke ist noch ein herrliches Sternengewölbe erhalten geblieben. Der 90 m hohe Turm kann im Sommer erklommen werden. Nach einem steilen Aufstieg über die Wendeltreppe gelangt man auf die Aussichtsgalerie, wo zwei historische Glocken hängen: „Gabriel" (14. Jh.) und „Maria" (16. Jh.). Letztere wiegt über 7 t und ist damit eine der schwersten Glocken Polens. Bei klarem Wetter hat man von hier aus einen Blick bis zur Ostsee.

① Im Sommer täglich 10–18 Uhr, Eintritt 0,50 € (bei der Touristeninformation nachfragen).

Kołobrzeg

dt. Kolberg • 48.000 Einwohner

Eine Stadt mit stürmischer Vergangenheit – heiß umkämpft von Franzosen, Russen, Deutschen und Polen. Alle hatten sie ein Auge auf die mächtige Hansestadt mit den reichen Salzvorkommen geworfen, die schon früh zum bedeutenden Handelszentrum aufgestiegen war. Später ließen die kristallklare Luft, salzhaltige Quellen und das heilende Moorwasser Kołobrzeg zu einem der renommiertesten Kurorte werden.

Noch heute pilgern jedes Jahr anderthalb Millionen Besucher in die Stadt, die an der Mündung des Flusses Parsęta (Persante) errichtet wurde und über einen Naturhafen verfügt. Während die einen ihre Zipperlein kurieren, vergnügen sich die anderen an den breiten, sauberen und feinsandigen Stränden und genießen es, zugleich in einer richtigen Stadt zu sein.

Im Norden der Stadt erstreckt sich die lange Promenade mit Mole und altem Kurpark, dahinter reihen sich Hotels und Sanatorien aneinander. Am westlichen Ende der Promenade liegt der Hafen mit dem Leuchtturm. Hier tobt im Sommer das Strandleben. Restaurants und Cafés befinden sich in erhöhter Konzentration an der Westernplatte.

Etwa einen Kilometer südlich der Kurmeile beginnt die Altstadt von Kołobrzeg. Historische Gebäude sind hier zwar dünn gesät – der Krieg richtete verheerende Schäden an –, aber zur Jahrtausendwende wurde alles frisch renoviert: ideal zum Shoppen, Bummeln oder Relaxen in einem der Pubs.

Geschichte

Kołobrzeg geht auf eine Siedlung aus dem frühen 9. Jh. zurück und ist damit eine ältesten Städte Polens. Diese Siedlung lag etwa 2 km vom heutigen Stadtzentrum entfernt an einer Biegung des Flusses Parseta. Heute nennt man den historischen

Sommer, Strand und Sonnenschein in Kołobrzeg

Die Küste Pommerns

Träge schaukelnde Schiffe in Kołobrzeg

Vorläufer Kolbergs *Budzistowo*, was übersetzt einfach nur Altstadt heißt. Der Ort wurde schon früh Bischofssitz und damit Zentrum der Missionierung, doch schon nach einiger Zeit feierte das altbewährte Heidentum fröhliche Urständ: Der Dom wurde niedergebrannt, und der Bischofssitz zog nach Wolin. In der Folgezeit verlagerte sich der Stadtkern dann weiter in den Norden. So war man dem Meer näher und konnte einen Hafen bauen. Die Häuser in Budzistowo leerten sich daraufhin schnell, und der Ort begann zu verfallen.

Die neue Siedlung wurde zunächst *Salsa Colbergiensis* genannt, woraus schon hervorgeht, womit man hier sein Geld verdiente: mit der Salzgewinnung. Der Handel mit dem wertvollen Gut florierte, und der Ort brachte es schnell zu erheblichem Wohlstand. Auch der Bischof kehrte zurück, diesmal dauerhaft. Im 13. Jh. folgte der nächste Entwicklungsschub: Kolberg wurde Mitglied der Hanse und konnte seine Handelsverbindungen unter ihrem Schutz noch einmal erheblich ausbauen. Bis zum Beginn des 17. Jh. liefen die Geschäfte prächtig, doch dann begann sich das Blatt allmählich zu wenden. Die Bedeutung der Hanse als Handelsschutzmacht nahm ab, und mächtige Konkurrenten in Sachen Salzgewinnung traten auf den Plan, die Kolbergs Wirtschaft mit erheblich günstigeren Angeboten nach und nach den Hahn abdrehten. Die Produktion wurde sukzessive gedrosselt, und viele Siedereien mussten schließen. Das langsame Sterben der Kolberger Salzproduktion zog sich bis zur Mitte des 18. Jh. hin, danach wurde sie gänzlich eingestellt.

Noch weit schlimmere Folgen als die wirtschaftlichen Einbrüche hatten aber die Kriege, in die die Stadt ab dem frühen 17. Jh. verwickelt war. Im Dreißigjährigen Krieg wüteten und brandschatzten zunächst die Schweden, anschließend fiel Kolberg an die Brandenburger, die vergeblich versuchten, die Stadt in eine uneinnehmbare Festung zu verwandeln: Obwohl heftigster Widerstand geleistet wurde, legten 1761 die Russen und 1807 die Truppen Napoleons weite Teile Kolbergs in Schutt und Asche.

„Kolberg" – ein NS-Propagandafilm von Veit Harlan (1944)

Deutschland, Frühling 1943: Ein harter Winter neigte sich dem Ende zu, die Schlacht von Stalingrad war verloren. Die deutsche Bevölkerung litt unter den schweren Luftangriffen der Alliierten, und die Zweifel am „Endsieg" wurden zunehmend lauter. Angesichts dieser prekären Lage sah sich der Propagandaminister des Dritten Reichs, Joseph Goebbels, genötigt, den nationalen Durchhaltewillen zu stärken. Die letzten Kraftreserven des deutschen Volkes sollten mobilisiert werden, um den aberwitzigen Krieg weiterführen zu können. „Kampf bis zum letzten Atemzug" und „Durchhalten bis zum Tod" lauteten die Durchhalteparolen der Nazis.

Zu diesem Zweck beauftragte Goebbels am 1. Juni 1943 Veit Harlan mit der Umsetzung des NS-Propaganda-Films „Kolberg". Harlan, die dunkle Glamourgestalt des NS-Films, war bereits als Regisseur des berüchtigten Machwerks „Jud Süss" (1940) zu zweifelhaftem Ruhm gekommen. Goebbels selbst arbeitete am Drehbuch mit und wachte sorgfältig über jedes Detail der Inszenierung.

Thema des Durchhalte-Epos „Kolberg" ist die Verteidigung der Festung Kolberg in den Jahren 1806/07 unter der Führung des preußischen Generalfeldmarschalls von Gneisenau und des tapferen Bürgeradjutanten Nettelbeck gegen die Truppen Napoleons. In scheinbar ausweglooser Situation reißen der General und seine Gefolgsleute die Initiative an sich und triumphieren über die Feinde. Den heroischen Anstrengungen des auf diese Weise geeinten Volkes ist es zu verdanken, dass der scheinbar unbezwingbare Gegner schließlich überwunden wird. Um eine größere Identifikation mit der deutschen Bevölkerung zu erreichen, wurden die Ikonen des deutschen Films aufgefahren: Heinrich George als mutiger Adjutant Nettelbeck, Horst Caspar als General von Gneisenau und Kristina Söderbaum in der Rolle des einfachen Bürgermädchens Maria. In ihren Drehbüchern standen Originalzitate von Goebbels und Hitler.

Während die Vorräte in Deutschland immer knapper wurden, verschlang dieses Machwerk nationalsozialistischer Propaganda nicht weniger als 8,5 Mio. Reichsmark. Das Aufgebot an Komparsen war gigantisch: Insgesamt 18.500 Darsteller – unter ihnen zahlreiche SS-Soldaten – wirkten an diesem monumentalen Dokument der Geschichtsverfälschung mit (an der echten Schlacht waren erheblich weniger Soldaten beteiligt gewesen).

Die Uraufführung des Spielfilms fand am 30. Januar 1945 in der von den Nationalsozialisten besetzten Festung La Rochelle statt. Doch in die Kinos kam „Kolberg" nicht mehr. Stattdessen rückten nur sieben Wochen später polnische und sowjetische Truppen in die Stadt Kolberg ein. Filmfiktion wurde nun zu schauriger Realität: Im März 1945 fanden hier Gefechte statt, die seitdem zu den blutigsten in der Geschichte Polens gezählt werden. Die Deutschen wollten nicht weichen; in der Schlacht um Kolberg kämpften sie bis zum Ende gegen polnische Truppen und die Rote Armee. Das Gemetzel hinterließ verheerende Zerstörungen: 90 % der Gebäude lagen in Schutt und Asche, unzählige Menschen mussten diese Welle der Zerstörung mit ihrem Leben bezahlen.

Als die Stadt besiegt war, schworen die Polen einen Eid, dass dieses Gebiet für immer polnisch und außerdem mit dem Meer verbunden bleiben sollte. Um dies so symbolträchtig wie möglich zu unterstreichen, wurde ein Ehering im Meer versenkt.

Der Wiederaufbau der Stadt nach den Verwüstungen durch die Franzosen vollzog sich dann in wirtschaftlicher Hinsicht unter ganz neuen Vorzeichen: Die ehemalige Metropole des Salzhandels mauserte sich bis zum Ende des 19. Jh. zu einem der renommiertesten Kurbäder der Küste. Begonnen hatte alles reichlich kurios mit dem 1804 veröffentlichten Buch „Ueber das Meerbad bei Colberg und die beste und wohlfeilste Art sich desselben mit Nutzen zu bedienen". Verfasser dieses profunden Werkes mit seinem nicht minder profunden Titel war der preußische Staatsbedienstete Hans Heinrich von Held. Dieser hatte 1802/03 in Kolberg eine zweijährige Festungshaft verbüßt, zu der er wegen der Veröffentlichung einer subversiven Schrift wider die preußische Bürokratie verdonnert worden war. Held nutzte seinen unfreiwilligen Aufenthalt in der Stadt dazu, seine angegriffene Gesundheit zu kurieren. Das einfache Mittel: regelmäßige Bäder im Meer, denn – so von Held – „nächst der bittersalzigen Beschaffenheit, liegt ja die Heilsamkeit des Meerbades gerade in der lebhaften Friction der Haut, wie sie keinem Strome eigen ist."

Nur kurze Zeit später eröffneten die ersten Solebadeanstalten, und bald darauf begann man, auch die umliegenden Moore für therapeutische Zwecke zu nutzen. Damit begann eine Entwicklung, die bis heute anhält, denn nach wie vor spielt das Kurwesen eine bedeutende Rolle für das Wirtschaftsaufkommen der Stadt.

Ü bernachten
1 Apartmenthotel
2 Bałtyk
4 Hotel Maxymilian
5 Poznanianka
6 Camping Baltic
8 New Skanpol
9 Camping Bursztynek Kołobrzeg
10 Hotel Senator
12 Villa Victoria
13 Dom Wczasowy West
15 Schronisko Młodzieżowe (Jugendherberge)

E ssen & Trinken
3 Pod Winogronami
8 Skandynawia
11 Domek Kata
16 Quo Vadis

Information/Verbindungen/Adressen

● *Information* Drei Anlaufstellen: ul. Dworcowa 1, ☎ 094/3527939, Juli/August täglich 8–18 Uhr, sonst 8–16 Uhr; Pl. Ratuszowy 2/1, ☎ 094/3547220, Mo–Fr 9–16 Uhr; PTTK-Büro in der alten Pulverbastei, ul. Dubois 20, ☎ 094/3522311, Mo–Fr 10–16 Uhr, Sa 10–14 Uhr.

● *Verbindungen* **Bahn**: Der Bahnhof liegt zwischen Strand und Altstadt; von hier verkehren regelmäßig Züge nach Koszalin.

Bus: Stündlich ein Bus nach Koszalin, drei bis vier Busse tägl. nach Świnoujście und Słupsk. Abfahrt am Bahnhof.

Schiff: Im Sommer (Juli/August) gibt es mehrmals in der Woche Katamaran-Touren nach Bornholm sowie nach Darłowo und Ustka.

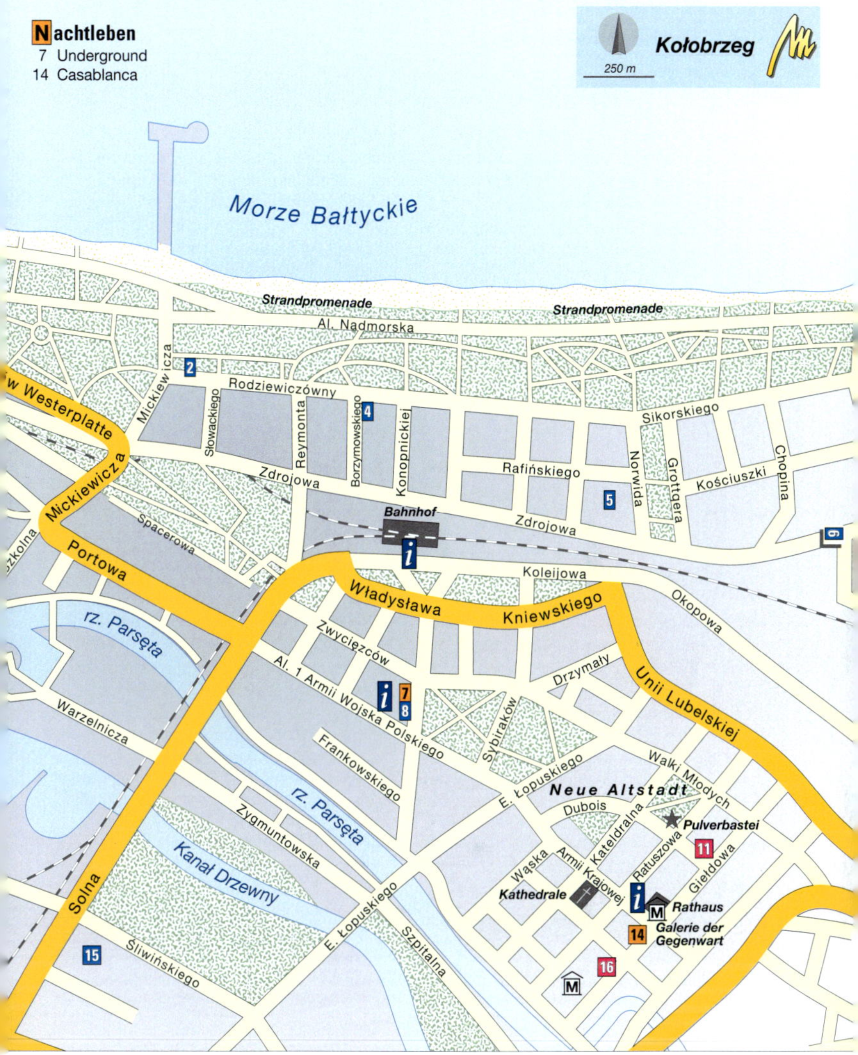

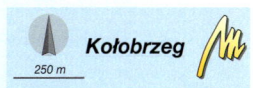
Kołobrzeg

250 m

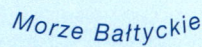

Morze Bałtyckie

Strandpromenade
Al. Nadmorska
Strandpromenade

w Westerplatte

Mickiewicza

Słowackiego

Reymonta

Rodziewiczówny

Borzymowskiego

Konopnickiej

Sikorskiego

Rafińskiego

Norwida

Grottgera

Kościuszki

Chopina

Zdrojowa

Zdrojowa

Spacerowa

Mickiewicza

Portowa

szkolna

Koleijowa

Bahnhof

Władysława

Kniewskiego

Okopowa

rz. Parsęta

Zwycięzców

Al. 1 Armii Wojska Polskiego

Frankowskiego

Warzelnicza

rz. Parsęta

Kanal Drzewny

Zygmuntowska

E. Łopuskiego

Szpitalna

Unii Lubelskiej

Drzymały

Szprakow

Walki Młodych

Neue Altstadt

Dubois

E. Łopuskiego

Katedralna

Ratuszowa

★ **Pulverbastei**

Wąska

Armii Krajowej

Gietdowa

Kathedrale

M **Rathaus**

Galerie der Gegenwart

Solna

Śliwińskiego

M

- *Bank* **PKO BP**, ul. Katedralna 32a, ☎ 094/3548742.
- *Fahrradverleih*: Ul. Wojska Polskiego 28 H, ☎ 094/3547874.
- *Internetcafé* **Matrix**, ul. A. Krajowej, ☎ 094/3544330.

Vom Kai werden **Ausflugsfahrten mit Wikingerschiffen** angeboten. Dauer: 30–45 Min., Kostenpunkt: 4–5 €.

- *Krankenhaus* **Szpital**, ul. Łopuskiego, ☎ 094/3528261.
- *Pannen- und Abschleppdienst* Ul. Zdowidowców 16, ☎ 094/3518100.
- *Post* Ul. A. Krajowej 1, ☎ 094/3544302.
- *Polizei* Ul. J. Kilińskiego, ☎ 094/3549290.
- *Taxi* **Radmor Taxi**, ☎ 9628.
- *Wäscherei* Ul. Słowińców 7, ☎ 094/3523950.
- *Zahnarzt* **Stomatologia**, ul. Armii Krajowej 3, ☎ 094/3525068.

Einkaufen/Feste/Sport

• *Einkaufen* Haupteinkaufszone ist der Bereich rund ums Rathaus in der Altstadt – hier finden sich zwischen den Restaurants und Cafés viele kleine Boutiquen.
• *Feste* Kolberger Seetage im Juni; Mitte Juni bis August Kolberger Musiksommer; Ende August Folklorefestival Interfolk.
• *Segeln* **Yacht Port Solna Island**, ul. Warzelnicza 1, ✆ 094/3544301. Achtung, plötzliche Sturmböen können das Anlegen am Jachthafen erschweren!

• *Angeln* Um im Hafen fischen zu dürfen, muss im Büro des Hafenkapitäns eine Gebühr entrichtet werden. Ul. Morska 2, ✆ 094/3522997. Kontaktbörse für Fischer: Fischerladen in der ul. Lopuskiego 18, ✆ 094/3523108.
• *Reiten* Reiterzentrum **Ośrodek Jazdy Konnej**, 3 km südlich in Budzistowo, dem ältesten Teil Kołobrzegs (dort an der Kirche). Ausritte am Strand, in den Wäldern und am Ufer der Parsęta. Auch Reitunterricht im Angebot. ✆ 094/3543754.

Übernachten (siehe Karte S. 122/123)

• *Hotels/Appartements* ****** Hotel Senator (10)**, 6 km westlich von Kołobrzeg am Meer gelegen. Der Luxusliner unter den Hotels, mit Schwimmbad, Bowling-Bahn und vier Restaurants! 121 komfortable Zimmer und Suiten. DZ in der Hochsaison (Juli/August) 142 €, April–Juni, September und Weihnachten 122 €, sonst 95 €. Außerdem gibt es diverse Sonder- und Spezialangebote. Ul. Wyzwolenia 35, 78-100 Kołobrzeg, ✆ 094/3549400, 🖷 094/3549445.
*** New Skanpol (8), mitten im Zentrum (5 Minuten vom Bahnhof) und fest in dänischer Hand. Edel, aber nicht exklusiv, sehr gutes Restaurant, bester Nachtclub der Stadt (siehe Nachtleben, „Underground"). Von Mai bis September DZ 82 €, sonst 65 € (ab 3 Nächten Aufenthalt wird es günstiger). Ul. Dworcowa 10, 78-100 Kołobrzeg, ✆ 094/3528211, 🖷 094/3524478.
Bałtyk (2), direkt am Meer neben dem Steg gelegen. Etabliertes Sanatorium mit hauseigenem Erlebnisbad. Großes, muschelförmiges Café, das ab Nachmittag geöffnet ist. Vom Bałtyk hat man eindeutig den besten Blick über den Strand! In der Saison (Juli/August) liegt das DZ bei 85 €, sonst bei 62 €. Ul. Rodziewiczówny 1, 78-100 Kołobrzeg, ✆ 094/3524011, 🖷 094/3523961.
*** Hotel Maxymilian (4), repräsentatives Kurhotel an der Strandpromenade. Alle 30 Zimmer sind modern und komfortabel eingerichtet und nun auch mit Kühlschränken ausgestattet. Mit Schwimmbad und Sauna, ein Block weiter liegt ein bewachter Parkplatz. DZ im Juli/Aug. für rund 100 €, im Winter rund 76 € und sonst 80–90 €. Wer im Sommer buchen möchte, sollte mindestens zwei Monate vorher reservieren. Ul. Borzymowskiego 3/4, ✆ 094/354001.

Poznanianka (5), in Bahnhofsnähe. Sanatorium im 70er-Jahre-Bau. Das Essen und die Anwendungen sind im Preis inbegriffen. Eine Übernachtung liegt in der Saison (Ende Juni–August) bei rund 50 € pro Person für ein Zimmer mit Balkon und 38 € ohne Balkon. Außerhalb der Saison sind die Preise 12–19 € niedriger. Ul. C. K. Norwida 1, 78-100 Kołobrzeg, ✆ 094/3526081, 🖷 094/3542611.
Apartmenthotel (1), am Park hinter dem Leuchtturm. Hier werden Appartements in verschiedenen Größen angeboten (40–100 m²). Minimum 3–5 Tage Aufenthalt, mindestens einen Monat vorher reservieren. Ein Appartement für 2 Personen liegt in der Hauptsaison (Juli/August) bei 62–128 €, sonst bei 45–60 €. Achtung, besonders im Sommer rechtzeitig reservieren! Ul. Morska 7 c, 78-100 Kołobrzeg, ✆ 094/3545709, 🖷 094/3542835.
• *Pensionen* Auf der Jedności Narodowej in Richtung Westen gelangt man zum gleichnamigen Park, wo sich die meisten Pensionen befinden. In den umliegenden Straßen führt hartnäckige Suche manchmal sogar im Sommer zum Erfolg.
Dom Wczasowy West (13), 250 m durch den angrenzenden Jadności-Narodowej-Park zum Strand. Moderne Pension mit familiärer Atmosphäre und Terrasse. Im Sommer reservieren! 19 € pro Person. Ul. Wczasowa, 78-100 Kołobrzeg, ✆ 094/3516350.
Pension Villa Victoria (12), um die Ecke des Dom Wczasowy West. Der Strand ist nicht zu verfehlen: Bei Nebel einfach dem Tuten der Nebelhörner folgen. 15–25 € pro Person. Im Sommer sehr gefragt. Ul. Klonowa 1 A, 78-100 Kołobrzeg, ✆ 094/3516607.

• *Jugendherberge* **(15)**, kleine, nur während der Saison von Juli bis August geöffnete Jugendherberge mit Mehrbettzimmern. Die Preise liegen bei 4–6 € pro Person. Ul. Śliwińskiego, 78-100 Kołobrzeg, ✆ 094/3522769.

• *Camping* **Camping Baltic (6)**, in der Nähe des Amphitheaters im Osten der Stadt. Der in einer gepflegten Grünanlage gelegene, komfortable Campingplatz der Kategorie 1 ist vom Strand nur 400 m entfernt. Mit Strandhütten, kleinem Restaurant, Tisch-

tennisplatten und Volleyballanlage, Kinderspielplatz sowie einem TV-Raum. Geöffnet von Anfang Mai bis Ende September. Ul. IV Dywizji Wojska Polskiego 1, 78-100 Kołobrzeg, ✆ 094/3524569.

Camping Bursztynek Kołobrzeg (9), 5 km westlich von Kołobrzeg in Grzybowo. Campingplatz der Kategorie 2 mit Shop. Geöffnet von Mitte Juni bis Mitte September. Ul. Namiatowa 1, 78-132 Grzybowo, ✆ 094/3581131.

Essen und Trinken/Nachtleben (siehe Karte S. 122/123)

• *Essen und Trinken* In den Gassen der Altstadt gibt es zahlreiche kleine Restaurants zu entdecken.

Skandynawia (8), Restaurant im Hotel New Skanpol. Klassisch-seriös, der perfekte Rahmen für ein gediegenes Abendessen. Cuisine polonaise, die mit 10–15 € zu Buche schlägt. Ul. Dworcowa 10, ✆ 094/3528211.

Quo Vadis (16), in der Altstadt. Im Keller taucht man ein in eine stilvoll-elegante Szenerie: die Läufer rot, die Tischdecken schneeweiß – dazwischen blitzt das Tafelsilber. Gepflegtes Ambiente und gehobene Küche. Für 10 € Geflügel, Fisch oder vegetarische Gerichte. Ul. E. Gierczak 26 a, ✆ 094/3528961.

Pod Winogronami (3), hinter der Westernplatte am Hafen. Die „Weintraube" ist eng, aber gemütlich. Hier wird im rustikalen Ambiente die exquisite Küche ausgekostet: polnische und internationale Spezialitäten de luxe! Hauptgerichte 8–12 €. Ul. Towarowa 16, ✆ 094/3547336.

Domek Kata (11), als heißer Tipp gilt das „Henkerhaus", an einer Ecke gleich hinter dem Rathaus. Das Restaurant gehört demselben Besitzer wie das Pod Winogronami, doch das Interieur des Domek Kata ist weitaus aufwendiger gestaltet: Das Café/Restaurant ist opulent mit historischen Stilmöbeln ausgestattet, auch die Lüster an der

Kassettendecke fehlen nicht. Im ersten Stock dominieren mit dunklem Holz getäfelte Wände und kostbare Tischdecken. Ein besonderes Erlebnis ist es, oben auf der Balustrade zu speisen. Bei so viel Luxus kommt auch die Küche nicht zu kurz – es werden edle altpolnische Gerichte wie „Lachs mit Orangen und Mandeln" oder Wild in allen Varianten aufgetragen. Auch die moderaten Preise im Henkerhaus haben bislang noch keinen umgebracht! Bonus: Während der lauen Sommerabende auch schön, um draußen zu sitzen. Ul. Ratuszowa 1, 78-100 Kołobrzeg, ✆ 094/3546635.

• *Nachtleben* Bars und Pubs finden sich überwiegend in der Altstadt, wo auch die meisten Cafés ansässig sind. Dort trifft man sich an den langen Sommerabenden.

Underground (7), Kolbergs elegantester Nachtclub im Hotel New Skanpol ist der In-Treff der Stadt: Hier glänzt schickes Publikum. Styling und strahlend gute Laune gehören ebenso wie das gut gefüllte Portemonnaie zum Pflichtprogramm!

Casablanca (14), Pub in der Innenstadt. Ventilatoren an der Decke, Blick aufs Rathaus, das Spektrum des Publikums ist breit gefächert. Gute Atmosphäre, auch kleinere Gerichte. Ul. E. Gierczak 22.

Sehenswertes

Die wichtigste Sehenswürdigkeit der Stadt ist sicher die Kathedrale. Ihr Turm ragt wie ein Monolith in den Himmel über der Altstadt, in der man sich sogar eine Reihe frisch rekonstruierter mittelalterlicher Handwerkshäuser anschauen kann (in der ul. Dubois). Ansonsten gibt es hier kopfsteingepflasterte, winklig-schiefe Gassen und einige renovierte Bürgerhäuser mit historischem Touch: außen die alten Fassaden, innen moderner Komfort. Dazwischen haben sich Straßencafés, Boutiquen und Restaurants angesiedelt.

Die Küste Pommerns

Kathedrale (Kollegiata N. P. Marii): Die Kathedrale wurde während der Schlacht um Kołobrzeg im Zweiten Weltkrieg schwer beschädigt und brannte beinahe vollständig aus. Bei der Rekonstruktion bemühte man sich, möglichst nah am baulichen Zustand aus dem 15. Jh. zu bleiben. Damals war die ursprünglich dreischiffige Hallenkirche bereits um jeweils ein Schiff an jeder Seite erweitert worden. Die fünf nebeneinander liegenden Kirchenschiffe bilden einen massiven Turmblock. Von vorne wirkt die breite Silhouette der Kathedrale ungewöhnlich: Aufgrund ihrer Höhe (74 m) war die Kirche schon aus großer Entfernung für die ankommenden Schiffe zu sehen. Aus diesem Grund war sie bereits im 15. Jh. auf allen Seekarten verzeichnet. Damals diente die Kathedrale zusätzlich als Leuchtturm. Etwa zur gleichen Zeit fand auch ein Ausbau mit sternförmigen Kreuzgängen statt.

Im Kircheninneren sind neben Fragmenten alter Fresken aus dem 14. Jh. (im Presbyterium) noch einige zur ursprünglichen Ausstattung gehörende Kostbarkeiten zu sehen, die den Krieg überdauert haben. Manches konnte dank der umsichtigen Bemühungen des damaligen Pfarrers Paul Hinz gerettet werden, der einige ausgesuchte Stücke vor den verheerenden Bombardements in Sicherheit brachte, teilweise ließ er sie sogar einmauern. Sehenswert ist das bronzene, von vier Löwen getragene Taufbecken aus dem Jahre 1355, auf dessen äußeren Reliefreihen Szenen aus dem Leben Jesu dargestellt sind. Vom Mittelschiff hängt ein mit Schnitzereien reich verzierter, hölzerner Kronleuchter von 1523 hinab: Die sog. „Schlieffenkrone" zählt zu den wertvollsten Schätzen der Kathedrale. An der Wand des Südschiffes befindet sich ein riesiger siebenarmiger Kandelaber (4 m hoch, fast eine Tonne schwer) aus dem Jahre 1327; er ist einer von fünf in Europa noch erhaltenen gotischen Leuchtern aus dieser Zeit.

Die vier Pfeiler auf der rechten Seite wirken verdächtig windschief. Man hat den Eindruck, als könnte das Gebäude jeden Augenblick in sich zusammenstürzen. Ursache: Im weichen sumpfigen Boden unter der Kirche liegt ein alter Friedhof. Im Lauf der Zeit wurden die Särge immer weiter zusammengedrückt, und es kam zu einer Bodensenkung von ca. 60 cm.

Rathaus/Galerie der Gegenwart: Das neogotische Rathaus schräg gegenüber der Kathedrale glänzt mit Verzierungen und Schnörkeln. Errichtet wurde der rote Backsteinbau auf hufeisenförmigem Grundriss zwischen 1828 und 1832 nach Plänen des berühmten Berliner Architekten Karl Friedrich Schinkel. Integriert sind einige Elemente eines aus dem 14. Jh. stammenden Vorgängerbaus, der 1807 bei der Belagerung Kolbergs fast vollständig zerstört wurde (original ist noch das Kellergewölbe).

Erstrahlt in neuem Glanz: das Rathaus von Kołobrzeg

Im Inneren des Rathauses ist die *Galerie der Gegenwart* untergebracht, ein Forum für junge Künstler der Moderne. Unten findet man ein kleines Café.
① Galerie: Juli/August 10–20 Uhr, sonst 10–17 Uhr, Eintritt 1,50 €, erm. 0,80 €. Ul. Armii Krajowej 10.

Pulverbastei (Baszta Prochowa): Bei einer Explosion im Jahr 1657 flog dieser Turm aus dem 15. Jh. in die Luft. Heute beherbergt das Gebäude mit den vier Stockwerken in der ul. Dubois das PTTK-Büro, das auch als Touristeninformation dient.
Baszta Prochowa, ul. Dubois 20, ✆ 094/3522311.

Museum (Muzeum Oręża Polskiego): Diese Ausstellungshalle besteht aus zwei Niederlassungen: dem polnischen Armee-Museum mit Innen- und Außenbereich und dem Museum der Stadt Kołobrzeg.

Polnisches Armee-Museum: Im Innenbereich werden alle erdenklichen Waffen gezeigt: von den Speeren aus der Zeit des hl. Otto über Husarenrüstungen bis hin zu Soldatenuniformen der Ersten und Zweiten Weltkriegs (der Stolz der Kolberger). Außen befinden sich Pavillon und Freiluftausstellung: Hier dokumentiert ein umfangreiches Waffenarsenal die Geschichte des polnischen Heeres. Ul. Emilii Gierczak 5, ✆ 094/3525253.
Museum der Stadt Kolberg: Die zweite Niederlassung des Museums befindet sich in einem gotischen Palais – dem ehemaligen Wohnhaus einer alten Patrizierfamilie. Gezeigt wird eine Sammlung historischer Messgeräte (Prunkstück ist eine alte Rathauswaage von 1608) und eine archäologische Ausstellung.
① Juni–August Mi, Fr und Sa 9–15 Uhr, sonst Do 11–15 Uhr, Eintritt 2 €, erm. 1 €. Der Freiluftbereich ist auch sonntags von 9 bis 16 Uhr geöffnet, Eintritt 1 €, erm. 0,50 €. Ul. Armii Krajowej 13, ✆ 094/3525253.

Leuchtturm (Latarnia Morska): Der rote Backsteinturm erhebt sich zwischen Kurpark und Hafen am westlichen Ende der Strandpromenade auf einem alten Fort (hier sind noch Teile der alten Stadtmauer zu sehen). Ursprünglich 1770 erbaut, wurde er 1945 von den Deutschen gesprengt – die russischen Soldaten bauten ihn wieder auf. Der Aufstieg (29,6 m) lohnt sich: Von dort oben hat man einen wunderbaren Blick über Hafen, Strand und Mole.
① Täglich 10–17 Uhr, Eintritt 1 €, erm. 1 €. Ul. Morska 2, ✆ 094/3520447.

Park: Unmittelbar hinter der Strandpromenade erstreckt sich ein Park, die Wege sind beschattet von mächtigen, alten Bäumen. Am westlichen Ende steht das Denkmal an die Schlacht um Kołobrzeg mit der Inschrift: „Wir schwören, Dich nie zu verlassen, denn Du, das Meer, bist für immer polnisch".

Baden

Kołobrzeg ist umgeben von einem riesigen Strand: Über 6 km Länge rieselt weißer, feinkörniger Sand zwischen den Zehen! Zeitweise herrscht nachmittags Küstennebel, der sich dann plötzlich in Nichts auflöst. Pluspunkte: eine hervorragende Wasserqualität und die herrlich frische, kristallklare Luft.

Umgebung von Kołobrzeg

Budzistowo – die „echte" Altstadt: Ungefähr 2 km von Kołobrzegs Altstadt entfernt liegt an einer Biegung des Flusses Persante Budzistowo der ursprüngliche Siedlungskern der Stadt. Wo heute nur noch Umrisse von Wällen zu sehen sind, stand im 9. Jh. eine Burg. Hier wurde auch die erste Kathedrale gebaut, nachdem die Stadt zum Bistum erhoben worden war. Doch dann nahm die Geschichte eine ungeahnte Wende. Nur 200 Jahre später verlagerte sich der Stadtkern weiter in den

Die Küste Pomr

Norden. So war man dem Meer näher und hatte vom Hafen aus besseren Zugang zur Ostsee. Die Häuser Budzistowos leerten sich daraufhin schnell, und die Burg begann zu verfallen. Auf der Suche nach der Vergangenheit finden hier seit 40 Jahren archäologische Grabungen statt.

Die frühgotische Kirche des hl. Johannes aus dem 13. Jh. ist heute noch zu sehen – sie ist die älteste Kirche in Mittelpommern. Auf dem Grundstück der Burg wurde im 19. Jh. ein Schloss gebaut, das heute als Hotel dient. Das Kastellan-Wirtshaus knüpft an mittelalterliche Traditionen an und ist berühmt-berüchtigt für legendäre Silvesterpartys mit der Spezialität Ferkel am Spieß.

Dźwirzyno (Kolberger Deep): 12 km westlich von Kołobrzeg am Ufer des Resko-Przymorskie-Sees liegt Dźwirzyno, das Kolberger Deep. *Deep* ist ein alter Ausdruck für Bucht, fischreiches Gewässer, Durchfluss zwischen zwei Inseln, sumpfiges Gebiet. All das trifft hier zu. Die Hauptstraße verläuft entlang einer Landzunge: Auf der einen Seite des Ortes liegt das Meer, auf der anderen der See. See und Meer sind verbunden durch einen Kanal, an dessen Mündung sich der Hafen befindet. In den kleinen Seitenstraßen findet man zahllose kleine Pensionen.

Der Strand präsentiert sich als raue Dünenlandschaft, bewachsen mit saftigen Gräsern und Wermuts-Kiefern. Auf einzelnen Abschnitten liegt grober Kies und Geröll, dazwischen ragen Baumwurzeln aus dem Wasser. Dies zeigt, dass die Dünen die fatale Neigung haben, dem Ort näher zu rücken, als den Einwohnern lieb ist. Um die Wanderung zu stoppen, wurden die Dünen kurzerhand mit Kiefern bepflanzt.

Der Hafen ist klein, aber modern. Segelboote bis zu einem Meter Tauchtiefe können unter der Brücke in den See gleiten. Neben einem Bootshaus befindet sich hier auch der Anlegeplatz für Yachten. Auch Angler werden hier mit Informationen versorgt. Tipp: fangfrischen Fisch direkt vom Fischerboot kaufen!

Jezioro Resko (Kamper See): Das riesige Binnengewässer (620 ha) lieg etwa 12 km westlich von Kołobrzeg dicht an der Küste. Der Jezioro Resko war jedoch nicht immer ein See: Einst befand sich an dieser Stelle eine Ostseebucht. Doch heftige Stürme, die jedes Jahr Unmengen von Sand und Schlamm in Richtung Küste schleudern, haben die Bucht peu á peu vom Meer abgetrennt. Und immer noch fließt in der Zeit der Stürme Meerwasser in den See – der Wasserspiegel steigt dann um 1,5 m! Der Grund des Sees liegt tiefer als der Meeresspiegel – *Kryptodepression,* wie dieses überaus seltene Phänomen im Fachjargon genannt wird. Die Ufer sind flach und morastig, Seebinsen und Schilfrohr bilden an manchen Stellen Mini-Inseln. Dieses Biotop wird ausgiebig von Vögeln genutzt, darunter auch seltene Arten wie Kraniche, Haubentaucher oder Rohrdommeln. Aber auch der Schwan, das Wappentier von Kołobrzeg, ist hier zu finden.

Koszalin
dt. Köslin • 115.000 Einwohner

Auf halber Höhe zwischen Stettin und Danzig liegt die Stadt, die jahrhundertelang Kołobrzegs schärfster wirtschaftlicher Konkurrent war. Heute vollzieht die ehemals reiche Hansestadt die Metamorphose zur Industriehochburg. Plattenbauten und Gewerbegebiete beherrschen die Szenerie in der Provinzmetropole.

Immer wieder bis auf die Grundmauern zerstört, veränderte diese Stadt mehrfach ihr Gesicht. Die Plattenbausiedlungen, die nun weite Teil der Stadt überziehen, wurden nach dem Krieg aus dem Boden gestampft. Heute ist Koszalin einer der

Hauptsitze der Elektroindustrie, hinzu kommen Fabriken, die Landmaschinen, Flugtechnik oder Papier produzieren. Der Wiederaufbau wurde maßgeblich von ökonomischen Interessen beeinflusst. Nur noch im Stadtkern sind letzte Fragmente einer ruhmreicheren Vergangenheit zu sehen, als die Stadt angesehenes Mitglied der Hanse und überaus attraktive Residenz für die Greifenfürsten war.

An Bedeutung verlor Koszalin, als die Dzierżęcinka (Mühlenbach), Koszalins Verbindung über den Jamno-See zum Meer, verschlammte, sodass sie für große Schiffe unpassierbar wurde. Damit war die wichtigste Verkehrsanbindung der Stadt empfindlich beschnitten. Doch es sollte noch schlimmer kommen: Im Dreißigjährigen Krieg wurde die Stadt auf Befehl von Friedrich Wilhelm II. nahezu vollständig niedergebrannt. Die Feuersbrunst wütete tagelang, zwei Drittel der Stadt fielen den

Historie inmitten von Moderne: das Bezirksmuseum von Koszalin

Flammen zum Opfer. Nur 200 Jahre später wurde Koszalin ein zweites Mal und diesmal noch gravierender zerstört: Der Zweite Weltkrieg ließ die Stadt als Ruinenfeld zurück. Und während in anderen Städten Pommerns viele der historischen Gebäude sorgsam rekonstruiert wurden, setzte man hier mehr auf den schnellen Wohnungsbau und die Förderung der Industrie.

Information/Verbindungen/Adressen/Veranstaltungen

● *Information*   In der **Informationsstelle** beim Bahnhof in der ul. Dworcowa 11/15, ☏ 094/3462440, Mo–Fr 8–18 Uhr, Sa bis 16 Uhr. Außerdem kann man sich an den folgenden Stellen informieren: **Biuro Turystyczne**, ul. Andersa 2, ☏ 094/342451, Mo–Fr 9.30–17 Uhr, Sa 9.30–14 Uhr. **Biuro Turystycznych „Ava-Tour"**, ul. Cz. Domina 5/8 und Pasaż Milenium, ☏ 094/3423672, Mo–Fr 9–17 Uhr, Sa 10–14 Uhr. **Biuro Podróży „Anter"**, ul. Zwycięstwa 137/139, ☏ 094/3411068, Mo–Fr 9.30–18 Uhr, Sa 10–14 Uhr.

● *Verbindungen*   **Bahn**: stündlich nach Kołobrzeg, vier Schnellzüge nach Poznań sowie regelmäßige Verbindungen nach Szczecin, Słupsk und Gdańsk. Der Bahnhof liegt etwa 1 km westlich des Zentrums.

Bus: Am Bahnhof befindet sich auch der Busbahnhof von Koszalin. Mit dem Bus kann man von hier aus in die kleinen Küstenorte fahren, die nicht mit der Bahn erreichbar sind.

● *Bank*   **Bank Pekao S.A.**, ul. Jana z Kolna 11, ☏ 094/3466100.

● *Galerien*   **Galeria „Na Piętrze"**, ul. Dworcowa 2, ☏ 094/3422998, Mo–Fr 10–17 Uhr; **Galeria „Region"**, Koszalińska Biblioteka Publiczna, plac Polonii 1, ☏ 094/3481540, Mo/Sa 9–15 Uhr, Di–Fr 9–19 Uhr.

● *Krankenhaus*   **Szpital Wojewódzki** im M. Kopernika, ul. Chałubińskiego 7, ☏ 094/3488400.

● *Polizei*   Ul. Zwycięstwa 111, ☏ 094/3429102.

● *Taxi*   **Radio Taxi**, ☏ 094/3436390.

● *Veranstaltungen*   Ende Juni bis Mitte August finden in der Marienkirche im Rahmen des **Festivals der Orgel- und Vokalmusik** Konzerte statt.

Die Küste Pommerns

Übernachten

In der ganzen Stadt finden sich Hotels aller Kategorien, in der Bahnhofsgegend an der ul. Zwycięstwa ist die Konzentration etwas höher. Die meisten Häuser sind relativ sauber und entsprechen dem Standard. Neben den Hotels sind auch zahlreiche Pensionen über die Stadt verstreut.

● *Hotels* *** **Hotel Gromada Arca (9)**, direkt am Bahnhof. Erste Adresse in Koszalin, bedient traditionell die gehobenen Ansprüche. Feudales Ambiente mit Nachtclub und Restaurant: Im *„Balaton"* wird feine französische Küche serviert. DZ 50–75 €, die günstigeren Zimmer liegen im hinteren, älteren Teil des Hauses. Ul. Zwycięstwa 20–24, 75-031 Koszalin, ☎ 094/3427911, 🖷 094/3427911, www.gromada.koszalin.pl.

Hotel Laguna (11), schräg gegenüber dem Busbahnhof gelegen. Eine der günstigsten Unterkünfte, ideal zum Übernachten, um am nächsten Tag frühmorgens wieder durchzustarten! DZ 15–25 €. Ul. Zwycięstwa 4, 75-031 Koszalin, ☎ 094/3478842.

Schlosshotel Podewils in Krąg (7), verwunschene Residenz am Ufer eines kleinen Sees. Frisch renoviert erstrahlt das Schloss, dessen Geschichte bis ins 14. Jh. zurückreicht in neuem Glanz. In der Schlosskapelle liegen die Sarkophage der Familie Podewils. Nun steht die historische Residenz für Gäste offen; an Feiertagen bietet die Familie Wekezer besondere Programme: von Ritterspielen im Park über Besichtigungen bis hin zu Abenden am Lagerfeuer. Einen besonderen Reiz hat das Rittermahl an Sylvester: ein mittelalterliches Festessen im historischen Weinkeller. Der Besuch des Schlosses ist allemal ein unvergessliches Erlebnis! DZ mit Frühstück 78 €, Kinder 7–16 J. 28 €. Schlosshotel Podewils, in Krąg, ☎: 094/3470516, 🖷: 094/3169111, www.podewils.pl.

Nachtleben
4 Brok
10 Ibiza

Essen & Trinken
2 Pospode Jamneńska
3 Zielony Młyn
5 Karczma Rycerska
6 Maredo
8 Restauracja Buongiorno
9 Balaton
13 Viva Italia

Übernachten
1 Jugendherberge
7 Schlosshotel Podewils in Krąg
9 Hotel Gromada Arca
11 Hotel Laguna
12 Jugendherberge PTSM Gościniec

● *Jugendherbergen* **PTSM Gościniec (12)**, etwa 2 km südöstlich des Bahnhofs, ganzjährig geöffnet. Die Rezeption ist ab 17 Uhr besetzt. DZ 5 €, Mehrbettzimmer 3–4 €. Ul. Gnieźnieńska 8, 75-735 Koszalin, ☎ 094/3426068.

Jugendherberge (1) in der Schule in der ul. Morska 152 – nur im Sommer geöffnet. Hier kann man für 4–6 € pro Person übernachten. 75-736 Koszalin, ☎ 094/3432421.

Essen und Trinken/Nachtleben

Für das leibliche Wohl sorgt eine reiche Auswahl an kleinen Restaurants und Pizzerien, die überwiegend in der Altstadt zu finden sind. Sehr viel günstigeres Essen gibt's in den zahlreichen Pubs und Snackbars (4–6 €) entlang der ul. Zwycięstwa (schwerpunktmäßig zwischen Rathaus und Kathedrale).

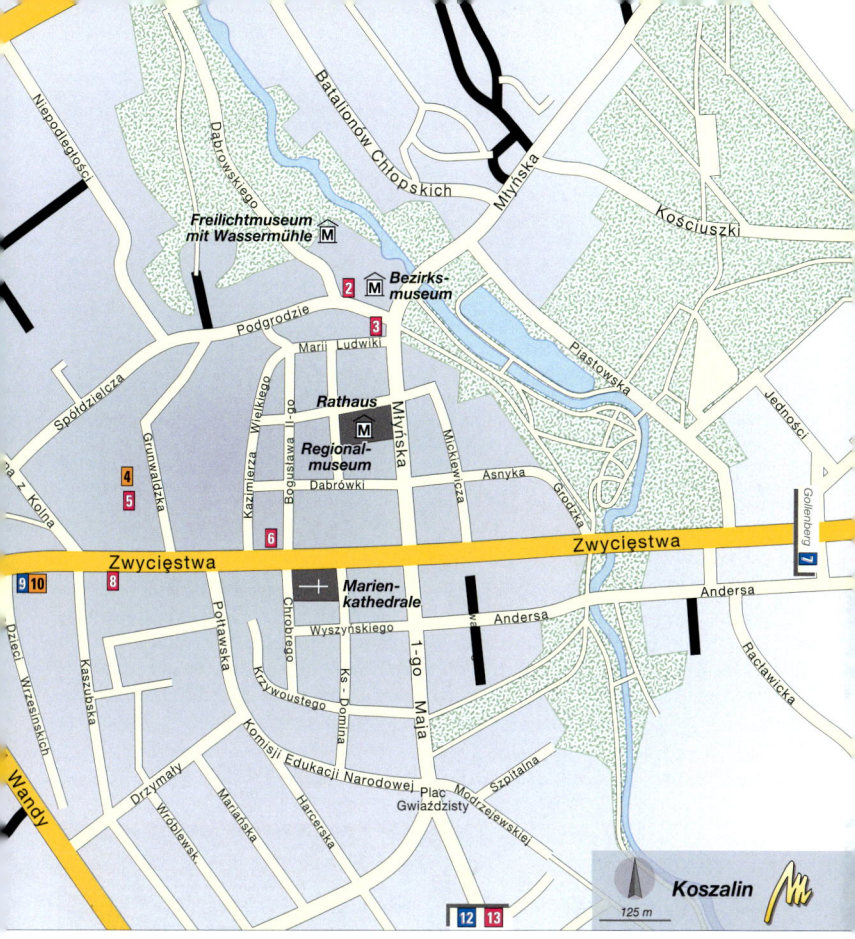

Koszalin

125 m

● *Essen und Trinken* **Zielony Młyn (3)**, die „Grüne Mühle" liegt an einer Ecke gegenüber dem Regionalmuseum. Kleines, grünes Haus, von außen eher unauffällig, innen edel eingerichtet. Beliebt bei Freunden der polnischen Küche und in Feinschmeckerkreisen. Bonus: Das angeschlossene kleine Weinhaus ist eine Fundgrube für Kenner. Ein Menü liegt bei etwa 10–15 €. Ul. Młyńska 33, ☎ 094/3477874.

Gospoda Jamneńska (2), neben dem Museum, rustikal eingerichtet, man blickt auf reetgedeckte Häuser und hört polnische Musik. Hier werden altpolnische Spezialitäten serviert, bei denen mit Fett nicht gespart wird. Schwerpunkt: Wild. Für 8–12 € ist hier ein erstklassiges Menü zu haben! Ul. Młyńska 37–39, ☎ 094/3450982.

Viva Italia (13), Koszalins erste Adresse, wenn es um Carne, Pasta oder Frutti di Mare geht. Das Restaurant im Souterrain des Baltischen Theaters der Stadt ist urgemütlich eingerichtet, in angenehmer Atmosphäre lässt es sich schlemmen und kulinarische Spezialitäten genießen! Die Menüs schlagen mit rund 10 € zu Buche. Ul. Marii Skłodowskiej 1–3, ☎ 094/3464546.

Maredo (6), mitten im Zentrum (direkt gegenüber der Kathedrale). Schickes Ambiente: Das Bistro ist großzügig mit Spiegeln, Marmor und Glas eingerichtet, die Küche ist eher international. Ein Menü liegt hier bei 8–12 €. Ul. Zwycięstwa 45, ☎ 094/3411057.

Karczma Rycerska (5), roter Klinkerbau in einer Seitenstraße der Innenstadt (im selben Gebäude befindet sich auch die

Diskothek Brok). Während das Äußere des Gebäudes etwas ungepflegt wirkt, wurde das Rycerska mit viel Liebe zum Detail im Stil einer mittelalterlichen Waffenkammer ausgestattet: Die weiß getünchten Wände des kellerartigen Gewölbes sind mit Schwertern und Beilen dekoriert. Das weitere Interieur ist jedoch modern und die Küche hervorragend. Der Küchenchef empfiehlt: Truthahnroulade in Champignonsauce, Wildschweinschinken, Rehbraten oder Hirschkeule altpolnisch. Das Menü liegt bei 10–12 €. Ul. Grunwaldzka 1, ℡ 094/3489124, www.karczma.home.pl.

Restauracja Buongiorno (8), mitten in der Altstadt, ein paar Schritte von der Kathedrale entfernt. Eine schöne historische Fassade ziert das Gebäude, in dem das italienische Restaurant untergebracht ist. Das Bu-

ongiorno selbst wurde jedoch etwas angekitscht modernisiert: Die Ausstattung erinnert nun weitläufig an eine Strandbar. Pizza, Pasta und Carne sind durchaus empfehlenswert. Mit 8–12 € sollte man hier für ein Menü rechnen. Ul. Zwycięstwa 32, ℡ 094/3489898.

● *Nachtleben* **Ibiza (10)**, Nachtclub im Hotel Gromada Arka. Hier geht es eher schick zu: Man vergnügt sich in veredelter Atmosphäre. Ul. Zwyceięstwa 20–24.

Brok (4), Großraum-Disko mit drei Sälen, Restaurant und Pub. Hier trifft sich ein eher jüngeres Publikum (zwischen 18 und 25 J.). Das musikalische Spektrum reicht von Trip-Hop über Techno bis hin zu kommerziellem Pop. Donnerstags finden Live-Konzerte statt. Ul. Grunwaldzka 1 a, ℡ 094/3460955.

Sehenswertes

Marienkirche (Kościół N. P. Marii): Hinter dem Rathaus ragt der Turm der wuchtigen Backsteinkirche über den Dächern hervor. Sie ist neben der Gertrudenkapelle (s. u.) das einzige historisch bedeutende Gebäude der Stadt, ihre Anfänge reichen bis ins frühe 14. Jh. zurück. Von der ursprünglichen Bausubstanz ist allerdings nur noch wenig zu sehen. Heute fungiert die Marienkirche als Dom des Bistums Koszalin.

Das mittlere der drei Kirchenschiffe ist von einem Sternengewölbe überzogen, in Orgelempore und Kanzel sind spätgotische Statuen integriert, die ursprünglich den alten Hauptaltar schmückten. Zu den ältesten Kunstschätzen der Kirche gehören

Zeitreise in die Vergangenheit: die Schlosskapelle von Krąg

das Taufbecken aus Kalkstein in der Vorhalle (13. Jh.) und das gotische Kruzifix aus dem 14. Jh. Letzteres hing zuvor in der Zisterzienserkirche auf dem Gollenberg. Die Orgel der Kirche ist berühmt für ihren Klang. Im Sommer steht sie im Brennpunkt des öffentlichen Interesses, denn alljährlich von Juni bis August finden hier im Rahmen des Festivals der Orgel- und Vokalmusik Konzerte statt.

Gertrudenkapelle: Die auf einem achteckigen Fundament gebaute gotische Kapelle neben der Marienkirche stammt aus dem Jahr 1383. Als eines der wenigen Gebäude überstand sie den Bombenhagel des Zweiten Weltkriegs unbeschadet. Direkt gegenüber der Kapelle erhebt sich das 1960 erbaute Rathaus – schlicht, aber nicht zu übersehen.

Bezirksmuseum (Muzeum Okręgowe)/Freilichtmuseum: Folgt man der ul. Młyńska hinter dem Rathaus, erreicht man nach ein paar hundert Metern ein kleines Palais an der Ecke einer Kreuzung. Das Gebäude beherbergt das Bezirksmuseum, in dem die Geschichte Koszalins dokumentiert wird. Archäologische Funde erweitern die Ausstellung. Daneben befindet sich ein kleines Freilichtmuseum mit einer etwa 200 Jahre alten Fischerkate in der Bauweise der sog. Jamno-Kultur. Zu den sehenswerten Exponaten gehören traditionelles Handwerkszeug, volkstümliche Kleidung sowie Gegenstände aus dem historischen Alltag. Nicht verpassen!
① Di–So 10–16 Uhr, im Juli/August bis 17 Uhr geöffnet, Eintritt 2,50 €, erm. 1,50 €. Der Eingang befindet sich auf der Rückseite des Gebäudes. Ul. Młyńska 37–39, ✆ 094/3432011.

Wassermühle: Unmittelbar neben dem Freilichtmuseum steht eine alte Wassermühle aus dem 19. Jh. Heute beherbergt sie ein Museum: historisches Mobiliar, Porträts und Skulpturen.
① Di–So 10–16 Uhr, Eintritt 2,50 €, erm. 1,50 €.

Gollenberg (Góra Chełmska): Der Gollenberg, eine kleine Anhöhe am Ostrand der Stadt, ist eine alte Marienwallfahrtsstätte, zu der Katholiken aus ganz Europa pilgern (auch Papst Johannes Paul II gab sich die Ehre). Herrlicher Blick vom Aussichtsturm.

Mielno
dt. Großmöllen • 5.000 Einwohner

Derzeit wird das Seebad wieder neu entdeckt: In den Sommermonaten sind die endlosen Bilderbuchstrände von unzähligen auswärtigen Badegästen bevölkert, an den Wochenenden gesellen sich noch die Ausflügler aus dem nahe gelegenen Koszalin hinzu.

Der kleine Küstenort ist schmal und verläuft entlang der Küste. Auf der einen Seite brandet die Ostsee, auf der anderen rascheln und rauschen die schilfigen Ufer des Jamno-Sees (*Jezioro Jamno*). Der breite Sandstrand dehnt sich scheinbar unendlich weit in beide Richtungen aus.

Nur wenig weist darauf hin, dass die Ursprünge des heutigen Ferienortes tief in die Vergangenheit reichen: Am Ortseingang steht eine kleine gotische Kirche aus dem 15. Jh., und etwas weiter westlich, zwischen Meer und Hauptstraße, sind noch Reste von Befestigungsmauern einer alten Burg aus dem 9. Jh. erhalten geblieben. Mehr als ein paar bemooste Steinbrocken bekommt man hier allerdings nicht zu sehen. Ansonsten präsentiert sich Mielno seit einigen Jahren als ein von Grund auf saniertes und restauriertes Städtchen – kein Stein wurde auf dem anderen gelassen. Heute strahlen selbst die prachtvollen Villen an der Promenade wieder wie neu. Doch hinter den frisch renovierten Fassaden steckt noch die originale Bausubstanz.

Die Küste Pommerns

Information/Verbindungen/Adressen

• *Information* **Touristenbüro**, am Ortseingang in der ul. Lechitów 23, ✆ 094/3189955, 🖳 094/31866152, citmielno@poczta.onet.pl. Täglich 8–20 Uhr während der Saison (Juli/August), sonst Mo–Fr 8–16 Uhr.

• *Verbindungen* Regelmäßig **Busse** nach Koszalin.

• *Arzt* **Ambulanz**, ul. Chrobrego 9, ✆ 059/3189226.

• *Bank* **PKO Bank**, ul. Chrobrego 10, 094/3166147.

• *Fahrradverleih* **Willa Chobry**, ul Chrobre-

go 47 B, ✆ 094/3166132.

Penjonat Lazur, ul. Parkowa 4, ✆ 094/3189334.

• *Internetcafé* **Jantar**, ul. Chrobrego 4, ✆ 094/3189 273.

Relax, ul. Rybacka, 76-032 Unieście, ✆ 094/3166090.

• *Polizei* Ul. Chrobrego 10, ✆ 094/3189207.

• *Post* Ul. 1 Maja 5, ✆ 094/3189320.

• *Reiten* **Dryf**, Sarbinowo 25, 76-034 Sarbinowo, ✆ 094/3165560.

Snoch, Strzeżenice, ✆ 094/3165059.

Übernachten

Der Ort scheint überwiegend aus Hotels zu bestehen. Allerdings handelt es sich nicht um lieblos hingeklatschte Bauten – beinahe jedes Haus stammt noch aus einem der letzten Jahrhunderte und hat seine eigene Geschichte. Achtung: Im Sommer werden die Parkplätze hier knapp!

• *Hotels/Pensionen* ***** Park Hotel**, am Ortseingang, 200 m vom Strand entfernt. Hübscher Bau mit Türmchen, schon lange im Besitz der Familie Rondzio. Etwas altmodische Atmosphäre (kleiner Springbrunnen im Treppenhaus), aber mit ehrwürdigem Charme. Kleine, geschmackvoll eingerichtete Zimmer, im Juli/August ist es hier brechend voll! DZ in der Saison (Juli/August) bei 130 €, sonst ist es günstiger. Ul. B. Chrobrego 1, 76-032 Mielno, ✆ 094/3189244.

Dicht gedrängt: Häuserzeile in Mielno

*** Hotel Meduza, direkt am Strand gelegen. Modern, aber trotzdem im Stil einer alten Villa eingerichtet, mit Dachterrasse (der beste Blick auf das Meer!) und exquisitem Restaurant. Unbedingt empfehlenswert! DZ in der Saison von Anfang Juni bis Ende August 106 €, von Mitte Oktober bis Ende März 81 €, sonst 88 €. Für die Wochenenden werden verschiedene Specials angeboten. Ul. Nadbrzeżna, 76-032 Mielno, ✆ 094/3189966, 🖳 094/3189959.

Villa Alexander, im Ortskern ca. 2 Min. vom Strand entfernt. Die gepflegte Villa ist frisch restauriert. Mit Spa und Wellnessbereich. Im Restaurant wird auch leichte und frische Kost angeboten. Die Zimmer sind komfortabel eingerichtet, DZ in der Saison für rund 100 €, sonst 81–88 €. Ul. BoWiD 7, 76-032 Mielno, ✆ 094/3166161.

Villa Millenium, an der Lindenallee, ganz in weißen und hellen Tönen gehalten (im Stil einer alten Villa) und umgebene von einem Garten mit Kinderspielplatz. 50 komfortable Zimmer stehen zur Verfügung, das Preissystem ist kompliziert: abhängig von Saison, Zimmertyp und Dauer des Aufenthalts. Über den Daumen gepeilt liegen die Preise hier für ein DZ in der Saison (Juli/August) bei 30 €, sonst 25 €. Ul. 1-go-Maja 8–10, 76-032 Mielno, ✆ 094/3471705.

*** Lazur, etwa 100 m vom Strand entfernt, eine der schönsten Pensionen hier! Eher modern eingerichtet, mit kleinen, sauberen und sehr schönen Zimmern. Kinderspielplatz und bewachter Parkplatz vorhanden.

DZ in der Saison für 70 €, sonst weniger. Ul. Parkowa 4, 76-032 Mielno, ☎ 094/3189334.

Albatros – FWP Mielno, eine der günstigeren Möglichkeiten, zu übernachten: inklusive Frühstück und Abendessen etwa 20–25 € pro Person. Unbedingt vorher reservieren! Rezeption in der ul. B. Chrobrego 4, 76-032 Mielno, ☎ 094/3189214.

• *Jugendherberge* Zwischen Ostsee und Jamno-See (jeweils 5 Min. entfernt), sehr schöne Jugendherberge, teils Zimmer mit Bad, ganzjährig geöffnet. 7–15 € pro Person. Ul. Świerczewskiego, 76-032 Unieście, ☎ 094/3189399.

• *Camping* **Camping Sard**, Kategorie 2, von Anfang Mai bis Ende August geöffnet und mit einem kleinen Shop ausgestattet. Auch Hütten werden hier vermietet. Ul. Orla Białego 1, 76-032 Mielno, ☎ 094/3189240.

*E*ssen und *T*rinken

Strandpromenade und die umliegenden Straßen (insbesondere ul. Nadbrzezna, Parkowa, Wojska Polskiego sowie die Hauptstraße ul. B. Chrobrego) sind gespickt mit kleinen Pizzerien, Cafés und Restaurants. Darunter auch zahlreiche Fisch-Bars. Hier gibt es Fisch in allen Variationen: mariniert, gebraten, geräuchert – und vor allem frisch!

Meduza, auf der Außenterrasse hat man das Gefühl, direkt am Strand zu sitzen. Die exzellente Küche bietet ein breites Spektrum an polnischen Spezialitäten an, darüber hinaus aber auch internationale Gerichte. Ein Menü liegt bei 12–15 € – ein Besuch lohnt sich nicht nur wegen der herrlichen Aussicht! Ul. Nadbrzeżna 2, ☎ 094/3189966.

Floryn, gleich nebenan, man hat einen wunderbaren Blick übers Meer. Es werden leichte Gerichte und Snacks serviert. Erfreut sich nicht nur bei den Einheimischen größter Beliebtheit! Ul. 1-go Maja 15, ☎ 094/3166195.

Café Bar Stały Ląd, schönste Café-Bar an der Strandpromenade! In Strandkörben genießt man hier Kaffee und Kuchen nach Omas alten Rezepten. Ul. Kościuszki 14.

Raschelnde Gräser, rieselnder Sand: der Strand von Mielno

Baden

Kilometerlanger, bis zu 45 m breiter Strand mit blütenweißem Sand. Das Meer ist seicht, 100 m vom Ufer entfernt ist es gerade einmal drei Meter tief. Auf den Dünen wachsen saftige Gräser und Kiefern, im Sommer blüht der Wacholder.

Darłowo   dt. Rügenwalde • 16.000 Einwohner

Die ehemalige Hansestadt hat mehr zu bieten als die berühmte Rügenwalder Teewurst: ein Schloss, in dem einst die pommerschen Herzöge und Erik der Wikinger residierten und einen gut erhaltenen Altstadtkern mit schmalen, verwinkelten Gassen und einigen altehrwürdigen Bürgerhäusern.

Von Norden aus betritt man die Altstadt durch das Steintor (*Brama Kamienna*). Von dort ist es nicht weit bis zum Marktplatz mit dem barocken Rathaus und der

Die Küste Pommerns

gotischen Marienkirche. Der gute Zustand des historischen Zentrums ist darauf zurückzuführen, dass die etwa 3 km von der Küste entfernt im Landesinneren am Ufer des Flusses Wieprza gelegene Stadt im Zweiten Weltkrieg nicht bombardiert wurde. Ihre einstige Bedeutung verdankt sie dem Hafen im Vorort Darłówko (Rügenwaldermünde, siehe S. 139), der im Mittelalter der wichtigste Port zwischen Kołobrzeg und Danzig war.

Das bedeutendste Baudenkmal von Darłowo ist das aus dem 14. Jh. stammende Schloss der pommerschen Herzöge. Es erhebt sich südöstlich der Altstadt am Ufer des Flusses. Sein prominentester Bewohner war Erich von Pommern, der sein Geld

Piratenkönig und letzter Wikinger

Eine schillernde Persönlichkeit mit außergewöhnlichem Lebenslauf: Erik wurde 1382 als Sohn eines pommerschen Herzogs vermutlich im Rügenwalder Schloss geboren, kam aber schon als 6-Jähriger zu seiner Großtante Margarethe an den dänischen Hof. Die hatte Großes mit ihm vor: Margarethe war nämlich zu diesem Zeitpunkt Königin von Dänemark und Norwegen, wurde ein Jahr später auch noch Königin von Schweden und wollte die damit faktisch schon bestehende Union der skandinavischen Länder langfristig sichern – mit Erik als ihrem Nachfolger und König in Personalunion. Tatsächlich wurden 1397 die Reichsräte der drei Länder ins südschwedische Kalmar einberufen, wo ein entsprechendes Vertragswerk fixiert und Erik zum gemeinsamen König Dänemarks, Norwegens und Schwedens gekrönt wurde. Da Erik aber gerade einmal knapp 15 Jahre alt war, zog Tante Margarethe im Hintergrund weiterhin die Fäden. Erst als sie 1412 starb, übernahm Erik die Alleinherrschaft. Leider stellte er sich dabei lange nicht so geschickt an wie seine Mentorin, die das Ränkespiel der Macht aus dem Effeff beherrscht hatte. Und so kam es, wie es kommen musste: Nach einer Reihe unglücklicher Entscheidungen und ungeschickt eingefädelter Intrigen zur Mehrung der eigenen Macht widersetzten sich erst die Schweden gegen seine Herrschaft und schließlich auch die Dänen, die ihn 1439 förmlich absetzten.

Doch – man weiß sich ja zu helfen – Erik schlug eine völlig neue Laufbahn ein: Er wurde ein gefürchteter Pirat! Stützpunkt seiner neuen Unternehmung wurde die Insel Gotland, wo er auf Schloss Visborg Quartier bezog und Handelsschiffen mit kostbarer Fracht auflauerte. Mit besonderer Begeisterung überfiel er die reichen Schiffe seiner undankbaren Ex-Untertanen, gelegentlich wurden allerdings auch Hansestädte ausgeraubt. Legendäre Schätze soll er mit seinen unzähligen Beutezügen angehäuft haben: Von riesigen Figuren aus reinem Gold, fein gearbeitetem Schmuck und Kirchenschätzen von unschätzbarem Wert ist in alten Chroniken die Rede, sogar das kostbarste Stück eines Einhorns soll er besessen haben.

Keine zehn Jahre später musste Eriks Stützpunkt auf Gotland schließen, denn mit seiner Unternehmensphilosophie hatte er sich eine Menge Feinde gemacht. Also brach er seine Zelte ab, besann sich auf seine Heimat und floh bei Nacht und Nebel nach Darłowo. Einen Teil seines sagenhaften Piratenschatzes nutzte er, um seinen Alterswohnsitz, das Herzogschloss, ein wenig aufzuwerten. Als er dort nach zehn Jahren starb, wurde fieberhaft nach dem verbliebenen Rest gesucht. Doch alles Bemühen war vergeblich: Bis heute blieb der Schatz des „letzten Wikingers" verschwunden.

Übernachten
2 Camping Nad Rzek
4 Hotel Eryk
5 Hotel Kubuś

Essen & Trinken
3 Czarny Koń
4 Eryk

Nachtleben
1 Klub Progress

Darłowo

100 m

mit Beutezügen auf der Ostsee verdiente, nachdem er vorher jahrzehntelang einer seriöseren Tätigkeit nachgegangen war – als König Erik III. von Norwegen, Erik VII. von Dänemark und Erik VIII. von Schweden.

*I*nformation/*V*erbindungen/*A*dressen/*V*eranstaltungen

● *Information* **Touristenbüro** im Herzogschloss. Das Informationsbüro ist nur im Sommer geöffnet und bisweilen unregelmäßig besetzt. Im Juli/August Mo–Fr 10–16 Uhr, Sa/So 8–13 Uhr. Ul. Zamkowa 4, ✆ 094/3143572.

● *Verbindungen* Regelmäßige **Busse** nach Koszalin, etwa 10-mal tägl. nach Ustka und Słupsk. Vom Bahnhof aus besteht 5-mal tägl. eine Verbindung nach Slawno.

● *Bank* **PKO Bank**, ul. Morska 5, ✆ 094/3143027.

● *Internetcafé* im Hotel Eryk, ul. Rynkowa 2 d, ✆ 094/3143686.

● *Post* Ul. Pocztowa 2, ✆ 094/3142402.

● *Polizei* Ul. Rzemieśinicza 48, ✆ 094/3142510.

● *Taxi* Dar-Taxi, ul. Wyspiańskiego, ✆ 094/3144141.

● *Tennisplatz* **Jednostka Wojskowa 4061**, ul. Zwycięstwa 1, ✆ 094/3142251.

● *Veranstaltungen* Die meisten Veranstaltungen finden in den Sommerferien statt, besonders im Schloss wird so einiges geboten: Tage des Meeres, Seemannslieder und Neptunfest, Ritterturnier zur Erinnerung an Erik den Wikinger. Die einzelnen Termine können sich jedes Jahr um ein paar Tage verschieben. Den aktuellen Veranstaltungskalender bekommt man in der Touristeninformation.

*Ü*bernachten/*E*ssen und *T*rinken

Darłowo strotzt nicht gerade vor Hotels – die sind eher in dem Küstenvorort Darłowko zu finden. Die hier beschriebenen Unterkünfte haben eher familiären Charakter. Ein paar kleine Pubs und Bistros liegen in den Seitengassen rund ums Rathaus, doch in Darłowo kultiviert man eher ein beschauliches Nachtleben.

● *Hotels* **Hotel Eryk (4)**, in einer kleinen Gasse, die vom Rathausplatz abzweigt, liegt das beste Hotel der Stadt: lohnt sich unbedingt, nicht nur wegen des vortrefflichen Restaurants. Der Besitzer mit dem langen, weißen Bart bietet Zimmer unterschiedlicher Ausstattung und Größe an – jedes zu einem eigenen Preis, das System ist allerdings nicht ganz durchsichtig. Richtwert: Ein DZ liegt bei rund 35 €. Ein echtes

Erlebnis ist das feudale Restaurant in diesem Hotel. Alte schlesische Küche nach Original-Rezepten: Von Mehlsuppe bis Schweinenacken wird alles frisch zubereitet. Übrigens: Das Hotel ist auch mit einem Internetcafé ausgestattet. Ul. Rynkowa 2d, 76-150 Darłowo, ℘ 094/3143686.

Hotel Kubuś (5), in der Nähe des Schlosses (auf der gegenüberliegenden Seite des Flusses). Von außen ein eckiger, sozialistisch wirkender Kasten – innen kleine, bunt eingerichtete und gemütliche Zimmer, alle unterschiedlich ausgestattet. DZ etwa 25 €, mit Bad etwa 5 € mehr. Al. Wojska Polskiego 63 a, 76-150 Darłowo, ℘ 094/3142919.

• *Camping*   **Camping Nad Rzek (2)**, im Ortsbereich neben dem Fluss. Verhältnismäßig einfacher Campingplatz, geöffnet von Mai bis September. Ul. Morska 61, 76-150 Darłowo, ℘ 094/3142345.

Czarny Koń (3), kleines Pub in einer schmalen Gasse der Altstadt. Der Name bedeutet „schwarzes Pferd". Neben den obligatorischen Piwos werden ein paar einfache Gerichte serviert. Ul. Młynska, ℘ 502/182901.

Klub Progress (1), angesagter Club an der Küste, zu elektronischen Klängen (Paul van Dyk etc.) wird hier bis in den frühen Morgen gefeiert. Ul. Wschodnia 2, 76-150 Darłówko.

Sehenswertes

Rathaus: Das weiträumige barocke Rathaus (1725) steht mitten in der Altstadt und ist umgeben von einem Gewühl aus mittelalterlichen Gassen. Für ein barockes Gebäude wirkt es relativ schlicht; äußert sehenswert ist aber das Renaissance-Portal. Auf dem Rathausplatz sprudelt der Fischbrunnen (*Fontanna Rybacka*).

Marienkirche (Kościół N. P. Marii): Weit überragt der 60 m hohe Turm der Basilika das Rathaus und die Dächer der Stadt. Die Ursprünge der dreischiffigen gotischen Kirche reichen bis ins 14. Jh. zurück, die barocke Innenausstattung stammt aber aus späteren Jahrhunderten. Im Inneren der Kirche befinden sich drei Grabstätten: die zwei Zinnsarkophage der pommerschen Herzoginnen Hedwig und Elisabeth und der Sandsteinsarkophag des letzten Wikingers.

Schloss der Herzöge von Pommern: Das bedeutendste Baudenkmal von Darłowo stammt ursprünglich aus dem 14. Jh., wurde aber in den folgenden drei Jahrhunderten unter der Herrschaft der Greifen sukzessive erweitert und im Renaissance-stil umgebaut. Prominentester Bauherr war König Erik, der die letzten zehn Jahre seines Lebens auf dem Schloss verbrachte und einen Teil seiner auf Beutezügen erworbenen Reichtümer darauf verwandte, sich ein standesgemäßes Domizil einzurichten. Nach dem Niedergang der Greifendynastie ging das Schloss 1701 in die Hände der Brandenburger über. Der Charakter einer herzoglichen Residenz war nun unwiederbringlich verloren, als staatliches Eigentum wurde es zunehmend zweckentfremdet: in napoleonischer Zeit diente es als Hospital, im späteren 19. Jh. als Gefängnis. Die vielfältige Nutzung, zwei Brände sowie ein Blitzeinschlag beschleunigten den Verfall des historischen Gemäuers, bis es sich schließlich in einem ausgesprochen heruntergekommenen Zustand befand. Erst im 20. Jh. wurde es mit viel Sorgfalt und Liebe zum Detail restauriert. Besonderer Wert wurde auf die Rekonstruktion des östlichen Treppenhauses gelegt, doch auch der Ballsaal, der Rittersaal (später Elisabeth-Kapelle, heute Museum), der kleine Speisesaal sowie das herzogliche Schlafgemach erstrahlen wieder im alten Glanz.

Schlossmuseum (Muzeum Zamku Książąt Pomorskich): Das Museum ist im einstigen Rittersaal des Schlosses untergebracht. Zu sehen sind u. a. Rüstungen, zeitgenössisches Mobiliar und die Ahnengalerie der pommerschen Herzöge. Highlight sind drei wertvolle spätgotische Holzfiguren aus dem 16. Jh. Ergänzt wird die Ausstellung durch eine Sammlung fernöstlicher Kunst. Irritierend authentisch: das Verlies im Keller mit den Foltergeräten! ① Täglich 10–16 Uhr, Eintritt 3 €, erm. 1,50 €.

Gertrudenkapelle (Kaplica Św. Gertrudy): Die kleine und überaus sehenswerte runde Friedhofskapelle aus dem 15. Jh. steht auf einem kleinen Hügel, umschattet von uralten Bäumen. Es wird vermutet, dass mit dem Bau begonnen wurde, als Erik der Wikinger von einer Wallfahrt zurückkehrte und sein schlechtes Gewissen beruhigen wollte. Im Inneren korrespondiert ein sechsseitiges Sternengewölbe an der Decke mit den zwölf Ecken des Grundrisses.

Darłówko (Rügenwaldermünde)

Der kleine Badeort, der im Sommer von Touristen in Beschlag genommen wird, liegt etwa 3 km von Darłowo entfernt an der Küste. An der Mündung der Wieprza (zwischen den beiden Molen) beindet sich ein kleiner Fischereihafen, im Sommer kann man von hier aus Bootsfahrten auf die Ostsee starten. Die beiden Molen sind durch eine Brücke verbunden. An der östlichen Mole erhebt sich ein kleiner Leuchtturm, an den sich der Strand mit einer Promenade anschließt.

Die Gertrudenkapelle in Darłowo

Ustka

dt. Stolpmünde • 18.000 Einwohner

Ein Fischereihafen, altehrwürdige Kureinrichtungen, Fischerkaten sowie prächtige Villen der ehemaligen Kapitäne verleihen der kleinen Küstenstadt Stil und Glanz.

Die Stadt liegt wunderschön an der Ostsee-Mündung der Słupia. So ist es kein Wunder, dass die Seefahrt hier seit langem tief verwurzelt ist: Jahrhundertelang war Ustka Mitglied der Hanse, es bestanden Handelskontakte mit Deutschland, Dänemark und Schweden. Seit dem 17. Jh. gewann das kleine Fischerdorf zunehmend an Bedeutung, denn es entwickelte sich allmählich zum „Vorhafen" von Słupsk, das für große Schiffe wegen der Versandung der Słupia nicht mehr erreichbar war. So wurde stattdessen alles in Ustka abgewickelt. Im Zuge der Industrialisierung im 19. Jh. wurde der Hafen weiter ausgebaut, auch Betriebe der fischverarbeitenden Industrie siedelten sich an. Heute schaukeln träge im Hafenbecken die Fischkutter, die ihren frischen Fang bereits am Morgen verkauft haben; kreischende Lachmöwen kreisen unaufhörlich über den Booten in der Hoffnung auf Beute. Am Horizont ziehen Segelboote leise vorbei, der Yachthafen liegt auf der gegenüberliegenden Seite der Słupia. Vom Hafenkai aus starten moderne Wikingerschiffe zu Hafenrundfahrten, am Strand neben dem Leuchtturm werden Surfbretter verliehen.

Ustka beeindruckt weniger mit historischen Baudenkmälern als vielmehr mit seiner speziellen Atmosphäre und mit der wunderschönen Natur ringsherum: Die fotogenen Sandstrände zählen zu den schönsten an der Ostsee. Von Kiefern- und Mischwäldern gesäumt, erstrecken sich die Strände bis zum Slowinzischen Nationalpark. Tiefe Wälder und heideartige Moore umgeben die Stadt. Das benachbarte Naturschutzgebiet ist ein Refugium für seltene Tierarten wie Fischotter oder Nerze. Erkundet man die Gegend, stößt man in verwilderten Gärten auf halb verwitterte Herrenhäuser, die einst im Besitz preußischer Adeliger waren. Diese malerische Umgebung ließ Ustka vor über 100 Jahren zu einem der populärsten Seebäder an der Ostseeküste werden. Doch in der Stadt fühlten sich nicht nur Kurgäste wohl: Ustka war auch ein beliebtes Ruhedomizil ehemaliger Seeleute.

Information/Verbindungen/Adressen/Veranstaltungen

- *Information*   **Touristenbüro** im Zentrum, ul. Marynarki Polskiej 87, ℡ 059/8147170. Mo–Sa 8–20 Uhr in der Saison (Juli–September), sonst Mo–Fr 8–16 Uhr.

> Vom Hafen starten **Ausflugsschiffe** zur dänischen Insel Bornholm.

- *Verbindungen*   **Bahn**: Alle zwei Sunden fährt ein Zug nach Słupsk; von dort bestehen dann weitere Verbindungen in alle Richtungen.
Bus: Auch die Busse fahren regelmäßig nach Słupsk, sogar noch häufiger als die Bahn.
- *Autoservice*   Westerplatte 9, ℡ 059/8147804.
- *Bank*   **Bank Pekao S.A.**, Ul. Marynarki Polskiej 81 c, ℡ 059/8149801.
- *Fahrradverleih*   Verleih von Fahrrädern und Strandausrüstung, ul. Mickiewicza 21, ℡ 059/8146236.

- *Internetcafé*   **Interarena**, ul. Krótka 3, ℡ 059/8149243.
- *Polizei* Ul. Grunwaldzka 13, 059/144071.
- *Post*   Ul. Marynarki Polskiej 47, ℡ 059/8144960.
- *Reinigung*   **Siódemka**, ul. Reja 7, ℡ 059/8144120.
- *Reiten*   **Stadnina Anka**, in einem kleinen Dorf etwa 2 km von Ustka entfernt, ul. Przewłoka 3, 76-270 Ustka, ℡ 059/8148110.
- *Taxi* Ul. Polna 1/6, ℡ 059/608185126.
- *Tauchen*   **Tauchzentrum**, ul. Kościuszki 19, ℡ 0604445176.
- *Veranstaltungen*   Während der Sommermonate finden zahlreiche Veranstaltungen am und ums Meer statt: großes **Mai-Picknick** mit Blumenausstellung; am letzten Juni-Wochenende die **Ostseetage**; Mitte Juli das **Ostseefestival des Feuerwerks**; Ende Juli die **Offenen Meisterschaften im Bernstein ausspülen**; im Juli (an Wochenenden) **Folklore aus Südpolen**; im August (letzter Samstag) **Ustka-Festtag** (Highlight ist die Wahl der „Miss Ustka").

Übernachten (siehe Karte S. 143)

Mehrere wunderschöne Hotels in historischen Gebäuden, die keineswegs überteuert sind; die meisten von ihnen befinden sich an der Strandpromenade sowie im Zentrum. Privatunterkünfte werden besonders zahlreich in der ul. Chopina hinter der Strandpromenade oder der ul. Wicza angeboten. Die Preise in Ustka hängen stark von der aktuellen Nachfrage ab.

- *Pensionen/Hotels*   ***** Hotel Rejs (6)**, an der Hauptstraße, die auf den Strand zuläuft (kurz vor dem Hafen). Ein modern hergerichtetes, sehr schönes Fachwerkhaus mit 14 Zimmern. Vom Restaurant bis zum Service: Alles strahlt hier gediegene Wohlfühl-Atmosphäre aus. DZ 74 €. Ul. Marynarki Polskiej 51, 76-270 Ustka, ℡ 059/8147850, ℻ 059/814/850.

Fisherman's House (3), malerisches Fachwerkhaus am Hafen neben dem Leuchtturm. Das von wildem Wein überwucherte Haus ist ein echtes Schmuckstück! Zwei Jahre lang wurde die Pension sorgfältig restauriert und stilvoll mit elegantem Mobiliar ausgestattet. Auch das Restaurant mit der schönen Terrasse ist unbedingt einen Besuch wert: Der Chef de cuisine bereitet polnische und internationale Gerichte ganz

Endlose Strände in Ustka

exquisit zu – kurzum, ein Schlaraffenland. Ein Menü liegt bei 10–12 €. DZ Mitte Juni bis Ende Aug. 80 €, Okt.–April 54 €, sonst 65 €. Marynarki Polskiej 10, 76-270 Ustka, ✆/☎ 059/8146262.

*** Hotel Lubicz (9), im Zentrum. Außen stilvoll-modern, innen tipptopp. Die Innenausstattung der 56 modern eingerichteten Zimmer ist komfortabel bis luxuriös. Außerdem: Sauna, Fitnessraum und ein gut geführtes Restaurant. DZ Juli/Aug. 128 €, Okt–April 97 €, sonst 108 €, Halbpension. Ul. Grunwaldzka 14, 76-270 Ustka, ✆ 059/8143102, ☎ 059/8143300.

** TROJA-nowski (12), im Zentrum, sehr schön, wirkt von außen etwas altmodisch mit verblichenem Charme. Modern eingerichtete Zimmer. Sehr zu empfehlen ist das Restaurant. DZ für 57 €, an den Wochenenden wird es teurer. Ul. Darłowska 16, 76-270 Ustka, ✆ 059/8148965, ☎ 059/8148963.

Zajazd Dajana (1), direkt an der Strandpromenade gelegen, umgeben von Bäumen. Schöner Bau, die Zimmer sind gemütlich und mit modernem Mobiliar ausgestattet. DZ für 55–65 € in der Saison (Juli/August), 50 € im Juni, den Rest des Jahres je nach Auslastung für 40–45 €. Pluspunkt: der schöne Blick aufs Meer. Ul. Chopina 9, 76-270 Ustka, ✆ 059/8144865.

● *Jugendherberge* **(11)**, nur während der Saison geöffnet. Die Preise liegen bei 4–6 € pro Person. Ul. Jagiellońska, 76-270 Ustka, ✆ 059/8145081.

● *Camping* **Camping Morski (5)**, Platz der Kategorie 2 im Nordosten der Stadt. Geöffnet vom 15. Mai bis 30. September. Mit kleinem Restaurant, Grillstellen, Tennis- und Volleyballplatz. Auch Bungalows können gemietet werden. Ul. Armi Krajowaj 4, 76-270 Ustka, ✆ 059/8744789, ☎ 059/8144426.

Essen und Trinken/Nachtleben (siehe Karte S. 143)

● *Essen und Trinken* **TROJA-nowski (12)**, im gleichnamigen Hotel. Hier diniert man bei Kerzenlicht ganz im Stil vergangener Zeiten. Polnische Küche, teils mit französischem Einschlag. Daneben auch internationale Gerichte zur Auswahl. Ein Menü kostet um die 12 €. Ul. Marynarki Polskiej 51, ✆ 059/8148965.

Kapitańska (10), erste Adresse in Ustka, wenn es um Fisch und Meeresspezialitäten geht, sehr gutes Essen. Das Ambiente eher rustikal: getünchte Wände, holzgetäfelte Decke. Die Preise für ein Hauptgericht liegen bei 15–19 €. Das Kapitańska wird gern für besondere Anlässe gebucht (z. B. Hochzeiten). Ul. Dąbrowszczaków 1, ✆ 094/8144526.

7-me Niebo (6), Restaurant im Hotel Rejs (befindet sich im hinteren Teil des Fachwerkhauses). Hervorragende Küche in gediegener Atmosphäre, eine breite Palette an Gerichten, die bei 10–15 € liegen. Ul. Marynarki Polskiej 51, ✆ 059/8147850.

Laguna (2), in der zweiten Reihe an der Strandpromenade. Modern eingerichtete Pizzeria. Für 4–6 € wird man schnell mit allen möglichen Pizza-Varianten und einigen Fischgerichten versorgt. Ul. Limanowskiego 8, ✆ 059/8149790.

Tawerna Portowa (8), roter Backsteinbau am Hafen mit rustikaler Einrichtung: schwere Holzbalken und schmiedeeiserne Verzierungen. Serviert werden großzügige Portionen für 8–12 €. Wer draußen sitzt, kann das Hafenflair genießen. Ul. Bulwar Portowy 6, ✆ 503/951269.

● *Nachtleben* **Viva (4)**, zwischen den Holzpfeilern des ehemaligen Hafenkornspeichers am Strand wird bis in den Morgen getanzt. Gespielt werden Techno, Disco und Pop. Hier feiern die Bewohner von Ustka!

Maax (7), im Zentrum über einem Supermarkt. Sound: Disco, etwas technolastiger. Am Wochenende legen hier bekannte DJs auf, das Durchschnittsalter ist etwas höher als im Viva. Pl. Dąbrowskiego 1, ✆ 059/8149799.

Baden

Ein Sandstrand vom Feinsten, ideal zum Baden und Surfen. Aufgrund der riesigen Ausdehnung zu beiden Seiten des Ortes findet sich hier selbst in der Hochsaison immer irgendwo ein Platz. Wer kein Freund des großen Getümmels ist, wandert einfach ein Stück den Strand entlang – hat man die Stadtgrenzen einmal hinter sich gelassen, wird es schnell ruhiger. In Richtung Osten steigt das Ufer nach ein paar Kilometern dann steiler an.

Sehenswertes

Kapitänsviertel: Rings um den Hafen (im Westen des alten Stadtkerns) haben sich einst Seeleute ihre Altersruhesitze eingerichtet. Davon zeugen viele elegante Villen im Stil der Gründerzeit. Östlich des Kapitänsviertels (hinter der Strandpromenade) sind die historischen Unterkünfte der Fischer zu sehen.

Museum der Stadt Ustka: In dem kleinen Gebäude in der Hauptstraße dokumentiert eine Ausstellung die Stadtgeschichte. Liebevoll wurden alte Fotografien und Dokumente zusammengetragen, die die Vergangenheit von Ustka beschreiben. Insgesamt ist die Ausstellung jedoch überschaubar.
  ⏲ Di–So 11–16 Uhr, Eintritt 1,50 €, erm. 1 €. Ul. Marynarki Polskiej 62 a, ✆ 059/8143302.

Leuchtturm (Latarnia Morska): Direkt an der Mündung der Słupia hinter der Mole am Strand steht der 20 m hohe Leuchtturm aus roten Backsteinen. Sein Licht ist bis zu 30 km weit zu sehen.
  ⏲ Täglich 9–13 und 15–19 Uhr, Eintritt 1 €, erm. 0,30 €. Ul. Marynarki Polskiej 1, ✆ 059/144566.

Fahrradtour: „Route der verschwundenen Gleise"

Route: Von Ustka in Richtung Osten nach Rowy. 1913 eröffnete eine Bahnlinie, die entlang der Küste durch die Dörfer verlief. Nach dem Krieg wurden die Gleise fortgeschafft, nur die Bahndämme blieben zurück; und auf diesen verläuft jetzt die Tour.

Länge: ca. 21 km.

Allgemeines: Die Strecke ist gut ausgebaut und verläuft nur an wenigen Stellen entlang der Hauptstraße.

Gestartet wird in der ul. Grunwaldzka in Ustka in Richtung Rowy. Nach ca. 1,5 km kreuzt die Straße die Landstraße (*Armii Krajowej*), und nun man kann den alten Bahndamm sehen. Am Damm zweigt die Route in Richtung

der alten Förstersiedlung **Zapadłe** von der Asphaltstraße ab. Durch dichten Wald im Ort angekommen, stößt man auf einen Parkplatz. Von dort sind es nur ein paar hundert Meter zur 50 m hohen **Düne von Orzechewo**, deren Besteigung sich wegen des herrlichen Panoramablicks unbedingt lohnt. Nach dem Abstecher zur Düne fährt man von Zapadłe weiter auf dem Bahndamm durch den Küstenwald, dann über Felder und Wiesen. Gelegentlich sieht man hier Störche.

Nach weiteren 3 km, kurz vor dem Dorf **Wytowno**, passiert man eine Schlucht. Etwa 1 km weiter erreicht man einen mit Kopfsteinen gepflasterten Weg – folgt man dieser kleinen Gasse, kann man einen Abstecher in das altertümliche Dorf machen.

Zurück auf der Hauptroute beginnt einer der landschaftlich reizvollsten Abschnitte der Strecke: Ringsum wirkt die Natur halb verwildert und unberührt, wenn man etwas Glück hat, kann man Hirsche oder Wildschweine, gelegentlich sogar Elche beobachten.

Nach 4 km erreicht man **Machowinko**; hinter dem Ort befindet sich der nächste Rastplatz. Die Abzweigung hinter dem Rastplatz kann leicht übersehen werden: Nach etwa 300 m biegt der kleine Weg links ab. Es geht nun leicht bergauf durch den Wald, dann in einen Waldweg, der von vielen alten Buchen gesäumt wird. Aus diesem Grund wird diese Passage auch die „Allee der tanzenden Buchen" genannt. Dahinter liegt der nächste Rastplatz, an dem eine kurze Pause eingelegt werden kann. Nach weiteren 0,5 km überquert man die Hauptverkehrsstraße Ustka–Rowy; die folgenden 4 km verläuft der Fahrradweg über Wiesen und Felder, bis man den **Gardno-See (Jezioro Gardno)**, der schon Teil des Slowinzischen Nationalparks ist, erreicht. Nun sind es nur noch 0,5 km bis zum letzten Rastplatz. Die verbleibenden 3 km der Tour führen durch offenes Gelände bis Rowy, vorbei an den schilfigen Ufern der Seen.

Varianten: Wem diese Tour zu kurz ist, kann einen Abstecher Richtung Słupsk machen – an den Fuß des Rowokół-Berges – und anschließend über den Gardno-See nach Rowy fahren; dieser Umweg verlängert die Tour allerdings um 40 km! Eine weitere Route führt westlich nach Swołowo: Auf dieser Route durchquert man malerische Dörfer mit alten Häuschen und mit windschiefen Lattenzäunen. Die Strecke ist ca. 19 km lang.

Im Sommer (Ende Juni bis Ende August) ist es auch möglich, das Fahrrad auf ein Schiff nach Nexo/Bornholm mitzunehmen und dann dort zu radeln; ein paar Tage dauert es allerdings schon, die Insel ganz abzufahren.

Słupsk   dt. Stolp • 105.000 Einwohner

Die elegante Stadt wirkte im 19. Jh. wie ein Magnet auf den alten preußischen Adel. Entsprechend viele Gutssitze liegen um die Stadt verstreut. Manche kann man sich noch anschauen, auch wenn sie meist etwas verfallen sind. Heute ist Słupsk ein idealer Ausgangspunkt für Touren in den Slowinzischen Nationalpark und seine Umgebung.

Słupsk liegt im slowinzischen Küstengebiet, ist aber 18 km vom Meer entfernt. Nach ihrem Einzug in die Stadt verwandelte die Rote Armee Słupsk in eine ausgebrannte Ruinenlandschaft, und dies, obwohl sich die Stadtväter zuvor kampflos ergeben hatten. Doch trotz der Zerstörungen steht in der Altstadt noch so manch schönes historisches Gebäude. Unbedingt lohnenswert ist ein Blick auf das am Ufer der Słupia gelegene Ensemble aus Greifenschloss, Schlossmühle mit Mühlentor und Schlosskirche.

Das moderne Słupsk präsentiert sich als weltoffene Metropole und hat sich als Kultur-, Wissenschafts- und Wirtschaftszentrum einen Namen gemacht. Schon unmittelbar nach der Wende gab man sich europäisch, was vom Europarat in Paris entsprechend honoriert wurde: Im März 1994 erhielt die Stadt für ihr Engagement in Sachen innereuropäische Verständigung die Ehrenflagge Europas.

Das Mühlentor von Słupsk

Geschichte

An der Handelsroute Stettin–Danzig gelegen, gelangte die ehemals slawische

Festung schnell zu Reichtum und Einfluss. 1310 wurde der Stadt das Lübecker Stadtrecht verliehen. Bereits damals verfügte Słupsk über umfangreiche Handelskontakte, im Mittelpunkt stand der Handel mit Bernstein. Dieses überaus einträgliche Gewerbe brachte der Stadt erheblichen Wohlstand ein: Als Słupsk zu Beginn des 14. Jh. an den deutschen Orden fiel, konnte es sich freikaufen. Keine 50 Jahre später erfolgte der Beitritt zur Hanse. Doch die blühende Metropole weckte sowohl auf polnischer als auch auf deutscher Seite große Begehrlichkeiten, stand zeitweise unter brandenburgischer Herrschaft, fiel dann wieder an die polnischen Herzöge, um nach dem Dreißigjährigen Krieg erneut von den Brandenburgern in Beschlag genommen zu werden, die sie zunehmend „eindeutschten“. Selbst der kaschubische Dialekt war zu jener Zeit verboten. Unter der preußischen Oberhoheit nahm der Prozentsatz der polnischen Bevölkerung immer mehr ab. Dies änderte sich erst nach dem

Erfrischend: gepflegte Grünanlagen mit plätschernden Brunnen

Zweiten Weltkrieg: Ursprünglich im Osten des Landes beheimatete Polen wurden in die Stadt umgesiedelt; am 7. Juli 1945 wurde der Kreis Słupsk der Woiwodschaft Gdańsk angeschlossen. Nach den schweren Verwüstungen des Krieges begann der Wiederaufbau der Stadt. Vieles ist unwiederbringlich verloren, aber es gelang immerhin, einzelne historisch bedeutsame Gebäude aus den Trümmern zu rekonstruieren. Erst 20 Jahre später, Mitte der 60er-Jahre, war der Wiederaufbau abgeschlossen.

Information/Verbindungen/Adressen/Veranstaltungen

● *Information* **City Promotion and Tourist Information Center**, hier wird sehr gut Englisch gesprochen, eine der besten Informationsstellen an der Küste! Ul. Starzyńskiego 8, ☎ 059/8424326. Mo–Fr 8–18 Uhr und Sa 9–15 Uhr in der Saison (Juni bis Mitte Oktober), sonst Mo–Fr 8–16 Uhr. Außerdem erteilen während der Saison ein kleiner Informationskiosk am Rathaus (Mo–Fr 9–17 Uhr und Sa 9–17 Uhr) und eine Informationsstelle am Turm des Rathauses (Mo 9–17 Uhr und Di–Sa 9–15 Uhr) Auskunft.

● *Verbindungen* **Bahn**: Der Bahnhof liegt etwa 10 Min. von Rathaus und Altstadt entfernt. Regelmäßige Verbindung nach Koszalin, 5-mal täglich nach Szczecin und fast stündlich nach Gdańsk.

Bus: Der Busbahnhof gleich nebenan bietet gute Anschlüsse zur Weiterfahrt in den Slowinzischen Nationalpark: 6-mal täglich nach Łeba, alle 1–2 Std. nach Smołdzino (teils weiter bis nach Kluki), 5- bis 6-mal tägl. nach Koszalin und Gdynia. Darüber hinaus fahren regelmäßig PKS-Busse nach Ustka und nach Darłowo.

● *Arzt* **Salus**, ul. Zielona 8 a, ☎ 059/8401940.

● *Bank* **Bank S.A.**, ul. Anny Łajming 9, ☎ 059/8412000.

● *Internetcafé* Ul. Staszica 14, ☎ 059/8414700.

● *Internationale Zeitschriften* **Empik**, ul. Stary Rynek 6, ☎ 059/8426347.

Die Küste Pommerns

- *Pannendienst* **Stop Akonis**, ul. Grottgera 14 ✆ 059/8457070.
- *Post* Ul. Łukasiewicza 3, 76-200 Slupsk, ✆ 059/8424315.
- *Polizei* Ul. 3 Maja 1, ✆ 059/8451220.
- *Reinigung* **Texi**, ul. Starzyńskiego 9 a, ✆ 059/8411022.
- *Reiten* **Dolina Charlotty**, ul. Strzelinko 14, Zamełowo, 76-200 Słupsk, ✆ 059/8465899. **Nadzieja**, ul. Kaszubska 50, 76-200 Słupsk, ✆ 059/8401921.
- *Taxi* **Vigor Net**, ul. Hubalczyków, ✆ 059/9621.

City-Hal, ✆ 059/9629.
- *Zahnarzt* **Katarzyna Roman**, ul. Sienkiewicza 5 a, ✆ 059/8425100.
- *Veranstaltungen* Im Januar: Internationaler Wettbewerb der Angler – wer den größten Lachs fängt, hat gewonnen! Im Juli/August mittwochabends **Kammer- und Orgelkonzerte** in der Schlosskirche; im September **Polnisches Pianofestival** im Schloss (eine Woche lang); im November **Komeda-Jazz-Festival**, Krzysztof Komeda gewidmet, dem „Godfather of Jazz" in Polen.

Übernachten

Die Stadt verfügt über ein umfangreiches Hotelangebot für jeden Bedarf. Bis auf wenige Ausnahmen sind die Unterkünfte in historischen Gebäuden aus dem 19. Jh. untergebracht – technisch nicht immer der allerneueste Stand, aber dafür mit sehr viel Atmosphäre.

- *Hotels* ***** Hotel Staromiejski (6)**, mitten im Zentrum. Schöne alte Villa, außen weiß, innen Marmor, Holz an der Decke. Die Küche im Restaurant ist ausgezeichnet. DZ zwischen 55 und 66 €. Ul. Jedności Narodowej 4, 76-200 Słupsk, ✆ 059/8428464, 📠 059/8425019.

Charmant: die Altstadt von Słupsk

*** Hotel Piast (5), gleich nebenan. Reizvoller Bau mit Giebeln, Erkern und Türmchen – mit viel Sorgfalt renoviert. Hervorragendes Restaurant, Spezialität: Fisch. DZ 49–66 €. Ul. Jedności Narodowej 3, 76-200 Słupsk, ✆ 059/8425286, 📠 059/8425287.

** Hotel Zamkowy (12), gleich neben dem Schloss. Schöne, geräumige Zimmer, zum Teil mit alten Stilmöbeln ausgestattet, knarrende Dielen. DZ 51–60 € (wird bar bezahlt, es kann über Spezialpreise verhandelt werden). Ul. Dominikańska 4, 76-200 Słupsk, ✆/📠 059/8425294.

*** Gościniec Rowokół (14), nicht ganz im Zentrum, dennoch nur ca. 5 Minuten zu Fuß in die Altstadt; mit Restaurant. Die Zimmer sind sauber und ordentlich, das DZ liegt bei 50 € mit Frühstück. Ul. Ogrodowa 5, 76-200 Słupsk, ✆ 059/8427211.

*** Hotel Słupsk (15), außerhalb des Zentrums. Hübsches Mittelklasse-Hotel mit 62 Zimmern, Restaurant, Sauna und Solarium. Das DZ kostet 37 €. Ul. Poznańska 11, 76-200 Słupsk, ✆ 059/8426348.

**Hotel Atena (2), altes Gebäude, eine Renovierung würde nicht schaden. Im Restaurant des Hauses existiert auch ein Saal, der für Bankette gemietet werden kann. DZ 50–56 €, ein Hauptgericht im hauseigenen Restaurant liegt bei 6–7 €. Ul. J. Kilińskiego 7, 76-200 Słupsk, ✆ 059/8428814.

Hotel PTTK Mikołajek (3), hübsches altes Haus am Fluss, kultiger Treff mit hervorragendem Preis-Leistungs-Verhältnis. Restaurant und Café: Hier sitzt man im Innenhof

Nachtleben

4 Pepe
7 Metro

Übernachten

2 Hotel Atena
3 Hotel PTTK Mikołajek
5 Hotel Staromiejski
6 Hotel Piast
10 Schronisko Młodzieżowe (Jugendherberge)
11 Jugendherberge
12 Hotel Zamkowy
14 Gościniec Rowokół
15 Hotel Słupsk

Essen & Trinken

1 Karcma Pod Kluka
2 Atena
3 Kawiarnia 'Mikoajek'
5 Staromiejska
6 Piast
7 Metro
8 Qugino
9 Herbaciarnia „w Spichlerzu Richtera"
12 Zamkowy
13 Anna de Croy
15 Słupsk

Słupsk

200 m

unter Kastanien und Ahornbäumen. DZ 30–55 € (je nachdem, ob mit oder ohne Bad). Der bewachte Parkplatz kann für 4 € genutzt werden. Ul. Szarych Szeregów 1, 76-200 Słupsk, ☎ 059/8422902.

● *Jugendherbergen* (10), einfache Saisonjugendherberge, die in einer Schule untergebracht ist und während der Sommerferien genutzt werden kann. Hier kann man für 4–6 € pro Person übernachten. Ul. Hubalczyków 7, 76-200 Słupsk, ☎ 059/8404201.

In einer weiteren Schule ist eine zweite einfache **Jugendherberge (11)** untergebracht. Während der Wintermonate geschlossen. Die Zimmer haben 2, 3, 4 oder 5 Betten; die Übernachtung liegt bei 7 €, für Studenten nur 6 €. ul. Chopina 3, 76-200 Słupsk, ☎ 059/8424921.

Essen und Trinken/Nachtleben

Will man weniger Geld ausgeben als in den unten beschriebenen Restaurants, geht man in eine der zahlreichen kleinen Bars und Bistros in der Altstadt und im modernen Stadtkern. Höchste Konzentration: Wojska Polskiego; hier säumen kleine Pizzerias den Straßenrand, wo man für 5–7 € satt werden kann.

● *Essen und Trinken* **Anna de Croy (13)**, im Schloss, benannt nach der letzten Herzogin, die hier gelebt hat. Küche: regional polnisch und sehr exklusiv. ☎ 059/8481650.

Metro (7), gegenüber vom Rathaus (neben dem Neuen Tor). In dem Gebäude befinden sich gleich zwei Restaurants: unten das Złoty Smok, ein chinesisches Restaurant;

im darüber liegenden Stockwerk ist das Metro untergebracht. Dort werden polnische Gerichte serviert. In beiden Restaurants kann man mit 12–15 € für ein Menü rechnen. Ul. 9 Marca 3, ☎ 059/8423741.

Karczma Pod Kluka (1), am Park gelegen, traditionell polnisch eingerichtet mit viel Holz im Fachwerkstil. Regionale Spezialitäten: viel Wild und frugale altpolnische Küche. Sehr beliebt bei den Einheimischen. Eine Hauptmahlzeit liegt hier zwischen 15 und 20 €. Ul. Kaszubska 22, ☎ 059/8423469.

Qugino (8), mitten im Zentrum, neben dem Neuen Tor – derzeit das angesagteste Pub-Restaurant der Stadt! Tagsüber: leckere Pizza und Pasta für 4–5 €; abends treffen sich hier die Locals. Plac Zwycięstwa 11, ☎ 058/8403220.

Herbaciarnia „w Spichlerzu Richtera" (9), in einem alten Fachwerkhaus hinter dem Schloss werden über 200 verschiedene Tee-sorten aus aller Welt und 25 Kaffeesorten serviert. Neben leckerem Kuchen und Eis ist auch die heiße Schokolade sehr zu empfehlen … Zwischen 11 und 20 Uhr geöffnet. Rynek Rybacki, 76-200 Słupsk, ☎ 059/8424081.

• *Nachtleben*   In den Kellern der kleinen Gassen in der Altstadt sind zahlreiche Pubs untergebracht – hier trifft man sich abends auf ein Bier.

Pepe (4), mitten im Zentrum gegenüber von der Touristeninformation. Das kleine Pub liegt im Souterrain – sehr klein, rustikal eingerichtet. Auch tagsüber geöffnet, man kann Kleinigkeiten essen. Al. H. Sienkiewicza.

Metro (7), unter den beiden gleichnamigen Restaurants gelegen (s. o.), aber mit anderem Betreiber. Clubartig eingerichteter Keller, abends dröhnen einem die Bässe entgegen. Ul. 9 Marca 3, ☎ 059/8422583.

Sehenswertes

Greifenschloss: Im Zuge seiner wachsenden wirtschaftlichen und politischen Bedeutung rückte Słupsk Anfang des 16. Jh. ins Interesse der Greifenfürsten: Boguslaw X. hatte ein Auge auf die Stadt geworfen und erhob sie zu seiner Residenz. 1507 wurde mit dem Bau der Burg begonnen. Die erste Version glich einer Festung: ein trutziges Gemäuer mit schmalen Fenstern und Schießscharten, die Mauern waren 2,5 m dick. 200 Jahre später wurde die massive gotische Burg von einem italienischen Architekten in eine elegante Residenz im Stil der Renaissance verwandelt. Von der kunstvoll gestalteten Fassade ist heute allerdings nichts mehr zu sehen, denn nachdem das Schloss im Zweiten Weltkrieg empfindlich beschädigt worden war, erfolgte der Wiederaufbau in einfacherer Form mit glatten Außenwänden. Heute befindet sich im Inneren des Schlosses ein Museum:

Stanislaw Ignacy Witkiewicz, „Witkacy" (1885–1939): Allroundtalent mit exzentrischem Lebensstil

Der Fotograf, Schriftsteller und Maler Stanislaw Ignacy Witkiewicz sorgte zu Beginn des 20. Jh. für Aufsehen, denn er liebte es, durch Halluzinogene und Aufputschmittel sein Bewusstsein zu erweitern und sich so inspirieren zu lassen. Die Arbeiten des experimentierfreudigen Künstlers enthalten stets genaue Angaben über Art und Menge der Droge, die er gerade zu sich genommen hatte. Daraus errechnete er dann später den Preis des Kunstwerks …

Muzeum Pomorza Środkowego: Das Museum dokumentiert die Geschichte und Kultur Pommerns. Gleich gegenüber vom Eingang hängt in der Diele eine überdimensionale Landkarte Pommerns, die 1612 in Amsterdam angefertigt wurde. Nebenan und im Obergeschoss sind Zinnsarkophage, sakrale Skulpturen und Schnitzkunst zu sehen. Im 2. Stock befinden sich an die 200 Porträts und Pastellzeichnungen von Stanislaw Ignacy Witkiewicz (siehe Kasten).

Wichtigstes Exponat des Museums ist ein Teil eines Prunkwagens aus dem 17. Jh.: Nach der siegreichen Schlacht in Wien zog der erfolgreiche polnische König Jan III. auf diesem Wagen in die Stadt und ließ sich feiern.

⏰ Di–So 10–16 Uhr, Eintritt 2,50 €, ermäßigt 1,30 €. Ul. Dominikańska 5–9, ☎ 059/8424081.

Schlossmühle (Młyn Zamkowy): Vor dem Herzogschloss steht die im Fachwerkstil gebaute historische Mühle, die 100 Jahre älter ist als das Schloss selbst. In ihrem Inneren befindet sich die ethnologische Abteilung des Schlossmuseums.
⏰ Siehe Schloss. Ul. Dominikańska, ☎ 059/8411919.

Schlosskirche (Kościól Św. Jacka): Schräg gegenüber befindet sich die spätgotische Basilika. Noch im 15. Jh. gehörte sie den Dominikanern. Der sündhaft reiche Orden zog zur Zeit der Reformation den Zorn der Bevölkerung auf sich: Die wütende Menge plünderte und verwüstete das Gotteshaus. Erst unter den Greifen wurde es 1602 im barocken Stil wieder instand gesetzt und feierlich zur Schlosskirche erklärt. Aus jener Zeit stammt auch der größte Teil der Innenausstattung: ein Renaissance-Hochaltar und die Barockorgel, die für ihren ganz besonderen Klang berühmt ist. Im Sommer finden hier abends Orgelkonzerte statt.

Finstere Vergangenheit: die Hexenbastei von Słupsk

Mühlentor (Brama Młyńska): Das spätgotische Tor gegenüber der alten Mühle (am anderen Ufer der Slupia) ist eines der letzten Relikte aus dem späten Mittelalter; damals war es Bestandteil der Befestigungsanlage der Stadt. Auf der anderen Seite des Tores befindet sich der alte Fischmarkt.

Hexenturm (Baszta Czarownic): Keine 100 m weiter nördlich – ebenfalls am Ufer gelegen – sieht man die ziegelroten Mauern einer mittelalterlichen Bastei. Das mysteriöse Gemäuer mit dem halbkreisförmigen Grundriss wirkt, als habe man es in der Mitte auseinander geschnitten; die Wetterfahne zeigt eine Hexe auf ihrem Besen. Dieser Teil der ehemaligen Stadtbefestigung beleuchtet ein düsteres Kapitel der Ortsgeschichte: Im 17. Jh. diente der Turm als Kerker für Frauen, die man der Hexerei bezichtigte. Die vermeintlichen Hexen starben dann meist einen qualvollen Tod auf dem Scheiterhaufen. Erst 1701 nahm dieser Spuk ein Ende.

Marienkirche (Kościól Mariacki): Der wuchtig-kompakte Backsteinbau aus dem 14. Jh. erhebt sich am alten Marktplatz und ist von den historischen Häusern der Altstadt umgeben. Unterstrichen wird der „untersetzte" Eindruck noch durch den ungewöhnlich niedrigen dicken Turm der dreischiffigen Kirche. Nachdem der ursprünglich sehr viel höhere Turm zerstört worden war, baute man ihn nur noch zum Teil wieder auf. Im Inneren kann man sich eine spätgotische figürliche Darstellung der Kreuzigung anschauen.

Neues Tor (Brama Nowa): Als Relikt einer anderen Epoche prangt das mittelalterliche Tor wie ein anachronistischer Fremdkörper zwischen den modernen Fassaden. Seit dem 15. Jh. wurde es sehr vielseitig genutzt, u. a. als Gefängnis und Wollspinnerei. Derzeit beherbergt es eine Galerie mit Bildern, Keramik und Schmuckgegenständen.

Rathaus: Das imposante neogotische Rathaus (1898) steht weithin sichtbar auf dem ringsum verkehrsumtosten Rathausplatz. Sein Turm weist eine Höhe von 60 m auf. Im Inneren ist noch viel Originales erhalten: Deckenmalereien im Jugendstil, riesige Kronleuchter sowie aus edlen Hölzern angefertigte, mit Schnitzereien reich verzierte Möbel. Auf alten Wandbildern wird die Stadtgeschichte dargestellt. Auch der Turm des Rathauses kann besichtigt werden.

🕐 Täglich (Juni–September) 9–15 Uhr. Plac Zwycięstwa 1, 📞 059/8488463.

Umgebung von Słupsk

Słupsk eignet sich als Ausgangsbasis für Ausflüge ins sog. „Karierte Land". Der Name spielt auf die im Fachwerkstil erbauten Häuser der umliegenden Gemeinden mit den typischen Karomustern an. Diese Architektur war im 19./20. Jh. die charakteristische Bauweise der Slowinzen – der slawische Stamm bevölkerte das Gebiet, in dem sich heute der gleichnamige Nationalpark befindet. Ganze Dörfer sind in der Umgebung von Słupsk in diesem Stil angelegt: Scheunen, Schmieden und Wohnhäuser. In Swałowo, einem Dorf etwa 10 km westlich von Słupsk, ist ein solcher Bauernhof komplett rekonstruiert worden.

Der Slowinzische Nationalpark

Dieser faszinierende Nationalpark mit seinen einsamen Stränden erstreckt sich über 33 km entlang der Küste zwischen Rowy und Łeba. Wie in einem riesigen Patchwork treffen hier völlig unterschiedliche Landschaften aufeinander: steppenartige Heideflächen, mit Krähenbeerbüschen bewachsene Hügel und sumpfige Torfmoore, dazwischen stille Seen mit verschilft-raschelnden Ufern – ein Paradies für Vögel. Landschaftlich besonders grandios sind die riesigen, weißen Wanderdünen.

In dieser Abgeschiedenheit lebten bis vor ein paar Jahrzehnten die Slowinzen, eine mit den Kaschuben verwandte westslawische Volksgruppe. Erst nach dem Zweiten Weltkrieg wurden ihre letzten Nachfahren, die man irrtümlich für Deutsche hielt, vertrieben; damit verschwanden die letzten Slowinzen für immer von der Bildfläche. Nur der Name des Parks und ein Freilichtmuseum in Kluki erinnern noch an die ehemaligen Bewohner der Gegend.

Gegründet wurde der Nationalpark 1967 im Tiefland von Gardna und Łeba auf einer Fläche von 186 km². Die geomorphologischen Gegebenheiten dieses Areals sind in Europa einzigartig und weisen eine ungewöhnliche Entstehungsgeschichte auf: Die letzte Eiszeit hinterließ einen Gürtel von Moränen. Die seichten Lagunen zwischen den Moränenhügeln an der Küste waren einst Buchten, bis sie durch den beständig ans Ufer gespülten Sand vom Meer abgeschnitten wurden. Dadurch bil-

Endlose Weite: die Sandstrände im Slowinzischen Nationalpark

Die Küste Pommerns

deten sich vor etwa 5000 Jahren die großen Seen und ein Landstreifen, auf dem sich dichte Eichenwälder ausbreiteten. Vor rund 900 Jahren machten sich die damaligen Bewohner des Gebiets daran, die Wälder abzuholzen, und setzten damit einen Prozess in Gang, dessen Folgen in ihrem vollen Ausmaß erst Jahrhunderte später deutlich werden sollten: Der gelichtete Wald stellte für die Dünen kein Hindernis mehr dar, und langsam, aber beständig begannen sie zu wandern und begruben die Reste des Waldes unter sich. Eine Wanderdüne legt zwischen 2 und 10 m im Jahr zurück. Die höchsten Dünen befinden sich 8 km westlich von Łeba zwischen Meer und Łebsko-See. Sie erreichen dort eine Höhe von bis zu 40 m; die Spitze der Łącka Góra bei Rąbka, der größten Düne des Slowinzischen Nationalparks, liegt sogar 42 m über dem Meeresspiegel. Insgesamt bedecken die Sandberge heute eine Fläche von 6 km². Damit befindet sich hier das größte europäische Sanddünengebiet. Und die Fläche wächst weiter – an der polnischen Küste entsteht eine kleine europäische Sahara!

Hinter den mit saftigen Gräsern (Strandhafer und Roggen) bewachsenen Dünen breiten sich heute lichte Kiefern- und Mischwälder aus. Mancherorts sieht man neben Dachsen, Hirschen und Wildschweinen sogar Elche und Waschbären. Noch etwas weiter im Hinterland liegen die einst mit der Ostsee verbundenen großen Seen, der Łebsko-See und der Gardna-See; Ersterer ist 16 km lang und mit einer Fläche von 71 km² der drittgrößte See Polens. Hinzu kommen viele kleinere Seen und Tümpel – auf den ganzen Park verteilt sollen es an die 600 sein.

Die großen, seichten Seen verschlammen zunehmend und sind an den sumpfigen Ufern von einem breiten Gürtel aus dichtem Schilf und Röhricht umgeben. Die Schilfinseln auf dem Wasser dienen als Nistplätze für zahllose Wasservögel, die sich auf etwa 250 unterschiedliche Arten verteilen. Darunter sind Singschwäne, schwarze Störche, Kraniche und die entenartigen Alken. Wer Glück hat, sieht sogar einen der selten gewordenen Seeadler über den weiten Ebenen des heideartigen Flachlands kreisen. Aber auch seltene Pflanzen bekommt man zu Gesicht, z. B. einheimische Orchideen oder den fleischfressenden Sonnentau.

Rowy   dt. Rowe • 1.900 Einwohner

In dem kleinen Fischerdorf bildete sich Ende des 19. Jh. eine kleine Künstlerkolonie, zu der auch der „Brücke"-Maler Max Pechstein gehörte. Heute präsentiert sich Rowy als sympathischer Badeort, der noch nicht von touristischen Heerscharen vereinnahmt wurde.

Im Osten Birken- und Kiefernwälder um die Dünen des Slowinzischen Nationalparks, weiter südlich das schilfbewachsene Ufer des Jezioro Gardno. Die Łupowa, die vom Gardno-See aus durch Rowy fließt, quert den kleinen Fischerhafen des Ortes und mündet schließlich in die Ostsee. Im Hafen dümpeln in der Sommerhitze kleine Fischerboote vor sich hin. Wer dieses Bild vor Augen hat, kann sich kaum vorstellen, dass der Hafen bereits sehr alt ist und einst eine wichtige Rolle spielte: Die Küste vor Rowy ist berühmt-berüchtigt für urplötzlich aufziehende tückische Herbst- und Winterstürme, unzählige Schiffe gerieten hier in den letzten Jahrhunderten in schwere Unwetter, deren Gewalten sie nicht gewachsen waren. Für sie war der Hafen von Rowy die letzte Rettung. Doch für manche Schiffe war es bereits zu spät: Auf dem Friedhof von Rowy finden sich zahlreiche halb verwitterte Grabsteine, die an die Opfer solcher Katastrophen erinnern.

• *Information* **Informacja Turystyczna**, Nadmorska 17, ☎ 059/8141818. Mai–August Mo–Sa 9–18 Uhr, außerhalb der Saison Mo–Fr 9–16 Uhr.

• *Verbindungen* Rowy erreicht man öffentlich nur mit dem Bus (Busbahnhof im Zentrum). Mehrmals täglich fahren Busse nach Słupsk u. Ustka, zweimal täglich nach Łeba.

• *Übernachten* Neben Hotels u. Ferienheimen gibt es in Rowy zahlreiche Pensionen. Eine Übernachtung kostet zwischen 10 und 15 €, in der Hauptsaison klettern die Preise auch hier.

Verträumt: der Gardno-See bei Rowy

*** **Hotel Kormoran**, am Rand von Rowy, neben Nationalpark und Gardno-See inmitten grüner Rasenflächen, die schon fast englisch wirken. Als exklusivstes Hotel im Ort bietet das Kormoran 60 komfortable Zimmer mit ausgezeichnetem Restaurant, Sauna und Swimmingpool. DZ in der Saison (Juli/August) 82 €, außerhalb der Saison 62 € (inklusive Frühstück). Ul. Kościelna 16, 76-212 Rowy, ℡ 059/8141941, ✆ 059/814953.

Campingplatz und Erholungsheim Ośrodek Szkoleniow, im Osten der Stadt am Strand unter Kiefernwäldern, mit Restaurant. Auch Bungalows für 4–6 Personen werden für 126 € in der Hauptsaison (Mitte Juli bis Mitte Aug.) und 62 € in der Nebensaison (Sept.–April) vermietet; sonst liegen sie bei rund 100 €. Ul. Wczasowa 75 a, 76-212

Rowy, ℡ 059/8141944, ✆ 059/8141839.

● *Essen und Trinken* **Chłopska**, im Zentrum. Gemütliches Restaurant mit rustikalem Ambiente und großem Rauchabzug in der Mitte des mit Fischernetzen dekorierten Raums. Auf der Speisekarte Fisch und Fleisch in allen Variationen. Eine Mahlzeit liegt hier bei rund 10 €. ℡ 059/8141925.

ELF Poleca, kleines, zweistöckiges Restaurant an der Hauptstraße, sehr freundlicher Service, solide polnische Küche zu erschwinglichen Preisen: 5–7 €. ℡ 059/8142114.

Fischbar Przystań, am Hafen. Während ringsum die Kutter schaukeln, wird hier superleckerer Fisch zu fairen Preisen (5–7 €) angeboten. Bei schönem Wetter kann man hier sehr schön draußen sitzen. Ul. Portowa.

Baden

Östlich der Mole erstreckt sich der Sandstrand kilometerlang in das Naturschutzgebiet des Nationalparks. Nach ein paar hundert Metern hat man das Strandgetümmel hinter sich gelassen und ist allein mit den Dünen und der Brandung. Im Sommer sanfte Wellen und sehr sauberes Wasser. Besonders schön ist der Strand etwa 3,5 Kilometer westlich von Rowy.

Wanderung: Durch den Slowinzischen Nationalpark

Route: Rowy – am Ufer des Gardno-Sees entlang – durch sonnendurchflutete Mischwälder in Richtung Strand, vorbei an kleinen Seen und an der Blotna Gora, einer bewaldeten Düne – dann an der Ostseeküste entlang zurück nach Rowy.

Länge: 18 km.

Dauer: 5–6 Stunden.

Allgemeines: Erstklassige Bademöglichkeiten an den einsamen Stränden und menschenleeren Buchten des Slowinzischen Nationalparks. Der Weg ist einfach und kann zum Teil auch mit dem Fahrrad zurückgelegt werden.

Nachdem man den Eingang in den Park passiert hat, lässt man schnell die Zivilisation weit hinter sich. Im lichten Kiefern- und Birkenwald dringt nur noch von links das Tosen der Brandung und von rechts das Rascheln und Rauschen des Schilfs ans Ohr. Auf dem Weg durch den Wald zunächst immer geradeaus bzw. rechts halten, der sandige Pfad führt am Ufer des **Gardno-Sees** entlang – der See selbst ist aber vom Pfad aus nicht zu sehen. Erst nach ca. 2 km Wegstrecke durch den Wald erreicht man eine Aussichtsplattform auf der rechten Seite: Von hier aus bietet

sich eine fantastische Aussicht über den See. Anschließend geht es weiter durch den Wald, vorbei an Birken und grotesk geformten Kiefern, die einen würzigen Duft verströmen.

Nach ca. 3 km stößt man auf eine Gabelung. Wer die Route abkürzen will, kann hier den linken Weg einschlagen: weiter in Richtung Strand und dann die Küste entlang wieder zurück. Wer dagegen die Wanderung in voller Länge machen möchte, bleibt auf dem sandigen Pfad, der weiter geradeaus durch den Wald am Ufer des Sees entlang verläuft. Blickt man nach links, sieht man

Die Küste Pommerns

vereinzelt meterhohe weiße Sandhaufen zwischen den knorrigen Kiefern.

Nach weiteren 4 km hat man den Gardno-See auf der rechten Seite hinter sich gelassen; man erreicht einen Parkplatz, der Weg teilt sich. Auf der linken Abzweigung geht es weiter durch den Wald. Der Boden ist locker und sandig, der Wald wird dichter. Nun passiert man den **Dołgie-Małe-See**, der ein wenig abseits des Pfads versteckt im Wald liegt. Etwa 1,5 km nach der letzten Kreuzung führt ein kleiner Pfad, der links abzweigt, zu einem Aussichtspunkt mit Blick über den See.

Lichte Wälder und bewachsene Dünen im Slowinzischen Nationalpark

Wieder auf den Hauptweg zurückgekehrt, wandert man weiter bis zum Ende des Sees, wo sich der Weg teilt: Hier hält man sich links Richtung Strand. Nach ca. 1 km kreuzt ein Pfad den Weg. Wer auf diesem kleinen Pfad einen Abstecher nach links macht, erreicht die **Biała Góra**, eine 30 m hohe Sanddüne mitten im Wald, die teils mit Kiefern bewachsen ist. Wer rechts einbiegt, kommt zur **Błotna Góra**, einer bewaldeten Sanddüne, die hier mit 31 m die höchste Erhebung ist.

Kehrt man nun wieder auf den Hauptweg zurück, stößt man nach ca. 1 km plötzlich auf das Meer. Folgt man hier dem Verlauf der Küste nach links, erreicht man nach einer ausgedehnten Strandwanderung von 8 km Länge wieder den Strand von Rowy.

Gardna Wielka

Das winzige Dorf liegt zwischen Rowy und Smołdzino am Ufer des Gardno-Sees. Eine Hand voll Unterkünfte um die Dorfkirche, ein paar Geschäfte – und der beste Blick auf den See. Gute Ausweichmöglichkeit, wenn in Smołdzino (s. u.) alle Unterkünfte belegt sind.

• *Übernachten* **Erholungszentrum Delfin**, am Ufer des Gardno-Sees (gegenüber der Kirche). Schöne, saubere Zimmer, gemütliches Restaurant und ein wunderbarer Blick über den See für 25 € pro Person inklusive Frühstück. Pl. Wolności 1, 72-213 Gardna Wielka, ✆ 059/8463447.

Dom Wycieczkowy PTTK, gegenüber dem Seeufer, sehr einfach eingerichtet und nur im Sommer geöffnet (Mitte Juni bis Ende September). Kościuszki 7, 72-213 Gardna Wielka, ✆ 059/8117260.

Smołdzino   dt. Schmolsin • 900 Einwohner

Ein kleines verschlafenes Dorf in der Abgeschiedenheit der Natur zwischen Gardno- und Łebsko-See: eine Hand voll Häuser um die Kirche, ein paar nur im Sommer geöffnete Restaurants und Bars an der Hauptstraße, ein kleines Museum – das war's. Das Leben plätschert hier unbeeindruckt vom Rest der großen weiten Welt von einem Tag zum nächsten. Einmal im Jahr allerdings, im Juli und August,

Wild wuchernde Wälder im Slowinzischen Nationalpark

erwacht das Dorf aus seinem Dornröschenschlaf: Dann wird es zum „Basislager" für Ausflüge in den Slowinzischen Nationalpark.

• *Information* **Touristenbüro**, ul. Kościuszki 3, ☎ 059/8117215. Mit den Öffnungszeiten wird es hier nicht so genau genommen.

• *Verbindungen* Lokale **Busse** in die umliegenden Orte (im Winter sehr selten).

• *Übernachten/Essen* In Smołdzino finden sich einige einfachere Unterkünfte (beispielsweise hinter der Kirche), die je nach Auslastung zwischen 10 und 15 € pro Person liegen. Darüber hinaus besteht die Möglichkeit, entweder in Richtung Gardna-See nach Gardna Wielka oder in Richtung Nationalpark nach Smołdzino Las auszuweichen.

Gościniec U Bernackich, an der Hauptstraße auf dem Weg in den Nationalpark. Die schönste Unterkunft in Smołdzino mit 30 sehr gemütlichen Zimmern – auf dem Schornstein des Hauses gegenüber ein riesiges Storchennest! Im Hinterhof unter Bäumen das Restaurant, bekannt für die hervorragende Küche (Spezialitäten der Region). 20 € pro Person, Juli und August 3 € mehr, im Sommer unbedingt reservieren! Ul. Bohaterów Warszawy 26, 76-214 Smołdzino, ☎ 059/8117364.

Sehenswertes

Museum für Naturgeschichte (Muzeum Przyrodnicze): Dokumentiert wird die Pflanzen- und Tierwelt des Parks, zugleich ist das Museum die Zentrale der Parkverwaltung. Man bekommt allgemeine Tipps für die Erkundung des Nationalparks und kann sich die besten Stellen für die Vogelbeobachtung nennen lassen – allerdings ist nicht unbedingt immer jemand anwesend, der eine Fremdsprache beherrscht.

☉ Di–So 9–17 Uhr, Eintritt 1,50 €. Ul. Boh. Warszawy 1, Smołdzino, ☎ 059/8117204.

Rowokól: Westlich von Smołdzino und rund 6 km von der Küste entfernt liegt der Rowokól, der heilige Berg der Slowinzen; vor beinahe tausend Jahren befand sich hier eine der drei wichtigsten heidnischen Kultstätten des Gebiets. Heute steht auf

dem 115 m hohen Berg ein Aussichtsturm, der an klaren Tagen ein schönes Panorama bietet: Kiefernwälder, aus denen die Gipfel der weißen Wanderdünen hervor-
ragen, dahinter der Strand mit der Nehrung. Um den Berg herum breitet sich ein
flaches, heideartiges Torfgebiet aus, im Westen liegt das mäandernde Flussbett der
Lupia, gesäumt von Buchenwäldern. Der Pfad zum Berg beginnt hinter der Tankstelle in Smołdzino, der Aufstieg dauert etwa eine halbe Stunde.

Freilichtmuseum Slowinzisches Dorf (Muzeum Wsi Słowińskiej): Das Museum befindet sich in Kluki (Klucken), einem winzigen Dorf mit vielleicht 300 Einwohnern
5 km östlich von Smołdzino am westlichen Ufer des Łebsko-Sees. Bis zum Ende des
Zweiten Weltkriegs lebten hier noch Slowinzen. Viele von ihnen hatten deutsch
klingende Nachnamen und verließen den Ort aus Furcht vor den russischen Besatzern unmittelbar nach Kriegsende, einige gingen nach Deutschland.

Das Museum, das die Alltagskultur der Slowinzen dokumentiert, wurde 1963 eröffnet. Ursprünglich bestand es nur aus drei sorgsam restaurierten Höfen aus dem 18.
und 19. Jh. Inzwischen sind weitere Gebäude aus dem Umland hinzugekommen,
die nach ihrer Instandsetzung hier wieder aufgebaut wurden. Ausgestattet sind die
Häuser u. a. mit Wandpritschen und in der Raummitte installierten Feuerherden.
Zu sehen bekommt man darüber hinaus das Arbeitsgerät der damaligen Zeit: Boote mit Haspelrädern zum Auslegen der langen Zugnetze, Harpunen und Aalkäm-
me. Im Sommer finden Veranstaltungen statt, bei denen die alten Gebräuche der
Slowinzen wieder aufleben, z. B. Brotbacken nach traditionellem Rezept mit gerie-
benen Kartoffeln und Erbsen.

⏱ Mitte Mai bis Mitte September täglich 10–18 Uhr (Mo nur bis 15 Uhr), außerhalb der Saison täglich 9–15 Uhr. Eintritt 2,50 €, erm. 1,50 €. Ul. Kluki 27, 76-214 Smołdzino, ☏ 059/8463020.

Spaziergang zur großen Düne (Wydma Czołpińska) und zum Leuchtturm

Route: Smołdzino Las – Parkplatz – durch den Kiefernwald zur Düne – zurück zum
Parkplatz – Leuchtturm von Czołpino – zurück nach Smołdzino Las.

Länge: 5 km.

Dauer: 1 ½ Stunden.

Allgemeines: Auch diese Wanderung gewährt einen Einblick in die Eigenheiten
des Slowinzischen Nationalparks: lichter Kiefernwald und strahlend weiße Dünen
inmitten der Bäume. Vom Leuchtturm aus genießt man einen herrlichen Ausblick
über den Park. Die Wanderung ist kurz und einfach, der Aufstieg auf die Düne ist
noch der anstrengendste Teil.

Man startet am Parkplatz bei Smołdzino
Las. Der erste Streckenabschnitt führt
durch Kiefernwald, der Boden ist etwas
sandig. Nach ca. 1,5 km zweigt der Weg
nach links ab. Es geht leicht aufwärts,
und der Weg wird immer sandiger.

Nach etwa 300 m sieht man plötzlich
einen hellen Gipfel vor sich – die weiße
Düne taucht aus dem Wald auf. Der
Wald wird immer lichter, auf der Spitze
der Düne wachsen nur noch vereinzelt
Sträucher und Gräser. Der Weg ist nun
mit Pfosten markiert. Weiter geht es
jetzt durch eine Mini-Dünenwüste.

Nach ca. 400 m hört man ein Tosen: die
Brandung der Ostsee. Der Strand erstreckt sich scheinbar endlos nach links
und nach rechts. Würde man in Richtung Osten weitergehen, könnte man
nach 20 km Łeba erreichen; in westlicher Richtung sind es rund 17 km bis
Rowy.

Wer sich einen Überblick über den Nationalpark verschaffen möchte, kann ei-

Beliebt: Dünenwanderungen im Slowinzischen Nationalpark

nen Abstecher zum Leuchtturm von Czołpino (25,2 m) machen. Vom Parkplatz bei Smołdzino Las sind es nur ein paar hundert Meter bis zum Leucht- turm. Dieser kleine Umweg lohnt sich wegen des fantastischen Panorama- blicks: Der Turm wurde auf einer der höchsten Dünen errichtet.

Łeba
dt. Leba • 4.200 Einwohner

Hafenidylle inmitten eines Naturparadieses. Łeba ist nicht nur ein Badeort mit sehr viel Charme, sondern auch die ideale Ausgangsbasis für Ausflüge zu den spektakulären Wanderdünen.

Łeba liegt an der Mündung des gleichnamigen Flusses und an der östlichen Grenze des Slowinzischen Nationalparks. Vor dem populären Seebad erstrecken sich, so weit das Auge reicht, strahlend weiße, riesige Sandstrände. Dahinter liegen würzig duftende Kiefernwälder und saftige Wiesen. Westlich von Łeba befindet sich der Lebsko-See (*Jezioro Łebsko*) mit kargen Heidelandschaften und sumpfigen Torf- mooren, im Osten der Sarsener See (*Jezioro Serbsko*).

Lange machten die ungebändigten Naturgewalten den Bewohnern von Łeba das Leben schwer: Der feine Sand, den der Wind permanent ins Land trug, begrub die Felder unter sich, zahlreiche Sturmfluten beschädigten den Hafen. Erst im 19. Jh. wurde eine neue Hafenanlage mit einer besseren Befestigung errichtet. Mit dem Umbau des Hafens weitete Łeba auch den Handel aus. Nun wurden größere Men- gen an Fisch und Salz sowie Getreide verschifft.

Zu jener Zeit begann die Stadt ihr Gesicht zu wandeln: Das herrlich klare Meer- wasser und die weiten Strände, die zu den schönsten an der Ostseeküste zählen, lockten Badegäste an. Die Straßen nach Łeba wurden ausgebaut, und ein Bahn- hof entstand. An der Uferpromenade wurden elegante Villen errichtet. Um die

Jahrhundertwende entstand dort auch eines der schönsten Gebäude: das alte Kurhaus – heute beherbergt das frisch renovierte Gebäude ein Hotel. Łeba, das ehemalige Fischerdorf, war zu einem beliebten Seebad geworden.

Zahlreiche Imbissbuden, Souvenirshops und Schnellrestaurants säumen inzwischen die Hauptstraße, denn Łeba zählt auch heute noch zu den renommiertesten Seebädern an der Küste – in den Sommermonaten ist der Ort knallvoll mit Besuchern. Auf keinen Fall sollte man sich den malerischen kleinen Hafen entgehen lassen: Bunte Fischkutter schaukeln träge im Wasser, Lachmöwen kreisen in der Luft. Im Sommer herrscht hier buntes Treiben. In den kleinen Straßen um den Hafen herum kann man vereinzelt noch alte Fischerhäuschen entdecken.

*Harter Kampf
gegen sandigen Boden*

Geschichte

Etwa 1 km westlich von Łeba ragt die halb verwitterte Ruine einer alten gotischen Kirche aus dem Sand. Archäologische Funde belegen, dass hier bereits im 11./12. Jh. eine kaschubische Siedlung existierte. Dieses Fischerdorf wurde zum ersten Mal im 14. Jh. in alten Chroniken erwähnt: Damals wurde Łeba das Stadtrecht verliehen. Bei den meisten Hafenstädten war mit diesem Schritt eine Blütezeit verbunden. Doch in Łeba nahm die Geschichte einen anderen Lauf: Ein schwerer Sturm wütete 1558 an der Küste und verwüstete die Siedlung beinahe vollständig. Nach dieser Katastrophe entstand das neue Łeba an einer geschützteren Stelle etwas weiter entfernt von der stürmischen Küste. Die Reste der ursprünglichen Siedlung wurden im Lauf der Zeit unter den wandernden Sanddünen begraben – mit Ausnahme der erwähnten Kirchenruine.

Information/Verbindungen/Adressen

● *Information* Das kleine **Touristenbüro** liegt direkt unter einem **Internetcafé**, ul. 11-go Listopada 5 a, ✆ 059/8662565. In der Saison (Juli/August) Mo–Fr 8–20 Uhr, Sa 8–18 Uhr und So 8–16 Uhr, sonst Mo–Fr 8–16 Uhr, Mai–August zusätzlich Sa 8–14 Uhr.
● *Verbindungen* **Bahn**: Der Bahnhof befindet sich im Südosten der Stadt, zwei Straßenblöcke entfernt von der Hauptstraße.

Guter Anschluss nach Lębork im Sommer (alle 1–2 Stunden), im Winter nur 2-mal tägl.; von dort aus weitere Verbindungen.

Bus: Der Busbahnhof liegt gleich nebenan. Stündlich Busse nach Lębork, drei direkte Verbindungen nach Gdynia.

● *Veranstaltungen* Im Sommer wird hier einiges geboten: Segel- und Surfregatten,

Musik-, Theater- und Festveranstaltungen – jedes Jahr stehen neue Events auf dem Veranstaltungskalender der Stadt. Highlight: Wahl von Fürst und Fürstin, denn Łeba ist seit 1998 Fürstentum ...

• *Bank* **Bank Pekao S.A.**, ul. Kościuszki 87, Geldautomat.
• *Fahrradverleih* **Touristisches Zentrum**, ul. Kościuszki 63, ☎ 059/8662277.
• *Internetcafé* **Internet Klub**, ul. Kościuszki 87, ☎ 059/8661888.
Neo@ Cafe, ul. 11 Listopada 5 A.
• *Polizei* Ul. Kościuszki 160, ☎ 059/8661600.
• *Post* Ul. Kościuszki 90, ☎ 059/8661563.

Von Łeba aus kann man für 10 € pro Person über den Łebsko-See zum **Freilichtmuseum Slowinzisches Dorf** in Kluki fahren. Die Überfahrt zu dem Dorf am gegenüberliegenden Ufer des Sees dauert etwa zwei Stunden; der Museumseintritt ist im Preis enthalten.

• *Surfen* **Windsurfschule**, Bernard Kęsik, ☎ 059/8662483.
• *Wassersportgeräte* **Touristisches Zentrum**, ul. Kościuszki 63, ☎ 059/8662277.

*Ü*bernachten (siehe *K*arte *S*. 160/161)

Im Sommer weilen hier zehnmal so viele Besucher wie Einwohner – doch irgendwie kommt der Ansturm in Łeba unter: in zahlreichen Hotels und unzähligen Pensionen, bei denen die Preise in Sommerferien auch deutlich höher liegen als zu anderen Zeiten. Außerdem gibt es in Łeba jede Menge Campingplätze.

• *Hotels* *** **Hotel Neptun (1)**, nah am Meer in einem alten Schloss – das beste Hotel in der Stadt: luxuriös und modern eingerichtet, mit Restaurant. Hier kann man sich mit allem Drum und Dran verwöhnen lassen. Herrlicher Blick über den Strand von der Aussichtsterrasse. DZ in der Saison (Juli/August) 210 € inklusive Frühstück und Dinner, außerhalb der Saison 120–150 €. Ul. Sosnowa, 84-360 Łeba, ☎ 059/8661432, ☏ 059/8662357.
*** **Hotel Wodnik (6)**, an der Promenade, hinter dem Park. Jedes Jahr im September versammeln sich expressionistische Künstler aus ganz Europa in Łeba, um zu malen. Sie logieren dann im Wodnik und überlassen nach jedem dieser Treffen eines ihrer Bilder dem Hotel – inzwischen zieren bereits zahlreiche Kunstwerke die Wände des Wodnik. Komfortable Zimmer, gepflegtes Interieur. Das großzügige Treppenhaus ist mit viel dunklem Holz ausgestattet. Auch eine Sauna mit Schwimmbad, ein Wellness-Bereich sowie ein Restaurant stehen den Gästen zur Verfügung. Es gibt kleine und große DZ für 74/106 € von Anfang Juli bis Ende Aug., von Mitte Sept. bis Ende Mai 58/80 €, sonst 64/89 €, Frühstück inklusive. Ul. Nadmorska 10, 84-360 Łeba, ☎ 059/8661366, ☏ 059/8661542.
*** **Hotel Łeba (5)**, neues Hotel am Ende der Promenade. Nur ein schmales Waldstück trennt das Gebäude vom Strand. Komfortables Hotel mit 73 luxuriös ausges-

tatteten Zimmern – davon einige an der Dachterrasse. Die Preise liegen bei 140–160 €, das Frühstück kostet 10 €. Mit Restaurant, Schwimmbad und Sauna. Auch ein kleines Kosmetikinstitut ist im Komplex integriert. Ul. Nadmorska 9 b, 84-360 Łeba, ☎ 059/8664500, ☏ 059/8664545, www.hotelleba.pl.
*** **Hotel Gołąbek (12)**, im Stadtzentrum, direkt am Fischerhafen. Modernes Hotel mit gutem Restaurant (internationale Küche) und unterschiedlichen Zimmern in verschiedenen Preisklassen – durchweg komfortabel eingerichtet. DZ 100 € (Juli/August), sonst 62–68 €. Ul. Wybrzeże 10, 84-360 Łeba, ☎/☏ 059/8662175.
Lech Recreation Center (8), im Wald gelegen. 27 gemütliche Zimmer mit Telefon und Kühlschrank. 2- und 3-Bett-Zimmer sowie 14 kleine Ferienhäuser. DZ in der Saison 32 € pro Person, sonst 21 € pro Person. Ul. Brzozowa 18, 84-360 Łeba, ☎/☏ 059/8661342 und ☎ 059/8661334 (Rezeption).
• *Jugendherberge* **Schronisko Młodzieżowe (2)**, in einem kleinen Wäldchen nahe dem Strand. Ul. Leśna 4, 84-360 Łeba, ☎ 059/8661482.
• *Camping* **InterCamp (14)**, im Westen der Stadt, sehr sonnig. Campingplatz der Kategorie 1. Mit Shop und Restaurant. Geöffnet von Mitte Juni bis Mitte September. Es werden kleine und große Ferienhäuser angeboten: Juli/August 85/100 €, sonst 50–57 die kleinen, 57–85 € die großen. Ul.

Übernachten
1 Hotel Neptun
2 Schronisko Młodzieżowe (Jugendherberge)
3 Camping Amber
5 Hotel Łeba
6 Hotel Wodnik
8 Lech Recreation Center
12 Hotel Gołąbek
14 InterCamp

Essen & Trinken
1 Neptun
5 Łeba
6 Wodnik
7 Marina
10 Karczma Słowińska
11 Karczma Kaszubianka
12 Gołąbek

Nachtleben
4 Łebska Chata
9 Disco Mozart
13 Agados

Turystyczna 10, 84-360 Łeba, ☎ 059/8662230.
Camping Amber (3), direkt am Strand in einem schattigen Kiefernwäldchen. Campingplatz der Kategorie 1 mit Shop, Bar, Spielplätzen und einem Schwimmbad für Kinder mit Wasserrutsche. Kostenlos genutzt werden können das Motorboot und das Urlauberschiff – sofern verfügbar. Auch Zimmer können hier gemietet werden. Ul. Nadmorska 9, 84-360 Łeba, ☎ 059/8662472.

Essen und Trinken/Nachtleben

Die Strandpromenade ist ein einziges Lokal: Restaurants, Fischbars, Pizzerien und Cafés reihen sich aneinander. Überall wird frisch zubereiteter Fisch für ein paar Euro angeboten – auch Fastfood hat sich hier inzwischen etabliert.

● *Essen und Trinken* **Marina (7)**, gemütlich-rustikales Restaurant im gleichnamigen Hotel am Yachthafen. Fisch dominiert die Speisekarte, daneben noch eine Auswahl an anderen Gerichten, ebenfalls hervorragend zubereitet. 10–12 € für ein Menü. Ul. Jachtowa 1, ☎ 059/8662973.

Wodnik (6), im Hotel an der Promenade. Hier wird original kaschubische Küche im exklusiven Ambiente serviert, zubereitet nach alten Rezepten. Ul. Nadmorska 10, ☎ 059/8661366.

Karczma Słowińska (10), an der Hauptstraße neben dem Fluss. Traditionsreiches Restaurant mit typisch slowinzischen Fischspezialitäten. 10–12 € für ein Menü. Ul. Kościuszki 28, ☎ 059/8661414.

Łeba (5), Restaurant des gleichnamigen Hotels an der Strandpromenade. Im gediegenen Interieur wird hier gespeist. Der Küchenchef verwöhnt die Gäste mit gehobener polnischer Küche für den anspruchsvol-

Łeba

75 m

len Gaumen für 15–19 € pro Menü. Ul. Nad-morska 9 b, 84-360 Łeba, ☎ 059/8664500.

Karczma Kaszubianka (11), im Ortskern am Kanal. Die gemütliche Gaststätte mit den weiß getünchten Wänden und den dunklen Balken ist mit volkstümlichem Dekor ausgestattet. Hier wird nach original kaschubischen Rezepten gekocht, ein Menü liegt bei rund 10 €. Die Portionen können sich sehen lassen. Ul. Kościuski 19, 84-360 Łeba, ☎ 059/8661271.

• *Nachtleben* **Łebska Chata (4)**, gleich an der Promenade. Imposanter Bau im Block-hausstil mit schweren Balken und groben Bänken. Rustikal, aber sehr gemütlich – und im Sommer geht es hier hoch her. Neben Drinks werden auch herzhafte Mahlzeiten serviert; außerdem stehen Zimmer zum Übernachten zur Verfügung. Das Łebska Chata hat das ganze Jahr über geöffnet. Ul. Nadmorska 7, 84-360 Łeba, ☎ 059/8665255.

Disco Mozart (9), in der Hauptstraße gelegen, moderne Musik, Pop und Dancefloor. Ul. Wojska Polskiego, ☎ 059/8662477.

Agados (13), im Westen der Stadt, am Wasser. In dieser Bar trifft man sich abends auf einen Drink – moderne Klänge. Ul. Turystyczna 1, ☎ 059/8661339.

Baden

Die Strände von Łeba sind berühmt für ihren sauberen, weißen Sand und das klare Meerwasser.

Strand vor Łeba: Nur ein schmales Stück Wald trennt die Promenade vom Strand. Dort breitet sich weicher, sehr heller Sand in beide Richtungen aus – auch Wasserrutschen und Trampolins sind hier zu finden.

Im Westen von Łeba: Hinter Łeba beginnt die Dünenwüste des Slowinzischen Nationalparks – an diesem Strand kann man kilometerlang in Richtung Westen durch den Nationalpark wandern. Der Strand steht unter Naturschutz. Nur ein paar hundert Meter hinter der Küste liegen die höchsten Dünen Europas.

Im Osten von Łeba: Ein etwa 40 km langer Küstenstreifen erstreckt sich von Łeba bis zum Kap Rowezie. Auf diesem Abschnitt wechseln einsame Strände mit bewaldeten Küstenstreifen ab.

Umgebung von Łeba

Raketen-Abschussrampen: Von Łeba aus kann man über Rąbka zu den Raketen-Abschussrampen aus dem Zweiten Weltkrieg fahren; der Nazi-General Erwin Rommel nutzte die saharaähnlichen Bedingungen der Dünenwüste, um seine Afrika-Truppen zu trainieren. Zusätzlich diente die Gegend als Versuchsgelände für die berüchtigten V1-Raketen, mit denen London bombardiert wurde. In einem

Die Küste Pommerns

Bunker ist ein kleines Museum untergebracht, in dem überwiegend alte Fotos ausgestellt sind.

Anreise Von Łeba mit dem Schiff über den Lebsko-See (7 €).

Nowęcin: Das Dorf liegt 2 km östlich von Łeba am Ufer des Sarbsko-Sees. Sehenswert ist ein von einem alten Park umgebener Gutshof aus dem 16. Jh., der einst im Besitz der Familie Wejher war. Ansonsten gibt es in Nowęcin drei Gestüte – wer reiten möchte, ist hier also genau richtig.

Wanderung: Durch die Dünenlandschaft des Slowinzischen Nationalparks

Route: Rąbka – vorbei an den Raketen-Abschussrampen – durch den lichten Wald zur Góra Łącka, der größten Wanderdüne – Strandwanderung an der Ostseeküste zurück nach Łeba.

Länge: ca. 16 km.

Dauer: 4–5 Stunden.

Allgemeines: Die Wanderung durch die Dünenlandschaft des Slowinzischen Nationalparks ist ein für europäische Verhältnisse ungewöhnliches Erlebnis und lohnt sich aus mindestens zwei Gründen: Zum einen präsentiert sich von der Spitze der Góra Łącka aus eine fantastische Aussicht; zum anderen bieten sich an den einsamen Stränden des Nationalparks herrliche Bademöglichkeiten in der Ostsee. Der Weg ist einfach zu finden und gut markiert – lediglich das Überqueren der Dünen nimmt mehr Zeit in Anspruch: Auf dem Weg nach oben geht es immer zwei Schritte vorwärts und einen wieder zurück. Für diese Tour sollte man sich auf alle Fälle ausreichend mit Getränken eindecken. Aufgrund der Länge der Strecke nicht unbedingt für Anfänger geeignet!

Anfahrt: Etwa 2,5 km hinter Rąbka erreicht man einen Parklatz, von dem die Tour startet. Von hier aus fahren Elektro-Autos bis zur Abschussrampe. Auch Bimmelbahnen und Pferdekutschen verkehren auf diesem Wegstück.

Nachdem man den Eingang in den Nationalpark hinter dem Parkplatz passiert hat, geht es etwa 3,5 km durch den Park bis zu den Raketen-Abschussrampen. Anschließend führt ein breiter Pfad durch Kiefern- und Mischwald bis zum Fuß der Düne. Die Bäume sind hier halb unter den Sandmassen begraben, zum Teil ragen nur noch ihre Wipfel aus dem Sand hervor. Auf der anderen Seite tauchen die unter der Düne abgestorbenen Bäume, die unter dem Sand begraben waren, wieder auf. Jedes Jahr wandert die Düne bis zu 10 m!

Nun folgt der Aufstieg auf die Düne; bei jedem Schritt rutscht man ein kleines Stück wieder zurück. Oben wird man mit einer herrlichen Aussicht belohnt: Vom Gipfel der 42 m hohen Düne präsentiert sich ein wunderbarer Panoramablick über den Wald, die Hügellandschaft der Dünen bis hin zum Strand, an dem die Ostsee tost. Hier oben könnte man glauben, in der Sahara gelandet zu sein. Weiter geht es in Richtung Meer, der Abstieg geht natürlich wesentlich schneller als der Aufstieg!

An der Küste angelangt, geht es nach rechts in Richtung Łeba. Nun folgen 8 km Strandwanderung, vorbei an herrlichen Dünen und Kiefernwäldern. Wem dieser Weg zu weit ist, kehrt einfach auf demselben Weg wieder zum Parkplatz zurück.

Zeitreise: In der Kaschubischen Schweiz ticken die Uhren anders ...

Kaschubische Küste und Kaschubische Schweiz

Auf kaschubischen Feldern – so behauptet Oskar Mazerath, der Held aus dem Roman „Die Blechtrommel" – sei er unter den zahlreichen Röcken seiner kaschubischen Großmutter gezeugt worden. Doch was hat es mit dieser kaschubischen Großmutter auf sich?

Die Kaschuben sind ein mit den Polen eng verwandter Slawenstamm. Obgleich sie nie einen Staat hatten, waren sie ein eigenständiges Volk: Es gelang ihnen über Jahrhunderte, ihre Kultur, die alten Traditionen sowie den eigenen Dialekt zu erhalten. Und das war in den Wirren der Zeit nicht immer einfach! Heute leben noch ca. 500.000 Kaschuben an der Küste, auf der Halbinsel Hel und im Hinterland, das sich bis 100 km südwestlich von Danzig erstreckt.

Das **kaschubische Küstenland** reicht von Łeba bis zur Halbinsel Hel. Schroffe Steilküsten wechseln mit faszinierenden Kliffs ab, dazwischen liegen sanfte Dünenlandschaften, auf denen wilde Gräser im Wind schwanken. Ein Gürtel von Kiefernwäldern trennt den Strand vom Hinterland mit seinen morastigen Sumpfgebieten und Salzwiesen.

Etwa 50 km südlich der Küste liegt die sog. **Kaschubische Schweiz**, eine dünn besiedelte Landschaft mit sanften Hügeln, die von malerischen Schluchten und zahlreichen Flüssen durchzogen wird.

Endlos: die Traumstrände der kaschubischen Küste

Kaschubische Küste

An der Küste und ihrem unmittelbaren Hinterland liegen ein paar kleinere Städte und so manch verträumtes Dorf mit winkligen Gassen, windschiefen Lattenzäunen und wettergegerbten Häusern. Viele Bauern pflügen ihre Felder hier noch mit Pferden. Touristischer Renner ist die Halbinsel Hel, die in den Sommermonaten zahllose Badeurlauber anlockt.

Krokowa   dt. Krockow • 10.000 Einwohner

Das Städtchen liegt ca. 10 km hinter der Küste: im Zentrum eine rote Backsteinkirche, daneben das Schloss, um das sich der Ort gruppiert. Krokowa eignet sich besonders für diejenigen, die zu den Badestränden am Meer wollen, ohne mitten im Getümmel zu wohnen. Darüber hinaus ist der Ort ideal als Ausgangspunkt für Radtouren in die umliegenden Wälder und an den Żarnowieckie-See.

● *Information* **Touristenbüro** im Museum neben dem Schloss. Schnell und freundlich wird man hier mit den wichtigsten Informationen versorgt – auch Zimmer werden vermittelt. Juli/August täglich 9.30–17.30 Uhr, sonst Di–So 10–15 Uhr. Ul. Wejherowska 3, ✆ 058/7742111.

● *Verbindungen* Nach Krokowa und zu den umliegenden Küstenorten existieren **keine Bahnverbindungen**. Man ist auf das Auto oder die lokalen Busse angewiesen.

● *Bank* **Bank Spółdzielczy**, 84-110 Krokowa, ✆ 058/6737116.

● *Polizei* **Kommissariat**, 84-110 Krokowa, ✆ 058/6737097.

● *Post* Ul. Wejherowska 6, ✆ 058/6737690.

● *Übernachten/Essen* **Schloss von Krokowa**, neben der Kirche im Ortskern. Das ehemalige Anwesen ist eine polnisch-deutsche Begegnungsstätte und wird – wenn es nicht durch Tagungen belegt ist – auch als Hotel mit 37 Zimmern sowie Tennis- und Volleyballplätzen genutzt. Die Gäste können sich entweder direkt im Schloss einquartieren (elegante Zimmer mit historischen Stilmöbeln) oder aber in den modernen Zimmern im angeschlossenen Gästehaus. Ein DZ im Schloss kostet 85 €, im Gästehaus 51 €. Das Restaurant serviert nach alten kaschubischen Rezepten zubereitete Gerichte sowie polnische Küche mit internationalem Einschlag. Ein Menü liegt bei 13–18 € und ist sehr zu empfehlen. Ul. Zamkowa 1, 84-110 Krokowa, ✆ 058/7742111, ✆ 058/7712110, www.centrum.home.pl.

U Luizy, in einem kleinen Häuschen gegenüber der Kirche. Sehr gemütlich zum Sitzen – sowohl drinnen als auch draußen. Das Essen, hauptsächlich polnische Küche, schmeckt ausgezeichnet. Für 8–12 € bekommt man hier ein Hauptgericht. Ul. Żarnowiecka 3/5, ✆ 058/7742140.

Sehenswertes

Schloss von Krokowa (Zamek w Krokowej): Der ehemalige Familiensitz der Familie Krockow ist heute zu einer polnisch-deutschen Begegnungsstätte geworden (siehe unten). Seit dem 14. Jh. lebte die kaschubische Familie auf dem Anwesen, das – so wird vermutet – damals das Aussehen einer mittelalterlichen Wehrburg mit Palisaden und Burggraben hatte. Anfang des 17. Jh. wurde das Schloss umgebaut und erhielt in den Grundzügen seinen heutigen Charakter: ein Barockbau mit drei Flügeln, umgeben von einem weitläufigen Schlosspark. Im Inneren sind einzelne Elemente der originalen Ausstattung noch erhalten: Rokokostuck, eine Gemäldegalerie sowie das barocke Treppenhaus. Im rechten Flügel befindet sich eine Ausstellung der Familiengeschichte der Krockows. Auf Anfrage finden den auch Führungen im Schloss, Park und Museum in deutscher Sprache statt.

Stiftung Europäische Begegnung – Kaschubisches Kulturzentrum in Krokowa: Ulrich Graf von Krockow und der Bürgermeister von Krokowa setzten sich bereits früh für die deutsch-polnische Versöhnung ein. Die aus diesen Bemühungen hervorgegangene Stiftung betreibt in Zusammenarbeit mit verschiedenen Universitäten einen polnisch-deutschen Kulturaustausch und fördert die Kooperation zwischen beiden Ländern auf wissenschaftlichem und wirtschaftlichem Gebiet. Das Schloss dient dabei als Veranstaltungsort von Tagungen und Seminaren.

Regionalmuseum: Das Museum befindet sich in einem kleinen Gebäude neben dem Schloss (hinter der Kirche), das zugleich die Touristeninformation beherbergt. Zu sehen sind heimatkundliche Exponate, darüber hinaus werden wechselnde Ausstellungen mit Grafiken und Gemälden polnischer Künstler gezeigt. ⓘ Juli/August täglich 9.30–17.30 Uhr, sonst Di–So 10.30–16 Uhr, Eintritt 1 €, erm. 0,50 €. Ul. Zamkowa 1, ✆ 058/6735729.

Majestätisch: die Kirche von Krokowa

Benediktinerkloster in Żarnowiec: Im 9 km entfernten verträumten Dorf *Żarnowiec* (Zarnowitz) kann man sich ein ehemaliges Zisterzienserkloster aus dem 12./13. Jh. anschauen (seit dem 16. Jh. werden die ehrwürdigen Klostermauern von Benediktinerinnen bewohnt). Besonders sehenswert sind die gotische Saalkirche aus dem 14. Jh. sowie der Kreuzgang mit dem Museum, in dem liturgische Gewänder ausgestellt sind. Wer das Kloster besichtigen möchte, wird von den Ordensschwestern gebeten, innerhalb des Gebäudes nicht zu sprechen.

Wappen der Familie Krockow

Dębki

Der kleine, von Wald umgebene Fischerort liegt an der Mündung des Piaśnica-Flusses. Imbissbuden und Souvenirstände säumen die parallel zur Küste verlaufende Straße. Dębki ist vor allem aufgrund seines FKK-Strandes bekannt – doch auch die Umgebung des kleinen Ortes ist durchaus sehenswert: Der Badeort liegt mitten im Naturschutzgebiet *Nadmorski Park Krajobrazowy*.

• *Baden* Durch den Wald gelangt man zum Strand, der vor allem bei Freunden der Freikörperkultur bekannt ist. Denn der Strand von Dębki ist neben dem bei Kołobrzeg einer der wenigen in Polen, an denen FKK toleriert wird. Das Ufer ist flach, die Wassertemperatur verhältnismäßig hoch. Fischerboote liegen am Ufer, ein breiter Streifen aus feinem, hellem Sand zieht sich bis zum Horizont. Die dunklen Kiefernwälder des Naturparks säumen die Bade-Idylle.

Karwia   dt. Karwen

Ein typischer boomender Badeort, der im Sommer überwiegend von polnischen Besuchern bevölkert wird, wohl auch wegen der erschwinglichen Übernachtungspreise. Die Strandpromenade wird gesäumt von Pizzerien, Fischbars, Fastfood-, Waffelbuden und Souvenirständen, dazwischen liegen Campingplätze und kleine Pensionen mit meist nur zwei oder drei Zimmern. Menschenmassen wälzen sich durch die Straßen, es riecht nach gebratenem Fisch. Im Süden von Karwia breitet sich das Naturschutzgebiet *Moroszka Bielawskiego Błota* aus – ein großes Heidegebiet. Besonders sehenswert: die Erikablüte im August/September. Zum breiten Sandstrand gelangt man durch ein kleines Waldstück, das Meer und Strandpromenade trennt.

Jastrzębia Góra   dt. Habichtsberg

Einer der landschaftlich interessantesten Küstenabschnitte: Hinter den letzten Häusern des Kurorts fällt die Küste abrupt steil ab. Die Kante des zerklüfteten Kliffs ist von tiefen, schattigen Buchenwäldern gesäumt – unten am Meer liegen verträumte Buchten mit herrlichen weißen Sandstränden.

Entspannt: Strandleben von Dębki

In den 1920er- und 1930er-Jahren war Jastrzębia Góra ein populärer Treff der Warschauer High Society. Vereinzelt erinnern prachtvolle Villen in märchenhaftem Weiß an diese Zeit. Nach dem Zweiten Weltkrieg wurde Jastrzębia Góra unter dem kommunistischen Regime in einen beliebten Arbeiterurlaubsort umgewandelt. In den letzten Jahren ist die Zahl der internationalen Besucher stark gewachsen. Wenn die frisch renovierte Stadt dann in den lauen Sommernächten in ihrem Glanz erstrahlt, wird unbekümmert bis in den Morgen gefeiert.

• *Information* Touristeninformation im Zentrum, es wird nur polnisch gesprochen. Ul. Królewska 2, ℡ 058/6749683. Juni bis August Mi–Sa 10–18 Uhr, So 10–14 Uhr, sonst Mi–Sa 10–14 Uhr.

• *Arzt* **Kreisambulanz**, ul. Kaszubska 18, ℡ 058/6749558.

• *Fahrradverleih* **Ferienheim Jantar**, ul. Wesoła 15, ℡ 058/6749180.

• *Polizei* Ul. Klonowa, ℡ 058/6749007.

• *Post* Ul. Królewska 2, ℡ 058/674 9103.

Wassersportgeräte **Ferienheim Jantar**, ul. Wesoła 15, ℡ 058/6749180.

• *Übernachten/Essen* Neben den im Sommer schnell ausgebuchten Hotels gibt es zahlreiche Privatunterkünfte – dennoch lohnt sich in Jastrzębia Góra vor allem während der Sommerferien eine frühzeitige Reservierung. Immer mehr Schnellrestaurants, Pizzerien, Fischbars und Imbissbuden reihen sich aneinander – auch eine Clubszene kristallisierte sich in den letzten Jahren heraus.

*** Pensjonat Victor, der Luxusliner in Jastrzębia Góra: Grandezza im alten Stil in einer schneeweißen, restaurierten Villa direkt an der Küste. Die 7 Zimmer und 3 Appartements sind stilvoll und mit modernem Komfort eingerichtet – teils mit Balkon zum Meer. DZ in der Hochsaison Mitte Juni–Mitte September 60 € (69 € mit Terrasse), sonst 49 € (60 € mit Terrasse). Wer hier im Sommer logieren möchte, sollte allerdings bereits im Februar buchen – das Pensjonat Victor erfreut sich großer Beliebtheit. Exzellente Küche gibt's im angeschlossenen Restaurant: Auch viele internationale Gerichte werden hier serviert, und der Blick über das Meer ist fantastisch! Ul. Bałtycka 33, 84-104 Jastrzębia Góra, ℡ 058/7744574, www.emu.com.pl/victor.

*** Hotel Ara, an der Strandpromenade. Quirliges Hotel mit modern eingerichteten Zimmern. Doppelzimmer werden in zwei

Kategorien angeboten; in der günstigeren Variante liegt das DZ in der Hochsaison Mitte Juli bis Mitte August bei 57 €, von September bis April bei 33 € und in der Zwischensaison bei 37 €. Im Sommer mindestens einen Monat vorher reservieren. Das angeschlossene Restaurant bietet polnische Gerichte an. Außerdem gibt's hier noch den Nachtclub Ara, der aus drei Bars besteht, wo zu Klängen von Techno bis Dancefloor bis tief in die Nacht gefeiert wird. Ul. Rozewska 4 a, 84-104 Jastrzębiej Góra, ✆ 058/749600, www.arahotel.com.pl.

*Spiel und Spaß –
nicht nur im Wasser*

*** **Hotel Europa**, ca. 1,5 km vom Strand entfernt. Gepflegtes, kleines Hotel mit 12 bequemen, modern eingerichteten Zimmern und einem Appartement. Hier herrscht eine sehr angenehme Atmosphäre. Mit Billardtischen und Sauna, im Sommer ist der Garten mit Grillplatz geöffnet. DZ in der Saison (Juli/August) 45–57 €, sonst 43 € (der Parkplatz ist im Preis inbegriffen), bei einzelnen Übernachtungen wird ein Aufpreis von 20 % berechnet. Das Restaurant bietet vorwiegend polnische Küche, aber auch ein paar internationale Gerichte zu erschwinglichen Preisen. Ul. Topolowa 9, ✆ 058/6749552, ✆ 058/6749224, www.hotel-europa.afr.pl

Ośrodek Bałtyk, das Ferienerholungsheim bietet saubere, zweckmäßige Zimmer direkt am Strand. Hübsche Sonnenterrasse mit Blick aufs Meer. Bietet inzwischen Schöheits- und Schlankheitskuren an. DZ in der Saison Juli/August 66 €, sonst 55 €. Ul. Baltycka 28, 84-104 Jastrzębia Góra, ✆ 058/6749583, ✆ 058/6749210, www.owsbaltyk.gd.pl.

Baden

Das mit dunklen Buchenwäldern gesäumte Kliff bricht unvermittelt ab: Der Strand liegt 33 m tiefer. Jedes Jahr graben sich die Naturgewalten weiter in die von der Erosion zerklüftete Steilküste von Jastrzębia Góra und ringen der Küste Boden ab. Am Fuß des hohen Kliffs breiten sich weite Strände aus feinem weißem Sand aus, eingebettet in malerische Buchten. Das Wasser ist kühl und klar. Am Ufer entlang bis zur kantigen Küstenlinie des Steilufers wuchern alte Buchenwälder – an manchen Stellen schimmert das Kliff durch die Vegetation.

Sehenswertes

Leuchtturm von Rozewie (Rixhöft): Etwa 2 km von Jastrzębia Góra entfernt ragt das Steilufer bis auf 53 m empor – der höchste Wert, den die Küste aufzuweisen hat. Zugleich befindet man sich hier am nördlichsten Punkt Polens, der natürlich auch mit einem Leuchtturm bestückt ist. Stolze 33 m streckt er sich in den Himmel und ist damit einer der höchsten des Landes. Sein Licht strahlt bis zu 40 km weit über das Meer. Von der Plattform des Leuchtturms bietet sich ein fantastischer Panoramablick über die Danziger Bucht, das kaschubische Küstenland und die Halbinsel Hel – an besonders klaren Tagen sind von hier aus sogar die Wanderdünen von Łeba zu sehen.

Leuchtturmmuseum (Muzeum Latar-nictwa): Neben dem Leuchtturm befindet sich ein kleines Museum, das die Geschichte des Leuchtturmwesens dokumentiert und auch eine Ausstellung über Leben und Werk des Schriftstellers Stefan Żeromski (1864–1925) enthält. Vor dieser malerischen Kulisse hat Żeromski den in Polen sehr bekannten Roman „*Wiatr od morza*" vollendet.
① Täglich 10–13 und 15–18 Uhr, Eintritt 1,80 €, erm. 1,30 €. Ul. Leona Wzorka, ✆ 058/6749542.

Wąwóz Lisi Jar (Fuchsschlucht): Westlich des Leuchtturms gelangt man über einen gewundenen Pfad von der Steilküste nach ca. 20 Min. Abstieg in die Fuchsschlucht, eine landschaftlich faszinierende Erosionsklamm.

Der Leuchtturm von Rozewie

Halbinsel Hel

Die 34 km lange, äußerst schmale Halbinsel schiebt sich am östlichen Ende des Küstenabschnitts in die Danziger Bucht. Mierzeja Helska (Hel) ist ein mit Kiefernwäldern bewachsener Landstreifen, der zu beiden Seiten nur aus langen, weiten Sandstränden zu bestehen scheint.

Hels langsamer Entstehungsprozess begann vor ca. 8000 Jahren, als Wind und Meeresströmungen Sand in die Danziger Bucht (*Zatoka Gdańska*) spülten, der sich dort allmählich zu eine Kette kleinerer Inseln anhäufte. Wie zeitgenössische schwedische Karten dokumentieren, waren die Lücken zwischen den Inseln im 18. Jh. noch nicht geschlossen. Heute ist Hel zwar zusammengewachsen, präsentiert sich aber als äußerst fragiles Zünglein im Meer: maximal 3 km breit und ständig in der Gefahr, von einer Sturmflut überrollt zu werden.

Auf der sichelförmigen Halbinsel liegen fünf kaschubische Ortschaften: am äußersten Ende das alte Fischerdorf Hel, etwas weiter nordwestlich Jurata und Jastarnia, dann folgen Kuźnia und Chałupy. Bei Władysławowo geht die Halbinsel ins Festland über. Dort liegt 11 km weiter südlich die Küstenstadt Puck (siehe S. 176).

Die Südspitze der Halbinsel ist als Naturschutzgebiet ausgewiesen. Eine Reihe von typischen Küstenpflanzen wie Krüppelkiefern oder Sanddisteln wachsen auf der großen Sandbank. Kristallklar ist das Wasser hier draußen – weit entfernt von der verschmutzten Weichselmündung im Süden.

Władysławowo
dt. Großendorf • 12.000 Einwohner

Die Stadt, die die Halbinsel mit der Küste verbindet. Im Sommer ist Władysławowo ein beliebter Urlaubsort: Unzählige Touristen bevölkern die Strände, nutzen das Meer zum Segeln, Surfen und Kite-Surfen und starten von hier aus zu Ausflügen

Kaschubische Küste

Wildromantische Küstenlandschaft

auf die Halbinsel. Der heutige polnische Ortsname (bis 1963 hieß Władysławowo noch *Wielka Wieś* = Großendorf) geht auf König Wladysław IV. (Regierungszeit 1632–1648) zurück, der die Stadt einst zum Stützpunkt seiner Kriegsflotte machte. Auch heute noch spielt die Schifffahrt eine große Rolle, allerdings in friedlicher Absicht: Seit dem Zweiten Weltkrieg besitzt Władysławowo den bedeutendsten Hochseefischereihafen Polens. Den schönsten Blick auf den Hafen hat man vom Rathaus, genauer gesagt von der Aussichtsterrasse seines Turmes. Sehenswert ist darüber hinaus noch die Mariä-Himmelfahrt-Kirche: Im Mittelschiff steht eine Kanzel, die einem Segelschiff nachempfunden ist. Faszinierende Mosaikfenster tauchen das Innere in ein indirektes, weiches Licht. Den ganzen Sommer über finden hier regelmäßig Orgelkonzerte mit namhaften Solisten statt.

• *Verbindungen* Die **Bahn** fährt tagsüber etwa einmal pro Stunde von Gdańsk, Gdynia über Władysławowo nach Hel und zurück. Der lokale **Busverkehr** verbindet Władysławowo mit Puck, Jastrzębia Góra und den umliegenden Küstenorten.

• *Autoservice* Ul. Wewnętrzna 2, ✆ 058/6741678 (Abschleppdienst, rund um die Uhr). **Kfz-Werkstatt**, ul. Morska 16, ✆/✉ 058/6741664.

• *Arzt* Al. Niepodległosci 12, ✆ 058/6740199.

• *Bank* **Bank Millenium**, ul. Sportowa 1, ✆ 058/6730231.

• *Polizei* Ul. Towarowa, ✆ 058/6740197.

• *Post* kleines Postamt mit Wechselstube, ul. Towarowa 2, ✆ 058/6740331.

• *Windsurfen* **Board School**, am Campingplatz **Male Morze**, Chałupy 1, Płw Helski, ✆ 058/6744144.

• *Wassersportgeräte* **Campingplatz Male Morze**, Chałupy 1, Płw Helski, ✆ 058/6744144.

• *Veranstaltungen* **Botë pod żaglami**, traditionelle Regatta für alle alten Segelboote: Von traditionellen kaschubischen Fischkuttern bis hin zu den eigentümlichsten und fantasievollsten Eigenkreationen kann hier so ziemlich alles bewundert und angefeuert werden, was das Seglerherz erfreut.

• *Übernachten/Essen* Władysławowo scheint aus privat vermieteten Zimmern zu bestehen – trotzdem gibt es im Sommer Engpässe. Es empfiehlt sich, bereits ein paar Tage im Voraus etwas zu arrangieren (am besten über das Biuro Promocji Miasta oder die Touristeninformation in Jastrzębia Góra/Habichtsberg). Restaurants befinden sich in dem Viertel um die ul. Morska und entlang der Strandpromenade.

*** Hotel Pekin, mitten im Zentrum gelegener Luxuspalast, aufwändig im chinesischen Stil errichtet. 42 mit edlem chinesischen Mobiliar ausgestattete Zimmer mit allem Komfort. Daneben Sauna, Solarium, Schwimmbad. DZ Juli/August 80–90 €, sonst 50–60 €. Auch hier sollte man für den Sommer reservieren. Sehr empfehlenswert ist das Restaurant Mandarin, in dem entgegen dem Namen europäische Küche serviert wird; die fernöstlichen Gerichte stammen aus dem zweiten Restaurant, dem Pekin. Ul. Niepodległości 14, 84-120 Władysławowo, ☎ 058/6748888, 🖂 058/6748889, www.hotel-pekin.com.pl.

*** Hotel Rejs, an der Strandpromenade. Komfortables Hotel mit geschmackvoll eingerichteten Zimmern, Sauna und Solarium. Auch ein Besuch des Restaurants lohnt sich hier. Während der Saison von Ende Juni bis Ende September DZ für 82–91 €, in der Vor- und Nachsaison für 75 €. Ul. Hryniewieckiego 4, 84-120 Władysławowo, ☎ 058/7740500, 🖂 058/6741697.

** Hotel Anabella, in zentraler Lage, am anderen Ende der Strandpromenade. Die 41 Zimmer sind sauber und mit Kühlschrank ausgestattet. Neben dem Restaurant stehen auch Sauna, Solarium, Schwimmbad und ein Fitnessraum zur Verfügung. Wer hier nächtigen möchte, sollte möglichst früh reservieren, das Hotel ist meist sehr ausgebucht. DZ mit Frühstück 55 € von Mitte Mai bis Ende August, sonst 32–40 €. Ul. Hryniewieckiego 9, 84-120 Władysławowo, ☎ 058/6473666, 🖂 058/6743606.

Motel Pirs, gemütliches kleines Hotel nahe dem Ortskern mit sauberen Zimmern und freundlich-familiärer Atmosphäre. Im Juli/August kostet ein DZ 35 €, außerhalb der Saison liegen die Preise bei rund 34–48 €. Im Sommer mindestens zwei bis drei Wochen vorher reservieren. Im angeschlossenen Restaurant gibt es solide polnische Gerichte (ca. 8–12 € pro Menü). Ul. Necla 52, 84-120 Władysławowo, ☎ 058/6742752, 🖂 058/6740502.

Ferienanlage Neptun, am Rande von Władysławowo auf dem Weg nach Jastrzębia Góra. Hübsche Anlage mit kleinen Ferienhäusern für bis zu fünf Personen. Bis zum Strand sind es ca. 600 m. Es gibt zwei Kategorien von Ferienhäusern: eine etwas luxuriösere Variante, die das ganze Jahr über vermietet wird und eine einfachere Version,

Kaschubische Küste

Traumhaft: Bucht bei Władysławowo

die den Gästen nur im Sommer zur Verfügung steht. Die Preise liegen in der Hochsaison von Mitte Juli bis Mitte August zwischen 68 € und 85 €, in der Zwischensaison (Anfang Juli und Ende August) bei 51–62 €, sonst bei 38–51 €. Wer hier im Sommer wohnen möchte, sollte auf alle Fälle ein paar Monate früher buchen! Ul. Żeromskiego 37, 84-120 Władysławowo, ☎ 058/6741519. **Jugendherberge**, kleine Herberge in einer Schule. Nur von Juli bis August geöffnet.

Ul. Wladyslawowska 79, 84-120 Władysławowo, ☎ 058/6740696.
● *Camping* **Camping Małe Morze**, Kategorie 1. Der Campingplatz liegt wunderschön am Strand der Halbinsel Hel und hat das ganze Jahr über geöffnet. Mit Segelzentrum und Surfschule. Auch Zimmer und ein Restaurant stehen den Besuchern zur Verfügung. 84-131 Władysławowo-Chałupy, ☎ 058/6741231.

Baden: Direkt im Ortskern an der Promenade ist der Strand nicht zu empfehlen. Schöner ist es etwas weiter westlich, wo das Ufer immer steiler wird. Zwischen Rozewie und Władysławowo gelangt man nach einem Abstieg durch einen mit Buchen bewachsenen Waldabschnitt zu schönen Buchten mit breiten Sandstränden. Ein Stück östlich von Władysławowo (bei Chałupy) bietet sich dem Betrachter ein malerisches Steilufer als Küstenpanorama. Hier befindet sich ein FKK-Strand.

Jastarnia   dt. Heisternest • 4.000 Einwohner

Auf halber Höhe der Halbinsel liegt Jastarnia, einer der schönsten Orte an der Küste und touristisches Zentrum von Hel. Ursprünglich bestand der Ort aus zwei Teilen, die unter der Hoheit von Puck bzw. Danzig standen: Jastarnia Pucka (Putziger Heisternest) und Bor (Danziger Heisternest). Zwischen den Ortsteilen verlief im 17. Jh. die Konfessionsgrenze, denn Bor war von deutschen Protestanten bewohnt, Jastarnia Pucka von katholischen Kaschuben.

In Jastarnia kann man sich zwei Fischereimuseen anschauen: das private von Juliusz Struck, das aus einer Fischerbootswerkstätte und einer Fischerstube (beides rekonstruiert) besteht, und eine kleine Ausstellung in einer alten, im Originalzustand belassenen Fischerkate (*Chata Rybacka*). Öffnungszeiten sind jeweils Di–So 9–17 Uhr, Eintritt je 1 €.

● *Information* **Touristeninformation** im Kulturzentrum von Jastarnia, ul. Ks. P. Stefańskiego 5, 84-140 Jastarnia, ☎ 058/6752097, promocja@jastarnia.pl. Mai bis September Mo–Fr 7.30–18 Uhr, Sa/So 9–18 Uhr, außerhalb der Saison Mo–Fr 7.30–15.30 Uhr.
● *Verbindungen* Die lokale **Bahn** fährt tagsüber etwa einmal pro Stunde von Gdańsk, Gdynia über Władysławowo nach Hel sowie in umgekehrter Richtung. **Bus**: Der lokale Busverkehr verbindet Jastarnia mit Władysławowo und Hel.
● *Bank* **Pank Pekao**, Jastarnia, ul. Portowa 4.
● *Post* Ul. Stelmaszczyka 7, Jastarnia, ☎ 058/6752521; ul. Wojska Polskiego 18, Jurata, ☎ 058/6752328.
● *Polizei* Ul. Ratibora 42, Jurata, ☎ 058/6752007.
● *Tauchen* **Taucherzentrum**, ul. Mieckiewicza, Jastarnia; am **LOK-Jachthafen** von Jastarnia, ☎ 058/6752020.

● *Windsurfen* **Surfschule**, ul. Polna 7, Jastarnia, ☎ 058/6753377.
● *Übernachten/Essen* Übernachtungsmöglichkeiten der exklusiveren Art gibt in erster Linie im benachbarten Ort Jurata. In Jastarnia steht eine größere Auswahl an Privatzimmern zur Verfügung. Auch hier gilt: Für den Sommer sollte möglichst früh gebucht werden. Neben den Hotelrestaurants gibt es eine im ständigen Wandel begriffene Szene kleiner Restaurants und Cafés an der Hauptstraße.
**** Hotel Bryza, an der Nordspitze der Strandpromenade. Exklusiv eingerichtetes Komforthotel mit sozialistischem Touch. Die Zimmer wirken modern. Sauna, Solarium, Swimmingpool, Tennisplatz und À-la-Carte-Restaurant runden das Angebot ab. Juli/August stolze 256 €, April–Juni und September/Oktober 144 €, sonst 114 €. Ul. Swietokelpa 1, 84-141 Jurata, ☎ 058/6755100, ✆ 058/6755480.

Fischerboote in Jastarnia

Kaschubische Küste

*** Hotel Neptun, in wunderbarer Lage direkt am Meer, an der Südspitze der kleinen Promenade. Komfortables Hotel mit modern eingerichteten Zimmern, Bar, Tennisplatz und Swimmingpool. Im Restaurant überwiegen polnische Spezialitäten, daneben werden einige internationale Gerichte angeboten. DZ im Juli/August 142 €, sonst 100 €. Pluspunkt: fantastischer Blick auf die Danziger Bucht von den vorderen Zimmern aus. Ul. Mestwina 38, 84-141 Jurata, ☎ 058/6756262, 📠 058/6756363, www.hotelneptun.gda.pl.

** Hotel Lido, an der Hauptstraße im Zentrum von Jurata. Luxuriöses, geschmackvolles kleines Hotel mit hübschen, sauberen Zimmern. Sauna, Solarium und Billard. 80–135 € (mit Frühstück). Ul. Wojska Polskiego 20, 84-141 Jurata, ☎ 058/6752554, 📠 058/6752880, www.lido.pti.pl.

*** Hotel Pod Orłem, im Zentrum von Jastarnia. Gemütliches Hotel mit 16 modern eingerichteten Zimmern. Mit Café und kleinem Restaurant, in dem altpolnische Spezi-

alitäten serviert werden. Ein DZ liegt im Sommer bei 70–85 €, ansonsten besteht bei den Preisen ein gewisser Verhandlungsspielraum. Ul. Herrmanna 1, 84-141 Jurata, ☎ 058/6753046.

Kawarneria Weranda, gemütliches Café im Ortskern, gegenüber vom Kulturzentrum. Hier wird der beste Kuchen nach Omas alten Rezepten gebacken. Außerdem ist das Weranda ideal, um das bunte Treiben auf der Flaniermeile von Jastarnia zu beobachten. Ul. Ks. Sychty 98, ☎ 058/6753602.

Restauracja Winiarnia, hinter den Bars und Geschäften an der Hauptstraße von Jurata. Monika Budzińskas kleines Restaurant ist ein kulinarisches Highlight auf Hel: Nicht nur die Küche ist ausgezeichnet, es werden auch hervorragende Weine aus aller Welt serviert! Italienische, argentinische, südafrikanische, kalifornische und deutsche Weinspezialitäten – und selbstverständlich ist hier auch ein Bordeaux zu finden. Die Flasche gibt es für 20–40 €. Ul. Wojska Polskiego 31, ☎ 058/6752792.

Baden: Zu beiden Seiten des Ortes befinden sich Badestrände: im Norden der Strand zur offenen Ostsee, der sich in beide Richtungen ausdehnt, im Süden der Strand der Danziger Bucht. Jeweils Puderzuckersand wie aus dem Katalog.

Hel

Am äußersten Ende der gleichnamigen Halbinsel liegt das kleine kaschubische Fischerdorf Hel. Dieser Ort zählt zu den ältesten Siedlungen an der Ostseeküste: Bereits im 12. Jh. wurde Hel zum ersten Mal in einer alten Chronik erwähnt.

Auch in dieser Stadt führten die Fischer einen erbitterten Kampf gegen Stürme und Erosion. Dicht schmiegen sich die Häuser der Stadt Hel an die geschützte innere Küste der Landspitze. Parallel zum Ufer der Halbinsel verläuft die schmale, verwinkelte Strandpromenade: Hier liegen dicht aneinander gedrängt Souvenirstände, urige Pubs und kleine Restaurants, in denen fangfrischer Fisch serviert wird. An der Flaniermeile sieht man vereinzelt auch original kaschubische Fischerhütten mit dunklem Holz über hellen Mauern sowie die für diese Region typischen Giebelhäuschen mit den zweiflügeligen Türen. Und schlendert man weiter, kann man da und dort noch historische Backsteinbauten entdecken, darunter auch die St.-Peter-und-Paulskirche, die heute als Museum dient. Die Besucher werden über Fischerei- und Bootsbautechniken sowie über die Entstehungsgeschichte der Halbinsel informiert. Um das Museum herum und auf dem benachbarten Friedhof sind Boote ausgestellt. Darüber hinaus kann man sich in Hel noch ein Seehundbecken anschauen, das die Universität von Danzig hier im Rahmen einer Meeresstation eingerichtet hat. Etwa 1 km nördlich der Stadt befindet sich der 42 m hohe Leuchtturm von Hel, der nur im Sommer besichtigt werden kann. Dann lohnt sich ein Abstecher aber unbedingt, denn von hier oben hat man einen wunderbaren Blick über die gesamte Danziger Bucht.

In Hel sind die Boote nicht nur im Meer ...

Auch die Umgebung der kleinen Stadt ist äußerst reizvoll: Entlang der äußeren Küste der Halbinsel erstreckt sich ein wunderschöner, riesiger Sandstrand, der an manchen Stellen bis zu 100 m breit ist: atemberaubende Dünenlandschaften, die von saftigem Gras bewachsen sind und traumhafte Wälder, in denen Rehe und Wildschweine leben.

● *Information* **Touristenbüro** in einem kleinen Fachwerkhaus an der Strandpromenade im Kaschubisch-Pommerschen Verein. Neben Auskünften und Karten gibt es hier auch Souvenirs. Im Sommer Mo–Fr 12–19 Uhr. Ul. Wiejska 78, ✆ 058/6751010.

● *Bank* **Bank BPH**, ul. Wiejska 41, ✆ 058/6750412.

● *Fahrradverleih* **Wypożyczalnia Rowerów**, ul. Kaszubska 6.

● *Krankenhaus* **Szpital**, ul. Boczna 10, ✆ 058/6750401.

● *Polizei* **Kommissariat** von Hel und Jastarnia, ul. Ratibora 42, ✆ 058/6752007.

● *Post* Ul. Wiejska 55, 058/6750412.

● *Schifffahrten* **Fischkutter „Sandra"**, ✆ 058/6750237.

● *Tauchen* **Baza Nurków**, Port Rybacki, ✆ 0601/660719.

● *Öffnungszeiten* **Museum**: Juli/August Di–So 10–18 Uhr, Eintritt 1,50 €, erm. 1 €; **Seehundbecken**: täglich 9 Uhr bis Sonnenuntergang, Eintritt 1,50 €, erm. 1 €, Fütterung jeweils um 9 und 15 Uhr; **Leuchtturm**: Juli/August Di–So 10–18 Uhr, Eintritt 1,80 €, erm. 1,20 €.

● *Übernachten/Essen* Neben den üblichen Privatunterkünften bieten auch viele Restaurants an der Strandpromenade Zimmer an.

Pensjonat Nelson, in der Mitte der Strandpromenade. Gemütliche, eher einfache Zimmer. Im rustikal eingerichteten Restaurant wird solide polnische Kost geboten. Bonus: wunderschön am Meer gelegen. Ein DZ mit Bad kostet hier im Sommer um die 42 €, sonst 38 €, und sollte in der Ferienzeit unbedingt rechtzeitig reserviert werden. Das Nelson bietet außerdem Tauchausflüge zu Schiffswracks an. Ul. Wiejska 62, 84-150 Hel, ✆/✉ 058/6751155, www.nelson.com.pl.

Captain Morgan Pub Hotel, ebenfalls an der Strandpromenade. Sehr hübsche, mit viel Holz und modernen Bädern ausgestattete Zimmer. Im urigen Pub des Hotels

... sondern auch im Kirchen-Museum

werden auch Speisen serviert: Neben ein paar leichten Gerichten und Salat gibt es frischen Fisch und alle Arten von Meeresfrüchten. DZ in der Saison 28 €, sonst 20 €, eine Reservierung für den Sommer schadet nicht. Ul. Wiejska 21, 84-150 Hel, ✆ 058/6750091, ✉ 058/7747294, www.captainmorgan.hel.pl.

Bar Izdebka, an der Strandpromenade. In dem winzigen Fachwerkhaus – seit Jahren im Besitz der Familie Pieper – duftet es im Sommer stets nach frisch zubereiteten Fischspezialitäten für nur 6–9 €. Ul. Wiejska 39, ✆ 058/6750291.

Maszoperia, am Ende der Strandpromenade. In Hel gibt es zwar jede Menge gute Fischrestaurants, aber das Maszoperia ist ganz sicher einen Besuch wert: Wunderschön zum drinnen und draußen sitzen, köstliche Fischspezialitäten (8–12 €) – kurzum: der ideale Auftakt für einen Abend mit viel Wodka in den umliegenden Bars! Ul. Wiejska 110.

Sehenswert: der Stadtkern von Puck

Mamma Mia, ebenfalls an der Flaniermeile. Wer nach all dem Fisch eine kleine Abwechslung braucht, ist hier gut aufgehoben. In der gemütlichen Pizzeria werden dreißig verschiedene Pizzavarianten für 6–10 € serviert. Auch Übernachtungen sind möglich. Ul. Wiejska 86, Hel, ✆ 058/6750073.

Baden: Der Strand am Hafen von Hel ist eher schmal und in der Saison meist sehr voll. Hinter den Kiefernwäldern (an der Außenküste) erstreckt sich dagegen ein 100 m breiter Strand mit feinstem weißen Sand und sehr guter Wasserqualität – ein beliebtes Urlaubsziel der Danziger.

Puck   dt. Putzig • 12.000 Einwohner

Die kleine malerische Kaschubenstadt liegt am nordwestlichen Rand der Danziger Bucht, genau gegenüber der Halbinsel Hel. Der alte Marktplatz bildet das Zentrum der Altstadt. Gepflegte Häuserzeilen mit hübschen Bürgerhäusern aus dem 18. und 19. Jh. umgeben den mit Kopfsteinen gepflasterten Platz vor der Kirche. Dahinter liegt der Hafen, der seit dem späten Mittelalter eine wichtige Rolle spielt. Heute dient er als Fischerei-, Passagier- und Jachthafen; im Sommer finden hier Regatten statt.

Die Wurzeln der kleinen Stadt reichen tief in die Vergangenheit: Im 14 Jh. errichtete der Deutsche Ritterorden eine Burg, deren Überreste heute noch zu sehen sind. Im selben Jahrhundert, anno 1348, bekam Puck die Stadtrechte verliehen. Zunächst jedoch stand die kaschubische Hafenstadt für zwei Jahrhunderte ganz im Schatten der großen Handelsmacht Gdańsk. Zur Mitte des 16. Jh. ereignete sich dann eine überraschende Wende: Zygmunt August II., der damalige polnische König, verlegte 1567 den Kaperhafen von Danzig nach Puck, sodass die Stadt quasi über Nacht strategisch bedeutsam wurde. Die nunmehr hier stationierten Schiffe der polnischen Kriegsmarine hatten die Aufgabe, russische Transportschiffe aufzuhalten. Zu Beginn des 20. Jh. spielte Puck erneut eine wichtige Rolle, denn nach Gründung der zweiten polnischen Republik verfügte die Stadt über den ersten komplett funktionsfähigen Hafen des Landes. Erst als der Hafen von Gdynia fertiggestellt war, büßte Puck wieder an Bedeutung ein.

Information/Verbindungen/Veranstaltungen

• *Information*   **Touristenbüro** am Marktplatz. Sehr freundlich und hilfsbereit. Pl.
Wolności 2, ✆ 058/6732403. Mai–Sept. Mo–
Fr 10–18 Uhr, im Sommer auch Sa 10–13
und 15–17 Uhr, sonst Mo–Fr 10–15 Uhr.

• *Verbindungen* **Bahn**: Der Bahnhof liegt
ein paar hundert Meter südlich der Altstadt: mehrmals täglich Verbindungen von
Gdańsk über Puck nach Hel.

Mit den lokalen **Bussen** bestehen Verbindungen in die umliegenden Dörfer.

• *Apotheke* **Albatros**, ul. I Armii WP 27,
✆ 058/6731400.

• *Bank* **Bank Millenium S.A.**, ul. Nowy
Świat 2 a, ✆ 058/6732635.

• *Krankenhaus* **Szpital**, ul. 1 Maja 13,
✆ 058/6732781.

• *Polizei* Ul. Dworcowa 5, ✆ 058/6745222.

• *Wassersportgeräte* **Miejski Ośrodek Kul-
tury**, städtisches Kultur-, Sport- und Erholungszentrum am Jachthafen. Hier können
Boote und Wassersportgeräte ausgeliehen
werden. Auch eine Windsurf-Schule ist vorhanden. Ul. Lipowa 3 c, ✆ 058/6732951,
✉ 058/6732610. Juli/August tägl. 7–17 Uhr,
sonst 7–15 Uhr.

Von der Mole am Hafen starten im Sommer Rundfahrten per Schiff.

• *Veranstaltungen* Am 29. Juni findet alljährlich die **Fischerwallfahrt zur Kirche Peter und Paul** statt. Dann pilgern Fischer von
Hel mit ihren Kuttern hierher. Ein Priester
erwartet die Boote bereits am Hafen, das
letzte Wegstück wird in einer feierlichen
Prozession zurückgelegt. Anschließend findet ein Gottesdienst statt.

Übernachten (siehe Karte S. 179)

Willa Parkowa (4), hübsches Haus in sehr
schöner Lage: jeweils nur ein paar Schritte
bis zum Zentrum oder zum Hafen. Umgeben von schönen alten Bäumen. Die Zimmer sind gemütlich eingerichtet, Preise liegen bei rund 35 € für ein DZ mit Bad. Zum
Haus gehört auch ein kleines Café. Ul.
Pierwszego Maja 17, 84-100 Puck, ✆ 058/
6732607 (Café).

Delfin *(Ośrodek Szkoleniowo – Sportowy)*
(7), am Park. Schön im Grünen und zugleich
am Hafen liegt dieses Ferienheim, das im
Stil eines Fachwerkhauses erbaut wurde.
Die Zimmer sind modern eingerichtet und
sehr gepflegt; ein DZ kostet im Juli/August
25–37 €, sonst 31 €. Im Sommer besser vorher reservieren. Ul. Lipowa 3, 84-100 Puck,
✆ 058/6732210, ✉ 058/6731663,
www.ossdelfin.pl.

Zimmervermittlung Moksir (9), hier werden
private Unterkünfte vermittelt. Ul. Lipowa
3 c, 84-100 Puck, ✆ 058/6732610,
www.moksir.puck.pl.

Sportklub ZAKOTA (8), einfache, zweckmäßige Zimmer zu günstigen Tarifen. Es
können auch Boote und Wassersportgeräte ausgeliehen werden. Außerdem gibt es
hier eine Windsurfschule. Juli/August tägl.
7–17 Uhr, sonst 7–15 Uhr. Ul. Lipowa 3 c,
✆ 058/6732951, ✉ 058/6732610, www.mok-
sir.puck.pl. Ul. Lipowa 3a, 84-100 Puck,
✆ 058/6732913.

Jugendherberge (11), in zentraler Lage neben dem Bahnhof. Kleine Saisonjugendherberge, in der man für 4–6 € pro Person
übernachten kann. Ul. Kolejowa 7, 84-100
Puck, ✆ 058/6732914.

Essen und Trinken (siehe Karte S. 179)

Die meisten Restaurants finden sich in den schmalen, kopfsteingepflasterten Gassen um den Marktplatz und in der Hafengegend.

Bursztynia (1), am Hafen. Der runde, überwiegend hölzerne Bau liegt am Ende eines
Stegs. Hier wird eindeutig in der Gourmet-
klasse gespeist: Ente altpolnisch, Boeuf
Stroganoff, Truthahn in Sahnesauce und
andere Köstlichkeiten. Ein Menü kostet
dementsprechend um die 15–20 €. Bonus:
Da das Restaurant über den Steg gebaut
wurde, ist die Aussicht von hier aus beson-

ders schön. Ul. Lipowa, ✆ 058/6730777,
www.bursztynia.pl.

Taverna Strand (3), direkt am Strand. Weiß
getünchte Wände, dunkles Holz – eine kleine Taverne ist ganz im rustikalen Stil eingerichtet. Fisch und Meeresfrüchte sind hier
die Spezialität, auf der Speisekarte steht
aber auch Altpolnisches wie Schweinenacken oder Wildschwein. Ein Menü liegt hier

Kaschubische Küste

bei etwa 10–15 €. Ul. Żeglarzy 17, ✆ 058/6731900.

Restauracja Emi (10), versteckt in einer Seitengasse. Das im Stil eines Pubs eingerichtete Restaurant mit dem großen Aquarium bietet eine interessante Palette an mexikanischen und polnischen Gerichten für durchschnittlich 10 € pro Menü. Ul. Wałowa 3, ✆ 058/6732525.

Restauracja Nadmorska (2), am Jachthafen. Nüchterne Einrichtung prägt die Innenausstattung in diesem sozialistischen Klassiker. Das Nadmorska vermietet auch 2-, 3- und 4-Bett-Zimmer mit oder ohne Bad. Während das Restaurant allmählich den sozialistischen Muff abstreift, ist dies bei den Zimmern noch nicht der Fall. Al. Lipowa 4, ✆ 058/6732618.

Neptun (6), am Marktplatz. Sympathische Mischung aus Bar, Café und Restaurant: Hier werden nicht nur zahlreiche Cocktails angeboten, sondern auch ein paar einfache polnische Gerichte und Pizzen. Die Preise für eine Mahlzeit liegen bei 6–9 €. Pl. Wolności 26, ✆ 058/6732458.

Pub Admiral (5), in einer kleinen Gasse hinter dem Marktplatz (gegenüber der Kirche). Historisches Bürgerhaus, gemütlich und etwas altmodisch eingerichtet. In diesem Pub gibt es nicht nur eine große Auswahl an Bier aus aller Herren Länder, hier war offenbar auch ein echter Sammler am Werk: Die Wände sind gepflastert mit Autogrammen sämtlicher Hollywoodgrößen. Ul. Morska 5, ✆ 058/6731197 oder 058/6734798.

Sehenswertes

Peter-und-Paul-Kirche (Kościół Św. Piotra i Pawła): Direkt am Hafen steht die massive gotische Kirche aus dem Ende des 14. Jh. Besondere Sehenswürdigkeit des dreischiffigen Baus mit dem gotischen Sternengewölbe von 1645 ist der Barockaltar in der Wejherkapelle, der von der Familie des Stadtgründers von Wejherowo (Neustadt) gestiftet wurde.

Heimatmuseum: Das Museum besteht aus zwei Abteilungen. Während in dem Gebäude am Marktplatz die Stadtgeschichte beschrieben wird, beherbergt die zweite Abteilung, die etwas weiter südlich in einem alten Fachwerkhaus untergebracht ist, ethnografische Sammlungen und Exponate der regionalen Handwerkskunst. Nebenan befindet sich eine alte Schmiede, deren Inventar beinahe vollständig erhalten ist.
⏰ Di–Fr 9–15 Uhr, Sa 10–14 Uhr, Juli/August Di–Fr 9–17 Uhr, Sa/So 10–14 Uhr, Eintritt 1 €, erm. 0,75 €. Ul. Wałowa 11 und pl. Wolności 28, ✆ 058/6732996.

Der ultimative Biertest

Eine ganz besondere Spezialität steigert seit jeher den Ruhm und das Ansehen von Puck: der einzigartige Geschmack des herben Bieres, das hier seit dem 14. Jh. nach alter Tradition gebraut wird. Seine Rezeptur war stets ein Geheimnis, das von den Bewohnern der Stadt wie ein Schatz gehütet wurde. Keinem Fremden wurde Einblick gewährt – kein Wunder also, dass sich bald Legenden um das bemerkenswerte Gebräu rankten.

So berichtet eine Quelle, der Stadtrat sei für die gleich bleibende Qualität des Gebräus zuständig gewesen. Zu diesem Zweck wurde der sog. „Klebetest" vollzogen: Das Bier wurde – so die Legende – auf eine Bank gegossen, auf der dann die Ratsherren höchstpersönlich Platz nahmen. Nach kurzer Zeit des Einwirkens erhob sich der gesamte Rat gleichzeitig. Nun zeigte sich, von welcher Qualität das Bier war: Klebte die schwere Holzbank an den Hosen der Stadträte, dann handelte es sich um ein Bier, das selbst höchsten Ansprüchen genügte, und alle waren hoch zufrieden. Konnten die Herren dagegen aufstehen, ohne dass die Bank kleben blieb, hatte sich das Bier als minderwertig erwiesen und musste zu günstigen Preisen an das Volk abgegeben werden.

Mechowo-Grotten: Am Rande des pittoresken Dörfchens Mechowo, das sich 3,5 km westlich von Puck befindet, liegen die geologisch faszinierenden Höhlen: Milchig weiß schimmernde Stalagmiten ragen aus dem sandigen Boden; wie große Eiszapfen hängen die Stalaktiten von der Decke. Der Höhleneingang liegt zwischen natürlichen Pfeilern aus Sandsteinen. Über einen gesicherten Einstieg können die Grotten betreten werden. Wände, Decke und Boden bestehen aus porösem Sandstein. Obwohl sie in der Vergangenheit mehrfach eingestürzt sind, werden die Mechowo-Grotten mit ihren Karstformationen immer wieder freigelegt und nun auch wieder Besuchern zugänglich gemacht.

🕐 Mo–Sa 10–18 Uhr, So 11–18 Uhr, Eintritt 0,80 €, (Infos über das Tourismuszentrum), 84-100 Puck, ✆ 058/6732096, 📠 058/6731655, www.gmina.puck.pl.

Wejherowo   dt. Neustadt • 50.000 Einwohner

Die von bewaldeten Hügeln umgebene Stadt liegt im Flusstal der Reda und eignet sich gut als Ausgangspunkt für Ausflüge an die Küste – nach Dębki, Karwia oder Hel.

Wejherowo präsentiert sich auf den ersten Blick als graue Industriestadt mit den üblichen Plattenbausiedlungen und wenig einladender Gewerbebebauung. Der

Rathaus von Wejherowo

barocke Ortskern mit seinen engen Gassen, historischen Häusern und ziegelroten Backsteinkirchen ist aber durchaus sehenswert. Auf dem Marktplatz erinnert ein Denkmal an den Stadtgründer Jakob Weiher (*Jakub Wejher*), dem der Ort auch seinen Namen verdankt. Weiher war Anfang des 17. Jh. bei der Schlacht in Biała lebendig unter Schutt begraben worden und hatte in dieser Notlage geschworen, für den Fall seiner Rettung eine Kirche bauen zu lassen. Wie durch ein Wunder überlebte er und stiftete neun Jahre später tatsächlich die Trinitatiskirche, die sich ebenfalls am Marktplatz befindet. Die Kirche bildete die Keimzelle des Ortes, den Weiher später mit der Erlaubnis des polnischen Königs federführend aufbaute, offizielles Gründungsdatum war der 28. Mai 1643. Das Besondere war, dass der Ort eine katholische Enklave inmitten des ansonsten bereits protestantisch dominierten Gebiets war: Katholiken, die nicht bereit waren, zum neuen Glauben überzutreten, konnten sich gewissermaßen gegen eine Gebühr von 10 Gulden „einkaufen". Später stiftete Jakob Weiher noch zehn Kapellen für einen Kreuzweg, der in den folgenden Jahrzehnten erweitert wurde und noch heute ein beliebtes Pilgerziel ist.

● *Information* **Abteilung für Tourismus und Kultur,** eine kleine Informationsstelle im Rathaus. Mo–Fr 9–13 Uhr. Pl. Jakuba Wejhera 8, Zimmer Nr. 20 (1.OG), ✆ 058/6777023. Mo–Fr 8–14.30 Uhr. Außerdem gibt es im Juli und August noch eine kleine Informationsstelle auf dem Marktplatz.

● *Verbindungen* Der **Bahnhof** befindet sich hinter dem Altstadtkern. Es bestehen gute Bahnverbindungen nach Gdańsk und nach Słupsk.

Bus: Gleich neben dem Bahnhof starten die PKS-Busse ein- bis zweimal pro Stunde in Richtung Gdańsk. Daneben bestehen gute Anbindungen an die Küste.

● *Bank* **PKO BP S.A.,** ul. Sobieskiego 231, ✆ 058/6724572.

● *Krankenhaus* **Fachhospital F. Ceynowa,** ul. Jagalski 10, ✆ 058/5727200.

● *Post* Ul. Sobieskiego 219, ✆ 058/6722281.

● *Polizei* Ul. Sobieskiego 302, ✆ 058/6724061.

● *Reiten* **Reitschule beim Forsthaus Miga,** ul. Ofiar Piaśnicy, ✆ 058/6721707; **Reitschule Rancho Banderoza,** ul. Norwida 21, ✆ 058/6726827.

● *Tennisplatz* Ul. Kalwaryjska 2.

● *Übernachten/Essen* *** **Hotel Marmułowski,** mitten in der Altstadt. Gepflegtes Hotel mit sehr angenehmer Atmosphäre und 17 modernen, komfortablen Zimmern – frisch renoviert und liebevoll eingerichtet. Das DZ liegt das ganze Jahr über bei 71–82 € inklusive Parkplatz und Frühstück. Das angeschlossene Restaurant ist ebenfalls sehr zu empfehlen: schneeweiße Tischdecken und warmes Kerzenlicht, einen kleinen Garten gibt es auch. In stilvoll-gediegener Umgebung werden hier für 10–15 € hervorragend zubereitete vorwiegend polnische und kaschubische Spezialitäten serviert. Ul. 12 Marca 207, 84-200 Wejherowo, ✆ 058/6721300, www.marmulowski.com.

** **Hotel Bliza**, ca. 2 km vom Altstadtkern entfernt. Sozialistischer Bau mit 124 Zimmern und Appartements, modern und zweckmäßig eingerichtet. Das DZ kostet inklusive Frühstück 50 €. Die Zimmer auf der hinteren Seite sind ruhiger. Im angeschlossenen Restaurant mit überwiegend polnischen Gerichten liegt das Menü bei ca. 10–15 €. Oś. Przyjaźni 1, 84-200 Wejherowo, ✆ 058/6721087, www.polhotels.com/Gdansk/Bliza.

Jugendherberge, an dem Park, in dem sich auch das Museum für kaschubisches Schrifttum und Musik befindet; Achtung: extrem unregelmäßige Öffnungszeiten! Ul. 3 Maja 49, 84-200 Wejherowo, ✆ 058/6724592.

Camping Cedron (Harcerska Baza Obozowa), Campingplatz und Pfadfinderlager am südlichen Stadtrand, ca. 2,5 km vom Stadtzentrum entfernt (ebenfalls in der Nähe des Parks). Auch einfache Unterkünfte werden hier angeboten. Ul. Kawaryjska 1, 84-200 Wejherowo, ✆ 058/6724845.

Sehenswertes

Kalvarienberg (Kalwaria Wejherowska): Der von Wald umgebene Kalvarienberg liegt etwa 3 km vom Ortskern entfernt. Auf dem kleinen Hügel wird die Leidensgeschichte Christi nicht wie sonst üblich in 14, sondern in 26 Stationen dargestellt. Die einzelnen Kapellen sind zu unterschiedlichen Zeiten entstanden, die ersten stammen noch vom Ortsgründer Jakob Weiher. Manche Kapellen enthalten plastische Darstellungen aus Stein, andere holzgeschnitzte Bildnisse. Von der ersten bis zur letzten Kapelle sind es 6936 Schritte. Der Kreuzweg spielte für die katholischen Kaschuben in den letzten 300 Jahren eine wichtige Rolle als Pilgerziel.

Museum des kaschubischen Schrifttums und der Musik (Muzeum Piśmiennictwa i Muzyki Kaszubsko-Pomorskiej): Ein kleiner Palast, umgeben von einem alten Park mit kleinem See. Hier residierten einst die Familien Przebendowski und Wejher. Allein wegen des alten Herrenhauses lohnt sich der Besuch. Das Gebäude ist frisch restauriert und im Inneren liebevoll mit Wandmalereien verziert. In diesem Ambiente werden in erster Linie Exponate zur kaschubischen Landeskunde inklusive Literatur und Musik präsentiert. ☉ Di–So 10–15 Uhr, Mai–September Di–Fr 10–17 Uhr, Sa/So 11–17 Uhr, Eintritt 1 €, erm. 0,60 €. Ul. Zamkowa 2 a, ✆ 05876722956.

Kirche St. Anna (Kościół Klasztorny o. Franciszkanów): Die Kirche gehörte ursprünglich zu einem alten Franziskanerkloster aus dem Jahre 1651. Im Inneren des roten Backsteinbaus mit der barocken

Auf zu neuen Ufern ...

Kaschubische Schweiz

Fassade befinden sich fünf Altare aus dem späten Barock. In der Krypta sind die Mitglieder der Familie Wejher bestattet worden.

St.-Trinitatis-Kirche (Kolegiata pw. Św. Trójcy): Die Kollegiatskirche am Marktplatz wurde in den 20er-Jahren des 17. Jh. erbaut. Bemerkenswert ist die aufwendige Innenausstattung im Rokoko-Stil mit originalem Taufbecken und Kronleuchter.

Kaschubische Schweiz

Die bewaldete Hügellandschaft mit den abgeschiedenen Tälern ist landschaftlich besonders reizvoll: dunkle Buchenwälder, wilde Schluchten und über 500 kristallklare Eiszeitseen, in denen sich das Sonnenlicht bricht. Mittendrin kleine, noch wenig erschlossene Dörfer, in denen man wie vor tausend Jahren zu leben scheint. Kurzum: Die Kaschubische Schweiz (*Szwajcaria Kaszubska*) steht genauso wie ihre deutschen Namensvettern Fränkische, Sächsische oder Holsteinische Schweiz für Idylle, Ursprünglichkeit und Unverfälschtheit.

Die Region beginnt ca. 10 km westlich von Danzig mit dem kleinen Ort Żukowo (Zuckau) und zieht sich von dort über Kartuzy (Karthaus) und Chmielno, das am Ufer des Kłodno-Sees liegt, weiter in Richtung Westen. Im Süden erstreckt sich die Kaschubische Schweiz über ihren größten, allerdings kaum sehenswerten Ort Koscierzyna bis nach Wdzydze (Sanddorf) am gleichnamigen See.

Im Süden der Kaschubischen Schweiz (rund 50 km von Danzig entfernt) beginnt hinter Starogard-Gdańsk der Nationalpark Tucheler Heide (*Bory Tucholskie*): ein schöner Park mit Kiefernwäldern, Seen und Torfmooren, der an den Wochenenden viele Danziger aus der Großstadthektik lockt.

Information **Nationalparkinformation** in Gdańsk, ul. Długa 23, Charzykowy, ✆ 052/3988397.

Kartuzy   dt. Karthaus • 16.000 Einwohner

Das Zentrum der Kaschubischen Schweiz liegt rund 30 km westlich von Danzig. Die pittoreske Kleinstadt ist umgeben von tiefen Wäldern und drei Seen.

Kartuzy wurde nach den Kartäuserbrüdern benannt, die im 14. Jh. von Böhmen hierher kamen. Die Kartäuser waren ein sehr strenger, asketischer Orden. Ihr gesamtes Streben war auf das Leben nach dem Tod ausgerichtet, ein regelrechter Jen-

Die Kaschuben wissen, woher der Wind weht ...

seits-Kult beherrschte ihr Dasein. Vergängliches interessierte die Mönche nicht. Dies führte dazu, dass Kontakte nach außen immer weniger gepflegt wurden. So entstand in den abgeschiedenen Tälern eine von der Umwelt weitgehend abgeschnittene, eigenständige Welt. Ein Überbleibsel aus dieser Zeit ist die gotische Klosterkirche, die schon allein wegen ihrer eigentümlichen Form einen kurzen Besuch wert ist. Ansonsten kann man sich das Volkskunstmuseum südlich des Bahnhofs anschauen oder einfach ein wenig in den Gassen rings um den hübschen Marktplatz bummeln. Dort gibt es ein paar kleine Läden zum Stöbern und eine Reihe gemütlicher Cafés zum Relaxen.

• *Information* **Touristeninformation des Museums**, kleine Infostelle, in der man neben Polnisch vorwiegend Französisch spricht. Auch private Zimmer werden hier vermittelt. Mo–Fr 9–18 Uhr, Sa 9–15 Uhr (Juli/Aug.), sonst Mo–Fr 9–16 Uhr und Sa 9–15 Uhr. Ul. Rynek 2, ✆ 058/6840201.

• *Verbindungen* Mit der **Bahn** kommt man bis nach Lębork und Somonino. Das wichtigste Verkehrsmittel in alle umliegenden Dörfer ist aber der **Bus**.

• *Feste/Veranstaltungen* Alljährlich findet hier im Juli ein **Jahrmarkt** statt; dann wird in traditioneller kaschubischer Manier gefeiert: Volkslieder, alte Tänze und zum Essen jede Menge kaschubische Spezialitäten.

• *Übernachten* Es gibt ein paar kleine Hotels und Pensionen, in der Touristeninformation Stowarzyszenie Turystyczne Kaszuby werden auch private Zimmer vermittelt.

*** Korman, im Stadtgebiet an einer Hauptstraße. Kleines Hotel mit 24 gemütlichen, sauberen Zimmern. Mit Schwimmbad, Sauna und Restaurant. DZ Mai–September 53 € sonst 50 €. Ul. 3 Maja 36, 83-300 Kartuzy,

✆ 058/6843400, ✆ 058/6811635, www.korman.pcbird.pl.

Jugendherberge, in der Schule. Während der Sommerferien wird die örtliche Schule zu einer einfachen Unterkunft umfunktioniert. Szkoła Podstawowa Nr. 2, ul. Wzgórze Wolności 1, 83-300 Kartuzy, ✆ 058/-6811817.

Campingplatz der Kategorie 2, ca. 6 km südöstlich von Kartuzy. Mit gemütlichem Lokal und Shop. Auch Häuschen werden vermietet. Geöffnet von Mai bis September. Anfahrt: von Danzig auf der B 7 bis Żukowo, dann 5 km auf der B 211 bis Borowo. Ul. Gdańska 43, 83-322 Borowo, ✆ 058/6853015.

• *Essen und Trinken* **Rondo**, an einer Ecke des Marktplatzes, gegenüber der Kirche. Kleines, stilvolles Restaurant mit ausgezeichneter Küche (überwiegend kaschubische Gerichte). Am Service kann noch gearbeitet werden. Menü um die 10–15 €. Ul. Dworcowa 6, ✆ 058/6811397.

Kaszubska, gemütliches Lokal mit original kaschubischer Küche. Menü 9–13 €. Ul. Parkowa 4, ✆ 058/6812115.

Sehenswertes in Kartuzy und Umgebung

Marienkirche (Kościół Klasztorny): Schon die Form der ehemaligen Klosterkirche dokumentiert den ausgeprägten Jenseitskult der Kartäuser: Sie erinnert an einen Sarg. Im Inneren schwingt unterhalb der Orgel ein skelettierter Engel auf einem Pendel hin und her, in seinen knochigen Händen hält er eine Sense. Der herrlich gearbeitete Hochaltar besteht aus schwarzem Marmor und Alabaster.

Volkskundemuseum (Muzeum Kaszubskie): Südlich des Bahnhofs befindet sich eines der wichtigsten Zeugnisse kaschubischer Volkskunst. Auf den zwei Stockwerken des kleinen Gebäudes wird die Kultur der Bewohner präsentiert: mit Mustern verzierte Töpfe, bunt bemalte Krüge und Kerzenhalter. Doch auch Arbeitsgeräte und Möbel werden hier ausgestellt und ausführlich erläutert. Der Museumsführer, Pan Franciszek, ist mit dem Herz ganz bei der Sache: Den Höhepunkt erreicht sein Vortrag, wenn er höchstpersönlich das „Kaschubische ABC" singt! Die eigenwillige Interpretation des alten Volksliedes wird dabei begeistert mit original kaschubischen Musikinstrumenten untermalt.

⏰ Im Sommer Di–Fr 9–16 Uhr, Sa 9–15 Uhr, So 9–14 Uhr, sonst Di–Sa 9–15 Uhr, So 10–14 Uhr. Eintritt 2 €, erm. 1 €. Ul. Koscierska 1, ✆ 0681/1442.

Kaschubische Schweiz

Turmberg (Wieżyca Góra): An der Straße von Kartuzy nach Brodnica Górna, hier dann die längere Südroute Richtung Wieżyca nehmen. Lohnt sich nicht nur wegen der landschaftlich besonders reizvollen Strecke, hier befindet sich auch der höchste Berg der Kaschubischen Schweiz: Sein Gipfel liegt immerhin 329 m über dem Meeresspiegel – und einen Skilift gibt es hier auch.

Chmielno   dt. Ludwigsdorf • 2.000 Einwohner

Der verträumte kaschubische Ort liegt etwa 9 km südwestlich von Kartuzy am Ufer des Kłodno-Sees. Er ist von insgesamt zehn Seen umgeben, die alle miteinander verbunden sind – der ideale Ausgangspunkt für eine Paddeltour durch eine naturbelassene Landschaft mit jahrhundertealten Bäumen, wilden Schluchten und kristallklaren Seen. In Chmielno werden auch heute noch zahlreiche traditionelle Handarbeiten angefertigt, darunter bunt bemalte Töpfe und Krüge. Wer sich mit handgefertigter kaschubischer Keramik eindecken möchte, ist hier genau richtig. Typisch Kaschubisches wird darüber hinaus in einem Mini-Museum an der Hauptstraße präsentiert (Di–Sa 9–18 Uhr).

• *Information* In der ul. Gryfa Pomorskiego 20, ✆ 6842205.

• *Verbindungen* Mehrmals täglich fährt ein **Bus** von und nach Kartuzy.

• *Seerundfahrten/Kanutouren* Am Bootssteg legt stündlich ein kleiner Dampfer ab, der Seerundfahrten für 2 € anbietet. In Chmielno startet auch eine zweitägige Kanutour durch die 10 miteinander verbundenen Seen. Infos bei **Krefta**, ul. Grodziska 10, ✆ 058/6842234.

• *Übernachten* **Zajazd U Kórlińskiego**, direkt am Seeufer. Ländlich anmutendes Hotel mit Restaurant, die Zimmer sind sehr geräumig. DZ in der Saison 40–50 €, außerhalb der Saison sind sie günstiger. Wer ein Zimmer mit Seeblick erwischt, genießt eine herrliche Aussicht. Ul. Gryfa Pomorskiego 63, 83-333 Chmielno, ✆ 058/6842278,

www.maxmedia.pl/czorlinski.

Zajazd Eldorado, ein paar Kilometer weiter in Brodnica Dolna und ebenfalls am Seeufer gelegen. Gemütliche, modern eingerichtete Zimmer, freundliche Atmosphäre. Dazu ein Restaurant, das an einen Saloon aus einem Wildwestfilm erinnert. Für 28 € bekommt man hier ein DZ. Am Ortseingang von Brodnica Dolna 1, 83-324 Brodnica Górna, ✆ 058/6845281, www.maxmedia.pl/zajazd.

Jugendherberge, ganzjährig geöffnet, 50 Betten. Ul. Gryfa Pomorskiego 33, 83-333 Chmielno, ✆ 058/684232250.

Krefta, Strandhäuser direkt am Ufer des Sees. Außerdem kann man hier Kajaks ausleihen (s. o.). Ul. Grodziska 10, 83-333 Chmielno, ✆ 058/6842234, www.krefta.pl.

Wdzydze   dt. Sanddorf • 1.000 Einwohner

Das kleine Dorf liegt eingebettet in einsame Wälder am Ufer des Jezioro Wdzydze, des größten Sees in der Kaschubischen Schweiz. Im bereits 1906 eröffneten Freilichtmuseum *Kaszubski Park Etnograficzny* kann man sich hautnah das tägliche Leben in einem kaschubischen Dorf anschauen: reetgedeckte Holzhäuser und historische Windmühlen, eine traditionelle Schmiede und eine alte kaschubische Holzkirche inmitten des Dorfkerns. Im Sommer finden in der Kirche Orgelkonzerte statt.

• *Freilichtmuseum*   83-406 Wąglikowice, ✆ 058/6861130. Mai/Juni Di–Fr 9–16 Uhr und Sa/So 10–18 Uhr, im Juli/August Di–So 10–18 Uhr, April und September Di–So 9–16 Uhr, Oktober Di–So 10–15 Uhr, November bis März Mo–Fr 10–15 Uhr, Eintritt 2,50 €.

• *Übernachten* **Hotel Niedźwiadek**, etwa

2 km vom Freilichtmuseum entfernt. Hübsches Hotel mit gemütlicher Atmosphäre und modern eingerichteten Zimmern. Das DZ kostet 74–102 € (Mai–September), sonst 45–71 €. Wdzydze Kiszewskie 32, 83-406 Wąglikowice, ✆/℗ 058/6866080, www.niedzwiadek.gda.pl.

Danzig: Blick über die Motława

Trójmiasto – die Dreistadt

In den vergangenen Jahrzehnten ist die stolze Handelsstadt Danzig (Gdańsk) mit dem Seebad Sopot und der Hafenstadt Gdynia immer enger zusammengewachsen und zu einem riesigen urbanen Komplex verschmolzen. Die sog. Dreistadt (*Trójmiasto*) erstreckt sich über eiszeitliche Moränenhügel an einem Küstenabschnitt von 35 km entlang der Danziger Bucht.

Gdynia   dt. Gdingen • 260.000 Einwohner

Die junge Industrie- und Hafenmetropole ist die nördlichste der drei Städte an der Danziger Bucht. Einen ungewöhnlichen Kontrast zu den weitläufigen Industrieanlagen mit Werft und Hafen bildet die liebliche Lage: Gdynia ist umgeben von ausgedehnten Wäldern, im Osten säumt das Ufer der Ostsee die Stadt.

Das Häusermeer von Gdynia zieht sich über sieben Moränenhügel. Im Zentrum der Stadt erhebt sich der sog. Steinberg (*Kamienna Góra*), ein großer Hügel, an dessen schattigen Hängen elegante Villen liegen. Von der Plattform auf der Spitze mit dem Gipfelkreuz genießt man eine fantastische Aussicht über die lärmende Stadt, den gewaltigen Hafen und die Ostsee. Wie eine helle Zunge ragt die Mole von der Uferpromenade in das blaue Wasser. Zwei Museumsschiffe ankern an der ausgedehnten Anlage mit Imbissbuden, Souvenirständen und dem kleinen Rummelplatz; auf dem Pier schlendern Besucher auf und ab. Die klare, saubere Luft ist erfüllt vom Kreischen der Möwen. Schiffe gleiten durch das Wasser, und der Wind zaust an den Haaren.

Gleich hinter der Strandpromenade beginnt die City. Im Gegensatz zu anderen polnischen Städten, deren Ortskern zumeist von historischen Backsteinbauten in dunklem Rot geprägt ist, dominieren hier funktionale Gebäude in Weiß. Dieser Tatsache verdankt Gdynia auch den Spitznamen „die weiße Stadt“. Postmoderne Hochhäuser mit blitzenden Glasfassaden, hinter denen sich Banken und Büros einquartiert haben, stehen dicht gedrängt in der City. Dazwischen findet man nüchterne Zweckbauten im Bauhausstil der 1930er-Jahre. Diese Gebäude stammen noch aus der Zeit, als Gdynia zur Hafenstadt ausgebaut wurde. In den Straßen herrscht zu jeder Tageszeit rege Betriebsamkeit: Der Verkehr braust durch die Stadt, irgendwo knattert ein Presslufthammer und über die Kreuzungen hasten hektische Menschen zur Arbeit. Wer mehr Zeit hat, schlendert durch die Kaufhäuser und Einkaufspassagen oder macht Halt in einem der Cafés.

Geschichte

Noch vor hundert Jahren hatte kaum jemand den Namen der Stadt gehört: Bis zum Ausbruch des Ersten Weltkriegs lebten hier nur etwa 1000 Menschen. Doch die Neuordnung Europas nach dem Krieg sollte dies schlagartig ändern. Mit dem Versailler Friedensvertrag kehrte Polen, das in den Jahrhunderten zuvor immer wieder geteilt worden war, auf die politische Landkarte Europas zurück. Um wirtschaftlich überleben zu können, benötigte das Land dringend einen Seehafen. Dafür hatte man ursprünglich Danzig vorgesehen, das durch den Versailler Vertrag zwar zur freien Stadt erklärt worden war, dem polnischen Staat aber sämtliche Nutzungsrechte an allen für die Ein- und Ausfuhr von Waren relevanten Anlagen des Hafens einräumen musste. Doch die ehemaligen Deutschen, die in Danzig an den Schalthebeln der Macht saßen, weigerten sich, die neuen Regelungen zu akzeptieren: Wo es nur möglich war, boykottierten sie die Beschlüsse und behinderten den Umschlag polnischer Güter. Als Ausweichlösung bot sich Gdynia an: Der kleine benachbarte Ort an der Danziger Bucht war im Gegensatz zu Danzig unter polnischer Hoheit geblieben.

So begann man 1923 mit dem Bau einer massiven Hafenanlage. Innerhalb kürzester Zeit wurde ein riesiger Hafen aus dem Boden gestampft, sodass Gdynia durch diese neu entstandene Infrastruktur nur 15 Jahre später den Schiffsverkehr im gesamten Ostseeraum dominierte. Begleitet wurde der wirtschaftliche Aufstieg von einem rasanten Bevölkerungszuwachs: Bereits sieben Jahre nach Beginn der Bauarbeiten war aus dem verschlafenen Fischerdorf eine Industrie- und Handelsmetropole mit 100.000 Einwohnern geworden – mit allen sozialen Problemen, die ein derartig rapides Wachstum zwangsläufig mit sich bringt.

Typisch sozialistisch: Denkmäler in Gdynia

Die boomende Handelsstadt mit dem strategisch günstig gelegenen Hafen weckte bald das Interesse der Nazis. Nach der Einnahme Polens wurde Gdynia von den faschistischen Besatzern in „Gotenhafen" umbenannt und in einen gigantischen militärischen Flottenstützpunkt umfunktioniert. Als 1945 schließlich die Niederlage Deutschlands abzusehen war, zerstörten die Nazis kurzerhand die gesamten Hafenanlagen der Stadt. Um den Anschluss an die internationale Wirtschaft nicht zu verpassen, wurde nach der Niederlage der Besatzer sofort mit dem Wiederaufbau der Hafenanlagen begonnen. Einen erneuten Entwicklungsschub erfuhr die Stadt mit der politischen Wende im Jahr 1989. Heute ist Gdynia nicht nur die Basis der Fischerei- und Handelsflotte, sondern verfügt auch über die größte und modernste Hafenanlage der gesamten Ostseeküste.

*I*nformation/*V*erbindungen

● *Information* **Touristeninformation**, in der Bahnhofshalle, pl. Konstytucji 1, ✆ 058/7212466, it@gdynia.pl, www.gdynia.pl. Mai–Sept. Mo–Fr 8–18, Sa 9–16, So 9–15 Uhr, den Rest des Jahres Mo–Fr 10–17, Sa 10–15 Uhr. **Baltische Touristeninformation**, am Ende der Mole. Al. Zjednoczenia, ✆ 058/6207711. Mai–Sept. Mo–Fr 8–18, Sa 9–16 Uhr.

● *Verbindungen* **Bahn**: Der Bahnhof befindet sich ca. 2 km von der Mole entfernt im Stadtkern. Von dort aus fahren tägl. mehrere Züge nach Hel sowie stündlich nach Lębork (im Sommer); von dort geht es dann mit dem Bus weiter nach Łeba. Alle weiteren Zugverbindungen laufen über Gdańsk.

Bus: Busterminal neben dem Bahnhof. Viele regionale Verbindungen, beispielsweise stündlich zur Halbinsel Hel oder 3-mal tägl. nach Łeba. Darüber hinaus fahren zwei Schnellbusse täglich entlang der Küste bis nach Świnoujście. Daneben fahren im Sommer auch stündlich Züge zur Halbinsel Hel.

Schiff: Von der Mole starten von Mai bis September Schiffe nach Gdańsk, Sopot, Hel und Jastarnia sowie zur Westerplatte. Vom Terminal Promowy (ca. 5 km nördlich des Zentrums) legen die Fähren der Stena Line nach Karlskrona/Schweden ab.

*A*dressen von *A* bis *Z*

• *Apotheke* **Apteka**, rund um die Uhr geöffnet, ul. Starowiejska 34, ✆ 058/6201982.

• *Autoservice* Ul. Kalkstajnów 14, ✆ 058/6232320.

• *Autovermietung* **National Car Rental**, ul. Władysława IV. 53/2, ✆ 058/6210777.

• *Bank* **Bank Zachodni WBK S.A.**, ul. Świętojańska 89, ✆ 058/6609087; **Citibank**, ul. 10 Lutego 7, ✆ 058/6606038.

• *Internetcafés* **Cybergarden**, ul. Władysława IV. 1 a, ✆ 058/5500834. Ein weiteres Internetcafé befindet sich im ersten Stock des Gemini-Centers an der Mole.

• *Mietwagen* **ABS**, ul. Cechowa 28, ✆ 058/6251492; **Auto Fest**, ul. Wielkopolska 180, ✆ 058/6293030; **Exel**, ul. Abrahama, ✆ 058/6792200.

• *Pannendienst* **SKM Station**, St. Maksymilian, ✆/📧 058/6617747.

• *Post* Ul. 10-go Lutego 10, ✆ 058/6203022; **Postamt am Bahnhof**, pl. Konstytucji 2, ✆ 058/6210425.

• *Polizei* Ul. Portowa 15, ✆ 058/6621000.

• *Krankenhaus* **Kreiskrankenhaus**, ul. Wójta Radkego 1, ✆ 058/6207501; **Notfall-Ambulanz**, Żwirki i Wigury 14, ✆ 058/62000.

• *Segeln* **Yachtklub Gdynia „Marina"**, Aleja Jana Pawła II 13 A, ✆ 058/6619366.

• *Tennisplatz* **Arka**, ul. Ejsmonda 3, ✆ 058/6624950.

• *Taxi* **Expres Taxi**, ul. Helska 10, ✆ 058/6241624.

• *Zahnarzt* Centrum Implantologii Stomatologicznej, ul. Legionów 63, ✆ 058/6220626.

*V*eranstaltungen/*E*inkaufen

• *Veranstaltungen* Im Juni finden die **Hafentage** statt; im Juli stehen das **Kabarett-Festival** (mit polnischen Kabarettisten und

Bernsteingalerie in Gdynia

Kleinkünstlern) und das **Sommer-Jazz-Festival** auf dem Programm.

Von Juli bis August wird am Strand von Orłowo ein **Theaterfestival** veranstaltet, außerdem finden **Musikkonzerte** an der Hafenpromenade und das **Internationale Liederfestival** in der Waldoper statt.

Im August folgen die Segeltage von Gdynia und im September das Polnische Film-Festival.

• *Einkaufen* Die Świętojańska und Starowiejska, zwei parallel zum Strand verlaufende Boulevards im Zentrum, gehören seit Jahrzehnten zu den beliebtesten Einkaufsstraßen der Dreistadt: Hier befinden sich die modernen **Einkaufszentren** der Stadt. **Souvenirs** in allen Variationen sind in den Buden und Shops unten am Skwer Kościuszki, der südlichen Mole, zu finden. Der Klassiker unter den Souvenirläden heißt **Cepelia**: Hier gibt es Skulpturen, Keramik, Schmuck, Gemälde und Handarbeiten in allen Variationen. Ul. Jagiellońska 10, ✆ 058/5530881, www.cepelia.pl. **Presse**: EMPIK, internationale Zeitungen und Zeitschriften, ul. Świętojańska 68, ✆ 058/6200773.

*Übernachten (siehe *K*arte *S*. 191)*

Neben den großen Hotels gibt es in Gdynia über die ganze Stadt verstreut eine große Anzahl an preisgünstigen Pensionen und Privatzimmern – Details an der Touristeninformation im Bahnhof erfragen.

● *Hotels/Pensionen*   ****** Hotel Nadmorski (19)**, Klassiker in herrlicher Lage am Berg, unweit der Flaniermeile der Stadt an Hafen und Strand. Top-Hotel mit Restaurant, Bar, Club, Swimmingpool und Wellness-Bereich. Eine edle Ausstattung dominiert die großzügige Lobby. Das DZ schlägt in der Saison (Mai–Oktober) mit 167–184 € zu Buche, sonst ist das DZ ab 138 € zu haben. Ul. Ejsmonda 2, 81-409 Gdynia, ☎ 058/6677777, ✆ 058/6997272, www.nadmorski.pl.

*** Hotel Orbis Gdynia (11), zentral an der Hauptpromenade am Hafen. Sozialistischer Kasten, 297 komfortable Zimmer, z. T. mit schönem Blick über Mole und Hafen. Mit Swimmingpool, Nachtclub und sehr gutem Restaurant: Das Pod Dębem ist bekannt für seine hervorragende Küche. Das Standard-DZ liegt bei 114 €, es werden allerdings auch immer wieder Aktionspreise angeboten. Ul. Armii Krajowej 22, ☎ 058/6663040, ✆ 058/6208651, 81-371 Gdynia, www.orbis.pl.

*** Hotel Willa Lubicz (23), im Villenviertel in Strandnähe. Von außen eher nüchtern, innen angediegenes Ambiente der 1930er-Jahre, dezente Hintergrundmusik rundet die Atmosphäre ab. Alle 15 Zimmer sind komfortabel ausgestattet und liebevoll durchgestylt. Mit Sauna, Jacuzzi und einem hervorragenden Restaurant, das überwiegend polnische Spezialitäten serviert – alles exzellent zubereitet. DZ von Mai bis Oktober 135 €, sonst 120 €. Es empfiehlt sich, rechtzeitig zu buchen – dabei unbedingt nach einem Zimmer mit Blick aufs Meer fragen! Orłowska 43, 81-522 Gdynia, ☎ 058/6684740, ✆ 058/6684741, www.willalubicz.pl.

*** Hotel Antracyt (16), am Luxushügel Gdynias liegt das kleine Hotel versteckt am Ende einer Straße. Die Architektur wirkt von außen etwas klotzig, innen dagegen ist es gemütlich. Die Räume sind leicht antiquiert eingerichtet. Das Restaurant ist mit alten Lüstern aus Kristall und Spiegeln dekoriert, serviert wird polnische Küche. Das DZ kostet 75–80 € inklusive Frühstück. Korzeniowskiego 19, 81-376 Gdynia, ☎ 058/6206811, ✆ 058/6201239, www.hotel-antracyt.pl.

Verzaubernd: Wasserspiele an der Mole von Gdynia

Pension Bursztynek (17), etwas versteckt am Hügel, wunderschön und nah am Strand. Kleine Pension mit 8 Zimmern, die alle sehr einladend wirken. Das DZ kostet 25 € ohne Frühstück. Sehr gemütlich und oft ausgebucht: im März schon für den Sommer reservieren. Ul. Wyspiańskiego, 81-435 Gdynia, ☎ 058/6220505, ✆ 058/6623850.

China Town (5), in strategisch günstiger Lage, direkt gegenüber vom Bahnhof. Die Zimmer sind einfach und erschwinglich: Das DZ ist für 34-62 € zu haben, aber auch 3- und 4-Bett-Zimmer stehen zur Verfügung. Ul. Dworcowa 11, 81-354 Gdynia, ☎/✆ 058/6209221.

Willa Veneda (22), im Villenviertel in Parknähe. Hübsches altes Haus mit 7 Zimmern, wirkt interessant zusammengewürfelt. Das DZ liegt bei rund 42–51 €. Vorher reservieren, da im Sommer oft ausgebucht. Pluspunkt: Hier wird auch guter Wein angeboten. Ul. Światowida 14, 81-543 Gdynia, ☎ 058/6685971, ✆ 058/6685972.

Trójmiasto – die Dreistadt

Karte S. 187

Pension Monika (18), versteckt in einer kleinen Straße am Steinberg. Kleine Pension mit familiärer Atmosphäre und drei gemütlichen Zimmern ohne Bad, außerdem gemeinsam nutzbare Küche. Mit 13–17 € pro Person sehr günstig. Ul. W. Pola 12, 81-433 Gdynia, ✆ 058/6628240.

Ledan (21), kleine Pension etwas abseits vom Zentrum gelegen, mit gutem Anschluss an die öffentlichen Verkehrsmittel. Hier werden Privatzimmer für 7–10 € pro Person vermietet. Ul. Prostokatna 8, 81-354 Gdynia, ✆ 058/6214512.

• *Studentenwohnheim* **Akademiki AM (13)**, zentral an der Strandpromenade gelegen (hinter dem Museum der Kriegsmarine). Während der Semesterferien von Juli bis Mitte September geöffnet. Die Zimmer sind einfach und kosten 10–15 €; sie sollten mindestens vier Wochen vorher reserviert werden. Ul. Sędzickiego 19, 81-301 Gdynia, ✆ 058/6202701.

• *Jugendherberge* **Jugendherberge (7)**, ca. 3 km nordwestlich des Stadtkerns. Gute Bus- und Straßenbahnanbindung. Ganzjährig geöffnet; die Preise für ein Bett liegen bei 6–11 €. Energetyków 13, 81-184 Gdynia, ✆ 058/6613747.

• *Camping* **Campingplatz (24)**, in Orłowo, einem schönen, hügeligen Küstenabschnitt im Süden der Stadt, umgeben von Wald. Auch Bungalows können dort gemietet werden. Ul. Szyprów 26, 81-561 Gdynia, ✆ 058/6248004.

*E*ssen und *T*rinken/*N*achtleben

Im Zentrum von Gdynia finden sich zahlreiche sympathische Bistros, gemütliche Pubs und kleine, aber gute Restaurants.

Pod Dębem (11), Gourmetrestaurant im Hotel Orbis. Das Ambiente ist eher einfach und wirkt nüchtern-sozialistisch. Zu den Spezialitäten des Hauses gehören Litauische Kaltschale mit Wachteln oder Seezunge Pariser Art mit Krebshälsen in Soße; für ein Menü sollten 12–17 € veranschlagt werden. Mo–Sa von 13 bis 16 Uhr gibt es spezielle Angebote zu besonders günstigen Preisen; sonntags wird ein schwedisches Buffet serviert: mit kalten Vorspeisen und zahlreichen Fischspezialitäten. Armii Krajowej 22, ✆ 058/6663040.

Petit Paris (12), modern eingerichtetes Restaurant hinter dem Bahnhof. Tagsüber frequentieren zahlreiche Geschäftsleute das Restaurant; es werden französische und internationale Gerichte serviert. Das Menü kostet um die 8–12 €. Ul. Sląska 21, ✆ 058/6286468.

Da Vinci (6), mitten in der Innenstadt. Ein sehr gediegenes Ambiente beherrscht hier die Stimmung: Stuck, Tischdecken und Tafelsilber. Die Ausstattung dieses Edel-Italieners erinnert an ein stilvolles Wiener Kaffeehaus. Küche und Service sind exzellent: Carne, Antipasti, Tomaten mit Mozzarella – und sehr viele gute Weinsorten. Ein Menü liegt etwa bei 10–15 €. Ul. Świętojańska 15, ✆ 058/6200714.

Swojski Smak (2), von außen gewöhnungsbedürftig bis hässlich, innen dagegen gemütlich-rustikal und guter Service; die Gerichte werden frisch und nach eigenen Rezepten zubereitet. Traditionell-polnisch angehauchte Küche und internationale Spezialitäten zu fairen Preisen: 6–9 €. Ul. Władysława, ✆ 058/6218575.

Green Way (8), an einer Ecke in der Innenstadt: der Spezialist für Vegetarier. Innen vorwiegend grün eingerichtet, modern und sauber – viele leckere vegetarische Gerichte werden hier auf die Schnelle serviert (5– 7 €). Ul. Abrahama 24, ✆ 058/6205503.

Barracuda (20), an der Strandpromenade. Polnische Küche mit viel Fisch wird hier zu passablen Preisen angeboten: Ein Gericht liegt bei 6–9 €. Bulwar Nadmorski im Feliksa Nowowiejskiego 10, 81-374 Gdynia, ✆ 058/6208000.

Anker (15), kleine Pizzeria auf dem Steinberg, ca. 10 Min. vom Zentrum. Hier herrscht angenehme und freundliche Atmosphäre, eine Pizza bekommt man schon für 3 €. Ul. Piłsudskiego 50, ✆ 058/6613077.

Hollywood Diner (4), kleines Eck-Bistro in der Innenstadt: Fastfood ganz im amerikanischen Stil. Modern eingerichtet, ein Treff für Jung und Alt. Die gesamte Palette von Pizza bis Burger wird hier angeboten. Hauptgerichte kosten 3–4 €. Ul. 3 Maja 21, ✆ 058/6210923.

• *Pubs/Clubs* **Café Cyganiera (9)**, angenehme Mischung aus Bar und Café im Herzen von Gdynia. Ehemals beliebter Treff politischer Dissidenten, doch inzwischen ist das Cyganiera schicker geworden. Wer nachmittags den Stadtbummel für einen Irish Coffee unterbrechen oder abends ei

Gdynia

150 m

Museum der Stadtgeschichte M

Museumsschiff "Dar Pomorza" ★

Museumsschiff "Błyskawica" ★

Ozeano-graphisches Museum M

Südl. Mole

Museum der polnischen Kriegsmarine M

Steinberg

Bahnhof

Naturschutzgebiet, Żeromski-Haus, Planetarium

Ü bernachten
- 5 China Town
- 7 Schronisko Młodzieżowe (Jugendherberge)
- 11 Hotel Orbis Gdynia
- 13 Akademiki AM
- 16 Hotel Antracyt
- 17 Pension Bursztynek
- 18 Pension Monika
- 19 Hotel Nadmorski
- 21 Ledan
- 22 Willa Veneda
- 23 Willa Lubicz
- 24 Campingplatz

N achtleben
- 1 Ucho
- 3 Donegal
- 9 Café Cyganiera
- 10 Pokład
- 14 Cafe Contrast

E ssen & Trinken
- 2 Swojski Smak
- 4 Hollywood Diner
- 6 Da Vinci
- 8 Green Way
- 11 Pod Dębem
- 12 Petit Paris
- 15 Anker
- 16 Antracyt
- 19 Nadmorski
- 20 Barracuda
- 23 Lubicz

Strassen (Auswahl): Wojta Radtkego, Władysława IV, Derdowskiego, Starowiejska, Zgoda, Zygmunta Augusta, Pułaskiego, 10-go Lutego, Batorego, Abrahama, Świętojańska, Armii Krajowej, 3-go Maja, Warszawska, Podolska, Borchardta, Al. Zjednoczenia, Nowogrodzka, Pomorska, Śląska, Witomińska, Żwirki Wigury, Kasprowicza, Wołyńska, Władysława IV, Świętojańska, Klińskiego, Słowackiego, Mickiewicza, Sienkiewicza, Bulwar Nadmorski, Strandpromenade mit Musiktheater, Traugutta, I Armii Wojska Polskiego, Necla, Krasickiego, Sieroszewskiego, Korzeniowskiego, Bema, Piłsudskiego, Wendy, Partyzantów, Ujejskiego, Wyspiańskiego, Chopina, Prusa, Paderewskiego, Kopernika, Górna, Grottgera, Tetmajera, Legionów, Wachowiaka, Aleja Zwycięstwa, Syrokomli, Harcerska, Narutowicza, Ejsmonda

nen Cocktail schlürfen möchte, ist hier genau richtig! Ul. 3 Maja 27, ✆ 058/6208738.

Pokład (10), an der Mole. Das Interieur dieses Clubs entspricht vielleicht nicht ganz jedermanns Geschmack – doch das Pokład zählt zu den beliebtesten Treffs der Gdynianer. Das musikalische Spektrum ist breit gefächert. Al. Zjednoczenia 11, ✆ 058/6603431, www.poklad.prv.pl.

Ucho (1), in einer Halle am Rande der Innenstadt, vor den Docks am Hafen. Düster, verqualmt, schmucklos. Eindeutig steht hier die Musik im Mittelpunkt: Live-Acts von Rock 'n' Roll bis Jazz. Ul. Św. Piotra 2, ✆ 058/7822969.

Cafe Contrast (14), an der Promenade gegenüber vom Museum. In dem gemütlichen Café/Pub bekommt man nicht nur ein kühles Bierchen, es werden auch Life-Acts präsentiert. Bulwar Nadmorski, 81-366 Gdynia, ✆ 503516401.

Donegal (3), Irish Pub: klein, gemütlich und sehr irisch geprägt. Hier trifft sich die englischsprachige Gemeinde Gdynias: Studenten, Besucher und Angehörige der engli-schen Schule. Abends brechend voll, im Sommer ist es allerdings etwas leerer. Musik: Grunge à la Nirvana. Ul. Zgoda 10, ☎ 058/6217311.

Baden

Vor Gdynia liegen zwei schöne Sandstrände: der von Orłowo und der von Redłowo. Von der Uferpromenade aus kann der Strand von Orłowo zu Fuß in einer Viertelstunde erreicht werden. Dieser von Rettungsschwimmern bewachte Strand mit dem feinen weißen Sand ist für vor allem für Familien mit Kindern gut geeignet. Ein Steg führt über das Wasser zu einer kleinen Freilichtbühne an der Spitze des Piers. Im Sommer finden hier Theateraufführungen statt.

Zum Strand von Redłowo geht man eine halbe Stunde immer die Küste entlang in Richtung Süden: Vor einer schroffen Felswand liegt ein schmaler Streifen Strand, an dem sich die Wellen schäumend brechen. Die von Wind und Wetter zerfurchte Steilküste von Redłowo inspirierte zahlreiche Maler und Fotografen.

Sehenswertes

Die junge Stadt kann weder mit mittelalterlichen Basteien noch mit historischen Sakralbauten aufwarten. Stattdessen besticht Gdynia mit einem herben Charme und dem Flair einer Hafenstadt.

Vom Stadtzentrum Gdynias führt eine breite Straße hinunter zur **südlichen Mole** (*Molo Południowe*), um die sich einige der wichtigsten Attraktionen von Gdynia gruppieren: Neben den beiden nachfolgend beschriebenen Museumsschiffen liegt dort auch die „*Dar Młodzieży*", das derzeitige Trainingsschiff der Maritimen Akademie. Das Denkmal am Ende des Stegs ist dem polnischen Schriftsteller Joseph Conrad Korzenowski gewidmet. Im Sommer starten vom Pier fast stündlich Ausflugsschiffe und Hafenrundfahrten.

Ozeanografisches Museum (Muzeum Oceanograficzne i Akwarium Morskie): Zu den faszinierendsten Museen der polnischen Ostseeküste zählt die ozeanografische Sammlung am Ende der Mole. In dem dreistöckigem Gebäude sind in 30 großen Salzwasser-Aquarien über 600 Arten aus der Fauna und Flora der Meere untergebracht: exotische Tropenfische und mächtige Meeresschildkröten, verspielte Seepferdchen und elegante Barrakudas. Zu den Höhepunkten der Unterwasserwelt zählen die Becken mit Piranhas und Haien. Wechselnde Ausstellungen zeigen die Erforschung der Meere sowie die bizarre Welt der Tiefsee.
⏱ Juni–August täglich 9–20 Uhr, Oktober–März täglich 10–17 Uhr, sonst täglich 9–19 Uhr, von November bis Februar montags geschlossen, Eintritt 4 €, erm. 2,50 €. Aleja Zjednoczenia 1, ☎ 058/6217021.

Museumsschiff „Dar Pomorza": Der elegante Dreimaster am hinteren Teil der Mole lässt den Glanz vergangener Zeiten wiederauferstehen. Faszinierend sind die drei über 40 m hohen Masten des Segelschiffs, das 1909 in der Hamburger Werft Blohm & Voss auf Kiel gelegt und ein Jahr später als Schulschiff in den Dienst der Handelsmarine gestellt wurde. Nach dem zweiten Sohn Wilhelms II. hieß es ursprünglich „Prinz Eitel Friedrich". Als Bestandteil der Reparationsleistungen gelangte es nach dem Ersten Weltkrieg vorübergehend in französische Hände und wurde in „Colbert" umbenannt, 1929 schließlich ging es in polnischen Besitz über. Erworben wurde es mit Spendengeldern aus der Bevölkerung, daher auch der

Name *Dar Pomorza*, „Geschenk Pommerns". In seiner neuen Heimat wurde es als Schulschiff der Marineakademie eingesetzt, legte weite Reisen bis zum Kap Hoorn zurück und errang zahlreiche Segel-Cups. Bis 1982 absolvierten 14.000 polnische Kadetten ihre Ausbildung auf der Dar Pomorza.

Die Besichtigung des historischen Prachtseglers lohnt sich unbedingt: Salon, Kombüse und Kajüten sind liebevoll mit historischem Mobiliar ausgestattet und mit diversen Utensilien dekoriert. Man bekommt den Eindruck, die Mannschaft könnte jeden Moment die Fahrt wieder aufnehmen.

① Juni–September Di–So 10–18 Uhr, sonst Di–So 10–16 Uhr, Eintritt 2,50 €, erm. 1,25 €. Nabrzeże Prezydenta 81-345 Gdynia, ✆ 058/6202371.

Museum der Stadtgeschichte (Domek Abrahama): In dem kleinen Backsteinhäuschen unweit der Mole sind Fotos und Exponate aus der gerade mal hundert Jahre währenden Geschichte Gdynias ausgestellt. Antoni Abraham, nach dem das Museum benannt wurde, war ein Förderer des kaschubischen Kulturgutes in den 20er-Jahren des letzten Jahrhunderts.

① Täglich 10–16 Uhr, Eintritt 0,50 €. Ul. Starowiejska 30, ✆ 058/6219073.

Ein Hauch von Nostalgie: die „Dar Pomorza" in Gdynia

Planetarium: Die Vorstellungen im Planetarium – ein Mix aus Show und Wissen – sind lohnendes Erlebnis. Vorführungen finden in Sommer täglich um 11 Uhr und um 12.30 Uhr statt, außerhalb der Saison auf Anfrage für Gruppen.

Eintritt 1,60 €, erm. 0,90 €. Al. Jana Pawła II 3, ✆ 058/6209218.

Museum der polnischen Kriegsmarine (Muzeum Marynarki Wojennej): In dem neuen Gebäude wird die Geschichte der Seefahrt dokumentiert: von slawischen Schiffsmodellen aus dem 9. Jh. über Kanonen aus dem 17. und 18. Jh. bis hin zu den neuesten technologischen Entwicklungen. Eine Freilichtausstellung ist an das Museum angeschlossen: Hier sind Helikopter, Raketen und Kriegsflugzeuge zu sehen. Auch das Museumsschiff „Błyskawica" gehört zum Museum der Kriegsmarine (s. u.).

① im Sommer täglich Di–So 10–17 Uhr, sonst Di–So 10–17 Uhr, Eintritt 1,50 €, erm. 1 €. Das Hauptgebäude des Museums befindet sich in der ul. Sędzickiego ✆ 058/6263984.

Museumsschiff „Błyskawica": Das historische Kriegsschiff an der Mole ist ein Veteran aus dem Zweiten Weltkrieg: 1942 hatte das Schiff in der südenglischen Hafenstadt Cowes ein ganzes Jahr lang massiven Angriffen standgehalten. Seinen Namen *„błyskawica" (Blitz)* trägt es zu Recht: Der 114 m lange Dampfer brachte es auf eine

Spitzengeschwindigkeit von 40 Knoten. Damit war es seinerzeit das schnellste Schiff seiner Klasse im Ostseeraum! Sein Inneres kann besichtigt werden und gewährt Einblick in das damalige Leben auf dem Kriegsschiff: An Deck befinden sich Unterseewaffen sowie Artillerie, und in den unteren Maschinenräumen sind noch die alten Armaturen zu sehen.

🕓 Mai–Oktober Di–So 10–12.30 und 14–17 Uhr, Eintritt 2,50 €, erm. 1,25 €. Skwer Kościuszky, 📞 058/6263658.

Steinberg (Kamienna Góra): Auf den bewaldeten Hängen des Hügels hinter dem Museum der Kriegsmarine lugen mondäne Villen aus dem Schatten alter Bäume hervor. In den 1920ern erwarb der Warschauer Anwalt Henryk Gałczyński dieses Land. In der neu entstandenen Stadt wollte er ein Seebad nach dem Vorbild traditionsreicher Badeorte errichten: 1925 wurde das Land in über 300 Bauparzellen aufgeteilt; dort entstanden 50 elegante Villen im Stil der Gründerzeit. Viele dieser Prachtbauten sind auch heute noch zu sehen. Enge Serpentinen führen hinauf zum Gipfel der kleinen Anhöhe (52 m über dem Meeresspiegel), auf der Seeseite befinden sich etliche Parkplätze, von denen man die Aussicht bewundern kann. Auf dem von einem 20 m hohen Kreuz überragten Gipfel bietet das Restaurant „Panorama" seine kulinarischen Dienste an. Der Besuch des Lokals lohnt sich schon allein wegen des herrlichen Blicks über die Danziger Bucht und den Hafen. Am Fuß des Hügels zieht sich die 1,5 km lange Uferpromenade von Gdynia an der Küste entlang. Dort befindet sich auch das monumentale Musiktheater der Stadt.

Żeromski-Haus: Weiter südlich an der Küste bei Redłowo liegt das verträumte Domizil von Stefan Żeromski, der als einer der wichtigsten polnischen Schriftsteller aus der ersten Hälfte des 20. Jh. gilt. Das Haus, in dem er an einigen seiner bekanntesten Werke gearbeitet hat, ist heute als Museum eingerichtet.

🕓 Di–Sa 11–14 Uhr, So 12–16 Uhr, Eintritt 1 €. Ul. Orłowska 6, 📞 058/6649275.

Verblichene Eleganz: die Mole von Sopot

Umgebung von Gdynia

Naturschutzgebiet (Kępa Redłowska): An der Küste bei Redłowo und Orłowo befinden sich etwa 120 ha Natur pur zwischen den beiden Großstädten Gdynia und Sopot. Dunkle Wälder auf eiszeitlichen Moränenhügeln fallen zum Ufer hin schroff ab. Unten liegt ein schmaler, aber schöner Strandstreifen – teils sandig, teils steinig.

Zwei weitere Naturschutzareale dienen ebenfalls als Naherholungsgebiet für Gdynia: **Kacze Łęgi** im Tal des Kacza-Flusses sowie **Cisowa**, ein Waldreservat mit seltenen Pflanzen.

Zespół Kolibki: Ein Herrenhaus mit schönem Park, der Besuch lohnt sich auch wegen der historischen Pferdeställe und Wagenschuppen. Heute ist hier eine Reitschule ansässig. Das Grundstück gehörte einst der einflussreichen Familie Wejher, die in dieser Gegend eine wichtige Rolle spielte. Nach ihr ist übrigens auch die Stadt Wejherowo benannt, der die Familie den berühmten Kreuzgang gestiftet hat.

Sopot
dt. Zoppot • 43.000 Einwohner

Das mondänste und eleganteste Seebad an der Ostseeküste ist berühmt für seine Gourmet-Restaurants und exklusiven Boutiquen, die edlen Cocktailbars und avantgardistischen Jazzclubs. Aber auch berüchtigt wegen der luxuriösen Spielhöllen und einer glamourös-verruchten Vergangenheit.

Die strahlende Metropole übte in den wilden 1920er-Jahren eine magnetische Anziehungskraft auf ein illustres Publikum aus: In dem Seebad versammelten sich betuchter Geldadel und Lebenskünstler; intellektuelle Eliten und Bohemiens schwelgten im Luxus und genossen die unerträgliche Leichtigkeit des Seins. Während der Rest der Welt unter der globalen Wirtschaftskrise litt und sich der Ausbruch des Zweiten Weltkriegs anbahnte, zelebrierte man in den Casinos von Sopot in fieberhaftem Vergnügungswahn die Selbstzerstörung bis hin zum Ruin.

Doch die Zeiten dieser snobistischen Extravaganz und der Dekadenz sind längst vorüber. Das sozialistische Regime hat seine Spuren auch an Fassaden der prächtigen Villen von Sopot hinterlassen; viele von ihnen wirken renovierungsbedürftig. Dennoch bleibt die alte Faszination des Seebads ungebrochen. Im Sommer ist die Stadt ein beliebter Treff der jungen Reichen, schillernden Persönlichkeiten, Künstler und jener, die es gerne wären. Es wird nicht nur exzessiv gefeiert, auch Musikliebhaber und insbesondere Jazzfans kommen hier auf ihre Kosten.

Sopot grenzt unmittelbar an den Norden von Danzig. Im Herzen der Stadt, hinter der alten Kirche am Bahnhof beginnt die Kurpromenade (ul. Bohaterów Monte Cassino) – eine Fußgängerzone, die hinunter zum Strand und an die Mole führt. Prächtige Gebäude säumen die Promenade auf beiden Seiten. Dazwischen durchbrechen moderne Fassaden von Kaufhäusern und Restaurants die Reihen der historischen Bauten. Zwischen Cafés und Galerien schieben sich Passanten an den Schaustellern und Straßenmusikanten vorbei in Richtung Strand. Die Promenade mündet in einen Platz vor der Mole von Sopot, einer eleganten Holzkonstruktion, die weit ins Meer hinausführt.

Der Kurpark, eine schattige Grünanlage mit schönen alten Bäumen, zieht sich am Strand entlang in Richtung Norden. Hier findet das Nachtleben statt: In den schicken Bars und den hippen Clubs wird ausgiebig gefeiert. Auch südlich der Mole

Trójmiasto – die Dreistadt

Karte S. 187

drängen sich an der endlos wirkenden Strandpromenade Fischrestaurants und Cocktailbars, Pizzerien und Cafés dicht an dicht. Dahinter, am Fuß eines sanft geschwungenen Hügels, beginnt Obersopot, eines der ältesten Viertel der Stadt: Prunkvolle Jugendstilvillen mit prächtigen alten Gärten prägen hier das Bild. In einer Talsenke, inmitten eines bewaldeten Parks, liegt die Oper von Sopot: ein Amphitheater, das Platz für 5000 Besucher bietet. Im Winter kann man in dem Park auf diesem Hügel sogar Ski fahren.

Geschichte

Sopot ist ein traditionsreicher Badeort. Bereits im 16. Jh. wurde das kleine Fischerdorf von wohlhabenden Danziger Patriziern entdeckt, die nach einer ruhigen Sommerresidenz Ausschau hielten. Sie errichteten prachtvolle Domizile, um die Sommerfrische zu genießen. Schon bald entwickelte sich Sopot zu einer kleinen, blühenden Stadt am Rande der Metropole. Lange Zeit blieb dieser beschauliche Zustand unverändert.

Erst 300 Jahre später erwachte das Interesse an dem Küstenort erneut: Dem ehemalige Militärarzt Jean Georg Haffner fielen das milde Klima und die klare Luft auf. Haffner zögerte nicht lange und richtete 1824 das erste Freizeitbad in Sopot ein: eine einfache Naturbadeanstalt mit sechs Umkleidekabinen. Bereits kurz darauf folgte der Ausbau: Duschen, Bäder und ein Warmbadehaus entstanden, die Einrichtung einer permanenten Pferdekutschen-Verbindung von und nach Danzig sorgte dafür, dass die Kurgäste bequem an- und abreisen konnten. Als Sopot schließlich Anfang des 20. Jh. von Kaiser Wilhelm II. das Stadtrecht verliehen wurde, war sein rasantes Wachstum nicht mehr aufzuhalten. Das ehemalige Fischerdorf hatte sich nun in einen eleganten Villenvorort verwandelt: die erste Adresse, wenn es galt, den Sommer in angemessen mondäner Gesellschaft zu verbringen.

Sopot, nach dem Ersten Weltkrieg an die freie Stadt Danzig angeschlossen, erfuhr in den 1920er-Jahren einen erneuten Besucheransturm. Nun wurden ein Kurhaus gebaut und der Kurpark angelegt, wenig später folgte die Pferderennbahn; die Stadt erlebte einen kometenhaften Aufstieg.

In dem legendären Grand Hotel wurde ein Kasino eingerichtet. Damit war Sopot neben Spielerparadiesen wie Monte Carlo oder Baden-Baden zu einem weiteren Tummelplatz der Reichen und Schönen avanciert. Ein illustres internationales Publikum – darunter Schauspieler und Künstler – pflegte hier nun zu verkehren. Kurz vor dem Zweiten Weltkrieg zählte der ehemalige Vorort Danzigs bereits 30.000 Einwohner!

Anders als in zahlreichen bedeutenden polnischen Städten blieb der Stadtkern von Sopot vom Zweiten Weltkrieg weit gehend verschont. Die wenigen Bauten aus sozialistischer Zeit haben kaum Einfluss auf das Stadtbild. Die eleganten Villenviertel verströmen nach wie vor einen Hauch vom Glanz der alten Zeiten. Und so ist Sopot auch heute eines der beliebtesten und bekanntesten polnischen Seebäder.

Information/Verbindungen/Adressen von A bis Z

● *Information* In der **Touristeninformation** schräg gegenüber vom Bahnhof werden schnell und freundlich alle Unklarheiten beseitigt. Ul. Dworcowa 4, ☏ 058/5503783,

☏ 058/5551227, it@sopot.pl, www.sopot.pl. ☉ Juni–Sept. täglich 9–20 Uhr, sonst 10–18 Uhr.

Scheinbar endlos: die Mole von Sopot

• *Verbindungen* **Bahn**: Der Bahnhof befindet sich am Ende der Kurpromenade (knapp 1 km von der Mole entfernt). Von hier aus fahren Züge im 5- bis 10-Minutentakt nach Gdynia und Gdańsk. Alle weiteren Anschlüsse laufen über den Bahnhof in Gdańsk.

Schiff: Von der Mole aus fahren von Mai bis September Schiffe zur Westerplatte, nach Gdańsk, Gdynia und Hel. Auch Hafenrundfahrten werden angeboten.

• *Apotheke* **Pod Orłem** (24-Stunden-Service), ul. Bohaterów Monte Cassino 37, ✆ 058/5511018.

• *Autoservice* **Auto naprawa (Renault)**, Al. Niepodległości 643, ✆ 058/5515250; **Auto-System**, Al. Niepodległości 705/707, ✆ 058/5550011.

• *Bank* **PKO Bank BP**, ul. Bohaterów Monte Cassino 32/34, ✆ 058/5517201.

• *Fahrradverleih* **Rowerownia**, ul. Bitwy pod Płowcami 39, ✆ 0609/294066 (mobil).

• *Internetcafés* **Net CaveSopot**, ul. Pułaskiego 7a, ✆ 058/5551183; **Vergnano Café**, Hotspot mit Wireless LAN, ul. Bohaterów Monte Cassino, ✆ 058/5504855.

• *Oper/Philharmonie* **Opera Leśna**, ul. Moniuszki 12, ✆ 058/5558440; **PFK (Polska Filharmonia Kameralna)**, ul. Moniuszki 12, ✆ 058/5558420.

• *Post* Ul. Kościuszki 2, ✆ 058/5510826.

• *Polizei* Ul. Armii Krajowej 112 A, ✆ 058/5216222.

• *Reinigung* **Delfin**, ul. Podjazd 1.

• *Taxi* **Hallo Radio Taxi**, ul. Kościuszki 61, ✆ 058/5510808.

• *Zahnarzt* **Stomatolgiczna Spłdzielnia Pracy**, ul. Grunwaldzka 36 a, ✆ 058/5512500; **Laboratorium Protetyki Stomatologicznej SOPDENT**, ul. Chrobrego 6/8, ✆ 058/5552677.

Veranstaltungen/Einkaufen

• *Veranstaltungen* Der Veranstaltungskalender von Sopot ist jedes Jahr im Sommer gespickt mit Events aller Art: Katamaran-Regatten, Pferderennen, Konzerte und An-

*Liebevoll gepflegt:
das kleine Reich auf dem Balkon*

gelwettbewerbe stehen dann auf dem Programm. Außerdem finden den ganzen Sommer über Open-Air- und Jazzkonzerte statt. Bei dem reichhaltigen Angebot, das jedes Jahr neu zusammengestellt wird, ist für jeden Geschmack etwas dabei (Details zum aktuellen Veranstaltungsprogramm an der Touristeninformation am Bahnhof).

Im Juli/August steigt das **Jazzfestival** an der Mole: Namhafte Künstler der polnischen Jazz-Szene präsentieren exzellente Darbietungen – nicht versäumen! Mitte August wird ein **internationales Liederfestival** in der Oper von Sopot veranstaltet. Spektakuläre Auftritte von nationalen Stars und internationalen Rockgrößen: Ein Konzert unter dem Sternenhimmel über den Dächern der Stadt kann zu einem unvergesslichen Erlebnis werden.

• *Einkaufen* Sopot ist definitiv ein Einkaufsparadies: Zahlreiche Galerien gruppieren sich um die hölzerne Mole; an der Kurpromenade wimmelt es nur so von Ständen und kleinen Läden, in denen von Postern, Bildbänden über Lebensmittel und die üblichen Souvenirs bis hin zu Bernstein alles zu finden ist. Porträts werden von den Straßenkünstlern im Vorübergehen angefertigt.

Sopocki Dom Aukcyjny, edel dekorierter Laden mit antikem Angebot: von Porzellan und Teeservices über Bügeleisen bis hin zur Briefmarkensammlung. Ul. Bohaterów Monte Cassino 43, ✆ 058/5512289.

Cepelia, ein Klassiker unter den Souvenirläden: Hier gibt es alles von Skulpturen, Keramik und Schmuck über Gemälde bis zu Handarbeiten in allen Varianten. Ul. Boharerów Monte Cassino 63, ☎ 058/5510105.

EMPIK, internationale Zeitungen und Zeitschriften, ul. Bohaterów Monte Cassino 57-59.

*S*PORT

- *Minigolf* Ul. Hestii 5-7, ☎ 058/5504021.
- *Pferderennen* **Hipodrom Sopot**, ul. Polna 1, ☎ 058/5517896.
- *Reiten* Reiten kann man in der ul. Polna 1. Wer lieber zuschaut: Beim Kurpark befindet sich die Pferderennbahn von Sopot (s. o.).
- *Schwimmen* **Aquapark Sopot**, Badeparadies mit Wasserrutsche, Whirlpool und Fontäne. Dampfbad und Aromasauna sind ebenfalls vorhanden. Park Wodny Sopot, ul. Zamkowa Góra, 81-713 Sopot, ☎ 058/5558555.
- *Segeln/Surfen* An der Strandpromenade befinden sich ein Surf- und ein Jachtclub;

dort können Segelboote ausgeliehen und Surfkurse belegt werden. **Sopot Yacht Klub**, ul. Bitwy Pod Płowcami 67; **Sopot Segelklub**, ul. Hestii 3, ☎ 058/5557200.
- *Ski fahren* Sogar Wintersport ist in Sopot möglich: An den Hängen des Łysa Góra sind in der kalten Jahreszeit drei Skilifte in Betrieb.
- *Tennisplätze* Etwas weiter im Nordwesten gelegen: **Klub Tenisowy**, ul. Ceynowy 5-7; Tennisplatz der Stadt, ul. Haffnera 74, ☎ 058/6850538.

*Ü*bernachten *(siehe *K*arte *S*. 201)*

In Sopot gibt es unzählige Hotels, eines schöner und interessanter als das andere. Darüber hinaus sind viele der prächtigen alten Villen restauriert und in aufwendig ausgestattete Pensionen umgewandelt worden. Wer lieber in Privatzimmern wohnt, kann sich über die Touristeninformation neben dem Bahnhof eine preisgünstige Unterkunft vermitteln lassen. Für welche Variante Sie sich auch entscheiden: für den Sommer unbedingt frühzeitig reservieren!

- *Hotels/Pensionen* ****** Hotel Haffner (4)**, hinter dem Park (neben den Tennisplätzen) und schön im Grünen gelegen. Das prachtvolle Grandhotel ist ein Klassiker im alten Stil: sonores Stimmengewirr in der Lobby, edles Holz an den Wänden, historische Stilmöbel und dicke Teppiche auf den Böden. 106 luxuriös eingerichtete Zimmer. Exquisites Restaurant mit vielen Kuchenspezialitäten. DZ Mai–September 240 €, sonst 175 €. Ul. Jana Jerzego Haffnera 59, 81-715 Sopot, ☎ 058/5509999, ✆ 058/5509800, www.hotelhaffner.pl.

***** Hotel Rezydent (19), grandioses Art-Nouveau-Hotel im Herzen von Sopot, an der Kurpromenade (Nähe Bahnhof). Edles Ambiente mit Kristalllüstern und kostbaren Spiegeln, Marmor und poliertem Holz. 56 stilvoll ausgestattete Zimmer. Mit Trockensauna, Spa-Bereich und Jacuzzi. Das Restaurant serviert sowohl polnische als auch internationale Küche – für den anspruchsvollen Gaumen. DZ 200 €, sonst 130 €. Pl. Konstytucji III Maja 3, 81-704 Sopot, ☎ 058/5555800, ✆ 058/5555801, www.hotelrezydent.com.pl.

*** Hotel Opera (9), an einem kleinen, stillen See in der Abgeschiedenheit der Parkanlage gelegen (in der Nähe der Oper). Gediegen, ganz im Stil eines englischen Landhauses gehalten, mit dunkler Holztäfelung. 22 komfortable und mit eleganten Stilmöbeln ausgestattete Zimmer. Das Restaurant ist ausgezeichnet. Zu besonderen Anlässen werden Jazz-Abende inszeniert. DZ Juni–September 137 €, November–März 94 €, sonst 106 €. Günstiger wird es am Wochenende, dann liegen die Preise um bis zu 40 € niedriger. Ul. Moniuszki 10, 81-829 Sopot, ☎ 058/5555600, ✆ 058/5555601, www.hotelopera.pl.

*** Hotel Zhong Hua (20), direkt am Strand (unmittelbar neben der Mole) in einem ehemaligen Seebad. Von den Zimmern bis zum Strand ist es dann auch wirklich nur ein Schritt. Ein flacher Bau aus dunklem Holz, aufwendig verziert und – wie der Name verrät – im chinesischen Stil möbliert. Mit Sushi-Bar und chinesischem Restaurant, das aber leicht überteuert wirkt. DZ Juli–September 160 €, sonst 100 €. Al. Wojska Polskiego 1, 81-769 Sopot, ☎ 058/5502020, ✆ 058/5517275, www.maxmedia.pl/zhonghua.

Trójmiasto – die Dreistadt

Karte S. 187

*** Hotel Orbis Posejdon (30), in wunderbarer Lage im Grünen, hinter der Promenade am Strand. Ein kleiner Garten umgibt das Hotel, in dem einst die Parteifunktionäre logierten. Alle 126 Zimmer verfügen über Balkone. Mit Swimmingpool, Cocktailbar und À-la-carte-Restaurant, in dem u. a. ausgesuchte Fischspezialitäten serviert werden. Ein Menü kostet um die 10–12 €. DZ April–Oktober 155 €, sonst 121 €. Ul. Kapliczna 30, 80-341 Gdańsk, ☎ 058/5113000, 🖷 058/5113200, www.orbis.pl.

Willa Marea (24), ebenfalls keine 150 m hinter der Strandpromenade in einer kleinen Seitenstraße. Die historische Villa wirkt von außen eher klein, ist im Inneren aber stilvoll und gemütlich-komfortabel eingerichtet. Derzeit wird das Gebäude frisch renoviert – voraussichtlich werden die Preise für ein DZ zwischen Juni und September wieder bei rund 108 €, sonst bei 80 € liegen. Im

Vor dem Aufstehen: die Monciak

Sommer mind. zwei Monate vorher reservieren. Ul. Parkowa 40, 81-725 Sopot, ☎ 058/5558480, 🖷 058/5558481, www.marea.sopot.pl.

Pensjonat Wanda (25), am Strand, 500 m von der Mole entfernt. Kleines, modern ausgestattetes Hotel mit sehr angenehmer Atmosphäre und 19 großzügigen Zimmern, allesamt modern und komfortabel eingerichtet. Für ein DZ werden von Juni bis August 76 € berechnet, sonst um die 66 €. Ul. Poniatowskiego 7, 81-724 Sopot, ☎ 058/5503038, 🖷 058/5515725.

** Pensionat Eden (22), im Zentrum, in der Nähe von Strand und Kurpromenade. Schöne historische Villa mit sehr angenehmer familiärer Atmosphäre – seit vielen Jahren im Besitz der beiden Hausdamen Jagoda Jasik und Hanna Żuchlewska. Bemerkenswert: das alte Treppenhaus in der Mitte des Gebäudes, um das sich 14 gemütliche Zimmer gruppieren. Im Restaurant des Hauses wird solide polnische Kost liebevoll zubereitet. Es gibt Zimmer mit und ohne Bad für 85 oder 51 € in der Saison, sonst für 60 oder 45 €. Ul. Ks. A. Kordeckiego 4-6, 81-722 Sopot, ☎/🖷 058/5511503.

** Hotel Bursztyn (29), am Ende der Strandpromenade schön im Grünen gelegen. Von außen ein unscheinbarer grauer Kasten, innen im alten Stil möbliert. Marmor und Holz prägen das Ambiente. 48 hübsch eingerichtete Zimmer. Ganz unten das Restaurant *Pod Żyglami*, in dem polnische Gerichte nach alten Rezepten zubereitet werden. DZ in der Saison 85 €, sonst 51 €. Ul. E. Plater 12/19, 81-777 Sopot, ☎ 058/554068, 🖷 058/5500967.

• *Ferienerholungsheim* **Wojskowy Dom Wypoczynkowy (WDW) (26)**, direkt an der Strandpromenade erstreckt sich das Ferienerholungsheim über mehrere Gebäude. Moderne, saubere Zimmer, außerdem Sauna und Restaurant. Ein DZ kostet um die 50 €. Gebucht werden sollte allerdings besonders früh: ein Jahr im Voraus! Ul. Kilińskiego 12, 81-772 Sopot, ☎ 058/5510685, 🖷 058/6261133, www.wdw.sopot.pl.

• *Jugendherberge* **(32)**, an der Hauptverbindungsstraße zwischen Danzig und Sopot, gute Bus- und Straßenbahnverbindungen in beide Richtungen. Modernes Gebäude mit 32 ordentlichen Zimmern, Betten für 7–13 € im Schlafsaal oder Zweibettzimmer ohne Bad; ein Zimmer mit Bad liegt bei 15 €. Ul. Grunwaldzka 244, 80-314 Gdańsk, ☎ 058/3414108.

Nachtleben

- 3 Kon-Tiki
- 5 Sfinks
- 6 Viva
- 7 Łajba
- 10 Art Deco Café
- 12 Paradox
- 15 Caffé Vergnano
- 17 Pub Błękitny Pudel
- 23 Galeria Bar Kinski

Übernachten

- 2 Campingplatz (Kategorie I)
- 4 Hotel Haffner
- 9 Hotel Opera
- 19 Hotel Rezydent
- 20 Hotel Zhong Hua
- 22 Pensionat Eden
- 24 Willa Marea
- 25 Pensjonat Wanda
- 26 Wojskowy Dom Wypoczynkowy (WDW)
- 29 Hotel Bursztyn
- 30 Hotel Orbis Posejdon
- 31 Campingplatz (Kategorie II)
- 32 Schronisko Młodzieżowe (Jugendherberge)

Essen & Trinken

- 1 Koliba
- 4 Haffner
- 8 Harnaś
- 9 Opera
- 11 Urregui Art
- 13 Pinokio
- 14 Złoty Ul
- 15 Caffé Vergnano
- 16 Tivoli
- 18 Galeria 3 Gracje
- 19 Rezydent
- 20 Zhong Hua
- 21 Dobra Kuchnia
- 22 Eden
- 27 Bar Przystań
- 28 Tawerna Rybaki
- 30 Posejdon

Sopot

100 m

• *Camping* Ein **Campingplatz (2)** der Kategorie 1 liegt im Norden Sopots – nur 5 Minuten vom Strand entfernt im Schatten alter Bäume und in parkähnlicher Lage. Auch Tennisplätze und andere Sportanlagen sind nicht weit entfernt. Der Platz ist von Mitte Mai bis Mitte September geöffnet. Ul. Zamkowa Góra 25, 81-713 Sopot, ✆ 058/5500445. Ein weiterer, etwas einfacherer **Campingplatz (31)** befindet sich an anderen Ende der Stadt (etwa 4 km von Stadtkern ent-fernt). Dieser Platz der Kategorie 2 liegt direkt hinter der Strandpromenade, nahe dem Surfbrettverleih. Geöffnet von Ende Juni bis Mitte August. Hier können auch Bungalows gemietet werden. Ul. Bitwy pod Płowcami 73, 81-831 Sopot, ✆ 058/5516523.

• *Privatzimmer* Private Zimmervermittlung **Trapek**, die Zimmer werden von Privatleuten angeboten; die Räumlichkeiten fallen sehr unterschiedlich aus. Ul. Kolberga 1, ✆ 058/5510727.

Essen und Trinken (siehe Karte S. 201)

Ob spanisch, italienisch, chinesisch oder brasilianisch, auf die Schnelle oder à la carte – Sopot wartet mit der gesamten Bandbreite internationaler Speisen auf. In der Regel sehr empfehlenswert ist das Essen in den vielen Hotels und Pensionen. Wer auf Entdeckungstour gehen möchte, findet darüber hinaus noch viele Möglichkeiten an der Kurpromenade.

Tivoli (16), im Zentrum von Sopot, am Beginn der Monciak. Elegantes Restaurant der gehobenen Klasse mit eigenwilligem Dekor. Hier speist man bei Kerzenlicht, umgeben von gedämpftem Stimmengewirr und sanften italienischen Klängen. Antipasti, Carne und Frutti di Mare für 10–15 €. Ul. Bohaterów Monte Cassino 14-16, 81-759 Sopot, ✆ 058/5550410.

Złoty Ul (14), im Zentrum von Sopot, direkt an der Kurpromenade gegenüber der Kirche. Das Restaurant ist in dem unübersehbar hohen, weißen Gebäude mit dem Treppengiebel untergebracht. Das Interieur präsentiert sich recht eigenwillig mit gemauerten Bögen und Dschungel-Dekoration. Darin kommt die kulinarische Orientierung zum Ausdruck, denn das Restaurant serviert eine ungewöhnliche Mischung aus europäischer und brasilianischer Küche. Gelegentlich bereichern Gesangseinlagen das extravagant angehauchte Ambiente. Das Restaurant wird gerne für besondere Anlässe gebucht, dann wird oft bis tief in die Nacht gefeiert. Wer hier den Abend verbringt, sollte für ein Menü mit 18–25 € rechnen. Ul. Bohaterów Monte Cassino 31, ✆ 058/5551481.

Harnaś (8), abgeschieden auf der Anhöhe des Łysa Góra an einem kleinen See im Grünen gelegen. Es ist im Stil einer Berghütte aus dem Süden Polens gehalten; die wuchtige Blockhütte fällt schon von der Straße aus auf. Auch der Innenraum ist mit schweren Holzmöbeln rustikal eingerichtet. Die Kellner servieren in polnischer Tracht, im Hintergrund ist traditionelle polnische Volksmusik zu hören. Ein Gericht liegt bei etwa 7 € –alles solide Kost. Bei gutem Wetter sitzt man sehr schön draußen mit Blick auf den See. Ul. Moniuszki 9, ✆ 058/5551437.

Tawerna Rybaki (28), südlich des Zentrums an der Strandpromenade gelegen. Das kleine Fischrestaurant ist eher modern eingerichtet; in angenehmer Atmosphäre speist hier diniert: Meeresfrüchte in Wein-Creme, Zander in Muschelsauce und dazu ausgesuchte Weine – ein Menü kostet 10–12 €. Pluspunkt: von der Terrasse aus schöner Blick auf das Meer. Al. Wojska Polskiego 26, ✆ 058/5514774.

Koliba (1), im Kurpark (am nördlichen Ende der Strandpromenade). Ebenfalls im Stil eines Blockhauses aus den Bergen im Süden Polens gehalten, innen urig-rustikal eingerichtet. Zum romantischen Lagerfeuer gibt's Glühwein und Met. Ul. Powstańców Warszawy 90, ✆ 058/1011750.

Pinokio (13), Italiener direkt an der Kurpromenade und mitten im Zentrum. Helles, großzügiges Gebäude, die Bestellungen werden nach amerikanischem Vorbild vom uniformierten Kellnerteam abgearbeitet. Spezialität: „Il Grande Buffet" mit Fischgerichten, Salaten, Risotto, viel Pasta und Wein aus aller Welt. Ein Menü liegt bei etwa 10 €. Ul. Bohaterów Monte Cassino 45, ✆ 058/5559622.

Bar Przystań (27), am südlichen Ende der Flaniermeile (direkt am Strand) in einem hübschen Fachwerkhaus. Wenn man hier abends draußen sitzt, kann man den Fischkuttern zusehen und genießt einen wunderbaren Blick über das Meer. Die Fischgerichte in dem Selbstbedienungsrestaurant sind ausgezeichnet, ganz frisch und kosten um die 7 €. Al. Wojska Polskiego 11, ✆ 058/5550661.

Dobra Kuchnia (21), das gemütliche kleine Restaurant liegt versteckt in einer kleinen Gasse im Zentrum und serviert polnische Küche zu vernünftigen Preisen. Hauptgericht für 5–6 €. Wer sich als Student ausweisen kann, bekommt 10 % Rabatt. Ul. Władysława Jagiełły 6/1, ✆ 069/451968.

Galeria 3 Gracje (18), versteckt in einem schönen Innenhof an der Monciak. Hier kann man aus dem Gewühl der Fußgängerzone in die Ruhe des stilvoll eingerichteten kleinen Cafés abtauchen. Neben zeitgenössischen polnischen Malern werden hier auch internationale Künstler präsentiert. Ein Besuch lohnt sich unbedingt! Ul. Bohaterów Monte Cassino 36/5, ✆ 058/5550331, www.3gracje.pl.

Caffé Vergnano (15), italienisches Café direkt an der Promenade. Im Vergnano kann man sowohl gemütlich drinnen sitzen als auch im Freien das bunte Treiben auf der Monciak beobachten. Neben Cocktails und Kaffee in allen Varianten gibt es auch italienisches Eis zu moderaten Preisen. Ul. Bohaterów Monte Cassino 49, 81-767 Sopot, ✆ 058/5504855.

Urregui Art (11), Café an der Flaniermeile, im Parterre des „Krummen Haus". Klein, aber fein. Eigenwilliges Mobiliar, kostbare Spiegel und kunstvolle Skulpturen, die auch

Zeitlose Eleganz: Skulpturen in Sopot

käuflich erworben werden können zieren das extravagante Café. Ul. Bohaterów Monte Cassino 53, ✆ 058/5555160.

Nachtleben (siehe Karte S. 201)

Sopots Nachtleben präsentiert sich intensiv, exzessiv und schillernd: Seit den 1920er-Jahren ist Feiern Selbstzweck in der Metropole. Die ganze Stadt ist übersät mit kleinen Cafés und Pubs – in der schnelllebigen Glitzerwelt hat man die Qual der Wahl. Sehr wichtig: sehen und gesehen werden. Dementsprechend finden sich auch zahlreiche Clubs unten am Strand im Kurpark, die allerdings nicht immer ganz günstig sind.

Galeria Bar Kinski (23), in einem unscheinbaren Haus in der Nähe des Bahnhofs liegt das inzwischen zum Kult-Treff avancierte Künstlercafé Kinski. Klaustrophobisch eng und düster, es herrscht eine eher morbide Grundstimmung. Die Wände sind mit aufgemalten Filmszenen und alten Filmplakaten dekoriert – alles stilvoll abgerockt. Hier treffen sich die Bohemiens der Szene und solche, die es gerne wären. Ul. Kościuszki 10, ✆ 058/5504891.

Pub Błękitny Pudel (17), direkt an der Kurpromenade und mitten im Zentrum. Der „Blaue Pudel" ist ein kleiner Pub mit Außen-

terrasse, der Innenraum enthält gemütliche Sitzecken und eine Sammlung aller möglichen Dinge, die nicht zusammenpassen. Essen kann man hier auch – ideal, um sich auf den Abend einzustimmen. Ul. Bohaterów Monte Cassino 44, ✆ 058/5511672.

Art Deco Café (10), am Anfang der Kurpromenade. Gemütliches Café, angenehme Atmosphäre und sehr stilvoll eingerichtet. Ul. Bohaterów Monte Cassino, ✆ 058/5550160.

Viva (6), Nachtclub im Kurpark, nicht weit vom Sfinks. Bei ähnlicher Musik der edlere der beiden Clubs. Hier sind nicht nur die

Getränke teurer, auch der Eintritt ist höher. Frauen sind hier im Vorteil, denn sie genießen häufig freien Eintritt! Fünf Bars und zwei Dancefloors. Al. Mamuszki 2, ☎ 058/5516268.

Sfinks (5), ein Stück weiter im alten Kurpark. Im Gegensatz zum Kon-Tiki und zum Viva gibt es hier Techno pur: mit mindestens 450 Beats per minute. Powstanców Warszawy 18, ☎ 058/5504879.

Kon-Tiki (3), weiter nördlich im Kurpark. In dem ehemaligen Gay-Club geht es immer noch hoch her. Nur am Wochenende geöffnet. Al. Mamuszki 21, ☎ 060193792.

Paradox (12), dieser Club mit Restaurant liegt zentral an der Fußgängerpromenade in der Nähe des Bahnhofs. Hier leben die Oldies der Fifties und Sixties wieder auf. Ul. Bohaterów Monte Cassino.

Łajba (7), nicht weit vom Zentrum. Der Club für Studenten ist nicht gerade die große Glitzerwelt, aber unschlagbar gemütlich. Ul. Armii Krajowej 111, ☎ 058/5509339.

Baden

Von der Mole aus erstrecken sich in beide Richtungen lange Strände: 4,5 km feiner weißer Sand gesäumt von Pubs, Cafés und Strandhütten, die gemietet werden können.

Es herrschen ideale Voraussetzungen für einen Badeurlaub: Das Wasser ist hier wärmer als an anderen Ostseebädern, da die Küste durch die Halbinsel Hel vor Strömungen geschützt ist. Auch die Wasserqualität ist inzwischen sehr gut. Sobald die Werte des Meerwassers nicht mehr den strengen Normen entsprechen, werden sofort alle Strände gesperrt.

Sehenswertes

Kurpromenade (Bohaterów Monte Cassino): Die Kurpromenade oder *Monciak*, wie die berühmte Flaniermeile auch von den Einheimischen kurz genannt wird, verläuft vom Zentrum hinunter zur Mole am Strand. Pubs und Souvenirläden, Cafés und Galerien säumen die Promenade dicht aneinander gedrängt. Im Sommer herrscht hier geschäftiges Treiben: Mit ein paar gekonnten Strichen skizzieren Porträtmaler ihre Modelle, kleine Wandertheater führen zwischen den Menschenmassen ihre Darbietungen auf und irgendwo klampft ein Straßenmusikant.

Mole: Der hölzerne Steg am Ende der Kurpromenade reicht 512 m ins Meer – die Mole von Sopot gilt als die längste in ganz Europa. Seitdem sie 1842 errichtet wurde, ist sie schon mehrfach umgebaut worden. Heute finden hier im Sommer zahlreiche Veranstaltungen und Open-Air-Konzerte statt. Auch die Ausflugsschiffe der „Weißen Flotte" zur Westernplatte nach Danzig, Gdynia oder Hel legen von der Mole aus ab. Tickets gibt es bei den Schaltern am Eingang. Die Besichtigung des Piers kostet 1,25 €.

Museum von Sopot (Muzeum Sopotu): Die historische Villa beherbergt eine Sammlung von Plastiken und Gemälden, Karten und Dokumenten, die unter anderem die Geschichte der Stadt dokumentieren. Neben den Ausstellungen präsentiert das Museum auch ein umfangreiches Kulturprogramm mit Dichterlesungen, Filmvorführungen und Musikabenden. Zu den Highlights zählen die Sommer-Konzerte im Garten.

 Do–Fr 10–16 Uhr, Sa/So 11–17 Uhr, Eintritt 2 €, erm. 1,50 €. Ul. Poniatowskiego 8, 81-724 Sopot ☎ 058/5512266.

Staatliche Kunstgalerie (Państwowa Galeria Sztuki): Im neuen Kurhaus im Zentrum befindet sich die staatliche Kunstgalerie, die zu den größten Galerien Polens zählt. Hier werden nicht nur die Werke von zeitgenössischen polnischen Malern ausgestellt, sondern auch weltberühmte Künstler wie Grass oder Horowitz präsen-

Geschwungen und gebogen: das Krumme Haus

tiert. Auch ein Café und eine kleine Kunstbuchhandlung sind in das Gebäude integriert. Mitte 2009 ist ein Umzug der Kunstgalerie geplant.

⏱ Juli–September täglich 11–20 Uhr, sonst Di–So 11–18 Uhr, Eintritt 2,30 €, erm. 1,80 €. Ul. Marii Skłodowskiej-Curie 10/12, 81-703 Sopot ✆ 058/5510621.

Krummes Haus: Das architektonisch eigenwillige Gebäude in der Monciak ist erst vor kurzem entstanden. Neben diversen Cafés, Pubs und Restaurants beherbergt es auch das Museum des Marinehandwerks im dritten Stock. Der Eintritt ist frei.

Oper im Wald (Opera Leśna): In einem Tal am Łysa-Góra-Hügel – umgeben von Wald und zugleich mitten in der Stadt. Die Sitze im Freien sind wie bei einem griechischen Amphitheater kreisförmig um die Bühne in der Mitte angeordnet. Ein Konzert in der Waldoper von Sopot kann zu einem unvergesslichen Erlebnis werden: Künstler von Weltrang spielen auf der Bühne, darüber leuchten in klaren Nächten die Sterne. Auch Brian Adams und Tina Turner sind hier schon aufgetreten.

Umgebung von Sopot

Siedlisko-Tal (Dolina Siedlisko): Das romantische Tal zieht sich insgesamt über 1,2 km am südlichen Hang des Łysa Góra entlang. Von dessen Gipfel bietet sich eine besonders schöne Aussicht über die Dächer Sopots hinweg aufs Meer.

Swelinias-Schlucht (Wązów Swelini): Die waldreiche Schlucht liegt versteckt im Norden von Sopot an der Grenze zu Gdynia. Ein kleiner Bach windet sich durch das malerische unberührte Naturgebiet.

Südpark (Park Południowy): Diese Anlage im Süden Sopots wurde zu Beginn des 19. Jh. von dem Militärarzt J. G. Haffner angelegt. Schöne alte Linden und Kastanienbäume spenden in dem gepflegten Park Schatten. Viele von ihnen sind bis zu 160 Jahre alt. Die alte Schwarzpappel in der Nähe von Łazienki Południowe wurde zum Naturdenkmal erklärt: Der Umfang ihres Stammes beträgt 5 m.

Trójmiasto – die Dreistadt   Karte S. 187

Vor dem Neptunbrunnen in Danzig

Danzig (Gdańsk)

475.000 Einwohner

Backsteingotik neben schmucken Fassaden. Die mittelalterliche Rechtstadt prangt imposant inmitten der kosmopolitischen Hafenstadt: ein Meisterwerk polnischer Restaurationskunst. Über Jahrhunderte war Danzig Polens Tor zur Welt, das hanseatische Handelszentrum lag im Fokus der internationalen Verbindungen des gesamten Ostseeraums. So gelangte die stolze Metropole zu sagenhaftem Wohlstand und wurde immer wieder heiß umkämpft. Nicht zuletzt nahm auch die Arbeiterbewegung Solidarność an der Danziger Werft ihren Anfang.

Jeder Pflasterstein in dieser strahlend schönen Hafenmetropole verströmt Charme und Flair der alten Hansestädte. Die mittelalterliche Rechtstadt bildet das Herzstück von Gdańsk. Prächtige Patrizierhäuser mit kunstvoll verzierten Fassaden und schmale Giebelhäuser säumen hier winklige, gedrängte Gassen. Zwischen den Dächern der Häuser ragen unzählige wuchtige Backsteinkirchen in den Himmel, darunter die gewaltige Marienkirche. Doch auch der von prachtvollen Giebelhäusern gesäumte Lange Markt mit Artushof und Neptunbrunnen zählt zweifelsohne zu den Höhepunkten der Stadt. Das Rechtstädtische Rathaus mit seinem hohen Turm beherrscht diesen Platz, auf dem sich stets unzählige Menschen tummeln. Vom Hafenkai an der Mottlau (*Motława*), der beliebten Promenade der Stadt, blickt man auf das berühmte Krantor, ein weiteres Wahrzeichen der Ostseemetropole.

Als die einst so stolze Stadt im März 1945 zu 90 % in Schutt und Asche lag, wurden historische Gemälde, alte Stiche und vergilbte Fotos für den Wiederaufbau herangezogen. Natürlich war nicht alles dokumentiert, sodass man bei der Rekonstruktion auch auf die Erinnerung von Zeitzeugen angewiesen war und einiges letztlich der Fantasie der kunstfertigen Baumeister überlassen blieb. Unter dem Strich entstand auf diese Weise eine Art Idealbild des historischen Danzig und kein exaktes Abbild der Vergangenheit – überwältigend schön, aber mancherorts auch ein wenig kulissenhaft.

Neben der neuen alten Rechtstadt zieht auch der Hafen mitsamt Werft den Besucher unweigerlich in seinen Bann: eine gewaltige Anlage aus Kränen, riesigen Brücken und unzähligen Docks. Dieser Hafen war es, dem die ehemalige Hansestadt im 15./16. Jh. ihren Reichtum und ihre große wirtschaftliche und politische Bedeutung verdankte. Einige Jahrhunderte später sollte hier europäische Geschichte geschrieben werden: Hinter den schweren Toren der Danziger Lenin-Werft verschanzten sich 1980 die streikenden Arbeiter, die unter der Leitung Lech Wałęsas die Arbeiterbewegung Solidarność gründeten – der erste Meilenstein auf dem Weg zur politischen Neuordnung Europas.

Heute ist Danzig mit rund einer halben Million Einwohnern die größte Stadt an der polnischen Küste, Hauptstadt der Woiwodschaft Pomorski, wichtiger Verkehrsknotenpunkt und mit insgesamt sieben Hochschulen ein bedeutendes Wissenschaftszentrum. Darüber hinaus bieten hervorragende Museen, Theater, Galerien und die Philharmonie ein umfangreiches kulturelles Angebot. Das moderne Danzig präsentiert sich als weltoffene Stadt mit internationalem Flair.

Geschichte

Vor rund 1000 Jahren befand sich nur eine kleine slawische Siedlung am Ufer der Mottlau. Ihre Bewohner lebten von der Fischerei oder dem Handel mit Salz und Bernstein. Nach einer alten Chronik, in der sich auch die erste namentliche Erwähnung als *urbs Gyddanzc* findet, ließ sich im Jahr 997 der Prager Missionsbischof Adalbert dort nieder, um die heidnische Bevölkerung zu christianisieren.

In den folgenden beiden Jahrhunderten wurde *Gyddanzc* zum Sitz eines slawischen Fürstengeschlechts, der späteren Herzöge von Pommerellen bzw. Ostpommern. Auch Zisterzienser und Dominikaner siedelten sich im Zuge der Christianisierung hier an. Allmählich entwickelte sich der Ort zur Hafen- und Handelsstadt. Die ersten Einwohner lebten dort, wo sich heute die Altstadt, der älteste Teil von Danzig, befindet. Im 13. Jh. begann sich die Ortschaft zu vergrößern und zu verändern: Während nun überwiegend arme slawische Fischer und Tagelöhner die Altstadt bewohnten, lebten die reichen Kaufleute der Hanse – viele von ihnen stammten aus Lübeck – in der neu entstandenen und prächtigeren *Rechtstadt*.

Doch bereits damals war die kleine Handelsstadt ein strategisch-ökonomisch wichtiger Stützpunkt. So rückten 1271 die Brandenburger hier ein und annektierten die Stadt. Auch der Deutsche Orden zeigte großes Interesse an der blühenden Metropole: Obwohl im Jahre 1308 bereits ein Großteil der Einwohner christianisiert war, fielen die Ordensritter in die Stadt ein, töteten zahlreiche Menschen und brachten Gyddanzc unter die Herrschaft des Ordensstaates.

1361 trat die Stadt der Hanse bei und erlebte dadurch einen weiteren wirtschaftlichen Aufschwung, der die Bevölkerungszahl auf etwa 10.000 anwachsen ließ. Um sich vom Joch des Ordensstaates zu befreien, schloss sich Danzig im Jahre 1440 mit 18 weiteren Städten zur sog. *Preußischen Allianz* zusammen, die vom polnischen König militärisch unterstützt wurde. 14 Jahre später, 1454, waren die Danziger Ordensritter so geschwächt, dass sie kurz vor einem geplanten Großangriff auf die

Trójmiasto – die Dreistadt

Karte S. 187

städtischen Befestigungsanlagen kampflos das Feld räumten. Die Ritterburg als verhasstes Symbol des Ordensstaates wurde kurzerhand abgerissen und die Macht neu geordnet: Danzig unterstellte sich formal der polnischen Krone, wurde aber faktisch zum ersten Mal in seiner Geschichte zur freien Stadt und genoss als solche weit reichende Privilegien. So wurde die Hansestadt fast vollständig von Steuerzahlungen befreit und mit dem Monopol für den Seehandel mit Holz und Getreide ausgestattet, das sie ihrerseits zollfrei aus Polen beziehen konnte.

In jener Epoche (1466–1793) avancierte Danzig zur mächtigsten Stadt und zum wichtigsten Handelszentrum des Ostseeraums: Hier wurden drei Viertel des polnischen Außenhandels abgewickelt. Die Bevölkerung wuchs auf über 40.000 Einwohner an – Danzig war damals größer als Krakau. Darüber hinaus entstand hier eines der bedeutendsten europäischen Kulturzentren. Berühmte Künstler aus Italien, Flandern und Holland verwandelten Danzig in eine der schönsten Städte Europas. 1520 setzte sich der protestantische Glaube durch.

Doch im 17. Jh. sollte sich das Blatt wenden: Danzig wurde belagert und 1655 beinahe von den Schweden erobert. Große Teile der Bevölkerung wurden anschließend von Seuchen dahingerafft oder fielen Großbränden zum Opfer. Preußen nutzte die zunehmende Schwäche, um eine Separationspolitik zu betreiben: Das gesamte Umland wurde annektiert und Gdańsk so von Polen abgeschnitten. Dennoch blieb die Stadt nach der ersten polnischen Teilung von 1791 zunächst autonom, verlor diesen Status aber schon 1793 als Ergebnis der zweiten Teilung und fiel an Preußen. Abgesehen von einem kurzen napoleonischen Intermezzo zwischen 1807 und 1814 blieb Danzig bis 1871 preußisch und ging dann zusammen mit Preußen im neu gegründeten Deutschen Reich auf. Dort hatte die Stadt von Beginn an eine besondere Bedeutung, denn noch im Jahr der Reichsgründung begann auf den Danziger Werften der Aufbau der kaiserlichen Schlachtflotte.

Eingang in die alte Rechtstadt: das Hohe Tor

Nach dem Ersten Weltkrieg war es dann mit der deutschen Herrlichkeit in Danzig wieder vorbei. Der Versailler Vertrag erklärte die Stadt zum Freistaat mit eigenem Parlament und unterstellte sie einem Hohen Kommissar des neu gegründeten Völkerbunds. Gleichzeitig wurden Teile des Hafens und die internationalen Eisenbahnverbindungen der Stadt unter polnische Verwaltung gestellt. Außerdem richtete Polen an der Danziger Westerplatte mit Billigung des Völkerbunds ein Munitionslager ein und stationierte dort Militäreinheiten. Es liegt auf der Hand, dass diese äußerst problematischen Machtverhältnisse nicht dazu angetan waren, die vom Völkerbund angestrebte Kooperation zwischen der deutschen Bevölkerungsmehrheit und dem polnischen Staat zu fördern. Insbesondere der ursprünglich vorgesehene Plan des Völkerbunds, nach dem Polen seinen Seehandel über Danzig abwickeln sollte, war angesichts der vielen kleinen und größeren Boykottmaßnahmen der Danziger Bevölkerung bald Makulatur. Somit sah sich der polnische Staat gezwungen, auf das benachbarte Gdynia auszuweichen, wo in kurzer Zeit ein gigantischer Hafen aus dem Boden gestampft wurde.

Seit 1933 war auch in der bis dato freien und unabhängigen Stadt die NSDAP immer stärker geworden – ein Prozess, der von der Propagandamaschinerie des Dritten Reiches gefördert wurde. Hitlers Forderungen nach Danzigs „Rückkehr ins Deutsche Reich" wurden zunehmend lauter und gipfelten im Überraschungsangriff auf Polen: Am 1. September 1939 feuerte der deutsche Panzerkreuzer „Schleswig-Holstein" die ersten Schüsse auf das Depot an der Westerplatte vor Danzig ab, auch die polnische Post in der Stadt wurde angegriffen. Der Zweite Weltkrieg hatte begonnen. Nach dem Blitzsieg über Polen wurde Danzig dem Deutschen Reich einverleibt.

Relikt aus dem Mittelalter: der Jacekturm

1945 war die Stadt beinahe vollständig ausgelöscht. An die Stelle der geflohenen Bevölkerung traten Polen aus den Ostgebieten, die umgesiedelt worden waren. Sie sollten die verwüstete Ruinenlandschaft wieder in eine bewohnbare Stadt verwandeln. Dazu mussten zunächst insgesamt 2 Millionen Kubikmeter Schutt entfernt werden. Erst 1956 hatte sich die Stadt von den schlimmsten Schäden langsam erholt. Doch der komplette Wiederaufbau der historischen Stadt sollte noch weitere 20 Jahre in Anspruch nehmen.

In den Fokus der Weltöffentlichkeit geriet die Stadt noch einmal im August 1980 durch den Streik der Danziger Werftarbeiter unter Führung des Elektrikers Lech Wałęsas. Dieses Ereignis führte letztlich zur Gründung von *Solidarność*, der ersten unabhängigen Gewerkschaft eines kommunistischen Staates. Elf Jahre später wurde Wałęsa zum Staatspräsidenten gewählt, und der einstige Ostblock zerbrach.

Trójmiasto – die Dreistadt
Karte S. 187

Information/Verbindungen

● *Information* Derzeit gibt es in Danzig vier Informationsstellen für Touristen: das Informationszentrum am Flughafen, die Touristeninformation des PTTK, eine weitere Informationsstelle in der Heveliusstraße sowie eine Auskunft am Bahnhof.

Informationszentrum im Flughafen: informativ, freundlich und kompetent. Während der Saison (Juni–August) Mo–Sa 8–18 Uhr, So 9–14 Uhr geöffnet, sonst Mo–Sa 9–17 Uhr, So 9–14 Uhr. Ul. Słowackiego 200, Lech Wałęsa Airport (Rębiechowo), ✆ 058/3481368, lotnisko@got.gdansk.pl.

Informacja Turystyczna PPTK, Touristeninformation des PTTK mitten in der Altstadt (direkt gegenüber vom Rathaus). Freundlich und hilfsbereit, obwohl hier stets großer Andrang herrscht. Währen der Saison Mo–So 8–19 Uhr, außerhalb der Saison Mo–So 8–18 Uhr. Ul. Długa 45, ℘ 058/3019151, biuro@pttk-Gdańsk.pl, www.pttk-gdansk.pl.

Touristeninformation, das kleine Büro liegt etwas abseits vom Getümmel der Hauptattraktionen in der Altstadt. Zum Zeitpunkt der Recherche wurde hier ausschließlich polnisch gesprochen. Täglich 8–18 Uhr. Ul. Heveliusza 17, ℘ 058/5268815, ℱ 058/3016637, got@got.gdansk.pl, www.got.gdansk.pl.

• *Verbindungen* **Bahn**: Der Gdańsker Hauptbahnhof (PKP Gdansk Głowny) am nordwestlichen Rand der Altstadt ist ein historisches Gebäude und unbedingt sehenswert. Er ist einer der wichtigsten Verkehrsknotenpunkte; von hier aus existieren Anschlüsse in alle Richtungen: Nach Warszawa täglich 22 Züge, davon 5 ICE und 10 Schnellzüge, die außerdem mit Ausnahme der ICE alle in Malbork anhalten. 7 Schnellzüge täglich nach Olsztyn, 5 nach Szczecin; darüber hinaus alle paar Minuten Züge nach Sopot und Gdynia sowie stündlich nach Hel.

Bus: Hinter dem Hauptbahnhof liegt der Gdańsker Busterminal. Richtung Osten geht es viermal täglich nach Olsztyn, zweimal täglich nach Lidzbark Warmiński, einmal täglich nach Frombork und ein- bis zweimal pro Stunde nach Elbląg. In den Westen: alle halbe Stunde nach Kartuzy; nach Łeba gelangt man über Lębork oder über den PKS-Busbahnhof Gdynia. Weiterhin existieren zahlreiche Anschlüsse nach Deutschland, Frankreich, in die Schweiz sowie nach Kaliningrad; diese Busse starten meist gegen Abend und fahren dann über

Nacht. Achtung: Ein Teil der Busse fährt auch an der Elisabeth-Kirche direkt gegenüber vom Hauptbahnhof ab!

Schiff: Vom Gdańsker Hafen aus existieren verschiedene nationale und internationale Verbindungen sowie stündlichr Bootsverkehr nach Sopot, Gdynia, Hel und zur Westerplatte. Tickets über das Orbis-Büro, Podwale Staromiejskie 96/97, ℘ 058/3014544.

Flug: Der Flughafen von Gdańsk befindet sich etwa 14 km westlich der Stadt in Rębiechowo. Die internationalen Verbindungen von hier aus sind gut: Täglich starten Flüge nach Frankfurt und München, Malmö, London, Brüssel und Kopenhagen. Innerhalb Polens kann man nur nach Warszawa fliegen; im Sommer sechs- bis siebenmal täglich, im Winter seltener. Vom Bahnhof Wrzescz fährt der Bus Nr. 110 regelmäßig direkt zum Flughafen. Vom Hauptbahnhof Głowny aus fährt die Linie B, allerdings nicht ganz so häufig. Buchungen können über das LOT-Büro vorgenommen werden. Wały Jagiellońskie 2-4, ℘ 058/3011161.

Öffentlicher Nahverkehr: Die öffentlichen Verkehrsmittel sind im gesamten Danziger Raum gut ausgebaut, zuverlässig und verhältnismäßig günstig. Zwischen Gdańsk, Sopot und Gdynia verkehren neben der Straßenbahn auch Nahverkehrszüge – mit ihnen kommt man am schnellsten zum Ziel, wenn man zwischen den drei Städten verkehrt. Innerhalb der einzelnen Städte gibt es ein engmaschiges Busnetz, von dem lediglich die Altstadt Danzigs ausgenommen ist. Der Preis ist von der Dauer der Fahrt abhängig. Tickets müssen zu Beginn der Fahrt entwertet werden.

*A*dressen von *A* bis *Z*

• *Apotheke* **Główny Gdańsk** im Bahnhof (24-Stunden-Service), ℘ 058/3012841.
• *Autoservice* **Shell Autoserv**, ul. Rakoczego 32, ℘ 058/3201955.
• *Autovermietungen* **Avis**, ul. Słowackiego 200, ℘ 058/3481289; **Budget**, ul. Słowackiego 200, ℘ 058/3411298; **Europcar**, ul. Słowackiego 200, ℘ 058/3419843; **Sixt**, ul. Słowackiego 200, ℘ 058/3481398.
• *Banken* **Bank Gdański**, ul. Targ Drzewny 1, ℘ 058/3079222; **Bank Handlowy**, ul. Heweliusza 11, ℘ 058/3011981; **PKO**, ul. Marynarki Polskiej 59, ℘ 058/3431271.
• *Einkaufen* Danzig hat die größte Auswahl an **Bernstein** in ganz Polen zu bieten: in

Reinform oder in Silber eingefasst. Ul. Mariacka, ul. Długi Targ und ul. Długie Pobrzeże.

Cepelia, der Klassiker unter den Souvenirläden: In den Danziger Filialen erhält man alles von Skulpturen, Keramik und Schmuck über Gemälde bis zu Handarbeiten in allen Varianten. Ul. Grunwaldzka 31, ℘ 058/3411161; ul. Długa 47, ℘ 058/3012708.

EMPIK, internationale Zeitungen und Zeitschriften, ul. Długi Targ 28/29.
• *Fahrradverleih* Ul. Piastowska 100, ℘ 0501/170878.
• *Internetcafé* **Infocafe**, ul. Garbary 14/1, ℘ 058/3209933.

Farbenfrohes Spektakel: Drachenbootrennen auf der Motława

• *Klassische Musik und Theater* **Nationale Oper und Philharmonie**, in Oliwa in der Nähe der Polytechnischen Universität. Al. Zwycięstwa 23. ☎ 058/3414366.

Theater Wybrzeże, in der Altstadt (hinter dem Arsenal). Das Stadttheater führt polnische Stücke, aber auch internationale Klassiker auf. Targ Węglowy 1, ☎ 058/3011328.

Baltische Philharmonie, Aufführungen von Kammerkonzerten. Ul. Ołowianka 1, ☎ 058/3052031.

• *Konsulat* **Generalkonsulat der Bundesrepublik Deutschland in Gdańsk** (Konsulat Generalny Republiki Federalnej Niemiec), al. Zwycięstwa 23, 80-219 Gdańsk, ☎ 058/3406540, ✆ 058/3406560, www.danzig.diplo.de.

• *Krankenhäuser* **Medicover**, ul. Beniowskiego, ☎ 058/5575555; **Lux Med**, die Ärzte sprechen Deutsch und Englisch, Al. Zwycięstwa 49, ☎ 058/7695000; **Okręgowy Szpital Kolejowy**, ul. Postańców Warszawskich 1/2 ☎ 058/3020011; **Wojewódzki Szpital Zespolony**, ul. Nowe Ogrody 1/6, ☎ 058/3023031.

• *Polizei* Ul. Okopowa 15, ☎ 058/3215900.

• *Post* Ul. Targ Rakowy 7/8, ☎ 058/3266100.

• *Reinigung* Ul. Dębowa 17, ☎ 058/3491711.

• *Taxi* **Hallo**, ul. Cieszyńskiego 1, ☎ 058/9197; **Milano**, ul. Wrzosy 7a, ☎ 058/9627; **MPT**, ul. Myśliwska 25, ☎ 058/9633/3480202.

• *Zahnarzt* **Protetyk**, ul. Długa 50/51, ☎ 058/3014000; **Vis-Dent**, die Ärzte sprechen Deutsch und Englisch, al. Zwycięstwa 43, 80-210 Gdańsk, ☎ 058/3419296, ✆ 058/341850.

Feste/Veranstaltungen

• *Juni–August* **Danziger Musiksommer,** der 12. Juni bildet den Auftakt zu einem Zyklus von Open-Air-Konzerten der klassischen Musik; es treten polnische und internationale Solisten auf. Die Veranstaltungen werden von der Baltischen Philharmonie Polens organisiert und finden an ausgesuchten Orten statt, z. B. im Amphitheater auf der Mottlau-Insel in der Danziger Altstadt. Ein Besuch lohnt sich nicht nur für Musikfreunde.

Internationales Orgel-Festival, auf der für ihren einzigartigen Klang berühmten Orgel von Oliwa werden sowohl klassische als auch moderne Stücke gespielt – viele Weltpremieren fanden hier bereits statt. Konzerte jeweils dienstags und freitags in der Kathedrale von Oliwa.

• *Juli–August* **Internationales Festival der Orgel-, Chor- und Kammermusik**, jeden Freitag ab 20 Uhr in der Danziger Marienkirche.

Trójmiasto – die Dreistadt Karte S. 187

Mahnmal der gefallenen Werftarbeiter

Gazownicza

Kupiecka

Wały Piastowskie

Walowa

Walowa

Aksamitna

Gnilna

Bollwerk

Dyrekcyjna

Błędnik

3 Maja

Bahnhof

Stare Miasto
(Altstadt)

Raiska

Heweliusza

J. Heweliusza

Karmelicka

St.-Josef-Kirche

Altstädtisches Rathaus

Große Mühle

St.-Brigitta-kirche

Kirche St. Katharina

St.-Elisabeth-Kirche

Haus der Äbte von Pelplin

Na Piaskach

Podwale Grodzkie

Elżbietańska

Korzenna

Radaune

Podwale Staromiejskie

Blumenmarkt

Jacek-turm

St.-Nikolaus Kirche

Świętojańska

Kurkowa

Kurtowa

Targ Drzewny

Strzelecka

Hucisko

3 Maja

Wały Jagiellonskie

Szeroka

Główne Miasto
(Rechtstadt)

Großes Zeughaus

Kohlenmarkt

Targ Węglowy

sw. Ducha

Grobla

Marienkirche

Hohes Tor

St.-Georgshof

Piwna

Piwna

Gefängnis-turm

Goldenes Tor

Długa

Rechtstädtisches Rathaus

Museum der Stadtgeschichte

Artus-hof

Uphagen-haus

Löwen-burg

Goldene Hau

Długi Targ mit Neptun-brunnen

Ks. F. Rogaczewskiego

Al. Armii Krajowej

Okopowa

Okopowa

W. Bogu

Ogarna

Za Murami

Podwale Przedmieskie

St.-Trinitas-kirche

National-museum

Stare Przedmieście
(Alte Vorstadt)

Toruńska

Kocurki

Rzeźnicka

Dominikanermarkt, die Geschichte dieses Marktes reicht viele Jahrhunderte zurück. Im 16. Jh. zog Danzig Kaufleute aus dem gesamten europäischen Raum an – bis zu 400 Schiffe aus Portugal, Frankreich, Deutschland und Spanien lagen im Hafen. Zahlreiche Artisten, Gaukler, Schausteller sowie ganze Wanderzirkusse bevölkerten damals die Gassen der alten Rechtstadt. Auch heute noch versammeln sich auf dem Dominikanermarkt zwei Wochen lang Attraktionen und Buden aus der ganzen Welt.

● *August* **Internationales Carillion-Festival**, die internationalen Glockenspiel-Aufführungen sind einmalig in ganz Polen! Virtuose Konzerte von Bach bis Rubinstein im Rechtstädtischen Rathaus und der St.-Katharinen-Kirche.

Internationales Festival für Straßentheater, zahlreiche Aufführungen internationaler Straßentheater mit Tänzern und Bauchrednern, Stelzenläufern und Gauklern.

Internationales Shakespeare-Festival, in der Renaissance besuchten zahlreiche englische Theatergruppen Danzig. An diese Tradition knüpft man mit den Shakespeare-Aufführungen an – Stücke, die trotz ihres Alters nichts an Aktualität und Brisanz eingebüßt haben, werden im Gdańsker Theater, der Staatsoper, aber auch auf Bühnen in Sopot und Gdynia aufgeführt.

Internationales Seglertreffen, Segelregatten, die jeden Sommer fünf Wochen lang in verschiedenen Ländern an der Ostsee stattfinden. In Danzig: ein riesiges Spektakel mit Drachenbootrennen und Regatten um den Pokal des Stadtpräsidenten. Zusätzlich besteht die Möglichkeit, direkten Einblick in das Leben auf See zu erlangen, denn die Segelschiffe können auch besichtigt werden.

● *September–Oktober* **Filmfestival**, bei diesem Wettbewerb der Ostseeanrainer-Länder können die Filmbeiträge der Teilnehmer angesehen werden. Der prämierte Streifen erhält den sog. „Yach" verliehen: eine Statuette, die nach dem Gründer des Festivals benannt ist. Abends stehen zusätzlich Happenings, Modenschauen und Konzerte auf dem Programm.

Übernachten

In der Hochburg des Tourismus, der Danziger Altstadt, gibt es Unterkünfte in allen Variationen und Preislagen: Das Angebot reicht von prächtigen, altehr-

Trójmiasto – die Dreistadt
Karte S. 187

würdigen Fünf-Sterne-Hotels über luxuriöse private Pensionen und die Betonklötze der Top-Hotels bis hin zu deneinfachen Schlafsälen der Jugendherbergen. Nur eines haben sie alle gemeinsam: Im Sommer sind sie restlos ausgebucht. Außerdem haben aufgrund der wachsenden Beliebtheit der Stadt die hier ohnehin schon recht hohen Preise kräftig angezogen. So kann es passieren, dass eine Übernachtung im Mehrbettzimmer einer Jugendherberge mit einem Preis von 20 € überrascht. Wer Danzig im Sommer besuchen und dabei nicht in einem überteuerten Quartier am Stadtrand landen möchte, sollte also rechtzeitig reservieren.

● *Hotels/Pensionen*   ***** Hotel **Podewils (25)**, der Rolls-Royce unter den Danziger Hotels, in der Altstadt direkt am Ufer der Mottlau (am Jachthafen) gelegen. Die Besucher des majestätisch-ehrwürdigen Palais von 1728 werden von einem Portier empfangen. Alle zehn Zimmer sind mit stilvollen Antiquitäten eingerichtet, die Marmorbäder sind selbstverständlich mit Jacuzzi ausgestattet. Im Restaurant läuft dezente Jazzmusik, die Küche ist exzellent. Von der Terrasse hat man einen unvergesslichen Panoramablick auf die Mottlau und das gegenüberliegende Krantor. Jeder der Räume ist einzigartig in seiner Ausstattung – daher können die Preise für die einzelnen Zimmer unterschiedlich ausfallen. DZ ab 182 €. Man sollte möglichst frühzeitig reservieren. Ul. Szafarnia 2, 80-755 Gdańsk, ✆ 058/3009560, 🖷 058/3009570, www.podewils-hotel.de.

**** Hanza Hotel (16)**, inmitten der Altstadt, direkt neben dem berühmten Krantor an der Mottlau. Ein modernes Hotel, perfekt im minimalistischen Stil durchgestylt. 53 geschmackvoll mit allem Komfort ausgestattete Zimmer, Fitness-Center, Sauna, Jacuzzi. Das Restaurant serviert hervorragende polnische und internationale Gerichte für den anspruchsvollen Gaumen; für ein Menü sollten 15–25 € gerechnet werden. Da das Hotel direkt am Kanal liegt, genießt man von hier aus einen herrlichen Blick über Speicherinsel und Kran. Das DZ ist für 228 € zu haben und sollte im Sommer mindestens sechs Wochen im Voraus gebucht werden. Bei Onlinebuchungen sind die Preise deutlich niedriger. Tokarska 6, 80-888 Gdańsk, ✆ 058/3053427, 🖷 058/3053386, www.hotelhanza.com.

**** Holiday Inn (6)**, mitten im Zentrum, schräg gegenüber vom Hauptbahnhof. Ein lang gestreckter, moderner Bau mit 143 komfortablen, klimatisierten Zimmern. Mit Kraftraum, Sauna, Solarium und Restaurant „T.G.I. Fridays", dessen Schwerpunkt auf US-amerikanischer Küche liegt. Das DZ liegt bei 214 €, am Wochenende in der Sai-

son können mitunter Sonderangebote genutzt werden. Manchmal ist die Reservierung per Internet günstiger: Wenn ein Zimmer für die Online-Buchung frei ist, kann man so 10 € oder mehr pro Nacht sparen. Gebührenfreie Nummer für die Reservierung aus Deutschland ✆ 0800/1815131, Österreich (unter dieser Nummer fällt evtl. eine kleine Gebühr an) ✆ 0800/298595 und der Schweiz ✆ 0800/551175. Ul. Podwale Grodzkie 9, 80-895 Gdańsk, ✆ 058/3006000, 🖷 058/3006003, www.gdansk.globalhotels.pl.

*** Bartan Hotel (41)**, wer eine Oase der Ruhe sucht und dennoch in der Stadt logieren möchte, ist hier genau richtig: in traumhafter Lage im Danziger Stadtteil Sobieszewo, 500 m vom Bernstein-Strand der Halbinsel Sobieszewska entfernt. Das Gebäude ist einem Segelschiff nachempfunden. Innen dezente Eleganz im stilvollen Ambiente. 30 mit modernem Komfort ausgestattete Zimmer zum Wohlfühlen. Das liebevoll geführte Hotel überzeugt besonders durch eine sehr gute Atmosphäre. Abends speist man im Restaurant zu gedämpften Pianoklängen, die Küche ist vorzüglich. DZ von Mai bis Sept. 210 €, sonst 86 €. Im Sommer reservieren. Busanbindung in die Innenstadt mit der Linie 112. Ul. Turystyczna 9 A, 80-680 Gdańsk, ✆ 058/3080999, 🖷 058/3080943, www.bartan.pl.

*** Hotel Mercure Hevelius (5)**, am Rande der Altstadt, ca. 5 Min. vom Hauptbahnhof entfernt an einem kleinen Kanal gelegen. Hoch in den Himmel ragender sozialistischer Luxuskasten mit 281 bequem und modern eingerichteten Zimmern. Mit Restaurant „U Heveliusa" und Bar „Vega". DZ von April bis Oktober 140–211 €, sonst 120–137 €. Das Preissystem ist überaus flexibel und orientiert sich an der Auslastung. Pluspunkt: schöner Blick von den oberen Etagen. Ul. Jana Heweliusza 22, 80-890 Gdańsk, ✆ 058/3210021 (Reservierung), 🖷 058/3210020, www.orbis.pl.

*** Hotel Novotel (40)**, in der Altstadt auf der Speicherinsel zwischen zwei Seitenarmen der Mottlau. Modernes, lang gezogenes Gebäude in gepflegtem Zustand mit 150 modern eingerichteten Zimmern. Restaurant, Bar und Garten gleich nebenan. Das DZ liegt im Sommer bei 174 € ohne Frühstück, sonst bei 93 €. Es exisiteren auch Sonderangebote im Internet, doch letztlich bestimmt auch hier die Nachfrage den Preis. Ul. Pszenna 1, ☎ 058/3002750, ✆ 058/3002950, www.orbis.pl.

*** Hotel Szydłowski (1), auf der Hauptverbindungsstrecke zwischen Danzig und Oliwa. Das gut organisierte, moderne Hotel verfügt über 35 mit Stilmöbeln ausgestattete Zimmer und Appartements, Sauna, Restaurant und Bar. Dazu gehört ein Golfplatz (30 km entfernt) und ein Gestüt (6 km entfernt). Ein DZ kostet von Mai bis Oktober 120 €, im Winter 106 €; am Wochenende sind die Zimmer sehr viel günstiger! Al. Grunwaldzka 114, 80-244 Gdańsk, ☎ 058/3457040, ✆ 058/3443877, www.szydlowski.pl.

Musikakademie Danzig (39), in einer kleinen Seitenstraße, etwa 5 Min. von der Altstadt entfernt. Das ursprünglich nur im Sommer geöffnete Hotel „Haus des Musikers" der Musikakademie wurde umstrukturiert und in erweiterter Form neueröffnet. Es befindet sich im restaurierten Altbaukomplex der Akademie. Die Zimmer sind komfortabel und modern eingerichtet (mit Kühlschrank). Das DZ liegt hier von Mai bis September bei 94 €, im Winter bei 68 €. Ul. Łąkowa 1/2, 80-743 Gdańsk, ☎ 058/3260600, ✆ 058/3260601.

Dom Aktora (14), ein schmales Haus in einer kopfsteingepflasterten Gasse, auf der regelmäßig Straßenmärkte stattfinden. Das historische Haus mitten in der Altstadt diente früher als Unterkunft für Künstler und Schauspieler – heute beherbergt es die kleine, mit sehr viel Stil abgewohnte Pension Aktora. Die Dame an der Rezeption erinnert beinahe an eine Concierge. Die Zimmer: eine interessante Mischung aus altmodisch und modern. Mit Restaurant. Das DZ wird von Mai bis September für 97–114 € vergeben (je nach Ausstattung) – und sollte dann auch frühzeitig reserviert werden. Von Dezember bis März kosten die Zimmer zwischen 57 € und 68 €, in der Zwischensaison 74–91 €. Ul. Straganiarska 55/56, 80-837 Gdańsk, ☎ 058/3015901, ✆ 058/3016193.

Villa Pascal (3), im Stadtteil Brzeźno, nur 100 m vom Strand entfernt und ca. 7 km bis zur Danziger Innenstadt. Von diesem Neubau im Grünen hat man eine wunderbare

Wie aus Stein gemeißelt: Schausteller in der Langgasse

Aussicht über das Meer. 30 helle, gemütliche und modern eingerichtete Zimmer und Appartements. Das Restaurant serviert gute polnische Küche – für ca. 10 € pro Menü. Von Mai bis September kostet ein DZ 68–80 €, sonst 57 €, Frühstück inkl. Ul. Łamana 5, 80-510 Gdańsk, ☎ 058/3427592, ✆ 058/3427597, www.villa-pascal.com.pl.

Villa Angela (12), in ruhiger Lage auf einem Hügel, ca. 2,5 km von der Altstadt entfernt. Gute Busanbindung: alle 10 Min. in die Innenstadt. Alle Zimmer sind individuell eingerichtet und mit Bad und modernem Komfort ausgestattet. Mit Restaurant. Das DZ liegt in der Saison von Mai bis September bei 80 €, sonst bei 56 €, Frühstück inkl. Einige Zimmer bieten vom Balkon aus einen schönen Blick über die Altstadt. Ul. Beethovena 12, 80-171 Gdańsk, ☎ 058/3022315, ✆ 058/3260778, www.villaangela.pl.

Villa Lido (19), ca. 1 km von der Altstadt entfernt, hinter einem Spital. 6 modern eingerichtete Zimmer mit Bad. Mit Restaurant (solide polnische Küche). DZ Mai–September 48 €, sonst 43 €. Ul. Kartuska 20, 80-104 Gdańsk, ☎ 058/3220295, www.villalido.w.polsce.com.

Trójmiasto – die Dreistadt

Karte S. 187

Farbenfrohe Architektur: Fassaden in Danzig

Villa Akme (33), in einer kleinen Seitenstraße, die von der Hauptverkehrsstraße abzweigt (ca. 2 km von der Altstadt entfernt). Gute Busverbindung: Im 10-Minuten-Takt geht es in die Altstadt. Hübsche Pension mit hellen, blitzsauberen, modern eingerichteten Zimmern und sehr freundlicher, familiärer Atmosphäre. Zimmer und Appartements mit Bad und vielfach mit Balkon – wer es ruhiger liebt, sollte allerdings nach einem Zimmer im hinteren Teil des Hauses fragen. Das DZ kostet je nach Saison zwischen 60 und 70 €, Frühstück inklusive. Drwęcka 1, 80-110 Gdańsk, ✆ 058/3024021, www.akme.gda.pl.

• *Privatzimmer* **Grand Tourist (7)**, Zimmervermittlung in der Unterführung zwischen Hauptbahnhof und Holiday Inn. In der Hochsaison empfiehlt es sich, ein bis zwei Tage vorher anzurufen. Die Preise sind in Danzig deutlich höher als in anderen Städten an der Küste: Ein Zimmer im Zentrum ohne Bad und für zwei Personen kostet in der Saison ca. 30 €. Außerhalb des Stadtkerns ist es etwas günstiger (um die 25 €). Die Preise für Zimmer mit Bad beginnen bei 40 €. Juli–August Mo–Fr 8–20, Sa/So 8–16 Uhr, sonst Mo–Fr 10–18, Sa 10–14 Uhr (die Öffnungszeiten können variieren). Ul. Podwale Grodzkie 8, 80-895 Gdańsk, ✆ 058/3012634, ☏ 058/3016301, www.gt.com.pl.

• *Studentenwohnheim* **Hotel Akademika (2)**, 16 Studentenheime, die über ganz Oliwa verteilt sind und während der Sommerferien vermietet werden. Da die einzelnen Quartiere sehr unterschiedlich ausgestattet sind, variieren auch die Preise: Sie liegen je nach Lage und Ausstattung zwischen 19 und 29 € für ein Zimmer. Die meisten Unterkünfte liegen in der ul. Wyspiańskiego, einige weitere an den umliegenden Straßen, alle in der Umgebung der Polytechnischen Universität von Gdańsk. Bereits einen Monat vor den Sommerferien reservieren. Ul. Wyspiańskiego 5 und 7; Infos erhält man im Hauptreservierungsbüro unter ✆ 058/3472547 und ✆ 3472589, ☏ 058/3472554.

• *Jugendherbergen* **Hostel-Jugendherberge (8)**, mitten in der Altstadt an der Mottlau. Treff für Traveller aus aller Welt. Blitzsauber, mit Paddelboot und Fahrradverleih – auch Wäsche waschen ist möglich. Die Preise für Doppel- und Mehrbettzimmer liegen offiziell bei 15–22 € pro Person, allerdings können sie im Sommer stark ansteigen, da sie von der Nachfrage abhängen. Es darf verhandelt werden. Ul. Grodzka 21, ✆ 058/3015627, www.gdanskhostel.com.

Schronisko Młodzieżowe (4), nicht ganz so zentral gelegen, dennoch häufig besucht. Eine Übernachtung in den 20 Räumen der

Jugendherberge kostet zwischen 4 und 10 €. Ul. Wałowa 21, 80-858 Gdańsk, ✆ 058/ 3012313.

PTSM (18), zentrumsnah und mit guten Busverbindungen zur Altstadt. Diese eher einfache Jugendherberge ist wohl die preisgünstigste in Danzig: Die Übernachtung kostet nur 4–10 €. Es stehen 20 Zimmer zur Verfügung. Ul. Kartuska 245, 80-103 Gdańsk, ✆ 058/3026044.

● *Camping* **Camping STOGI**, etwa 5 km westlich der Altstadt in einem Kiefernwald. Campingplatz der Kategorie 1, keine 150 m bis zu einem der schönsten Strände Danzigs. Mit Einrichtungen für Tischtennis und Volleyball, kleinem Shop und Pool; auch Strandhütten können gemietet werden. Geöffnet von Ende April bis Anfang Oktober. Vom Hauptbahnhof (Gdański Głowny) fährt

man mit der Trambahnlinie 8 oder 13 etwa 20 Min. bis zum Campingplatz. Ul. Wydmy 9, 80-656 Gdańsk, ✆ 058/3073915, ✆ 058/ 3042259, www.kemping-gdansk.pl.

Camping Orlinek, im Stadtteil Sobieszewo, auf der Halbinsel im Südosten der Stadt. Campingplatz der Kategorie 2. Etwas außerhalb, aber schön an der Küste gelegen. Herrlicher Blick vom Strand aus den Hafen. Geöffnet von Anfang Mai bis Mitte September. Mit Restaurant und Laden. Vom Zentrum aus auf der E 77 in Richtung Warszawa, dann links auf die B 501 und über die Ponton-Brücke. Auf der ul. Turystyczna weiter, links in den Dünen befindet sich der Campingplatz. Auch mit dem Bus 112 vom Zentrum aus erreichbar. Ul. Lazurowa 5, 80-690 Gdańsk Sobieszewo, ✆ 058/ 3080739.

Essen und Trinken (siehe Karte S. 212/213)

Zahllose Pubs und Restaurants in allen Variationen von einfacher polnischer Küche bis raffiniert-extravagant reihen sich in der Gdańsker Innenstadt dicht aneinander – schwerpunktmäßig in der Długi Targ und am Ufer der Mottlau. In der Innenstadt sind die Restaurants im Sommer um die Mittagszeit meist restlos überfüllt. Alternative: die vielen Imbissbuden um den Targ Rybny; hier bekommt man neben Hähnchen und allerhand Grillspießen Fisch, Kartoffeln, Piroggen, Salat und Gebäck für 2–3 €.

Pod Łososiem (23), die erste Adresse in allen kulinarischen Fragen in Danzig ist das Lokal „Zum Lachs". Ein Gourmet-Restaurant der Spitzenklasse mit jahrhundertealter Tradition: 1598 von einem Holländer gegründet, zählte die Crème de la Crème der Danziger Gesellschaft zu den Stammgästen. Zu den Köstlichkeiten wurde hier das legendäre „Danziger Goldwasser", ein nach altem Geheimrezept gebrauter Likör, gereicht. Auch heute zählen Feinschmecker und Prominente aus aller Welt zu den Gästen, die sich hier verwöhnen lassen. Innen: gedämpftes Stimmengewirr, gediegene Einrichtung, an den Wänden riesige bemalte Kacheln, Lüster, das Stadtwappen, leise Musik und Kerzen in silbernen Leuchtern. Die Küche hat bereits zahlreiche Auszeichnungen gewonnen: Lachs, Gdańsker Ente, Seezunge mit Spargel, raffinierte Desserts und andere Spezialitäten werden hier zubereitet wie sonst nirgendwo. Ein Menü liegt bei ca. 25–30 €. Ein echtes Erlebnis! Ul. Szeroka 52-54, ✆ 058/3017652, ✆ 058/3015648.

Gdańska (22), an einer Ecke schräg gegenüber vom großen Zeughaus. Das Gdańska ist ein unter Gourmets bekannter Klassiker

mit großen, gewölbeartigen und opulent ausgestatteten Räumen. Diese sind mit Schiffsmodellen dekoriert, an den Wänden prangen Gemälde und auf den schweren Tischen blitzt das frisch polierte Tafelsilber. Serviert werden örtliche Spezialitäten wie die berühmte „Ente nach Gdańsker Art" sowie nach alten polnischen und raffiniertfranzösischen Rezepten zubereitete Delikatessen. Für ein Menü sollten mindestens 25 € gerechnet werden. Św. Ducha 16/24, ✆/✆ 058/3057671.

Restaurant Kubicki (11), direkt am Ufer der Mottlau (am nördlichen Ende des Kanals). Das traditionsreiche Restaurant aus dem Jahre 1918 befindet sich in einem hübschen Haus mit stilvoller, leicht altmodischer Einrichtung und hervorragender Küche: ob Truthahn, frischer Fisch oder vegetarisch – hier schmeckt es ausgezeichnet. Das Menü liegt bei 12–15 €. Im Sommer kann man wunderbar im Schatten der Bäume draußen sitzen und den herrlichen Blick über die Mottlau, den Kran und die Speicherinsel genießen. Ul. Wartka 5, ✆ 058/3010050.

Tawerna (38), in einer kleinen kopfsteingepflasterten Gasse direkt neben dem Grünen

Trójmiasto – die Dreistadt
Karte S. 187

Blick vom Rechtstädtischen Rathaus in Gdańsk

Tor. Ein Klassiker unter den hiesigen Fischrestaurants; im rustikal-maritimen Stil eingerichtet, dekoriert mit wertvollen alten Schiffsmodellen, an der Theke prangt ein antiker Schiffskompass. Das etablierte Restaurant serviert kaschubische Spezialitäten nach alten Originalrezepten (z. B. Wildschwein mit Steinpilzen) und exquisite Fischgerichte. Ul. Powroźnicza 19/20, ✆ 058/3014114.

Goldwasser (26), direkt an der Uferpromenade. Renommiertes Restaurant, das sich seit langem im Familienbesitz befindet; trotz stark touristischer Orientierung sehr zu empfehlen. Das Innere ist opulent-rustikal eingerichtet: mit Holzdecke, verzierten Tapeten und schmiedeeisernem Schmuck. Im ersten Stock befindet sich ein kleiner Balkon – von hier aus hat man einen herrlichen Blick über Jachthafen, Kanal und Uferpromenade. Ausgezeichnete Küche mit schwerpunktmäßig polnischer Ausrichtung: Weinbergschnecken, Fasan altpolnisch, viele Fischspezialitäten. Außerdem einige internationale Gerichte. Ein Menü liegt bei etwa 15 €. Im Sommer sehr gut besucht. Długie Pobrzeże 22, ✆/✉ 058/3018878.

Baryłka (28), ebenfalls an der Uferpromenade, gleich neben dem Goldwasser. Historisches Haus mit zwei Stockwerken und rustikaler Einrichtung: schmiedeeiserne Gitter

an den Fenstern, schwere Holztische. Serviert wird viel Fisch (vorwiegend Süßwasserfische), auch ein paar vegetarische Gerichte. Das Menü liegt bei 15–20 €. In der Speisekarte ist vermerkt, dass es auch länger dauern kann. Geht tendenziell in Richtung Touristenfalle. Długi Pobrzeże 24, ✆ 058/3014938.

U Szkota (35), in einer kleinen Seitengasse der Uferpromenade liegt versteckt das Restaurant „Zum Schotten". In beiden Stockwerken des schmalen Hauses viel dunkle Holzvertäfelung, Mobiliar im altenglischen Stil und selbstverständlich schottisch karierte Tischdecken! Das Restaurant darf auch ohne Kilt betreten werden, und serviert wird auch nicht etwa schottische, sondern polnische Küche für 10–14 € pro Menü. Auf alle Fälle ein Erlebnis der etwas anderen Art. Ul. Chlebnicka 9, ✆ 058/3014911.

Kuchnia Rosyjska (37), mitten in der Altstadt, gegenüber vom Rathaus. Kleines, einfach, aber gemütlich eingerichtetes Restaurant mit Innen- und Außenplätzen. Original russische Küche mit Gerichten wie gepökelte Keule in Kirschsoße, alles für 6–10 €. Im Hintergrund läuft russische Musik. Długi Targ 11, ✆ 058/3012735.

Ratskeller (*Piwnica Rajców*) **(34)**, im Keller des Artushofs im Zentrum der Altstadt, der Eingang liegt unmittelbar hinter dem Neptunbrunnen. Der Ratskeller ist edel-rustikal eingerichtet, bei schönem Wetter wird auch im Freien vor dem Rathaus gesessen. Auf der Speisekarte stehen altpolnische Spezialitäten wie baltischer Räucherlachs oder Truthahnspieße sowie ein paar italienische Gerichte zu passablen Preisen. Um die 8 € kostet die Hauptmahlzeit. Długi Targ 44, ☎ 058/3000280.

Sphinx (36), in der Altstadt, am Ende der Hauptstraße. Wie der Name bereits vermuten lässt, erwartet den Gast ägyptisches Flair – zu gefallen scheint es vor allem Studenten. Serviert wird Kebab in allen Variationen für etwa 5 € pro Portion – der Service ist schnell und amerikanisch-professionell. Im Hintergrund laufen Hits frei nach Stefan Raab. Długi Targ 31/32, ☎ 058/3463711.

Tawerna Mestwin (15), in einer Straße ein Stück hinter der Hafenpromenade (verborgen hinter den Ständen des Wochen-markts). Etabliertes Restaurant, im gutbürgerlichen Stil eingerichtet. Die Küche bietet polnische Hauptgerichte für 6–8 €. Ul. Straganiarska 21/22, ☎ 058/3017882.

Restaurant-Bistro Staropolski (17), am nördlichen Rand der Altstadt, etwas abseits vom Touristenrummel. Kleines, original polnisches Restaurant, in dem die Danziger zu Mittag essen. Die Küche: typische Hausmannskost mit viel Suppe, Piroggen und Fleischgerichten. Das Menü kostet 5–6 €. Ul. Węglarska 1/4, ☎ 058/3012923.

Pub Duszek (27), in einer schmalen Seitengasse hinter der Hafenpromenade. Ein altes zweistöckiges Haus, im Inneren schmal und eng mit bemalten Wänden und schlichter Einrichtung – eher ein Pub als ein Restaurant, denn hier geht es erst gegen Abend richtig los. Solide polnische Küche für 5–6 €. Św. Ducha 119/121, ☎ 058/3020304.

*N*achtleben *(siehe *K*arte *S*. 212/213)*

In der Danziger Innenstadt finden sich vorwiegend Pubs, um ein gemütliches Bier zu schlürfen, sowie verschiedene Cafés. Clubs sind, von ein paar Ausnahmen abgesehen, eher in Sopot zu finden. Eins ist jedoch sicher: Danzig schläft nicht! Von früh bis spät wird in den engen verwinkelten Gassen so einiges geboten.

Big Jonny (13), am Rande der Altstadt, ein paar hundert Meter vom Gdańsker Hauptbahnhof. Der Eingang ist nicht zu übersehen; man kommt in einen Club, in dem stets ausgiebig gefeiert wird. Ul. Wały Jagiellońskie 5, ☎ 058/8020342.

Absinth (20), in der Altstadt, im Theater Wybrzeże. Wem es gelingt, den grünlichen Dunst im Inneren des Absinths zu durchdringen, kann einen Blick auf das puristische Interieur werfen. Bis tief in die Nacht wird hier philosophiert und gezecht. Ul. Św. Ducha 2, ☎ 058/3203784.

Black Bull Pub (24), in einer kleinen Gasse in der Altstadt. Die Bar liegt in einem Keller und ist mit viel Glas, Spiegeln und dunklem Leder ausgestattet. Ul. Kołodziejska 4, ☎ 058/3016756.

Gazeta Rock Café (29), in einer kleinen Straße, die auf die Długi Targ stößt. Innen: schummriges Licht, kalt durchgestylte, minimalistische Einrichtung; man sitzt auf Holz und Leder – zu späterer Stunde füllt sich das Café. Tkacka 7/8, ☎ 058/3202423.

Celtic Pub (30), in einer Seitenstraße der Długi Targ stößt man auf ein kleines Holzhaus: Hier liegt der Eingang zum Celtic Pub, der sich im Keller befindet. Urige Holz-bänke sorgen für das entsprechende Ambiente bei ein, zwei oder mehr Bier. Abends: Getränke, Gedränge, Flirts und gelegentlich Live-Musik. Ul. Lektykarska 3, ☎ 058/3202999.

Irish Pub (10), am Rande der Altstadt (gegenüber der alten Mühle). Unten im Kellergewölbe trifft man auf viele Studenten, englischsprachige Besucher – und Unmengen von Bier, das ausgiebig bis tief in die Nacht konsumiert wird. Korzenna 33/35, ☎ 058/3202474.

Café Kamienica (31), mitten in der Altstadt. Kleines, sehr entspanntes Café mit mindestens ebenso entspanntem, jedoch nicht zu coolem Publikum. Zwei Etagen, fantasievoll ausgestattet – sphärische Klänge sorgen für den passenden akustischen Rahmen. Ul. Mariacka 37/39.

Café Literacka (32), inmitten der Altstadt, hinter der Kathedrale. Gemütliche Lounge-Atmosphäre mit Café-Einschlag, auf zwei Etagen verteilt. Endlose Gespräche mit Gleichgesinnten auf der Chaiselongue. Hier steht und sitzt man über den Dingen. Ul. Mariacka 1/3, ☎ 058/7101564.

Bar Kubicki (9), am Ufer der Mottlau, direkt neben dem Restaurant Kubicki. Kleine Bar mit angenehmer Atmosphäre in einem al-

Trójmiasto – die Dreistadt *Karte S. 187*

Blick auf die Motława

ten Haus. Bemalte Wände, einfach, aber solide eingerichtet, gemütliche Sitzecken laden zum stundenlangen Philosophieren ein. Hip-Hop, Funk, Soul, gelegentlich auch Breakbeats. Ul. Wartka 5, ✆ 058/3010050.

Klub Muzyczny Parlament (21), ein typischer Danziger Club in der Altstadt neben dem Theater Wybrzeże. Frisch renoviert mit langer Bar, Dancefloor-Hits und einem Publikum zwischen Teens und Twens. Eingang in der ul. Kołodziejska. Ul. Św. Ducha 2, ✆ 058/3201365.

Baden

Die Sandstrände der Danziger Bucht bieten zahlreiche Bademöglichkeiten, im Einzelnen:

Stogi: Der bewachte Strand im Stadtteil Stogi ist breit, weiträumig und von Wäldern umgeben.

Brzeźno: Bewachter Strand mit Gastronomie, Toiletten und zahlreichen Freizeitanlagen. Der Sandstrand ist eher schmal, und auch die Wasserqualität ist etwas weiter außerhalb besser.

Sobieszewska: Auf der gleichnamigen Halbinsel im Südosten der Stadt. Ein schöner, breiter Strand, unbewacht und sehr viel ruhiger als die anderen Danziger Strände.

Sehenswertes

Danzig gleicht einer Schatzkiste: Historische Baujuwelen stehen hier dicht an dicht! Die mittelalterliche **Rechtstadt** mit der von prächtigen Patrizierhäusern gesäumten Langgasse (ul. Długa) und dem Langen Markt (Długi Targ) liegt im Herzen der Stadt. Jenseits des Langen Marktes wird die Rechtstadt vom Hafenkai an der Mottlau begrenzt. Wer der Promenade am Kai folgt, passiert einige prächtige alte Stadttore, darunter auch das berühmte Krantor.

Die **alte Vorstadt** schließt sich im Süden an die Rechtstadt an. Obwohl dieser Stadtteil architektonisch nicht unbedingt überzeugt, lohnt sich ein Besuch des hier ansässigen Nationalmuseums.

Am Radaune-Kanal nördlich der alten Rechtstadt befindet sich die **Altstadt** – der älteste Teil von Danzig. Hier hatte vor über 1000 Jahren alles begonnen. Die prachtvolle Rechtstadt war dagegen erst im 13. Jh. entstanden, als sich reiche Kaufleute der Hanse dort ansiedelten.

Noch weiter nördlich gelangt man über den Platz mit dem Denkmal der gefallenen Werftarbeiter zur **Gdańsker Werft**, dahinter liegen die riesigen **Hafenanlagen** der Stadt. Den besten Blick auf den Hafen hat man übrigens von der gegenüberliegenden Halbinsel, der **Westerplatte**. Am 1. September 1939 begann hier mit dem Angriff des deutschen Schulschiffs „Schleswig-Holstein" der Zweite Weltkrieg.

In dem Vorort **Wrzeszcz** wurde Günter Grass geboren. Dieser Stadtteil lieferte auch die Kulisse für seinen Roman „Die Blechtrommel".

Oliwa liegt zwischen Danzig und Sopot und war bis zu seiner Eingemeindung 1926 eine eigene Stadt. Hier befindet sich – umgeben von einem wunderschönen Park – eine der berühmtesten Kathedralen Polens. Im Inneren beherbergt sie eine faszinierende Orgel.

Alte Rechtstadt (Główne Miasto)

Ein architektonisches Juwel: An der **Langgasse (ul. Długa)**, einer 500 m langen Prachtmeile, die sich hinter dem Rechtstädtischen Rathaus zum **Langen Markt** (**Długi Targ**) weitet, stehen dicht gedrängt prächtige Patrizierhäuser, in denen einst Ratsherren, wohlhabende Kaufleute und kirchliche Würdenträger lebten. Diese Route durch die Rechtstadt wird noch heute als „Königsweg" bezeichnet, weil sie früher einmal im Jahr im Rahmen eines immer wiederkehrenden Rituals vom König abgeschritten wurde, bevor er sich im Rathaus seine Hoheitsrechte über die Stadt bestätigen ließ. Im Osten wird die Rechtstadt von der an der Mottlau entlangführenden Uferpromenade begrenzt.

Hohes Tor (Brama Wyżynna): Der Zugang zur Rechtstadt war ursprünglich Bestandteil einer mittelalterlichen Befestigungsanlage, zu der auch der Komplex aus Stockturm und Peinkammer und das Goldene Tor gehörten. Zunächst als schlichtes Backsteintor errichtet, wurde es 1586 im Stil eines antiken Triumphbogens umgestaltet. Baumeister war der Flame Willem van den Blocke, der auch an der Errichtung des

Geschäftstüchtig: Stände vor dem Hohen Tor in Danzig

Artushofs und des Neptunbrunnens beteiligt war. Auf dem Bogen des Tors sind drei Wappen zu sehen, die symbolisch für die Stadtgeschichtete stehen: das polnische, das preußische und das der freien Stadt Danzig. Inzwischen erstrahlt es frisch renoviert in neuem Glanz.

Stockturm/Peinkammer (Wieża Więzienna/Katownia): Direkt hinter dem Hohen Tor erhebt sich der im 14. Jh. erbaute Stockturm, der mit der später errichteten Peinkammer verbunden ist. Hinter ihrer Fassade wurden Geständnisse durch Folter erpresst, danach sperrte man die Opfer in die Zellen des Stockturms, wo sie mit schweren Eisenringen an die Wand gekettet wurden – die Spuren der Vergangenheit sind bis heute zu sehen. Diese abschreckende Kulisse wurde für den Lehrstuhl für Kriminalistik gewählt, der heute hier untergebracht ist.

Goldenes Tor (Brama Złota): Nur ein paar Schritte weiter erreicht man das Goldene Tor, einen prächtigen, in hellem Blau gehaltenen und reichlich mit Gold verzierten Triumphbogen, der zwischen 1612 und 1614 entstanden ist. Seine acht Statuen – vier auf jeder Seite – stehen allegorisch für Frieden (Olivenzweig), Freiheit (Hut über der Brust), Reichtum (Füllhorn), Glanz (Sonne), Weisheit (Uhr und Teleskop), Pietät (betende Frau), Gerechtigkeit (Schwert und Waage) und Einigkeit (zerbrochener Pfeil).

Georgshalle (Dwór Bractwa Św. Jerzego): Ein weiteres Beispiel flämischer Baukunst der späten Gotik (1490). Die Georgshalle war einst Sitz der gleichnamigen Patrizier-Bruderschaft, die u. a. Ritterturniere organisierte. Auf dem Dach des achteckigen Turms aus dem 16. Jh. prangt der Namenspatron St. Georg mit dem besiegten Drachen. Heute beherbergt das Gebäude die Danziger Dependance des polnischen Architektenverbandes.

Uphagenhaus (Dom Uphagena): Das nach seinem ehemaligen Besitzer, dem Danziger Kaufmann und Ratsherrn Johann Uphagen benannte Gebäude in der ul. Długa 12 wurde zwischen 1776 und 1787 errichtet und diente bereits ab 1910 als Museum der bürgerlichen Wohnkultur. Im Zweiten Weltkrieg wurde das Uphagenhaus dann fast vollständig zerstört und konnte erst 1998 als Museum wiedereröffnet werden. Trotz der Kriegszerstörungen ist noch viel Originalmobiliar erhalten geblieben, denn ein Großteil der Innenausstattung wurde vor den Bombardements ausgelagert und überstand den Krieg auf diese Weise relativ unbeschadet.
Ⓣ Di–So 10–16 Uhr, im Sommer von Mai–Sept. Mo 10–15 Uhr, Di–So 10–17 Uhr. Eintritt 2,80 €, erm. 1,50 €. Ul. Długa 12, ✆ 058/3012371.

Löwenburg (Lwi Zamek): In dem prächtigen Haus (1569) in der ul. Długa 35 empfing einst König Władysław IV. die Danziger Honoratioren, wenn er in der Stadt weilte.

Rechtstädtisches Rathaus/Historisches Museum (Ratusz Głównego Miasta/Muzeum Historii): Der imposante Backsteinbau, der über die Jahrhunderte ständig erweitert und modifiziert wurde, geht vermutlich auf das Jahr 1330 zurück. Rund zweihundert Jahre später, 1556, fielen weite Teile des Gebäudes einem verheerenden Brand zum Opfer. Danach wurde der ursprünglich gotische Bau im manieristischen Stil wiederaufgebaut. Noch größere Zerstörungen brachten die Bombardements des Zweiten Weltkriegs, die das Rathaus als ausgebrannte Ruine zurückließen. Die detailgetreue Rekonstruktion in der Nachkriegszeit, die sich über viele Jahre hinzog, wurde anhand alter Stiche und vergilbter Fotos vorgenommen.

Über dem spätbarocken Hauptportal hängt das Wappen der Stadt Danzig; die Köpfe der beiden Löwen, die das Wappen tragen, blicken in Richtung des Goldenen Tores. Von der hohen barocken Eingangshalle geht es links in den Roten Saal (*Sala Czerwona*). Dieser ist ganz mit rotem Samt ausgeschlagen und im Stil der holländischen Manieristen des 16. und 17. Jh. gehalten. In diesem Raum hielt der Stadtrat seine Debatten ab. An der Seite prangt ein aufwendig verzierter Kamin, der jedoch vorrangig dekorativen Zwecken diente. Unvergleichlich der Blick nach oben: An der mit vergoldetem Stuck und Reliefs reich verzierten Decke prunken nicht weniger als 25 Gemälde! Das Zentrum, um das sich alle anderen Gemälde gruppieren, bildet Isaac van den Blockes „Verherrlichung der Einheit von Gdańsk und Polen". Alle Deckengemälde sind übrigens Originale; sie wurden von Erich Volmar, dem umsichtigen Konservator, 1943 an einen sicheren Ort gebracht, sodass sie von den Bombardements verschont blieben.

Im Obergeschoss des Rathauses ist das **Historische Museum** (*Muzeum Historii*) untergebracht. Hier werden die Geschichte des Rathauses, seine Zerstörung und der Wiederaufbau dokumentiert: Die Schwarz-Weiß-Fotos der ausgebrannten Ruine demonstrieren eindrucksvoll den Grad der Zerstörung im Zweiten Weltkrieg. Im Museum befindet sich auch der Eingang zum Rathaus-

Ein Häusermeer: die Dächer von Danzig

turm, dem höchsten Turm in Danzig. Vom Aussichtsplateau aus bietet sich ein eindrucksvoller Blick auf die Marienkirche und die Gassen und Häuser der alten Rechtstadt. Die Turmspitze schmückt eine Statue von König Zygmunt II., der den Danzigern im 16. Jh. Glaubensfreiheit gewährte.

🕐 Di–So 10–16 Uhr, Mai–Sept. 10–17 Uhr. Eintritt 2,80 €, erm. 1,50 €. Ul. Długa, ✆ 058/7679100.

Marienkirche (Kościół Mariacki): Direkt hinter dem Rathaus erhebt sich die dreischiffige Marienkirche, die als die größte Backsteinkirche der Welt gilt. Der gewaltige Bau mit kreuzförmigem Grundriss ist 105 m lang und 66 m breit, über 25.000 Menschen finden Platz in dem mächtigen Gemäuer. Der massive, quadratische Hauptturm der Kirche ragt stolze 87 m in den Himmel.

Am 25. März 1343 wurde feierlich der Grundstein für den monumentalen Bau gelegt. Die Arbeiten an der Basilika dauerten 159 Jahre. 1502 hatte die Marienkirche ihre volle Größe erreicht. Doch das Gebäude blieb der katholischen Kirche nicht lange erhalten: Keine 30 Jahre nach Abschluss der Bauarbeiten erreichte die Reformation Danzig, und die Kirche ging bis zum Ende des Zweiten Weltkriegs in protestantische Hand über. Erst nach dem Krieg, der massive Schäden an Dach, Gewölbe und Kirchturm verursachte, wurde das Gotteshaus wieder katholisch.

Im Inneren wirkt die Kirche außergewöhnlich hell. 37 gigantische Fenster und die weiß getünchten Wände bewirken diesen Effekt. Nicht weniger als 30 Kapellen sind hier untergebracht. Diese bergen Kunstschätze von herausragender Bedeutung, z. B. das lebensgroße Bild der „Schönen Madonna" (1420) in der Annakapelle oder das äußerst ausdrucksvoll gestaltete gotische Kruzifix in der Kapelle der Elftausend Jungfrauen. In der Reinholdkapelle befindet sich eine Reproduktion von Hans Memlings Gemälde „Das Jüngste Gericht" – das Original kann im Gdańsker Nationalmuseum bewundert werden. Unbedingt sehenswert ist außerdem der fünfflüglige spätgotische Hochaltar aus dem Jahre 1510. Im linken Querschiff der Basilika befindet sich darüber hinaus noch einer der faszinierendsten und seltensten Zeitmesser der Welt: eine astronomische Uhr aus dem Jahre 1470. Das technische Meisterwerk ist stolze 12 m hoch. Damit war sie damals europaweit die größte Uhr. Neben der Uhrzeit zeigt dieses Wunderwerk auch Tag, Monat, Jahr und die Mondphasen sowie die Kalenderheiligen mit ihren Namenstagen und Tierkreiszeichen an. Jeweils um 12 Uhr öffnet sich ein Türchen auf dem Zifferblatt: Dann sind die Verkündigung Marias und die Anbetung der Heiligen Drei Könige zu sehen.

Vom Hauptschiff aus gelangt man in den Turm: 405 Stufen führen auf die Plattform nach oben. Der lange Aufstieg lohnt sich unbedingt, denn von hier oben offenbart sich ein grandioser Blick über die Stadt.

Um die **berühmte astronomische Uhr** in der Marienkirche rankt sich eine schaurige Legende: Die Danziger Stadtväter, so heißt es, ließen Hans Düringer, dem Schöpfer dieses Kunstwerkes, die Augen ausstechen. So sollte verhindert werden, dass dieser in einer anderen Stadt ein ähnliches Meisterwerk erschaffen konnte. Doch der perfide Plan sollte nicht aufgehen. Der um sein Augenlicht betrogene Meister zerstörte das einzigartige Uhrwerk und erhängte sich anschließend. Seitdem konnte der Mechanismus viele hundert Jahre nicht mehr in Gang gesetzt werden.

Artushof (Dwór Artusa) und Neptunbrunnen (Fontanna Neptuna): Unmittelbar hinter dem Rechtstädtischen Rathaus weitet sich die Langgasse zum Langen Markt (Długi Targ). Eines der prächtigsten Gebäude des Platzes ist der aus dem 15. Jh. stammende Artushof, der im 17. Jh. mit einer Renaissance-Fassade versehen wurde. Ursprünglich von der Bruderschaft der Georgen genutzt, avancierte der Artushof im 16. Jh. zum Treff der einflussreichsten Kaufleute Danzigs und war bald berühmt-berüchtigt für die exzessiven Feste und wilden Saufgelage, die in seinen Mauern stattfanden. Im 18. Jh. diente er dann als Börse. Schmale Granitsäulen tragen ein herrliches, reich verziertes sternförmiges Gewölbe. In einer Ecke der Halle befindet sich schließlich ein Prunkstück von unschätzbarem Wert: ein herrlicher, mit handbemalten Kacheln verkleideter Renaissanceofen. Mit 12 m Höhe reicht er beinahe bis zur Decke.

Direkt vor dem Artushof steht der Neptunbrunnen, ein Werk des flämischen Künstlers Peter Husen aus den Jahren 1606 bis 1613. Er ist eines der am häufigsten abgelichteten Motive in ganz Danzig: Der bronzene Seegott entsteigt einer Schale wie die Venus ihrer Muschel und schwingt den göttlichen Dreispitz. 30 Jahre nach seiner Fertigstellung wurde der Brunnen übrigens eingezäunt. Der Grund: Eines Nachts soll Danziger Goldwasser, der berühmte Gewürzlikör, aus dem Brunnen gesprudelt sein ...

⏰ Di–So 10–16 Uhr, von Mai bis Sept. Di–So 10–17 Uhr. Eintritt 2,80 €, erm. 1,50 €. Ul. Długi Targ 43/44, ✆ 058/7679180.

Goldenes Haus (Złota Kamienica): Der elegante Renaissancebau am Langen Markt 41 ist mit einer aufwendig geschmückten Fassade versehen: filigrane, goldene Stuckelemente und wertvolle Basreliefs aus grünem Sandstein. Vier Statuen krönen den Dachsims: Ödipus und Antigone, Kleopatra und Achilles.

An der Uferpromenade entlang

Die entlang der Mottlau verlaufende Uferpromenade schließt die Rechtstadt nach Osten hin ab. Hier sind die Torbauten der ehemaligen Befestigungsanlage aufgereiht, durch die man die Gassen der Rechtstadt verlässt bzw. von Osten her betritt. Darunter das Grüne Tor, das man über Langgasse und Langen Markt erreicht, und das berühmte Krantor, eines der Wahrzeichen der Stadt.

Grünes Tor (Brama Zielona): Seinen Namen erhielt das 1568 fertiggestellte Tor wegen der ursprünglichen grünen Sandsteinbemalung, von der aber heute nichts mehr zu sehen ist. Ursprünglich sollte das Grüne Tor als königliches Quartier dienen; man zog es jedoch vor, im erheblich luxuriöseren Artushof zu residieren. Vor dem Grünen Tor beginnt die Brücke zur Speicherinsel.

Brotbäckertor (Brama Chlebnicka)/ Englisches Haus (Dom Angielski): Das nächste Tor in nördlicher Richtung markiert das Ende der ul. Chlebnicka. Erbaut wurde es 1450 unter der Herrschaft des Deutschen Ordens. Geht man ein Stück in die ul. Chlebnicka hinein, kommt man bald zum Englischen Haus (Nr. 16), einem achtstöckigen Gebäude aus dem 16. Jh. Damals war es das größte Haus der Stadt und wurde von Kaufleuten aus England bewohnt. Heute dient es als Studentenwohnheim.

Frauentor (Brama Mariacka)/Archäologisches Museum (Muzeum Archeologiczne): Durch das Frauentor gelangt man in die Mariengasse (*ul. Mariacka*), die von Häusern mit sog. Beischlägen gesäumt wird: terrassenartige Erhöhungen mit Treppchen zur Eingangstür, die einst wegen der Hochwassergefahr angelegt wurden. In den Räumen unterhalb der Beischläge befinden sich heute kleine Galerien, in denen u. a. Bernstein angeboten wird.

Segelboote an der Speicherinsel

Gleich neben dem Frauentor steht das einstige *Haus der Naturforschenden Gesell-schaft*, ein auffälliger fünfstöckiger Renaissancebau, in dem heute das Archäologi-sche Museum untergebracht ist.

🕐 Di, Do und Fr 9–16 Uhr, Mi 10–17 Uhr, Sa/So 10–16 Uhr. Eintritt 2,80 €, erm. 1,50 €. Ul. Mariacka 25/26, 📞 058/3222100.

Krantor (Brama Żuraw nad Motława): In der Mitte des Hafenkais prangt zwischen zwei Türmen der vielfach abgelichtete Höhepunkt von Danzig: das alte Krantor. Als es Mitte des 15. Jh. erbaut wurde, befand sich hier der größte Kran der Stadt. Herzstück des Mechanismus im Inneren waren zwei riesige Räder, um die ein Seil geschlungen war. Dieses wurde seinerzeit von Sträflingen gezogen. So konnten selbst schwerste Lasten bis zu 2 t auf die Schiffe gewuchtet werden. Zugleich diente das Gebäude als Stadttor. Im Bombenhagel des Zweiten Weltkriegs erlitt das Krantor massive Schäden; es wurde aber in der Nachkriegszeit detailgetreu rekonstruiert.

Heute ist im Krantor eine Abteilung des **Zentralen Meeresmuseums** (*Centralne Muzeum Morskie*) untergebracht. Die Exponate lassen den Besucher eintauchen in eine faszinierende Unterwasserwelt mit Seesternen, Korallen, Muscheln und ande-ren Exponaten.

Die Hauptabteilung des Meeresmuseums befindet sich auf der anderen Seite des Flusses in einem ehemaligen Getreidespeicher aus der Renaissance: Hier wird die Geschichte der Seefahrt anhand zahlreicher Schiffsmodelle, alter Navigationsin-strumente und Kanonen dokumentiert. Abgerundet wird das Ganze schließlich durch das Museumsschiff „Sołdek" am Ufer der Mottlau.

🕐 Di–So 10–16 Uhr. Eintritt 2,80 €, erm. 1,50 € (Hauptabteilung und „Sołdek" kosten jeweils 1 € extra. Zwischen Museum und Krantor verkehrt eine Fähre. Ul. Szeroka 67/68, 📞 058/ 3015311, die Hauptabteilung ist auf der Speicherinsel in der Ołowianka 9/13 untergebracht, 📞 058/3018611.

Vom Mottlau-Kai über den Blumenmarkt zum Zeughaus

Von der Uferpromenade sind es nur ein paar Schritte zu Johanneskirche, Jacekturm und Nikolauskirche. Der Weg ist gesäumt von unzähligen Verkaufsständen: In den alten Gassen bekommt man alles, was man sich nur denken kann (bzw. allen er-denklichen Plunder, den man sich lieber nicht vorstellen will ...).

St.-Johannes-Kirche (Kościół Św. Jana): Nach dem Zweiten Weltkrieg war diese wuchtige spätgotische Kirche, die als eine der schönsten der Stadt gilt, viele Jahre lang verschlossen. Heute wird die aparte Kulisse mit dem monumentalen steiner-nen Hochaltar für Events genutzt.

Jacekturm (Baszta Jacka): Dieser alte Wachturm – ein Überrest der mittelalterli-chen Befestigung – steht rund 200 mweiter westlich am Rande der Altstadt. Vor den Toren des Turms findet der Dominikanermarkt statt (siehe S. 213). Direkt ge-genüber liegt der Blumenmarkt, auf dem seit jeher unzählige Stände ein großes Sor-timent an Rosen und anderen Blumen anbieten.

St.-Nikolaus-Kirche (Kościół Św. Mikołaja): Diese Kirche gegenüber vom Jacekturm wurde 1227 von Dominikanern aus Krakau erbaut und ist damit eine der ältesten Kirchen der Stadt. Anders als andere Gotteshäuser aus dieser Zeit ist sie mit opu-lenter Inneneinrichtung ausgestattet. Weitgehend unbeschadet überstand sie den Zweiten Weltkrieg.

Großes Zeughaus (Wielka Zbrojownia): Das eindrucksvolle massive Gebäude am westlichen Rand der Altstadt stammt aus dem frühen 17. Jh. und wurde als Waffenarsenal genutzt. Die östliche Fassade ist reich verziert mit Soldatenfiguren und Militärmotiven. Heute befindet sich im Inneren des Zeughauses ein großer Markt. Im Westen und Norden schließen sich der Kohlenmarkt (*Targ Węglowy*) und der Holzmarkt (*Targ Drzewny*) an.

Altstadt (Stare Miasto)

Die Altstadt ist weit weniger herausgeputzt als die Rechtstadt. Ihre historisch bedeutsamen Gebäude liegen allesamt am Radaune-Kanal (*Kanal Raduni*), der einst von den Rittern des Deutschen Ordens angelegt wurde und der Wasserversorgung von Danzig diente. Wer den Kanal vom Bahnhof aus ansteuert, kommt ans Ensemble aus **Elisabethkirche** (*Kościół Św. Elżbiety*), gotischer **Josefskirche** (*Kościół Św. Józefa*) und dem **Haus der Äbte von Pelplin** (*Dom Opatów Pelplińskich*) vorbei. Letzteres war ein Geschenk der Stadt an die Zisterziensermönche.

Altstädtisches Rathaus (Ratusz Staromiejski): Der blockartige rote Backsteinbau mit hohen, schlanken Türmchen steht gegenüber der Josefskirche. Die feine, ornamentartige Steinstruktur aus

Wahrzeichen von Danzig: das Krantor

dem 16. Jh. geht auf Pläne des flämischen Architekten Anthonis van Opbergen zurück, der auch den Bau des Zeughauses betreute. Auch das Innere des Rathauses mit der Wendeltreppe im ersten Stock und den allegorischen Gemälden aus dem 17. Jh. ist sehr sehenswert. Heute befindet sich hier das Baltische Kulturzentrum. Im Erdgeschoss werden Wechselausstellungen veranstaltet, darüber hinaus sind eine Galerie und ein Café im Gebäude untergebracht.
☉ Täglich 9–18 Uhr. Ul. Korzenna 33/35, ✆ 058/3011051.

Große Mühle (Wielki Młyn): Vom Rathaus ist es nicht weit bis zur Großen Mühle, die sich auf einer Insel inmitten des Radaune-Kanals erhebt. Als sie 1350 vom Deutschen Orden erbaut wurde, war sie mit 40 m Länge die größte Mühle Europas. Bis zu 200 t Mehl konnten hier pro Tag produziert werden, gelagert wurde es in den Speicherräumen unter dem riesigen Zeltdach. Für den Antrieb der Mahlwerke sorgten anfangs 12, später 18 große Mühlräder von jeweils 5 m Durchmesser. In Betrieb war die Mühle knapp 600 Jahre, bis sie im Zweiten Weltkrieg fast vollständig zerstört wurde. Heute befindet sich ein modernes Einkaufszentrum im Inneren des wieder aufgebauten historischen Gebäudes, nebenan bietet das Restaurant „Zur Alten Mühle" (*Pod Wielkim Młynem*) polnische Küche an. Schräg gegenüber am Kanalufer sieht man zwei Kirchen, die in der Vergangenheit auf völlig unterschiedliche Art eine wichtige Rolle spielten:

Ehrwürdig: die St.-Katharinen-Kirche

Verschnaufpause zwischen den vielen Sehenswürdigkeiten Danzigs ...

St.-Katharinen-Kirche (Kościół Św. Katarzyny): Die gotische Kirche von 1220 gilt als die älteste in Danzig. Vom Ursprungsbau sind allerdings nur noch die Grundmauern erhalten, der überwiegende Teil stammt aus dem 14. und 15. Jh. Das Innere ist reich verziert mit Fresken und Wandmalereien, die teils 11 m hoch sind. Der Astronom Johannes Hevelius (1611–1687) und seine Familie liegen unter dieser Kirche begraben. Ein Vier-Oktaven-Glockenspiel befindet sich im Turm. Außerdem beherbergt die Kirche ein kleines Turmuhrmuseum, dessen älteste Exponate aus dem 15. Jh. stammen.

① Das Turmuhrmuseum hat von Mai bis September Mi–So 10–16 Uhr geöffnet. Eintritt 1,50 €, erm. 1 €. Ul. Wielkie Młyny, ✆ 058/3056492.

St.-Brigitten-Kirche (Kościół Św. Brygidy): Diese Kirche stand lange Zeit im Zentrum des Geschehens um Solidarność. Als Lech Wałęsa noch weitgehend unbekannt war, war sie Ausgangspunkt und geistiges Zentrum für zahlreiche Versammlungen und Demonstrationen. Nachdem die Kirche im Zweiten Weltkrieg bis auf die Grundmauern zerstört worden war, wurde nur die Fassade im Original rekonstruiert, das Innere ist modern eingerichtet. Besonders ins Auge fällt eine Schwarze Madonna mit rubingeschmücktem Haarkranz: Jeder Edelstein symbolisiert ein Opfer der mit Waffengewalt niedergeschlagenen Arbeiterunruhen von 1970 auf der Leninwerft. Außerdem erinnert eine Reihe von Grabsteinen an die Helden von Solidarność, unter ihnen auch der des vom polnischen Geheimdienst 1984 ermordeten Paters Jerzy Popieluszko.

Polnische Post (Poczta Polska): Dieses eher unscheinbare Gebäude von 1925 sollte zu Beginn des Zweiten Weltkriegs Schauplatz eines blutigen Geschehens werden (das Günter Grass auch in seinem Roman „Die Blechtrommel" thematisiert): Als im September 1939 deut-

sche Soldaten die Stadt angriffen, verschanzte sich eine kleine Gruppe von Ange-
stellten in der Post. Nach stundenlangem Kampf wurden schließlich Flammenwer-
fer gegen die Belagerten eingesetzt – diese mussten sich schließlich ergeben und
wurden daraufhin auf einem Friedhof erschossen. Im Inneren der ehemaligen Post
ist heute ein kleines Museum untergebracht, das die Ereignisse dokumentiert. Zusätzlich erinnert ein Denkmal vor dem Gebäude an den polnischen Widerstand.
   Ⓣ Mo, Mi–Fr 10–16, Sa/So 11–14 Uhr, Eintritt 2 €, erm. 1,50 €. Pl. Obrońców Poczty Polskiej
   1-2, ✆ 058/3017611.

Leninwerft (Stocznia Gdańska)

Unmittelbar hinter der Altstadt liegen die riesigen Kräne und Hafenanlagen der
mittlerweile stillgelegten Leninwerft, die 1980 zu internationaler Berühmtheit gelangte. In diesem Jahr wurde hier der Streik der Werftarbeiter ausgerufen, der zur
Gründung der ersten unabhängigen Gewerkschaft in einem kommunistischen
Land führte – der Anfang vom Ende der kommunistischen Regimes in ganz Europa.

Mahnmal der gefallenen Werftarbeiter (Pomnik Poległych Stoczniowców): Vor
den Toren der Danziger Schiffswerft ragt eines der bedeutendsten Symbole der jün-
geren Geschichte in den Himmel. Drei 42 m hohe Stahlkreuze, jeweils mit Ankern
und mit Bronzereliefs auf der Rückseite versehen, erinnern an die Geschehnisse auf
der Leninwerft von 1970. Diese Ereignisse gingen in die Geschichte ein, als erste
Welle einer Entwicklung, die den gesamten Ostblock völlig verändern sollte und deren Tragweite damals niemand ahnte: Am 16. Dezember 1970 demonstrierten die
Danziger Werftarbeiter gegen die Erhöhung der Lebensmittelpreise. Um den kata-
strophalen Staatshaushalt zu entlasten, hatte die Regierung die Subventionen für
Lebensmittel herabgesetzt. Als die Polizei auf die protestierenden Arbeiter schoss,
geriet die Situation außer Kontrolle: Die wütende Menge legte Feuer im Parteisitz.
Die Auseinandersetzung endete mit einem Massaker, bei dem 44 Arbeiter von der
Miliz niedergemetzelt wurden. Genau zehn Jahre später wurde das Monument errichtet. Es ist das erste Mahnmal, mit dem das sozialistische System sich selbst –
wenn auch nicht ganz freiwillig – kritisch reflektierte. Doch dies sollte erst der Auftakt sein zum Niedergang eines gesamten Regimes …

Solidarność

Erneute Preiserhöhungen drohten 1980, außerdem sollten Werftarbeiter ent-
lassen werden. Doch die Arbeiter hatten aus den Blutbädern der Vergangenheit gelernt – diesmal wurde nicht demonstriert, sondern hinter den Toren
der Werft gestreikt. Ein Eingreifen der Truppen wäre hier sehr viel kompli-
zierter und aufwendiger gewesen. Außerdem ließ sich der Protest hinter den
Werfttoren in die Länge ziehen, sodass der Druck auf die Regierung von Tag
zu Tag stärker wurde, zumal der Streik schnell zum permanenten Top-
Thema der internationalen Medienwelt avancierte. Zu diesem Zeitpunkt be-
trat ein bärtiger Elektriker die Bühne des politischen Geschehens: Lech Wałęsa, ein Mann aus dem Volk, der es wie kein anderer verstand, die aufge-
brachten Gemüter zu einen, und der schon bald zum akzeptierten Sprecher
der Streikenden aufstieg. Dabei wurde schnell klar, dass es Wałęsa um mehr
ging als nur um die Rücknahme der Preiserhöhungen. Seine Vision war ein

freies, demokratisches Polen, und tatsächlich gelang es ihm und seinen Mit-
streitern, den politischen Machthabern in zähen Verhandlungen weit reichende Zugeständnisse abzuringen, die im *Danziger Abkommen* vom August
1980 letztlich in der Gründung einer von der Partei unabhängigen Gewerkschaft gipfelten. Auch wenn die bestehende politische Ordnung auf dem Papier unangetastet blieb, war mit der Zulassung von *Solidarność* – so der pro-
grammatische Name – die Autorität der Kommunistischen Partei Polens in
den Grundfesten beschädigt – mit absehbaren Folgen für die sozialistischen
„Bruderstaaten". Die reagierten entsprechend nervös und waren von Beginn
an bestrebt, das Ruder wieder herumzureißen. Tatsächlich schien es für einen Moment, als sollte die freie Gewerkschaftsbewegung Polens und die be-
ginnende Demokratisierung der Gesellschaft nur eine Episode bleiben. Zwar
kam es nicht zur befürchteten militärischen Intervention von außen, aber
mit der Ernennung des Oberkommandierenden der polnischen Armee, Wojciech Jaruzelski, zum Ministerpräsidenten und später zum Parteivorsitzen-
den wurde im Verlauf des Jahres 1981 eine unmissverständliche Drohkulisse
aufgebaut, die die Opposition einschüchtern und auf Normalmaß zurück-
stutzen sollte. Als die Führung von Solidarność schließlich ihrerseits drohte,
jede Einschränkung der seit 1980 erkämpften Rechte mit einem General-
streik zu beantworten, verhängte Jaruzelski am 13. Dezember 1981 kurzerhand das Kriegsrecht über das Land, verbot Solidarność und ließ zahllose
Mitglieder und Sympathisanten der Gewerkschaft verhaften.

Diese Maßnahmen hatten aber nicht den gewünschten Effekt, denn im Untergrund wurde Solidarność nun erst recht zum Mythos. Auch Lech Wałęsa
ließ sich trotz aller Bemühungen nicht dauerhaft zur politischen Persona
non grata degradieren, zumal seine Bemühungen um die Liberalisierung der
polnischen Gesellschaft zwei Jahre später mit dem Friedensnobelpreis ge-
adelt wurden. Und als sich ab 1985 mit dem Machtantritt Michail Gorbat-
schows das politische Klima in der Sowjetunion grundlegend zu wandeln begann, waren auch die Tage des alten Regimes im Prinzip schon gezählt. 1988
schließlich lud Jaruzelski die Opposition offiziell zu Gesprächen ein. Im Ergebnis gab die Kommunistische Partei ihr Machtmonopol auf, Solidarność
wurde wieder zugelassen und man vereinbarte freie Wahlen. Nicht einmal ein
Jahr später war die Ära des polnischen Staatssozialismus endgültig vorbei.

Doch in den 1990er-Jahren, in denen sich die Demokratie in Polen festigte,
begann der Stern von Solidarność zu sinken. Als Gewerkschaft, Partei und
ehemalige Massenbewegung in einem war man an nun der Regierungsmacht
beteiligt und wurde schon bald für die wirtschaftlichen und sozialen Folgen
der Wende verantwortlich gemacht. Heute hat Solidarność seinen politischen Einfluss weit gehend verloren.

Auch für die Danziger Werft ging der Schuss paradoxerweise nach hinten
los: Die Verluste, die die Werft schon zu sozialistischen Zeiten eingefahren
hatte, wurden immer größer. Ein Verkauf, der notwendigerweise mit einer
drastischen Reduzierung der Belegschaft einher gegangen wäre, scheiterte am
Widerstand der Interessengruppen. Am Ende blieb nur noch die Schließung.

Alte Vorstadt (Stare Przedmieście)

Im Süden des Altstadtkerns schließt sich die alte Vorstadt an, deren Ursprünge bis ins 15. Jh. zurückreichen. Ein architektonisches Juwel ist die Vorstadt zwar nicht gerade, dennoch lohnt ein Besuch, denn in den verwinkelten Gassen ist eine der bedeutendsten Sehenswürdigkeiten der Stadt beheimatet: das Gdańsker Nationalmuseum.

Nationalmuseum (Muzeum Narodowe w Gdańsku): Untergebracht ist das Museum in den altehrwürdigen Gängen eines spätgotischen Franziskanerklosters. Da das Haus mit bedeutenden europäischen Museen im Austausch steht, werden Kunstschätze von internationalem Rang präsentiert. Gleich am Eingang kann man sich eine wertvolle Porzellansammlung anschauen. In den weiteren Räumen des Erdgeschosses werden Triptychen und Ikonen gezeigt, darüber hinaus bekommt man eine Silbersammlung mit filigran ziselierten Exponaten und – auf einer Empore –Zinnobjekte zu sehen. Im ersten Stock befindet sich der Höhepunkt der Ausstellungen: Hans Memlings Triptychon „Das Jüngste Gericht", das vermutlich um 1467 entstanden ist. Lange Zeit galt dieses Kulturgut von unschätzbarem Wert als verschollen, bis es 1956 von der Roten Armee nach Danzig zurückgebracht wurde. Zuvor hatte das Werk eine wahre Odyssee durch halb Europa mitgemacht und war dabei u. a. im Pariser Louvre und in der Petersburger Eremitage gelandet.

In den weiteren Räumen des Obergeschosses kann man sich Gemälde von alten Danziger Meistern und jungen polnischen Künstlern anschauen, darüber hinaus gibt es eine Ausstellung mit flämischer Kunst (Breughel, van Dyck).
🕐 Di–Fr 10–18, Sa/So 10–15 Uhr, Eintritt 2,80 €, erm. 1,50 €. Ul. Toruńska 1, ☎ 058/3017061.

St.-Trinitatis-Kirche (Kościół Św. Trójcy): Die glanzvolle gotische Kirche des Franziskanerklosters aus dem 15. Jh. mit ihrem netzartigen Bogengewölbe zählt zu den besterhaltenen Kirchen aus dieser Zeit.

Flämische Meister im Nationalmuseum

Trójmiasto – die Dreistadt
Karte S. 187

Günter Grass (* 16. Oktober 1927)

Das einstige Langfuhr, heute der kleine Stadtteil Wrzeszcz im Norden Danzigs, wäre kaum eine Erwähnung wert, wenn nicht mit Günter Grass einer der profiliertesten Nachkriegsautoren Deutschlands hier geboren und aufgewachsen wäre. Das Elternhaus des Literaturnobelpreisträgers steht in der ul. Lelewa 13, dem ehemaligen Labesweg, und ist leicht an der von der Stadt angebrachten Gedenktafel zu erkennen. Unten befand sich einst ein Kolonialwarenladen, den Vater Grass lange Jahre betrieb.

Danzig ist aber nicht nur die Geburtsstadt von Grass, sondern auch Schauplatz seiner frühen Werke „Die Blechtrommel", „Katz und Maus" und „Hundejahre", die zusammen die sog. „Danziger Trilogie" bilden. So wird der zwergenhafte Blechtrommler *Oskar Mazerath* in der Herz-Jesu-Kirche in Wrzeszcz getauft; sein wichtigstes Utensil stammt aus einem Spielzeugladen am Alten Zeughaus. Und *Pilenz*, der *Große Mahlke* und *Tulla Pokriefke*, die Helden von „Katz und Maus", fahren zum Baden und für sonstige Vergnügungen hinaus zum Strand von Brösen, dem heutigen Brzeźno.

Westerplatte

Die Westerplatte ist eine lang gestreckte Halbinsel an der Mündung der Toten Weichsel. Sie liegt 7 km nordöstlich der Altstadt direkt gegenüber dem Hafen. Von der Spitze der Westerplatte kann das gesamte Ensemble aus riesigen Kränen und gewaltigen Hafenanlagen mit den dahinter liegenden Küsten Sopots und Gdynias aus der Ferne überblickt werden.

Auf der Westerplatte befand sich seit 1920 ein kleines Hafenbecken und ein polnisches Munitionsdepot, das von einer 182 Mann starken Garnison bewacht wurde. Der Völkerbund hatte dem polnischen Staat dieses Gelände zuerkannt, weil Polen zu diesem Zeitpunkt von Russland militärisch bedroht wurde und die Anlieferung von Kriegsgerät über den regulären Danziger Hafen am Boykott der Hafenarbeiter scheiterte. Nach der Bereinigung des polnisch-russischen Konflikts blieb der polnische Militärstützpunkt auf der Westerplatte erhalten.

Am 1. September 1939 wurde die Westerplatte vom deutschen Panzerkreuzer „Schleswig-Holstein", der im Danziger Hafenbecken vor Anker lag, unter Feuer genommen. Dieser Angriff war der Auftakt zum Zweiten Weltkrieg. Die polnischen Streitkräfte hielten der deutschen Übermacht (3000 Soldaten, schwere Artillerie, Luftangriffe) sieben Tage lang stand – dann ergaben sie sich.

Ein kleines Häuschen zwischen den Überresten der ehemaligen Kasernen beherbergt heute ein **Museum**, in dem die damaligen Ereignisse dokumentiert sind. Ein paar hundert Meter weiter ragt am Ende der Landzunge auf einer kleinen Anhöhe ein aus den 1960er-Jahren stammendes monumentales **Mahnmal** empor. Es verkörpert die „Verteidiger der Westerplatte", die in Richtung Werft blicken.

🕐 Mai–Okt. täglich 9–16 Uhr, Eintritt 0,85 €, erm. 0,60 €. Westerplatte/Wache 1, ☎ 058/3436972.

● *Verbindungen* Die **Busse** 106 und 158 fahren vom Danziger Hauptbahnhof aus ein- bis zweimal pro Stunde zur Westerplatte. **Boote** starten in der Nähe des Grünen Tors.

Danziger Burg (Twierdza Wisłoujście)

Am Ufer der Toten Weichsel liegt versteckt im Wald eine halb verfallene zweistöckige Befestigungsanlage mit massiven Mauern, Turm und Schießscharten. Die alte Wehrburg fasste mehrere tausend Soldaten, der Burgturm diente gleichzeitig als Leuchtturm. Die ältesten Teile der Anlage gehen bis ins 15. Jh. zurück. Mitte des 18 Jh. wurden sie dann ausgebaut und später von Napoleons Truppen weiter befestigt. Unter der preußischen Oberhoheit wurde die Burg vorübergehend als Gefängnis genutzt.

Innerhalb der mächtigen Mauern liegt der Hof mit dem ehemaligen Leuchtturm. Durch die Schießscharten kann man von hier aus über das Wasser auf die Werftanlagen, den Hafen und die Stadt bis hin zur Halbinsel Hel blicken. Noch bessere Sicht hat man vom Turm aus – hier wachte die berühmt-berüchtigte Kaper, eine Art Seefahrergilde, die die Stadt schützen sollte. Tatsächlich setzte sich die Kaper aus verwegenen Seeleuten und Kämpfern zusammen, die stets nahe an den wilden Gewässern der Piraterie segelten …

Das Innere der Burg ist wenig spektakulär, die düsteren Kellergewölbe liegen sogar teilweise unter Wasser. Allerdings sind derzeit Renovierungsarbeiten in Gang, um die mürben Mauern wieder auf Hochglanz zu trimmen.

Oliwa

Der nordwestlichste Danziger Vorort liegt ca. 9 km vom Zentrum entfernt: ein Ensemble aus Kathedrale (mit einer der berühmtesten Orgeln des Landes) und historischen Gebäuden aus dem 18 Jh., umgeben von einem schönen Park – einer der attraktivsten Stadtteile von Danzig. 1186 gründeten die Zisterzienser hier ein Kloster, zweihundert Jahre später errichteten sie die berühmte Kathedrale von Oliwa, die im Laufe ihrer Geschichte zweimal niederbrannte und wiederaufgebaut wurde.

Kathedrale (Katedra Oliwska): Die Kathedrale, die weit über die Landesgrenzen hinaus bekannt ist, prägt sich durch ein ungewöhnliches Äußeres ein: Zwei achteckige gotische Backsteintürme rahmen ein hohes Barockportal ein. Von innen wirkt das Gebäude sehr lang gestreckt – dieser Eindruck kommt durch die ungewöhnlichen Proportionen zustande. Denn die Kathedrale ist 90 m lang, aber kaum 9 m breit! Der Fußboden liegt 1 m tiefer als der Boden außerhalb. Ein sternenübersätes Bogengewölbe überspannt das Kirchenschiff, an dessen Ende ein barocker Hochaltar (1680) prangt. Doch das Innere beherbergt ein

Verwittert: die Danziger Burg

Trójmiasto – die Dreistadt

Karte S. 187

weiteres Schmuckstück von unschätzbarem Wert: die Orgel aus dem späten 18. Jh. mit 7876 Pfeifen. Das Meisterwerk von Rudolf Friedrich Dalitz und Johann Wulf ist berühmt für seinen einzigartigen Klang. Dazu bewegen sich während des Spielens zwischen ornamentartigen Schnitzereien mechanische Engel, die Trompeten spielen und Glocken läuten. Die Präsentation dieser kunstvollen Orgel ist ein echtes Erlebnis. Im Sommer finden hier täglich einmal pro Stunde jeweils 20-minütige Vorführungen statt (zwischen 10 und 15 Uhr).

Im barocken **Palast der Äbte** hinter der Kathedrale befindet sich eine Abteilung des Gdańsker Nationalmuseums. In den historischen Räumen des Palais ist moderne Kunst ausgestellt.

Museum für moderne Kunst im Bischofspalais, ul. Cystersów 18, ☎ 058/5521271. ⏰ Oktober bis April Di–Fr 9–16, Sa/So 10–17 Uhr, Mai bis September Di–So 10–17 Uhr, Juni/August Di–So 10–17 Uhr, Do 12–20 Uhr, Eintritt 2,80 €, erm. 1,70 €.

Volkskundemuseum (Muzeum Etnograficzne): Das Museum ist im ehemaligen Kornspeicher der Äbte untergebracht. Zu sehen bekommt man geschnitzte Figuren kaschubischen Ursprungs und allerlei andere Handarbeiten.

⏰ Oktober–April Di–Fr 9–16, Sa/So 10–17 Uhr, Mai–September Di–So 10–17 Uhr, Juni–August Do 12–20 Uhr, Eintritt 2 €, erm. 0,85 €. Ul. Cystersów 19, ☎ 058/5521271.

Park Oliwski: Ein idyllischer Park aus dem 18. Jh. mit kleinen Teichen, Flüstergrotte, einem Palmenhaus sowie allerhand exotischen Gehölzen umgibt den weitläufigen Komplex. Dazwischen schlängeln sich Spazierwege. Die im Park ausgestellten modernen Plastiken stehen in angenehmem Einklang mit der Natur.

Zoo (Ogród Zoologiczny): Etwa 1,5 km westlich der Kathedrale, eingebettet in die bewaldeten Hänge des Trójmiejskie-Naturparks, liegt Polens schönster und zugleich größter zoologischer Garten.

⏰ Mai–September täglich 9–19 Uhr, April/Oktober 9–15 Uhr, November bis März 9–14 Uhr, Eintritt 1,70 €, erm. 1,30 €. Ul. Karwieńska 3, ☎ 058/5520041.

Umgebung von Danzig

Leuchtturm (Latarnia Morska): Der Lotsenturm an der Anlegestelle der Fähren im Danziger Stadtteil Brzeźno gilt als einer der schönsten Leuchttürme an der Ostsee. 1895 wurde hier die sog. Zeitballmessung eingeführt: Der Zeitball war eine Metallkugel, die auf einen hohen Mast über der Leuchtturmkuppel gehievt wurde. Um Punkt 12 Uhr mittags wurde diese Kugel fallen gelassen. Nun konnten die Kapitäne der umliegenden Schiffe ihre Chronometer auf die exakte Uhrzeit einstellen. Nach der Erfindung des Radios wurde die Zeitballmessung abgeschafft.

⏰ Juni–September täglich 9–19 Uhr, Eintritt 1,50 €, erm. 1,30 €. Ul. Przemysłowa 6 A, ☎ 058/7601642.

Pachołek: Der bewaldete Hügel liegt in der Nähe der Kathedrale von Oliwa. Seine Hänge sind mit seltenen Pflanzen bewachsen. Und wer die 100,8 m hohe Plattform auf der Spitze erklimmt, kann von hier aus einen herrlichen Panoramablick über Oliwa genießen.

Mewia Łacha: Auf der Halbinsel Sobieszewska im Südosten von Danzig liegt das Reservat, das sich entlang der Sandbänke gegenüber der Flussmündung der Przekop Wisły erstreckt. Das Naturschutzgebiet ist ausgezeichnet zum Beobachten von Seeschwalben und anderen Vogelarten geeignet.

Neue Altstadt: Häuserzeile im Stadtkern von Elbląg

Weichseldelta, Frische Nehrung und Frisches Haff

Im Südosten von Danzig bahnt sich die Weichsel (*Wisła*) mit ihren Neben-flüssen den Weg in die Ostsee. Das morastige Gebiet erinnert stark an nie-derländische Marschlandschaften, und tatsächlich waren es holländische Einwanderer, die die Weichselniederung im 17. € trockenlegten und dabei die vielen Kanäle errichteten, die heute noch zu sehen sind. Nur wenige Ki-lometer weiter östlich schließt sich das Frische Haff an, eine Lagune, die durch den schmalen, ca. 70 km langen Landstreifen der Frischen Nehrung von der Ostsee getrennt ist.

In Świbno verbindet eine kleine Fähre die beiden Ufer des Weichsel-Hauptarmes. Folgt man dem Verlauf der Küstenstraße weiter in Richtung Osten, erreicht man zunächst Jantar, wo jedes Jahr im August die Weltmeisterschaften im Bernstein sammeln stattfinden, dann Stegna (Steegen), dessen Ortskern sich um eine hübsche Fachwerkkirche gruppiert und schließlich Sztutowo, das unter seinem deutschen Na-men Stutthof in nationalsozialistischer Zeit zu trauriger Berühmtheit gelangte. Kurz hinter Sztutowo beginnt die Frische Nehrung, die maximal 2 km Breite erreicht. Der Küstenstreifen ab Jantar wird auch „Bernsteinküste" genannt, denn nach hefti-gen Stürmen wird das kostbare Material aus den Tiefen des Meeres an den Strand gespült. Wer die einschlägigen Stellen kennt, braucht es nur noch einzusammeln.

Die herrlichen Traumstrände an der Nordseite der Frischen Nehrung zum offenen Meer hin zählen zu den schönsten und saubersten an der Ostseeküste. Hinter ei-nem Dünengürtel wuchern schattige Buchen- und lichte Birkenwälder. An der

Wildromantisch: der Elbląg-Ostróda-Kanal

Südseite der Nehrung, wo sich das strahlend blaue, nur 3–4 m tiefe Haff (*Zalew Wiślany*) erstreckt, ist das Ufer sumpfig. Im dichten Buschwerk nisten zahlreiche seltene Vogelarten. Leider ist das Wasser in der Lagune nicht besonders sauber, denn vom russischen Kaliningrad gelangen immer noch weitgehend ungeklärte Abwässer ins Haff.

Im Hinterland der Küste stößt man ein paar Kilometer östlich der Weichsel (*Wisła*) auf das bedeutendste Monument der Ordensritterzeit: Die mächtige Marienburg ist der größte Backsteinbau Europas. Wer sich von dort nordöstlich wieder in Richtung Küste bzw. Frisches Haff bewegt, kommt zunächst nach Elbląg, wo der berühmte Oberlandkanal beginnt, und dann nach Frombork, wo Nikolaus Kopernikus seine astronomischen Studien betrieb.

Sztutowo dt. Stutthof

Der Badeort liegt 3 km östlich von Stegna (Steegen) und bildet das Eingangstor zur Frischen Nehrung. Wo sich heute Urlauber vergnügen, befand sich im Zweiten Weltkrieg eine Stätte des Horrors: das KZ Stutthof. Errichtet wurde das Lager kurz vor Kriegsbeginn im August 1939. Bis 1945 waren hier weit mehr als 100.000 Menschen inhaftiert, ein Großteil davon jüdische Frauen. Viele mussten als Versuchskaninchen für medizinische Experimente herhalten, um anschließend an den Folgen dieser unmenschlichen Versuche langsam zugrunde zu gehen. Allein 20.000 Lagerinsassen kamen ums Leben, als sie im Januar 1945 gezwungen wurden, durch die eisige Kälte zu Fuß von Sztutowo nach Stettin zu laufen.

Kurz vor Kriegsende wurden Gaskammern in Betrieb genommen, deren Kapazität allerdings so gering war, dass die SS-Schergen dazu übergingen, die Menschen direkt in den Zugwaggons der Lagerbahn zu vergasen. Im Nachhinein lässt sich die genaue Zahl der Opfer schwer feststellen, geschätzt wird, dass in Stutthof rund 85.000 Menschen den Tod fanden.

Heute ist das ehemalige Konzentrationslager als **Museum und Gedenkstätte** zugänglich. In den schäbigen alten Lagerbaracken werden stündlich Filme gezeigt, die das Grauen dokumentieren. Am anderen Ende des Lagers befinden sich die Gaskammern und Krematorien mit den Brennöfen.

① Mai–Sept. täglich 8–18 Uhr, sonst 8–15 Uhr. Kinder unter 13 Jahren haben keinen Zutritt. Państwowe Muzeum Stutthof, 82-110 Sztutowo, ul. Muzealna 6, ✆ 055/247-8353, 📠 055/247-8358.

• *Übernachten* **Haus Karola**, am Ortsende von Sztutowo, etwa 2 km vom Sandstrand der frischen Nehrung entfernt. Hübsche Pension mit zwölf Zimmern. DZ mit Bad für 58 €, ohne Bad 50 €. Pluspunkt: Die gesamte Familie Rymkiewicz spricht deutsch. Ul. Zalewowa 14 A, 82-110 Sztutowo, ✆/📠 055/2478128.

Kąty Rybackie   dt. Bodenwinkel

Von Sztutowo windet sich die Küstenstraße etwa 4 km auf der Frischen Nehrung bis ins ehemalige Fischerdorf Kąty Rybackie, dessen Ursprünge bis ins 18. € zurückreichen. Ein paar hundert Seelen leben hier, im Sommer kommen die Urlauber hinzu. Der Ort mit seinem herrlichen Sandstrand eignet sich ideal zum Relaxen. Im Osten von Kąty Rybackie erstreckt sich ein Vogelschutzgebiet an den schilfigen Ufern der Bucht. Hier kann man seltene Graureiher und riesige schwarz gefiederte Kormorane beobachten.

• *Übernachten* ***** Hotel Górnik**, ein ehemaliges Feriendomizil für Arbeiter, heute ein gut ausgestattetes Mittelklassehotel mit sozialistischem Touch und 200 Übernachtungsplätzen im Hotel und in den angeschlossenen Appartements. Mit Restaurant. Bonus: schöner Blick von den Balkonen! Ul. Rybacka 159, 82-104 Katy Rybacki, ✆ 055/2478712.

Camping Gniazdo Kormorana, nahe am Strand gelegen. Der Campingplatz der Kategorie 2 ist von Mai bis August geöffnet. Auch Zimmer können hier gemietet werden. Ul. Morska 7, ✆ 055/2478705.

Krynica Morska   dt. Kahlberg-Liep • 1.300 Einwohner

Auf halber Höhe der Landzunge und etwa 25 km von der russischen Grenze entfernt befindet sich Krynica Morska, der größte Ort der Nehrung. Rund um den hübschen kleinen Hafen und an den herrlichen Stränden, hinter denen sich hohe Sanddünen auftürmen, geht es im Sommer recht turbulent zu. An den Souvenirständen kann man sich mit Bernstein in allen erdenklichen Variationen eindecken. Vom 26 m hohen, leuchtend roten Leuchtturm hat man einen schönen Blick über die Danziger Bucht und das Frische Haff.

Von Krynica Morska sind es noch einmal ca. 12 km bis Piaski (Neukrug), dem letzten polnischen Ort vor der russischen Grenze.

• *Information* **Touristinformation** im Hotel Kahlberg, hier erhält man auch Adressen von Privatunterkünften. In der Saison (Juli/August) täglich 8–22 Uhr, sonst täglich 9–20 Uhr. Ul. Bosmańska 1, ✆ 055/2476444, cit@mierzeja.pl, www.mierzeja.pl.

• *Verbindungen* Auf dem Landweg verkehren nur **Busse**. Verbindungen bestehen nach Gdańsk und Elbląg.

Schiff: Tragflächenboote und Personenschiffe nach Frombork und Elbląg sowie Rundfahrten auf dem Frischen Haff.

• *Übernachten* Neben zahlreichen Pensionen haben in den letzten Jahren auch ein paar Hotels eröffnet.

*** Hotel Kahlberg, im Ortszentrum (am Fischerhafen). Hübsches Mittelklassehotel mit 20 frisch renovierten, komfortablen und modern eingerichteten Zimmern. Mit Restaurant „Morska" und Bar. Auch ein Tennisplatz, Sauna und Whirlpool sind vorhanden. Fahrräder können ausgeliehen werden. In der Saison 95 €, sonst 80 €. Die Zimmer sind unterschiedlich ausgestattet, dementsprechend varriieren die Preise. Ul. Bos-

Weichseldelta, Frische Nehrung, Frisches Haff

mańska 1, 82-120 Krynica Morska, ✆ 055/ 2476017, www.kahlberg.hotelinpolen.de. Ein ganzjährig geöffneter **Campingplatz der Kategorie 2** mit Restaurant und Shop liegt ein paar hundert Meter vom Strand entfernt im Schatten eines Kiefernwaldes. Auch Zimmer werden vermietet. Anfahrt: im Ortszentrum an der Tankstelle links. Ul. Marynarzy 2, 82-120 Krynica Morska, ✆ 055/ 2476126.

Gniew   dt. Mewe • 7.000 Einwohner

Die pittoreske kleine Stadt lag etwas abseits der verheerenden Bombardements der beiden Weltkriege. Daher ist der historische Altstadtkern in einem vergleichsweise guten Zustand erhalten.

Berühmt ist Gniew für seine mächtige Ordensburg mit den trutzigen Wehrmauern: ein wuchtiger, kastellartiger Bau mit vier Gebäudeflügeln und drei Ecktürmen, die den quadratischen Innenhof umgeben. Die Ritter des Deutschen Ordens hatten 1297 mit dem Bau der Komturburg begonnen; nach 23 Jahren waren die Arbeiten weit gehend abgeschlossen. Die mächtige Mauer der Vorburg war mit Basteien befestigt. Im ihrem Schutz befanden sich damals Gesindehütten und Stallungen sowie eine Schmiede und eine Brauerei. Nach dem Niedergang des Ritterordens 1464 stand die Ordensburg für knapp zehn Jahre unter polnischer Herrschaft. Von den Preußen wurde sie später zweckentfremdet und als Waffendepot genutzt – im 19. Jh. dienten die Gemäuer sogar als Gefängnis. Ein schwerer Brand 1921/22 hatte das Gebäude schließlich stark versehrt, und erst Mitte der 1970er-Jahre wurde begonnen, die Burg durch aufwändige Restaurationsarbeiten wiederherzustellen.

Ein Geheimtipp ist Gniew auch wegen der spektakulären „Living History"-Events: Vor dem historischen Rathaus in der Altstadt tummeln sich dann wilde Gesellen in blitzenden Rüstungen. Unter dem begeisterten Jubel der Zuschauer kämpfen die edlen Ritter mit viel Schwerterklirren und Säbelrasseln um hehre Ziele, Ruhm und Ehre. Kunstfertige Schneider nähen die Kostüme nach historischen Vorlagen, und Schmiede fertigen mit viel Liebe zum Detail unter streng mittelalterlichen Bedingungen originalgetreue Waffen und Rüstungen an.

🕐 Zamek Gniew, Pl. Zamkowa 3, ✆ 055/5352162. Di–So 9–17 Uhr. Eintritt 2,50 €, ermäßigt 1,50 €. Führungen in Englisch oder Deutsch für 12 €.

• *Verbindungen* Gute Busverbindungen von und nach Gdańsk (9-mal tägl.) vom Busbahnhof aus, etwa 200 m nördlich des Rathauses.

• *Veranstaltungen* Alle Events finden an Wochenenden statt – die Termine variieren daher von Jahr zu Jahr:

Anfang Juli: **Festival mittelalterlicher Handwerkskunst**. Nationale und internationale Künstler präsentieren für ein Wochenende ihre Schmiedekunst.

Ende Juli: Hier werden die **König Jan III. Sobieski-Ritterturniere** ausgetragen.

Mitte September: **Vivat Vasa!** Bunte Inszenierung einer Schlacht aus dem polnisch-schwedischen Krieg von 1626.

• *Übernachten* **Dormitorium**, Jugendherberge in einem Flügel des Schlosses. Einfach, aber sauber und mit einem ganz besonderem Charme. Bietet das ganze Jahr über 90 Übernachtungsmöglichkeiten in Schlafsälen. 9 € pro Person. Frühstück, Mittag- und Abendessen für jeweils 2–4 € in der Taverne erhältlich. Zamek Gniew, Pl. Zamkowa 3, 83-140 Gniew, ✆/🖷 055/5352162.

Detailgetreu inszeniert: historische Events in Gniew

Ein mächtiges Bollwerk: die Marienburg

Malbork

dt. Marienburg • 42.000 Einwohner

Wer gegen Abend von Westen aus die Stadt erreicht, dem bietet sich ein eindrucksvolles Bild: Auf dem gegenüberliegenden Ufer der Nogat glüht die trutzige Ordensburg rostrot im Licht der Abendsonne – ein imposanter, ineinander verschachtelter Komplex aus runden Türmen mit Burgzinnen und gewaltigen Wehrmauern aus roten Backsteinen. Kurzum: eine mittelalterliche Ritterburg wie aus dem Bilderbuch!

Die wuchtige Festung am Ufer der Nogat zählt zu den ältesten Burgen in Polen. Sie ist die größte gotische Burg Europas und steht auf der Liste der UNESCO-Weltkulturerbe. Der Deutsche Orden, ein mächtiger Kreuzritterverband, hatte hier viele Jahrhunderte lang seinen Hauptsitz. Die Stadt selbst schließt sich im Osten an die gewaltigen Festungsanlagen der Burg an – sie liegt sowohl geografisch als auch historisch gesehen im Schatten der riesigen Ordensburg. Denn Geschichte und Geschicke der Stadt sind untrennbar mit der Historie der Ordensritter und der Marienburg verbunden.

Der Deutsche Orden

Der Deutsche Orden wurde zusammen mit zwei weiteren Ordensgemeinschaften, den Templern und den Johannitern, zur Zeit der Kreuzzüge im 11. Jh. gegründet. Sein ursprünglicher Name lautete „Orden des Hospitals St. Marien vom Deutschen Hause", seine Zwecksetzung war die Errichtung und Unterhaltung einer Pflegestation für verwundete Kreuzritter. Schon bald aber wurden die Klosterbrüder vom Papst zu „geistlichen Rittern" geschlagen, zu deren Aufgaben nun ganz handfeste militärische Dienste zählten.

Nach dem kläglichen Scheitern des 3. Kreuzzugs musste der von einem Hochmeister geführte, straff organisierte Deutsche Orden gewissermaßen ein neues Betätigungsfeld suchen. Man fand es in den noch nicht christianisierten Gebieten im Osten Europas, und dies sogar in offiziellem Auftrag: 1226 ließ der seit einiger Zeit von Raubüberfällen der heidnischen Pruzzen und Litauer geplagte Herzog Konrad von Masowien anfragen, ob der Orden seine Tätigkeit nicht ins ferne Polen verlegen könnten, um den Übergriffen der Ungläubigen Einhalt zu gebieten. Als Lohn für erfolgreiche Bemühungen stellte er dem Orden den Besitz des Kulmer Landes in Aussicht. Die alsbald siegreichen Retter nahmen die Gegenleistung dankbar in Empfang, dachten aber nicht im Traum daran, sich damit zu begnügen. Stattdessen blieben die Ordensritter gleich im Land, um weitere Eroberungsfeldzüge zu starten. Als sie 1309 ihren Hauptsitz in die Marienburg verlegten, waren sie bereits die dominierende Kraft in der gesamten Region und im Begriff, ein eigenes Staatswesen zu gründen. Was fehlte, war nur noch ein Volk, das möglichst loyal zum Ordensstaat und seinen religiösen Idealen stand. Zu diesem Zweck wurden Handwerker, Kaufleute und Bauern aus dem Westen angeworben, die im Schatten der über das Land verstreuten Befestigungsanlagen Städte und Dörfer gründeten. Gleichzeitig wurden die verbliebenen Pruzzen und andere Ungläubige weiter verfolgt, und oft setzte man seine gewaltigen Streitkräfte auch noch dafür ein, für andere Mächte die Kohlen aus dem Feuer zu holen. So ließ sich beispielsweise die Stadt mit Hilfe der kämpfenden Bruderschaft von der Herrschaft der Brandenburger befreien – doch kaum waren die Brandenburger vertrieben, setzte sich der Orden in der Stadt fest. Auf diese Weise dehnte sich der Ordensstaat immer weiter aus. Ein weiterer geschickter Schachzug bestand darin, für seine Befreiungs- und Missionierungsdienste Bezahlung zu fordern. So wuchs der Reichtum der Bruderschaft schnell ins Unermessliche.

Doch der Keim zum Niedergang war bereits gesät: Der Orden war zur verhassten Institution geworden, deren drückendes Joch schwer auf dem Kreuz und dem Geldbeutel aller lastete. Beim Papst häuften sich die Beschwerden über die Bruderschaft, zudem hatten die Kreuzritter ihre Legitimation eingebüßt, denn inzwischen waren die heidnischen Völker allesamt christianisiert. Der polnische König war ohnehin alles andere als begeistert, er erlebte den Orden als bedrohliche Konkurrenz. Die Hansestädte wiederum fühlen sich von den Ordensrittern in ihrem Unabhängigkeitsstreben beschnitten. So tat man sich 1410 zusammen: Die Hansestädte versagten dem Orden geschlossen die Gefolgschaft und sicherten sich die militärische Unterstützung des polnischen Königs. Mit vereinten Kräften gelang es schließlich in der legendären Schlacht von Tannenberg (Grunwald), den Orden erstmals zu besiegen. Die Macht der Bruderschaft war damit gebrochen.

1525 wurde das Gebiet des Ordens in ein Herzogtum umgewandelt, an dessen Spitze der ehemalige Hochmeister Albrecht von Hohenzollern stand. So blieb der Rest des Ordensstaates noch einige Zeit formal erhalten – als Rumpfgebilde von Polens Gnaden. Erst nach 1945 wurde der Orden in Österreich und Deutschland als Pflegeinstitution wiederbelebt.

Weichseldelta, Frische Nehrung, Frisches Haff

Information/Verbindungen/Adressen/Veranstaltungen

• *Information* Touristeninformation, ul. Piastowska 1, ☎ 055/2734990, www.malbork.pl. Im Sommer Mo–Fr 10–18 Uhr, Sa 10–14 Uhr. Auch das Welcome Center hält viele Informationen für Besucher bereit. Ul. Kościuszki 54, ☎ 055/6474747. Im Sommer Mo–Fr 8–17 Uhr, Sa 9–14 Uhr.

• *Verbindungen* **Bahn**: Im Osten des Altstadtkerns liegt der Bahnhof (etwa 1 km von der Burg entfernt). Von hier aus bestehen sehr gute Verkehrsanbindungen in alle Richtungen: Alle 30 Minuten fahren Züge nach Gdańsk und Warszawa, außerdem täglich mehrmals nach Elblag und Frombork sowie nach Toruń und Olsztyn. **Bus**: Auch die Busse fahren vom Busterminal neben dem Bahnhof regelmäßig in alle Richtungen.

• *Arzt* **ALMED**, ul. Dworcowa 14, ☎ 055/6474212; **Medicus**, ul. Konopnicka 6, ☎ 055/2722419.

• *Bank* **PKO BP**, ul. Kopernika.

• *Internetcafé* **Draco Cafe**, ul. Maczka 8, ☎ 055/6474949.

• *Pannenhilfe* Al. Wojska Polskiego 41 (rund um die Uhr), ☎ 055/2728333.

• *Polizei* Ul. Gen. De Gaulle'a 4, ☎ 055/2702822.

• *Post* Ul. Dworcowa 21, ☎ 055/2722604.

• *Reiten* **Jazon**, ul. Dąbrówki 2, ☎ 055/2726259; **Agroturistik**, ul. Kamionka 18, ☎ 055/6478006.

• *Taxi* ☎ 055/2723320.

• *Veranstaltungen* Jedes Jahr wird die Burg zum Schauplatz historischer Inszenierungen. Besonders für die Jugend wird hier viel getan: spezielle Führungen, nachgestellte Belagerungen, mittelalterliche Jahrmärkte und Wettkämpfe im Armbrustschießen. Das aktuelle Programm in der Touristeninformation erfragen.

Übernachten

Die Marienburg lockt im Sommer unzählige Touristen in die Stadt. Dementsprechend existiert ein reiches Übernachtungsangebot in den unterschiedlichsten Preisklassen. Pensionen liegen etwas außerhalb des Stadtkerns. In der Touristeninformation erhält man auch Adressen von Privatzimmern, die mit rund 7–10 € pro Person (ohne Bad) bzw. 9–13 € (mit Bad) zu Buche schlagen.

• *Hotels* ***** Hotel Zamek**, direkt vor dem Eingang in die Mittelburg liegt das ziegelrote Gebäude des Hotels, angeschlossen das Restaurant „Zamkowa". Die Mauern des ehemaligen Kreuzritter-Hospitals strahlen auch heute noch historische Würde aus. Das Schlosshotel mit den 42 luxuriös eingerichteten Zimmern ist die erste Wahl unter den Hotels in Malbork. DZ während der Saison (Mitte Mai bis Mitte September) stolze 92 €, in der Nachsaison bis einschließlich Oktober 78 €, den Rest des Jahres 60 €. Ul. Starościńska 14, 82-200 Malbork, ☎ 055/2723367, www.zlotehotele.pl/zamek/ge.

*** Stary Malbork, etwa 5 Gehminuten von der Burg entfernt. Hübsches Haus in der Altstadt mit 25 komfortabel ausgestatteten Zimmern mit Kaminsaal, Sauna, Restaurant und Bar. DZ während der Saison (Mitte Mai bis Mitte September) 97 €, sonst 85 €. Ul. 17 Marca 26-27, 82-200 Malbork, ☎ 055/6472400, ☏ 055/6472412, www.hotelstarymalbork.com.pl.

** Hotel Zbyszko, im Stadtkern gelegenes Hotel mit 50 Betten. Das Restaurant serviert überwiegend polnische Küche zu annehmbaren Preisen. Das DZ bekommt man hier in der Saison (Mai–September) für stattliche 65 €, während der Wintermonate für 42 €. Ul. Kościuszki 43, 82-200 Malbork, ☎ 055/2722640.

** Hotel Dedal, an der Straße nach Iława, etwa 1 km südöstlich des Zentrums. Das Hotel bietet einen guten Standard und 87 mit östlichem Charme eingerichtete Zimmer. Mit Restaurant und Café. Das DZ liegt bei 57 € inkl. Frühstück (48 € ohne Frühstück). Ul. Gen. de Gaulle'a 5, 82-200 Malbork, ☎ 055/2726850, www.dedal.malbork.msi.pl.

Hotel Parkowy, schön im Grünen, nur ca. 600 m vom Schloss entfernt. Die Zimmer sind einfach, aber sauber. Das Parkowy befindet sich gleich neben einem kleinen Sportplatz. Ul. Gen. De Gaulle'a gehört zur Anlage. Mit 35 € für das DZ bietet das ehemalige Sporthotel ein gutes Preis-Leistungs-Verhältnis – das Zimmer ist dann allerdings ohne Frühstück. Ul. Parkowa 3, 82-200 Malbork, ☎ 055/2722413.

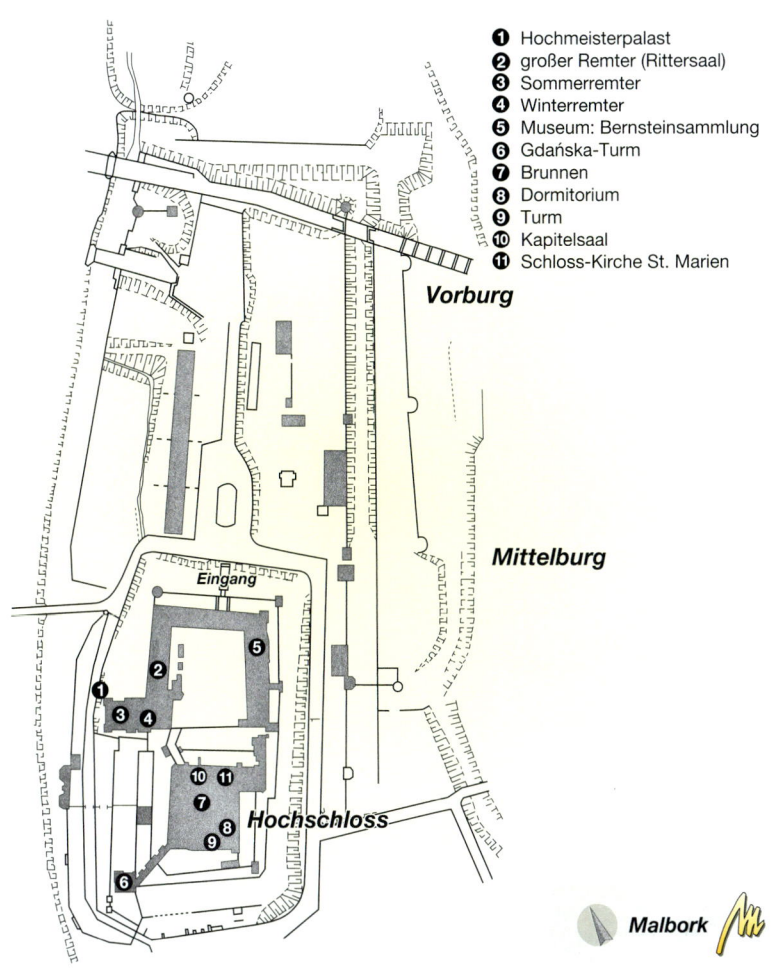

1 Hochmeisterpalast
2 großer Remter (Rittersaal)
3 Sommerremter
4 Winterremter
5 Museum: Bernsteinsammlung
6 Gdańska-Turm
7 Brunnen
8 Dormitorium
9 Turm
10 Kapitelsaal
11 Schloss-Kirche St. Marien

Vorburg

Mittelburg

Eingang

Hochschloss

Malbork

• *Jugendherberge* Saisonherberge in einer Schule. Das modern eingerichtete Haus mit etwa 45 Betten verfügt auch über einige DZ. Eine Übernachtung kostet hier zwischen 5 und 15 € pro Person. Ul. Że

romskiego 45, 82-200 Malbork, ☎ 055/2722408, ✉ 055/2722511, gimnazju@malbork.com.
• *Camping* **Campingplatz der Kategorie 2**, im Sportzentrum, geöffnet vom 1.5. bis 15.10. Mit Restaurant und Shop. Ul. Parkowa 3, 82-200 Malbork, ☎ 055/2723012.

Essen und Trinken

Zamkowa, in den historischen Räumen des Schlosshotels herrscht die Atmosphäre eines gotischen Klosters: ein dunkler, gewölbeartiger Saal aus roten Backsteinen mit dunkler Holztäfelung. Auf der Speisekarte

stehen traditionell polnische Spezialitäten mit französischem Einschlag. 15–20 € sollten für ein Menü veranschlagt werden. ☎ 055/2723367.

Stary Malbork, im eher modernen Restaurant des Hotels wird eine ausgezeichnete international orientierte Küche für rund 15 € pro Menü angeboten. Ul. 17 Marca 26-27 ☎ 055/6472400.

Piwniczka, historisches Ambiente herrscht in der alten Ritterküche im Nordflügel der Burg. Obgleich in der Manier der Moderne gespeist wird, werden zum Teil traditionsreiche Gerichte serviert. Eine Mahlzeit liegt bei 5–7 €. Unbedingt ausprobieren! Ul. Starościńska 1, ☎ 055/2733668.

Staropolska, etwas außerhalb des Stadtkerns (am gegenüberliegenden Ufer der Nogat). Lohnt sich wegen der Kochkünste des Küchenchefs: Die Gerichte sind typisch polnisch und sehr lecker – das Restaurant wurde mehrfach mit der „Goldenen Pfanne" ausgezeichnet. Auch die Preise sind mit 5–6 € für eine Mahlzeit sehr moderat. Ul. Ceglana 9, ☎ 055/2722060.

Quattro, in der Altstadt. Hier werden Gerichte aus vier Ländern serviert: chinesische, polnische, italienische und mexikanische Küche. Unschlagbar preiswert für 5 €. Ul. 17 Marca 22, ☎ 055/6414849.

Sehenswertes: Die Marienburg

Klösterliche Keuschheit konkurriert mit dekadenter Pracht: Asketisch-elegante Säle liegen über muffig-finsteren Kellergewölben. Eine mächtige Ritterburg mit gewaltigen Wehrmauern und spitzen Türmen, mit einem Labyrinth aus engen Gängen, die sich durch die meterdicken Verteidigungsmauern winden.

Drei Jahrhunderte lang war sie die Hochburg der Kreuzritter und Ordensbrüder: Von hier aus regierte der Deutsche Orden sein mit List und Gewalt errichtetes Reich. Heute ist das Schloss ein Museum, das zahllose historische Schätze präsentiert: blitzende Ritterrüstungen und mittelalterliche Waffen, historische Münzen und mysteriöse Skulpturen, allerfeinstes Porzellan sowie eine kostbare Bernsteinsammlung.

Den besten Blick auf die Burg hat man vom westlichen Ufer der Nogat: Hier spiegelt sich der gewaltige Komplex im ruhigen Wasser des Flusses. Im Norden befinden sich die von Gras überwucherten Reste der Vorburg: halb verfallene Basteien und Schanzen, Reste der einst mächtige Mauern und der Wassergraben. Zwischen den alten Wehrtürmen liegen Parkplätze und der Kartenverkauf.

Der **Eingang** liegt im Norden. Über eine Zugbrücke, vorbei an den mit Fallgittern ausgestatteten Zwingern, gelangt man in das **Mittelschloss** (*Zamek Średni*): Dieser Teil der Burg wurde gebaut, als der Orden 1309 beschloss, seinen Hauptsitz hierher zu verlegen. 20 Jahre später wurde er fertiggestellt – die Burg war nun zu einer schier uneinnehmbaren Festung geworden.

Es ist ratsam, sich bei der Besichtigung der Burg einer **Führung** anzuschließen, da einzelne Räume nur so betreten werden dürfen. Stündlich finden zahlreiche Führungen für Reisegruppen, aber auch für Einzelpersonen auf Deutsch, Englisch oder Polnisch statt. Dauer: ca. 3 Stunden, Preis: rund 15 €. Das Burggelände ist täglich 8–20 Uhr, die Ausstellungen sind von Mitte April bis Mitte September Di–So 9–19 Uhr bzw. Di–So 10–15 Uhr im Winter geöffnet. Eintritt 8 €, erm. 5 €. Inzwischen steht den Besuchern auch ein neuer Audioguide zur Verfügung. Information und Reservierung unter ☎ 055/6470802. Muzeum Zamkowe w Malborku, ul. Starościńska 1, ☎ 055/6470800, 🖷 055/6470803, kasa@zamek.malbork.pl.

Außerdem wird auf der Burg ein reichhaltiges und interessantes Ausstellungsprogramm angeboten. Weitere Infos unter www.zamek.malbork.pl.

Auf der rechten Seite des mit großen Kopfsteinen gepflasterten Innenhofes der Mittelburg liegt der **Hochmeisterpalast (Pałac Wielkich Mistrzów)**: Dieses hohe Gebäude mit der aufwändig verzierten Fassade beherbergt die prachtvollen Gemä-

Kreuzgang in der Hochburg

cher, in denen die Hochmeister des Ordens logierten. Neben dem Hochmeisterpalast liegt die **Infirmerie**: Diese Räume beherbergten einst alte oder kranke Ordensbrüder. Heute sind die fünf Räume auch für Besucher zugänglich.

Ein weiteres Baujuwel ist der **Große Remter** (Rittersaal) – ein elegantes Sternengewölbe prangt an der Decke, die von drei schlanken Pfeilern gestützt wird. In diesem Schmuckstück wurden den Gästen des Ordens glanzvolle Empfänge zu feierlichen Anlässen bereitet; bis zu 400 Gäste fanden in dem weiträumigen Saal mit insgesamt 450 m² Platz. Wegen statischer Probleme an der Westwand waren aufwändige Restaurationsarbeiten nötig geworden. Nun präsentiert sich der Saal detailgetreu wiederhergestellt in altem Glanz.

Auf der Südseite des Hochmeisterpalastes befindet sich der **Sommerremter**. Wandmalereien und floristische Elemente schmücken die Wände des Repräsentationssaals. Nur eine einzige Granitsäule stützt das fein gefächerte Rippengewölbe, eine architektonische Meisterleistung. Allerdings war es auch sehr riskant, den Saal auf nur einen einzigen Pfeiler zu stützen: Bei gezieltem Beschuss wäre die ganze Halle eingestürzt. Über dem Kamin erinnert eine steinerne Kugel an die Belagerung der Burg im Jahr 1410.

Der dahinter liegende **Winterremter** wurde während der kalten Jahreszeit geschickt durch ein Heizungssystem gewärmt, das für die damalige Zeit außergewöhnlich war: In den Tiefen der Kellergewölbe wurde geheizt, und die aufsteigende Hitze wurde geschickt in den Fußboden der Gemächer darüber geleitet. So konnte in diesem Remter auch im Winter getafelt werden.

Auf der anderen Seite des Hofes stößt man auf eine weitere faszinierende Ausstellung des Burgmuseums: eine außergewöhnliche **Bernsteinsammlung** mit einzigartigen Exponaten – filigrane Schmuckstücke und sakrale Kunst in allen Farbschattierungen von leuchtendem Gelb bis zu warmem Rotbraun.

Weichseldelta, Frische Nehrung, Frisches Haff

Hermann von Salza legte den Grundstein für den Ordensstaat

Über eine weitere alte Zugbrücke gelangt man noch tiefer in die Anlage hinein und erreicht das **Hochschloss (Zamek Wysoki)**. Seine Mauern sind der älteste Teil der Burg. Um 1280 wurde mit dem Bau begonnen. Auf einem quadratischen Grundriss errichtete man die drei Stockwerke um den Innenhof herum. Dort steht ein alter **Brunnen**, auf dessen Spitze ein steinerner Pelikan seine Jungen mit dem eigenen Blut füttert: ein Symbol für den Opfertod Christi. Den Innenhof umgeben herrliche, aufwändig verzierte Arkadengänge. Ein Labyrinth von Gängen führt durch die zahlreichen Kammern, selbst in den meterdicken Mauern sind gewundene Treppen und geheime Aufgänge versteckt.

Auf der untersten Ebene gelangt man in die alte Burgküche, die Bäckerei und auch in die Gefängniszelle, wo die Häftlinge schmachteten. Im Stockwerk darüber liegen im Westen die originalgetreu eingerichteten Gemächer des Schatzmeisters sowie die Schatzkammer der Burg. Der südwestliche Eckturm, der **Gdańska-Turm** (Dansker), wurde als Wachturm genutzt; zugleich diente er als Toilette. Im Südflügel ist der spartanische Schlafsaal der Rittermönche zu sehen: das **Dormitorium**. Das Gewölbe des benachbarten **Refektoriums** – einst Speise- und Versammlungssaal – wird von sieben Pfeilern gestützt. Es beherbergt eine Ausstellung über die Geschichte der Marienburg. In diesem Flügel liegt auch der **Turm** der Festung. Der Aufstieg lohnt sich wegen des herrlichen Panoramablicks: Von hier oben überblickt man den gesamten Gebäudekomplex und hat freie Sicht bis weit ins Land (im Sommer täglich 9–17 Uhr, sonst 9–13 Uhr geöffnet, Eintritt 2,50 €, erm. 2 €).

Der nördliche Arkadengang führt in den **Kapitelsaal**. Hier tagte der Rat der Ritter: Flammende Reden wurden in diesen vier Wänden gehalten und bedeutsame Entscheidungen gefällt. Doch dieser Flügel beherbergt noch einen weiteren historisch relevanten Saal. Am Ende des Kreuzgangs liegt das sog. „Goldene Tor", ein aufwändig mit Reliefschmuck verzierter gotischer Spitzbogen. Es ist der Eingang in die **Schlosskirche (Kościół Mariacki)**, deren Gewölbe von sieben Säulen getragen wird. Vieles wurde hier im Zweiten Weltkrieg zerstört. Im Zuge der detailgetreuen Rekonstruktionsarbeiten wurde stets großer Wert darauf gelegt, die originale Bausubstanz zu erhalten. Zudem werden Elemente der Innenausstattung sowie mittelalterliche Verzierungen präsentiert. Über den Hof der Ordensritter gelangt man in den Garten der Hochmeister, einem Ort der Ruhe und Kontemplation inmitten der geschichtsträchtigen Mauern.

Elbląg

dt. Elbing • 120.000 Einwohner

Die Stadt am Ufer des gleichnamigen Flusses liegt kurz vor dem Frischen Haff und galt lange als wichtigste Stadt der Region. Hübsche Giebelhäuser, ein kleiner Hafen und der Elbląg-Ostróda-Kanal sind ihre Attraktionen.

Die erwähnten Giebelhäuser in der Altstadt gibt es allerdings erst seit kurzem wieder. Denn nach einer 19 Tage währenden apokalyptischen Schlacht im Zweiten Weltkrieg, bei der buchstäblich kein Stein auf dem anderen blieb, wurde mit dem noch verwertbaren Baumaterial zunächst Warschau wiederaufgebaut – die bis auf die Grundmauern zerstörte Altstadt von Elbląg war dagegen jahrzehntelang als Ruinenlandschaft sich selbst überlassen. Erst ab der politischen Wende in den 1990er-Jahren, nachdem rings um den alten Stadtkern bereits längst nüchterne Neubauviertel entstanden waren, begannen sich Investoren für den Wiederaufbau der Altstadt zu interessieren. Unter Zuhilfenahme von historischen Dokumenten wurde mit der Rekonstruktion der historischen Gebäude begonnen. Seitdem haben die Bürger der Stadt wahre Wunder bewirkt: Eine malerische kleine Altstadt erstrahlt frisch rekonstruiert in neuem Glanz, Bauruinen wurden beseitigt und die klaffenden Lücken geschlossen. Schmale Giebelhäuser mit bunten Fassaden schmücken die mit neuem Kopfstein gepflasterten Straßen und flankieren die Plätze. Hier herrscht beschauliches Treiben – man lässt sich nicht so leicht aus der Ruhe bringen.

Inzwischen hat sich Elbląg in ein äußerst sehenswertes Besucherziel mit einem reichhaltigen Angebot an Ausflügen und Schiffstouren verwandelt. Denn vom kleinen Hafen der Stadt kann man über den Elbląg-Ostróda-Kanal und ein System von weiteren kleinen Wasserstraßen und Seen weit ins Landesinnere vorstoßen.

*I*nformation/*V*erbindungen

• *Information* Mitten in der Altstadt liegt das Informationsbüro der Stadt, dessen Mitarbeiter kompetent und freundlich Auskunft erteilen. Mai–Sept. täglich 9–17 Uhr, Sa 10–14 Uhr, sonst Mo–Fr 8–16 Uhr. Ul. Czerwonego Krzyża 2, ✆ 055/2324234, www.it.elblag.com.pl, touristinfo@wp.pl. Im Markttor befindet sich eine weitere Informationsstelle: nach dem Erklimmen der Treppe im Inneren des Tores wird man hier mit Informationen versorgt. In der Saison Mo–So 10–18 Uhr, sonst Mo–Fr 8–16 Uhr. Ul. Stary Rynek, ✆ 055/6110820.
• *Verbindungen* **Bahn**: Der Bahnhof liegt am südlichen Rand der Altstadt. Von hier aus fahren stündlich Züge nach Malbork und drei Züge nach Frombork. In Richtung Gdańsk sind täglich 14 Züge unterwegs, nach Olsztyn 11.

Bus: Vom Busterminal neben dem Bahnhof fahren stündlich Busse nach Gdańsk und Frombork.
Schiff: Die „Weiße Flotte" bietet Passagierschifffahrten über den Kanal nach Ostróda an. Informationen und Tickets erhält man an der Anlegestelle Bulwar Zygmunta Augusta neben dem Campingplatz. Von hier aus werden von der *Żegluga Gdańska* (✆ 055/2327319) auch Fahrten nach Krynica Morska und Frombork angeboten sowie von Mai bis September täglich Ausflüge mit einem Tragflächenboot nach Kaliningrad. Die Organisation von Visa und Tickets übernehmen Reisebüros oder das Hotel Elzam. Drei Passbilder, eine Kopie des Reisepasses sowie drei bis vier Tage Planung im Voraus sind für diesen Ausflug nötig.

*A*dressen von *A* bis *Z*

• *Abschleppdienst* Car Towage, ul. Mazurska 29, ✆ 055/2346958.
• *Autovermietungen* Auto Postek, Władysławowo 40, ✆ 055/2361680.
• *Bank* **Bank Polska Kasa Opieki SA**, Stary Rynek 18 A, 82-300 Elbląg, ✆ 055/2328017.

Weichseldelta, Frische Nehrung, Frisches Haff

- *Fahrradverleih* **Neksus Servis Rowerowy**, ul. Żeromskiego 3, ☎ 055/2332626.
- *Internationale Zeitschriften* **EMPIK**, ul. 1 Maja 37.
- *Kanuvermietung* **Kajaki i Łodzie**, Bulwar Zygmunta Augusta, ul. Mostowa, ☎ 060/1617008
- *Polizei* Ul. Królewiecka 106, ☎ 055/2301555.
- *Post* Pl. Słowiański 1/3, ☎ 055/2325440.
- *Reiten* **Końskie Zdrowie**, ul. Okólnik 4, El-

bląg, ☎ 055/2337728.
- *Taxi* **Hallo Taxi**, ul. Orężna 15, ☎ 055/9622.
- *Reinigung* **Nova Plus**, ul. Królewicka 21c, ☎ 055/2353565.
- *Reisebüro* **Variustur** organisiert Visa und Tickets für Ausflüge nach Kaliningrad, ul. Wyczółkowskiego 3, ☎ 055/2394335.
- *Zahnärztin* **Dorota Szczygłowska** (spricht englisch), ul. Łączności 3, ☎ 055/2361610.

Übernachten

Die Übernachtungsangebote in der Stadt sind sehr gut. Obgleich hier private Pensionen seltener vertreten sind als an der Küste, lässt sich in jeder Preiskategorie etwas finden.

- *Hotels/Pensionen* ***** Hotel Gromada** Elbląg **(12)**, mitten in der Altstadt. Das Gebäude diente einst der öffentlichen Verwaltung. Heute wird hier ein Hotel mit 112 komfortablen Zimmern geführt. Um den kulinarischen Ansprüchen der Besucher gerecht zu werden, gibt es gleich zwei Restaurants. Besonders schön: ein Dinner im mit Glas überdachten Patio! Darüber hinaus verfügt das Hotel über einen Nachtclub, eine Sauna und ein Solarium. Im Parterre gibt's eine Kosmetiksalon und verschiedene Galerien. Auch Arrangements von Tagestouren und Reisen nach Kaliningrad werden angeboten. Das DZ kostet in der Saison (Mai–Sept.) 85 €, sonst 74 €. Ul. Pl. Słowiański 2, 82-300 Elbląg, ☎ 055/2306191, 📠 055/2324083, www.gromada.elblag.pl.

*** Hotel Vivaldi (8), inmitten der Altstadt. Das elegante Komfort-Hotel ist dem Komponisten Antonio Vivaldi gewidmet und eine der schönsten Unterkünfte in der Gegend: das Innere dezent in Pastelltönen gehalten, die 20 Zimmer modern und komfortabel eingerichtet. Auch das Restaurant ist unbedingt einen Besuch wert! Im Keller befindet sich ein Club, in dem am Wochenende zu Dancefloor-Klängen getanzt wird oder geschlossene Veranstaltungen stattfinden. Das DZ liegt bei 85 €. Ul. Stary Rynek 16, 82-300 Elbląg, ☎ 055/2362542, 📠 055/2362542, www.viwaldi.m.walentynowicz.pl.

Hotel Wodnik (3), zweistöckige Pension in wunderbarer Lage direkt am Wasser neben dem Jachthafen (das Hotel gehört zum Jachtclub). Ul. Radomska 29, 82-300 Elbląg, ☎ 055/2326720, 📠 055/2361960.

Pensionat Boss (14), in einem schmalen Haus mitten in der Altstadt, nur ein paar

Schritte von der Elbląg entfernt. Mit Café und Bar sowie 12 liebevoll eingerichteten Zimmern. Ein Pensionat mit viel Charme und einer angenehmen Atmosphäre. Das DZ kostet von Mai bis September 65 €, sonst 60 €. Ul. Św. Ducha 30, ☎ 055/2393729, 📠 055/2393728.

*** Hotel Żuławy (1), am Rande des Zentrums, ca. 2 km von der Altstadt entfernt an der Straße nach Frombork. Etabliertes Hotel, ausgestattet mit 27 komfortablen Zimmern. Das Restaurant „Żuławianka" serviert sowohl polnische als auch europäische Küche. Mit Sauna und Fitnessclub. DZ von Mai bis Okt. 77–85 €, sonst 57–62 €. Ul. Królewicka 126, 82-300 Elbląg, ☎ 055/2345711, 📠 055/2329500, www.hotel-zulawy.com.pl.

*** Hotel Europa (2), am Stadtrand an der Straße nach Frombork. Eher kleines Hotel mit 32 hübschen, sauberen Zimmern mit moderner Ausstattung. Auch eine Bar gibt es hier. Das DZ kostet im Sommer 52 € (Mai–Sept.), sonst 45 €, Frühstück inklusive. Ul. Królewicka 219, 82-300 Elbląg, ☎ 055/2375050, 📠 055/2375070.

Hotel Stadion (4), eher schlichtes Hotel ca. 3 km nördlich der Altstadt. 18 einfach ausgestattete Zimmer mit einem, zwei oder drei Betten. Dafür sehr günstig: Das ganze Jahr über kostet das DZ 35 €. Ul. Brzeska 41, ☎ 055/6411105, 📠 055/2344042.

- *Studentenwohnheim* **Dom Studencki Nr. 1 (5)**, in einer kleinen Straße am Rande der Altstadt. Das Wohnheim ist ausschließlich während der Semesterferien im Juli/August geöffnet. Wer über einen Studentenausweis verfügt, bekommt hier ein Zimmer (teilweise mit Bad) ab 7 €; alle anderen zahlen das Doppelte. Da die Studentenwohn-

heime im Sommer häufig voll belegt sind, sollte allerdings 3–4 Wochen vorher reserviert werden. Ul. Zacisze 12, 82-300 Elbląg, ℡ 055/2398862, ✆ 055/2398861, www.pwsz. elblag.pl. Noch zwei weitere Studentenunterkünfte befinden sich in Elbląg, allerdings weniger zentral gelegen.

• *Camping* Direkt an der Schiffsanlegestelle des Elbląg-Ostróda-Kanals. Geöffnet von Mai bis September. Auf dem **Campingplatz der Kategorie 2 (15)** können auch Zimmer gemietet und Paddelboote ausgeliehen werden; ein Shop ist ebenfalls vorhanden. Von Malbork aus auf der B 22 in Richtung Zentrum von Elbląg bis zur Brücke, danach rechts abbiegen. Ul. Panieńska 14, 82-300 Elbląg, ℡ 0556418666.

*E*ssen und *T*rinken/*N*achtleben

Seitdem die Innenstadt wieder zum Leben erwacht ist, haben hier viele kleine gemütliche Restaurants und Cafés Einzug gehalten. In den schmalen kopfsteingepflasterten Gassen findet sich inzwischen eine reiche Auswahl.

Słowiańska (9), im südlichen Teil der Altstadt. Etabliertes Restaurant der gehobenen Klasse mit leicht sozialistischer Patina, in dem traditionelle altpolnische Spezialitäten auf der Speisekarte stehen. Für ein Menü sollten 15 € und mehr gerechnet werden. Ul. Krótka 4, ℡ 055/2394726.

Pod Aniołami (11), an einer Ecke gegenüber der Nikolaikirche geht es hinunter in den Keller; dort unten betritt man ein gemütliches Restaurant. Pod Aniołami bedeutet so viel wie „unter Engeln" – und das wird an der Dekoration hier auch deutlich: Ein besonders großes Exemplar prangt über der Theke. Ansonsten geht es hier weniger biblisch zu. Die Küche serviert einen interessanten Mix aus mexikanischen, peruanischen und polnischen Gerichten, nach dem Beefsteak gibt es brasilianischen Kaffee. Eine Hauptmahlzeit kostet um die 7 €. Ul. Rybacka 23/24 A, ✆ 055/2361726.

Admiral (10), das schwimmende Restaurant ankert an der Anlegestelle der „Weißen Flotte". Hier wird man nicht nur mit Fisch und Frutti di Mare kulinarisch verwöhnt: Der Küchenchef bereitet auch Wildschwein oder gebackene Schnecken ganz exquisit zu. Für 10–15 € werden zum leisen Schaukeln der Wellen hervorragende Menüs serviert. Bulwar Zygmunta Augusta, ✆ 055/6423031.

Strzecha (7), im Norden der Altstadt, ein paar Schritte vom Hafen entfernt versteckt in einer kleinen Straße. Unbeschreiblich gemütlich ist es hier bei dem rustikal einge-

richteten Italiener. Auch die Preise sind erschwinglich: Für 6–8 € bekommt man hier eine ausgezeichnete Hauptmahlzeit. Ul. Ogólna, ✆ 055/2320933.

Kawarnia Carillon (13), gegenüber der Nikolaikirche. Glasfenster, die sich aus unterschiedlichen Motiven zusammensetzen, schmücken die Wände dieses Edelcafés. In gediegener Atmosphäre wird alles rund um den Kaffee serviert, und ein paar kleinere Gerichte gibt es hier auch. Ul. Mostowa 2, ✆ 055/6412511.

Złoty Puzon (6), in einer engen Gasse der Altstadt. Kleines, gemütliches Pub im Souterrain, in dem sich auch Locals treffen, um bei entspannter Musik ein Bierchen zu trinken. Ul. Garbary 5.

Sehenswertes

Markttor (Brama Targowa): Das mittelalterliche Relikt im Nordosten der Altstadt wird auf das Jahr 1306 datiert. Rechts und links des alten Stadttors sind noch Reste der alten Wehrmauer zu sehen.

Nikolaikirche (Kościół Św. Mikołaja): Inmitten der Altstadt, umgeben von malerischen Fachwerkhäusern mit Türmchen und Erkern, steht die spätgotische Kirche mit dem außergewöhnlich hohen Turm. Dieser misst 96 m und ragt weithin sichtbar in den Himmel. Bemerkenswert im Inneren der Backsteinkirche sind die Renaissance-Kanzel und ein Triptychon von 1510.

Dominikanerkirche (Kościół Dominikański): Die von den Mönchen errichtete gotische Kirche (1226) erhebt sich etwa 100 m vom Fluss entfernt im Norden der Altstadt. Der kühl und kahl wirkende Innenraum beherbergt eine Galerie für moderne Kunst, die aufgrund ihrer avantgardistischen Ausstellungen schon häufig für Aufsehen gesorgt hat.
🕐 Mo–Fr 10–17 Uhr, Sa/So 10–16 Uhr.

Bibliothek: In einer kleinen Gasse befindet sich eine weitere Kostbarkeit von historischer Bedeutung: die alte Bibliothek, die im ehemaligen Heilig-Geist-Spital untergebracht ist. Hier finden sich Exponate von unschätzbarem Wert, darunter eine Sammlung von Frühdrucken (Inkunabeln), die häufig einen sehr experimentellen typografischen Stil aufweisen und sich kaum von zeitgenössischen handgeschriebenen Büchern unterscheiden.
🕐 Mo und Di–Fr 10–19 Uhr, Mi und Sa 10–15 Uhr. Juli/Aug. Mo, Mi, Fr 10–15, Di/Do 10–18 Uhr. Ul. Św. Ducha 3–7, ✆ 055/6110050.

Heimatmuseum: Hinter der Bibliothek am Ufer der Elbląg liegt versteckt das Museum der Stadt. Es steht auf dem Gelände der ehemaligen Ordensburg, die 1454 gebrandschatzt wurde. Eine einzige gotische Säule im Hof erinnert noch an die stolze Festung. Das Museum ist in zwei Gebäuden untergebracht. Im lang gestreckten Backsteinbau links vom Eingang sind neben archäologischen Exponaten und schweren alten Truhen Meißner Porzellan sowie wertvolle handgefertigte Delfter Kacheln zu sehen. Im hinteren Gebäude dokumentieren alte Fotografien die Nachkriegszeit.
🕐 Di–So 9–16 Uhr, Eintritt 2,20 €, erm. 1,5 €. Bulwar Zygmunta Augusta 11, ✆ 055/2327273.

Der Elbląg-Ostróda-Kanal

Urwaldartige Wälder ziehen während der ungewöhnlichen Fahrt zu beiden Seiten des Boots vorüber. In verschwiegenen Buchten wuchern Schlingpflanzen, dichtes Schilf wächst inselartig inmitten des Wassers. Neben Fischreihern können hier zahlreiche andere seltene Vogelarten beobachtet werden.

Der Elbląg-Ostróda-Kanal (Kanał Elbląski) wurde Mitte des 19. Jh. unter dem Namen Oberlandkanal gebaut und hatte ursprünglich den Zweck, eine Alternative zum langwierigen Landweg für den Holztransport aus den hiesigen Wäldern zur Ostsee zu schaffen. Zwar hatte es entsprechende Überlegungen bereits vorher gegeben, doch war die Realisierung stets an einem fundamentalen Problem gescheitert: Die Seen zwischen Ostróda und Elbląg, die man mittels künstlicher Wasserstraßen hätte miteinander verbinden müssen, liegen auf unterschiedlichen Niveaustufen. In einem Teilabschnitt muss sogar ein Höhenunterschied von rund 100 m überwunden werden, was den Bau eines überaus teuren und technisch höchst anspruchsvollen Schleusensystems erforderlich gemacht hätte. Den Ausweg aus dem Dilemma fand der Königsberger Baurat Georg Steenke, der sich ab 1837 mit dem Problem befasste. Sein Plan sah vor, das neuralgische Teilstück mittels Landschienen zu überwinden und die Schiffe buchstäblich über den Berg zu ziehen: Sobald ein Schiff die Schiene erreicht, wird es auf eine Lore gesetzt. Dann setzt sich ein wasserkraftbetriebenes Schaufelrad in Bewegung und hievt die Lore samt Schiff mit einem Stahlseil über Rollen hinauf zum nächsthöheren Kanalabschnitt.

Das vergleichsweise kostengünstige Projekt wurde schließlich genehmigt und bald darauf in die Tat umgesetzt. Insgesamt wurden fünf solcher Landübergänge geschaffen, die sich allesamt im nördlichen Teil des Kanals zwischen Elbląg und Małdyty befinden. Sie sind heute die größte Touristenattraktion des Kanals, der auf seinem 82 km langen Weg von Ostróda nach Elbląg sechs Seen miteinander verbindet. Der größte davon ist der Drużno-See, ein Vogelschutzgebiet in der Nähe von Elbląg.

• *Fahrten/Tickets* Von Mai bis September verkehren die Boote zwischen Elbląg und Ostróda. Gestartet wird in beiden Orten um 8 Uhr, nach einer elfstündigen Tour kommen die Boote um 19 Uhr am jeweils anderen Kanalende an. Von dort aus geht es dann mit dem Bus zurück. An Bord bekommt man Tee, Kaffee und kleine Snacks. Andere Verpflegung muss mitgenommen werden. 65 Personen können pro Boot transportiert werden; das Minimum sind 20 Passagiere, sonst legen die Boote nicht ab. Obwohl im Juli/August regelmäßig Fahrten stattfinden, lohnt es sich, vorher anzurufen. Kosten: 24 € pro Person, erm. 18 €, große Gepäckstücke 6 € extra. Tickets erhält man in Elbląg an der Anlegestelle Bulwar Zygmunta Augusta, ☎ 055/2324202, bei Żegluga Ostródzko-Elbląska, ul. Wieżowa 14, ☎ 055/2324307 oder im Büro in Ostróda, ul. Mickiewicza 9 a, ☎ 089/6463871, www.zegluga.com.pl. Wem die Gesamttour zu lang ist, kann auch Teilstücke absolvieren.

Frombork   dt. Frauenburg • 2.600 Einwohner

In dieser friedlichen kleinen Küstenstadt stellte der Astronom Nikolaus Kopernikus seine revolutionäre Theorie auf, die die damalige Welt aus ihren ptolemäischen Angeln hob und ein neues Zeitalter anbrechen ließ.

Das abgeschiedene Küstenstädtchen liegt 90 km östlich von Danzig am Ufer der Frischen Haffs. Ein dichter Schilfgürtel trennt die Stadt von der strahlend blauen Lagune. Hier befindet sich ein winziger Hafen, in dem ein paar Schiffe träge vor sich hin schaukeln. Von dort führt eine gemauerte Mole hinaus aufs Wasser. In der

Weichseldelta, Frische Nehrung, Frisches Haff

anderen Richtung säumen ein paar Imbissbuden und Souvenirstände den Weg zum Ortskern. Dominiert wird das verschlafene Städtchen von der gewaltigen Festung mit der Kathedrale, wo Nikolaus Kopernikus im 16. Jh. als Domherr wirkte und seine astronomischen Studien vollendete, die das mittelalterliche Weltbild ins Wanken brachten. Der Bau der Kathedrale wurde 1388 abgeschlossen, knapp hundert Jahre, nachdem Frombork zum Bischofssitz geworden war.

Nikolaus Kopernikus (Mikołaj Kopernik, 1473–1543)

Es ist spät. Tausende von Lichtpunkten blitzen in dieser sternenklaren Nacht am Firmament. Die Bürger des friedlichen Küstenstädtchens Frombork schlummern tief und fest. Nur in der alten Festung, im Observatorium, brennt noch Licht. Unermüdlich wird hier gewacht, beobachtet, analysiert. Mit minutiöser Präzision werden die kleinsten Bewegungen der Himmelskörper bis hin zu minimalen Abweichungen systematisch erfasst und mit messerscharfer Logik ausgewertet. Nikolaus Kopernikus findet keine Ruhe: Jeder weiß, dass die Erde der ruhende Mittelpunkt des Universums ist und von der Sonne umkreist wird, doch die astronomischen Daten, die der rastlose Wissenschaftler über viele Jahre akribisch gesammelt und ausgewertet hat, deuten alle in eine Richtung: Es muss die Erde sein, die sich um die Sonne dreht, und nicht umgekehrt. Und tatsächlich steht die Erde auch nicht still, sondern dreht sich täglich einmal um ihre eigene Achse.

Zwar schreibt Kopernikus seine spektakulären Erkenntnisse in seinem Hauptwerk „Über die Umläufe der Himmelskörper" (*De revolutionibus orbium caelestium*) nieder, doch an eine Veröffentlichung denkt er zunächst nicht, denn er fürchtet nicht nur den Zorn der Kirche, sondern auch um seinen guten Ruf als Wissenschaftler. Den hat er sich durch Abhandlungen zu ökonomischen und theologischen Themen erworben, nachdem ihm sein Onkel Lukas Watzenrode eine erstklassige Ausbildung mit Studienaufenthalten in Krakau, Padua und Bologna ermöglichte. Später praktiziert er dann als Arzt, bevor er Domherr in Frombork wird, wo er sich ausgiebig seiner eigentlichen Leidenschaft widmen kann: der Astronomie.

1543 schließlich wird sein Werk von einem seiner Schüler veröffentlicht. Am letzten Tag seines Lebens hält Kopernikus das Buch noch in den Händen, bevor er an einem Schlaganfall stirbt. Danach werden seine Thesen noch lange Zeit von anderen Wissenschaftlern und von der Kirche heftig angegriffen. Erst die großen Physiker und Astronomen des 17. Jh. (Kepler und Galilei) bestätigten sie.

Zum Schauplatz eines grausigen Geschehens wurde Frombork am Ende des Zweiten Weltkriegs. Kurz bevor die Rote Armee in der Stadt einzog, versuchten viele der etwa 30.000 deutschen Bewohner, über das zugefrorene Haff zu fliehen. Doch sie sollten niemals auf der anderen Seite ankommen. Aus der Luft heraus von Fliegern bombardiert, brachen die meisten von ihnen im Eis ein und kamen im eisigen Wasser ums Leben. Ein Mahnmal am Hafen erinnert heute noch an diesen verzweifelten Fluchtversuch.

Information/Verbindungen/Adressen

• *Information* **Touristeninformation Globus**, am Eingang zum Wasserturm. Sehr freundlich und hilfsbereit, hier erhält man viele Tipps und Informationen zur Erkundung der Gegend. Mai–Sept. täglich 8–19 Uhr, sonst Mo–Sa 8–15 Uhr. Ul. Elbląska 2, ☎ 055/2437500.

Punkt Informacji Turystycznej, kleines Büro am Hafen. Ul. Portowa 4, ☎ 055/2437052, informacja.turystyczna@frombork.pl.

• *Verbindungen* **Bahn**: Der Bahnhof befindet sich am Hafen. Zwei Züge fahren täglich nach Elblag.

Bus: Die Busse starten neben dem Hafen: regelmäßig nach Elblag, außerdem gibt es täglich vier Schnellbusse nach Gdańsk. In die Masuren fahren täglich zwei Busse über Lidzbark Warmiński – eine landschaftlich besonders reizvolle Route.

Schiff: Alle zwei Stunden legen im Sommer

Übernachten/Essen und Trinken

• *Übernachten* Die Küstenstadt verfügt über ein eher überschaubares Angebot an Unterkünften: klein, aber fein. Ein paar Restaurants und Imbissbuden säumen den Weg in Richtung Hafen.

** Hotel Kopernik (3), nahe der Kathedrale an der Hauptstraße. Lang gezogener Bau, der sozialistische Gleichmut ausstrahlt. Mit 32 Zimmern und 2 Restaurants. DZ in der Saison (Mai–Sept.) 48 €, sonst 34 € inklusive Parkplatz. Ul. Kościelna 2, 14-530 Frombork, ☎ 055/2437285, ☏ 055/2437300.

Dom Familijny Rheticus (7), direkt an der Hauptstraße in einer schönen Villa 10 liebevoll eingerichtete Appartements mit Bad und Küche (bereits lange im Familienbe-

vom Hafen aus Boote nach Krynica Morska, einem Badeort an der Frischen Nehrung, ab. Tragflächenboote fahren von Elblag über Frombork nach Kaliningrad.

• *Bank* Bank Spółdzielczy Braniewo Filia we Fromborku, ul. Mickiewicza 5, ☎ 055/2491900.

• *Fahrradverleih* In der **Privatunterkunft Lin**, ul. Ogrodowa 24, 14-530 Frombork, ☎/☏ 055/2437731, wypoczynek15@wp.pl; außerdem im Quartier **Dom Rheticus**.

• *Post* Rynek 1, ☎ 055/2439415.

• *Polizei* Ul. Kapelańska 12, ☎ 055/2437206.

• *Reiten* **Majątek Tulisówka**, Narusa 15, ☎ 055/2437221.

sitz). Sehr angenehme, ruhige und freundliche Atmosphäre. Ein Appartement für zwei Personen liegt in der Saison bei 30–40 € pro Nacht, sonst um die 27 € – bei längerem Aufenthalt können günstigere Preise ausgehandelt werden. Auch Parkplätze stehen dem Besucher zur Verfügung. Ul. Kopernika 10, 14-530 Frombork, ☎/☏ 055/2437800, www.frombork.iq.pl/reklama/rheticus.

Pensionat Gabriela (2), in einer kleinen Seitenstraße. Kleine Pension mit Zwei- und Dreibettzimmern mit Bad zu 12–15 € pro Person. Ul. Basztowa 2, 14-530 Frombork, ☎/☏ 055/2437819.

Pensionat Natalia (4), rustikal eingerichtete Pension mit 50 Übernachtungsmöglichkei-

Ü bernachten
1 Kwartery Prywatne
2 Pensionat Gabriela
3 Hotel Kopernik
4 Pensionat Natalia
7 Dom Familijny Rhecitus
8 Schronisko Młodzieżowe
(Jugendherberge)
9 Campingplatz

E ssen & Trinken
3 Kopernik
5 Restaurant Akcent
6 Pod Wzgórzem

Frombork

ten in gemütlichen Ein-, Zwei- und Dreibett-zimmern. Ul. Rybacka 12, ✆ 055/2437526.

Kwatery Prywatne (1), bei Familie Nowicka. 7 günstige Zwei- und Drei-Bettzimmer mit Bad zu 10–13 € pro Person. In der Nachsaison wird es deutlich günstiger. Ul. Ogrodowa 24, 14-530 Frombork, ✆ 055/2437731.

Jugendherberge (8), Copernicus, hübsche Jugendherberge mit 52 Übernachtungsplätzen in 1-, 2-, 4-, 6-, 7- und 14-Bettzimmern. Ul. Braniewska 11, 14-530 Frombork, ✆/🖷 055/243 7193.

Campingplatz der Kategorie 2 (9), im Osten der Stadt. Geöffnet vom 15.5. bis 15.9. Mit kleinem Shop und Restaurant. Auch

Zimmer werden vermietet. Ul. Braniewska 14, 14-530 Frombork, ✆ 055/2437744.

• *Essen und Trinken* **Restaurant Akcent (5)**, neben dem Wasserturm (am Beginn der Promenade). Hübsches Restaurant mit polnischem Charme. Hier werden 60 traditionell polnische Gerichte zubereitet. Das Menü liegt bei 7–12 €. Ul. Rybacka 4, ✆ 055/2437275.

Pod Wzgórzem (6), das kleine Restaurant im Zentrum ist neu eröffnet worden. In dem gepflegten Neubau wird solide polnische Kost zu moderaten Preisen serviert (6–8 €). Ul. Pocztowa 15, ✆ 055/2437452.

Sehenswertes

Der über der Stadt auf dem Domhügel (*Wzgórze Katedralne*) gelegene Komplex aus Kathedrale, Bischofspalast, Hohem Turm und Kopernikusturm kann durch ein großes Tor über Süden betreten werden.

🕐 In der Saison (Mai–Sept.) täglich 9–16.20 Uhr, sonst täglich 9–15.30 Uhr. Eintritt 1 €, erm. 0,50 € (das Ticket gilt für die Kathedrale, den Alten Bischofspalast, den Hohen Turm sowie für den Kopernikusturm).

Kathedrale: Inmitten des Innenhofes der mächtigen Anlage ragt eine wuchtige Backsteinkonstruktion in den Himmel. An jeder Ecke ziert ein schmaler Turm den kunstgeschichtlich bedeutenden Sakralbau aus dem 14. Jh. Die riesige Wehrkirche ist das größte Gotteshaus in der Region Warmia. Ein herrliches gotisches Sternengewölbe schmückt das 95 m lange Schiff. 97 zum Teil reich verzierte Epitaphen und Grabsteine befinden sich im Inneren der Kathedrale. Auch Kopernikus liegt hier begraben, die genaue Lage ist allerdings nicht bekannt. Zu den Schmuckstücken zählen neben der reich verzierten Rokoko-Kanzel die opulenten Barock-Altäre und der Hochaltar aus dem Jahre 1750. Das kostbarste Stück ist aber der spätgotische Flügelaltar von 1504, der sich etwas abseits in einer unscheinbaren Ecke des Doms befindet. Auch die barocke Orgel (1683) ist ein Meisterwerk und berühmt für ihren Klang. Am besten kann sie sonntags begutachtet werden, denn im Sommer finden dann nachmittags regelmäßig Konzerte statt – ein unvergessliches Erlebnis, wenn das gewaltige Instrument seine breite Palette an Klängen entfaltet.

🕐 In der Saison (Mai–Sept.) Mo–Sa 9.30–17 Uhr, sonst Mo–Sa 9–15.30 Uhr.

Alter Bischofspalast (Stary Pałac Biskupi): In der südöstlichen Ecke des Hofes beherbergt der barocke Bischofspalast die Hauptabteilung des Kopernikus-Museums. Ursprünglich wurde das Gebäude bereits 1530 fertiggestellt, sein barockes Aussehen erhielt es 1727. Das Erdgeschoss enthält eher unspektakuläre archäologische Fundstücke, der erste Stock ist dagegen ganz dem Leben und Arbeiten von Kopernikus gewidmet. Zu sehen bekommt man u. a. ungewöhnliche astronomische Geräte, mit denen der Astronom die Bewegungen der Gestirne verfolgte, und eine Sammlung seiner historischen Manuskripte mit Forschungsergebnissen aus Medizin, Rechtswissenschaften und Politik.

🕐 In der Saison (Mai–Sept.) Di–So 9–16.30 Uhr, sonst Di–So 9–15.30 Uhr.

Hoher Turm (Wieża Radziejowska): Der achteckige Turm, der einst als Glockenturm diente, befindet sich in der südwestlichen Ecke des Innenhofs. Unten ist das

Planetarium untergebracht. Hier finden in kurzen Abständen Vorführungen statt – allerdings ausschließlich in polnischer Sprache und erst ab einer Mindestteilnehmerzahl von zehn Personen. Im Raum über dem Planetarium schwingt ein riesiges Foucaultsches Pendel hin und her und demonstriert die Drehung der Erde um sich selbst. Um dieses Pendel herum führt eine Wendeltreppe hinauf zur Aussichtsplattform. Von hier oben bietet sich ein wunderbarer Panoramablick über die Wiślana-Bucht, die im Osten etwa 30 km hinter Danzig beginnt und sich bis nach Kaliningrad erstreckt. An klaren Tagen kann man bis über die russische Grenze hinaus sehen.

🕐 In der Saison (Mai–Sept.) täglich 9.30–17 Uhr, sonst täglich 9–15.30 Uhr.

Kopernikusturm (Wieża Kopernika): Dieser Turm im Nordwesten gilt als ältester Teil der Anlage. Es wird vermutet, dass der Astronom hier sein Observatorium eingerichtet hatte – andere wiederum vermuten den Ort seiner spektakulären Beobachtungen und Erkenntnisse in seinem Haus, das sich ein paar Schritte weiter nördlich befindet.

🕐 Nur in der Saison (Mai–Sept.) Di–So 9.30–17 Uhr. Muzeum Mikołaja Kopernika, ul. Katedralna 8, ☎ 055/2440071 und 2440072.

St.-Anna-Kapelle (Kaplica Św. Anna)/Hospiz zum Heiligen Geist (Szpital Św. Ducha): Die kleine Kapelle mit dem Hospiz befindet sich östlich der Kathedrale. Das Gebäude besteht aus zwei Teilen: der St.-Anna-Kapelle, gekrönt von einem schlanken Türmchen, und dem eigentlichen Spital, das einfach an das Gotteshaus angebaut wurde.

Das Gebäude beherbergt eine weitere Abteilung des Museums von Frombork: Eine Ausstellung präsentiert eine wertvolle Sammlung medizinischer Schriften, darunter die *Chirurgiae* des Johannes Scultetus und medizinische Fachbücher aus dem 17. und 18. Jh. Daneben prangen Apothekergefäße aus längst vergangenen Tagen: gläserne Phiolen aus dem 16. Jh. sowie hölzerne Exponate, die bei Ausgrabungen gefunden wurden. Besonders stolz ist man auf eine besonders gut erhaltene mittelalterliche Wandmalerei in der Kapelle aus dem 15. Jh., die das jüngste Gericht darstellt. Bevor man das Gebäude verlässt, passiert man die historische Heizanlage mit den Öfen des ehemaligen Baderaums aus dem 15. Jh.

Außerdem soll hier demnächst ein Heilkräutergarten angelegt werden. Das gewaltige Storchennest auf dem Dach des Spitals soll übrigens eines der ältesten in Polen sein.

🕐 Das Hospiz ist in der Saison (Mai–September) Di–Sa 10–18 Uhr geöffnet, sonst Di–So 9–16 Uhr, Eintritt 1 €, erm. 0,50 €. Ul. Stara.

Wasserturm (Wieża Wodna): Unterhalb der imposanten Wehrmauern (an der gegenüberliegenden Straßenseite) erhebt sich einer der ersten Wassertürme Europas; das Gebäude stammt aus dem Jahre 1571. Das Wasser wurde damals aus dem Bauda-Fluss über eine Strecke von 5 km hierhergeleitet. Anschließend wurde es in den Domhügel gepumpt. Heute kann der Turm bestiegen und die schöne Aussicht von oben bewundert werden.

🕐 Mai–August 8–18 Uhr, sonst 8–15 Uhr, Eintritt 0,50 €.

Sternwarte (Observatorium): Auf einer kleinen Anhöhe, dem sog. Kranich-Hügel, etwa 1,5 km südwestlich von Frombork gelegen. Beliebter Treff, um im Sommer Sterne, Sternschnuppen und den Lauf der Gestirne zu beobachten. Zu diesem Zweck sind in zwei Pavillons verschiedene Fernrohre und Teleskope untergebracht. Außerdem steht den Himmelsforschern eine kleine „Ausguck-Terrasse" zur Verfügung.

Weichseldelta, Frische Nehrung, Frisches Haff

Verlagsprogramm

• Abruzzen • Ägypten • Algarve • Allgäu • Altmühltal & Fränk. Seenland • Amsterdam *MM-City* • Andalusien • Apulien • Athen & Attika • Australien – der Osten • Azoren • Baltische Länder • Barcelona *MM-City* • Berlin *MM-City* • Berlin & Umgebung • Bodensee • Bretagne • Brüssel *MM-City* • Budapest *MM-City* • Bulgarien – Schwarzmeerküste • Chalkidiki • Chianti – Florenz, Siena • Cilento • Cornwall & Devon • Dublin *MM-City* • Costa Brava • Costa de la Luz • Côte d'Azur • Cuba • Dolomiten – Südtirol Ost • Dominikanische Republik • Dresden *MM-City* • Ecuador • Elba • Elsass • Elsass *MM-Wandern* • England • Fehmarn • Franken • Fränkische Schweiz • Friaul-Julisch Venetien • Gardasee • Genferseeregion • Golf von Neapel • Gomera • Gomera *MM-Wandern* • Gran Canaria • Gran Canaria *MM-Touring* • Graubünden • Griechenland • Griechische Inseln • Hamburg *MM-City* • Haute-Provence • Havanna *MM-City* • Ibiza • Irland • Island • Istanbul *MM-City* • Istrien • Italien • Italienische Adriaküste • Kalabrien & Basilikata • Kanada – der Osten • Kanada – der Westen • Karpathos • Katalonien • Kefalonia & Ithaka • Kopenhagen *MM-City* • Korfu • Korsika • Kos • Krakau *MM-City* • Kreta • Kroatische Inseln & Küste • Kykladen • Lago Maggiore • La Palma • La Palma *MM-Touring* • Languedoc-Roussillon • Lanzarote • Lesbos • Ligurien – Italienische Riviera, Genua, Cinque Terre • Liparische Inseln • Lissabon & Umgebung • Lissabon *MM-City* • London *MM-City* • Madeira • Madeira *MM-Wandern* • Madrid *MM-City* • Madrid & Umgebung • Mainfranken • Mallorca • Mallorca *MM-Wandern* • Malta, Gozo, Comino • Marken • Mecklenburgische Seenplatte • Mecklenburg-Vorpommern • Mittel- und Süddalmatien • Mittelitalien • Montenegro • München *MM-City* • Münchner Ausflugsberge *MM-Wandern* • Naxos • Neuseeland • New York *MM-City* • Niederlande • Nord- u. Mittelgriechenland • Nordkroatien – Kvarner Bucht • Nordportugal • Nordspanien • Norwegen • Nürnberg, Fürth, Erlangen • Oberbayerische Seen • Oberitalien • Oberitalienische Seen • Ostfriesland & Ostfriesische Inseln • Ostseeküste – Mecklenburg-Vorpommern • Ostseeküste – von Lübeck bis Kiel • Paris *MM-City* • Peloponnes • Pfalz • Piemont & Aostatal • Polnische Ostseeküste • Portugal • Prag *MM-City* • Provence & Côte d'Azur • Provence *MM-Wandern* • Rhodos • Rom & Latium • Rom *MM-City* • Rügen, Stralsund, Hiddensee • Salzburg & Salzkammergut • Samos • Santorini • Sardinien • Sardinien *MM-Wandern* • Schottland • Schwäbische Alb • Shanghai *MM-City* • Sinai & Rotes Meer • Sizilien • Skiathos, Skopelos, Alonnisos, Skyros – Nördl. Sporaden • Slowakei • Slowenien • Spanien • St. Petersburg *MM-City* • Südböhmen • Südengland • Südfrankreich • Südmarokko • Südnorwegen • Südschwarzwald • Südschweden • Südtirol • Südtoscana • Südwestfrankreich • Teneriffa • Teneriffa *MM-Touring* • Tessin • Thassos, Samothraki • Toscana • Tschechien • Tunesien • Türkei • Türkei – Lykische Küste • Türkei – Mittelmeerküste • Türkei – Südägäis • Türkische Riviera – Kappadokien • Umbrien • Usedom • Venedig *MM-City* • Venetien • Wachau, Wald- u. Weinviertel • Westböhmen & Bäderdreieck • Warschau *MM-City* • Westallgäu und Kleinwalsertal *MM-Wandern* • Westungarn, Budapest, Pécs, Plattensee • Wien *MM-City* • Zakynthos • Zypern

Aktuelle Informationen
zu allen Reiseführern finden Sie im Internet unter
www.michael-mueller-verlag.de
Michael Müller Verlag GmbH, Gerberei 19, 91054 Erlangen
Tel. 0 91 31 / 81 28 08-0; Fax 0 91 31 / 20 75 41;
mmv@michael-mueller-verlag.de

Etwas Polnisch

Polnisch ist eine sehr schwer zu erlernende Sprache. Trotzdem sollte man sich einige Grundbegriffe aneignen, denn oft sind schon wenige Worte sehr hilfreich. Das gilt vor allem dann, wenn man sich in entlegeneren Orten aufhält; allerdings trifft man oft auf Menschen, die über Deutschkenntnisse verfügen.

▸ **Aussprache**: Zwar schüchtert Polnisch mit seinen Anhäufungen von Konsonanten auf den ersten Blick ein, aber im Grunde wird es - wenn man einige Regeln beachtet - genauso ausgesprochen, wie man es schreibt.

▸ **Betonung**: Sie liegt meist auf der vorletzten Silbe, z. B.: Warsz**a**wa, m**a**tka.

Vokale

ą: nasaliertes **o** wie im französischen „mon"
ę: nasaliertes **e** wie im französischen „fin"
ó: u
ie: i + e, je
eu: e + u
ei: e + i
y: dumpfes i
c: tz
ck: **tz** + **k**; Mazowiecki = „Masowietzki"
ł: entspricht etwa dem englischen **w** in „where"
ń, ni: weiches **n** wie frz. „Champagner"

s: immer stimmlos
z: stimmhaftes **s** wie in „Hase"
sp, st: s + p und s + t wie beim norddeutschen „spitzen Stein"
cz: tsch; der dazugehörige weiche Zischlaut: **ć** oder **ci**, wie „ti" ausgesprochen
sz: sch; der entsprechende weiche Zischlaut: **ś** oder **si**, wie „sj" ausgesprochen
ż, rz: wie j in „journal"
ź, zi: weicher Zischlaut, gesprochen wie **zj** als ein Laut

Grundwörter

tak	ja	tamten/tamta/tamto	jener, jene, jenes
nie	nein/nicht	wielkie, duże	groß
proszę	bitte	małe	klein
proszę bardzo	bitte sehr	więcej	mehr
dziękuję; dziekuję bardzo	Danke; vielen Dank	mniej	weniger
gdzie	wo	mało	ein wenig
kiedy	wann	dużo	viel
dlaczego	warum	tanie	billig
ile	wie viel	drogie	teuer
tu; tam	hier; dort	dobre	gut
teraz	jetzt	złe/niedobre	schlecht/nicht gut
później	später	gorące	heiß
otwarty	geöffnet	zimne	kalt
zamknięty	geschlossen	z	mit
wcześniej	früher	bez	ohne
dosyć	genug	w	in
tam	dort drüben	dla	für
ten/ta/to	dieser, diese, -s		

Einfache Sätze

Dzień dobry	Guten Tag	Mieszkam w	Ich wohne in
Dobry wieczór	Guten Abend	dzisiaj	heute
Dobranoc	Gute Nacht	jutro	morgen
Cześć!	Tschüss! Hallo!	pojutrze	übermorgen
Do widzenia	Auf Wiedersehen	wczoraj	gestern
Dobrze!	Gut!	rano	morgens
Przepraszam	Entschuldigung	po południu	nachmittags
Rozumiem	Ich verstehe.	wieczorem	abends
Nie rozumiem	Ich verstehe nicht.	Gdzie jest?	Wo ist?
Proszę Pana/Pani	Bitte, mein Herr/ meine Dame (bei einer Frage)	Co to znaczy po Polsku?	Wie heißt das auf Polnisch?
Jak się masz?	Wie geht's? (ungezwungen)	Chwileczkę!	Einen Augenblick bitte!
Jak się Pan/Pani ma?	Wie geht's? (formell)	Jak dojechać do?	Wie komme ich nach?
Czy Pan/Pani mówi po angielsku?	Sprechen Sie Englisch?	Jestem tu na urlopie	Ich bin hier auf Urlaub.
Czy Pan/Pani mówi po niemiecku?	Sprechen Sie Deutsch?	Jestem Niemcem/ Niemka	Ich bin Deutsche... ...Deutsche
Nie wiem	Ich weiß nicht	Która godzina?	Wie spät ist es?
powoli	langsam	Jak daleko jest do?	Wie weit ist es bis?
Nie mówię dobrze po polsku	Ich spreche nicht gut Polnisch.		

Unterkunft

hotel	Hotel	Ile kosztuje?	Wie viel kostet es?
noclegi	Unterkunft	To drogo.	Das ist teuer.
Czy jest gdzieś tutaj hotel?	Gibt es ein Hotel in der Nähe?	To za drogo.	Das ist zu teuer.
Czy Pan/Pani ma pokój?	Haben Sie ein Zimmer?	Czy to obejmuje śniadanie?	Ist das Frühstück inbegriffen?
pojedynczy pokój	Einzelzimmer	Czy nie ma czegoś tańszego?	Haben sie etwas Billigeres?
podwójny pokój	Doppelzimmer	Czy mogę zobaczyć pokój?	Kann ich das Zimmer sehen?
na jedną noc	für eine Nacht	Dobrze, wezmę.	Gut, ich nehme es.
dwie noce	zwei Nächte	Mam rezerwację.	Ich habe eine Vorbestellung.
trzy noce	drei Nächte	Czy możemy tu rozbić namioty?	Können wir hier zelten?
tydzień	eine Woche	Czy jest gdzieś tutaj camping?	Gibt es in der Nähe einen Campingplatz?
dwa tygodnie	zwei Wochen	namiot	Zelt

pokój z łazienką	Zimmer mit Bad	schronisko	Hütte
z prysznicem	mit Dusche	schronisko młodzieżowe	Jugendherberge
z balkonem	mit Balkon	Proszę o jadłospis!	Die Speisekarte bitte!
z ciepłą wodą	mit warmem Wasser	Proszę o rachunek!	Die Rechnung bitte!
z bieżącą wodą	mit fließend Wasser		

Unterwegs

auto/samochód	PKW	taksówka	Taxi
samolot	Flugzeug	autostop	Autostopp
rower	Fahrrad	Piechotą; pieszo	zu Fuß
autobus	Omnibus	Proszę bilet do	Bitte eine Karte nach
prom	Fähre	bilet powrotny	Rückfahrkarte
pociąg	Eisenbahn, Zug	w jedną stronę	einfach
dworzec, stacja	Bahnhof	Proszę o miejscówkę.	Ich möchte einen Platz reservieren.
Dworzec autobusowy	Busbahnhof	Czy muszę się przesiadać?	Muss ich umsteigen?
Kiedy odjeżdża pociąg do Warszawy?	Wann fährt der Zug nach Warschau ab?	Ile kilometrów jest?	Wie viele Kilometer sind es?
Z jakiego peronu odejdzie pociąg?	Von welchem Gleis fährt der Zug ab?	Ile czasu trwa podróż?	Wie lange dauert die Fahrt?
Jakim autobusem do?	Welcher Bus fährt nach?	Gdzie jest droga do?	Wo ist die Straße nach?
Następny przystanek, proszę!	Die nächste Haltestelle, bitte!		

Schilder

Wejście; wyjście	Eingang; Ausgang	Peron	Gleis
Wstęp wzbroniony	kein Zutritt	Kasa	Kasse
Toaleta	WC	przystanek	Haltestelle
Dla panów; męski	Männer	Granica międzynarodowa	Staatsgrenze
Dla pań; damski	Frauen; Damen	Rzeczpospolita Polska	Republik Polen
zajęte	besetzt	Uwaga; baczność	Vorsicht, aufpassen
wolne	frei	Uwaga; niebezpieczeństwo	Vorsicht, Gefahr
Przyjazd; odjazd	Ankunft; Abfahrt (Bus, Zug)	Policja (früher: milicja)	Polizei
Przylot; odlot	Ankunft; Abflug (Flugzeuge)	Informacja	Auskunft
Remont	geschlossen wegen Renovierung	Nie palić; palenie wzbronione	rauchen verboten

Ciągnąć; pchać	ziehen; drücken	**Nie dotykać**	nicht berühren
nieczynne	nicht in Betrieb; geschlossen		

Auto

samochód, auto	PKW, Wagen	benzyna	Benzin
na lewo	nach links	Stacja benzynowa	Tankstelle
na prawo	nach rechts	olej/oliwa	Öl
prosto	geradeaus	woda	Wasser
parking	Parkplatz	naprawa	Reparatur
objazd	Umleitung	wypadek	Unfall
koniec	Ende (e. Zeichens)	awaria	Panne
Zakaz wyprzedzania	nicht überholen	ograniczenie prędkości	Geschwindigkeitsbeschränkung

Wochentage, Monatsnamen und Ähnliches

poniedziałek	Montag	kwiecień	April
wtorek	Dienstag	maj	Mai
środa	Mittwoch	czerwiec	Juni
czwartek	Donnerstag	lipiec	Juli
piątek	Freitag	sierpień	August
sobota	Samstag	wrzesień	September
niedziela	Sonntag	październik	Oktober
styczeń	Januar	listopad	November
luty	Februar	grudzień	Dezember
marzec	März		

Register